改革开放 40 年交通运输部 直属机关党建工作文集

(下卷)

中国共产党交通运输部直属机关委员会　编

人民交通出版社股份有限公司
China Communications Press Co.,Ltd.

图书在版编目(CIP)数据

改革开放40年交通运输部直属机关党建工作文集. 下卷 / 中国共产党交通运输部直属机关委员会编. —北京：人民交通出版社股份有限公司，2018.12
ISBN 978-7-114-14715-9

Ⅰ. ①改⋯　Ⅱ. ①中⋯　Ⅲ. ①中国共产党—国家行政机关—党的建设—文集　Ⅳ. ①D267.5-53

中国版本图书馆CIP数据核字(2018)第260287号

Gaige Kaifang 40 Nian Jiaotong Yunshubu Zhishu Jiguan Dangjian Gongzuo Wenji

书　名：	改革开放40年交通运输部直属机关党建工作文集（下卷）
著　作　者：	中国共产党交通运输部直属机关委员会
责任编辑：	陈　鹏　韩亚楠　徐　菲　郭红蕊
责任校对：	尹　静
责任印制：	张　凯
出版发行：	人民交通出版社股份有限公司
地　　址：	(100011)北京市朝阳区安定门外外馆斜街3号
网　　址：	http://www.ccpress.com.cn
销售电话：	(010)59757973
总　经　销：	人民交通出版社股份有限公司发行部
经　　销：	各地新华书店
印　　刷：	北京印匠彩色印刷有限公司
开　　本：	787×1092　1/16
印　　张：	22
字　　数：	506千
版　　次：	2018年12月　第1版
印　　次：	2018年12月　第1次印刷
书　　号：	ISBN 978-7-114-14715-9
定　　价：	118.00元

(有印刷、装订质量问题的图书由本公司负责调换)

奋力谱写新时代交通运输党的建设新篇章

1978年,党的十一届三中全会做出实行改革开放的历史性决策,我们党团结带领全国各族人民,开启了我国历史上最为广泛而深刻的社会变革,推进了我们党历史上一次新的伟大自我革命,进行了人类历史上最为宏大而独特的实践创新,谱写了中华民族自强不息、顽强奋进的壮丽史诗。

改革开放40年来,我们党不断推进马克思主义中国化,形成了一系列重大理论成果;我们党始终站在时代前列,制定出一系列大政方针;我们党坚持从新的历史条件出发,作出一系列重大决策;我们党以一往无前的勇气和卓越的智慧,带领全国人民迎击各种风险挑战;我们党以宽广的胸怀和崇高的精神境界,用改革和发展不断造福人民;我们党以伟大的自我革命精神,不断加强自身建设、提高执政能力和领导水平。中国共产党人,做出了无愧于历史、无愧于时代、无愧于人民的贡献!

改革开放40年来,交通运输部直属机关各级党组织,坚持做到有号召就有行动、有部署就有落实!坚持解放思想、实事求是、与时俱进、求真务实,不断加强和改进党的领导和党的建设。特别是党的十八大以来,坚持以习近平新时代中国特色社会主义思想为指导,坚持党的政治建设统领地位,确保部直属机关各项工作沿着正确政治方向前进;坚持和加强党的领导和党的建设,切实推动交通运输各领域各层面党组织和党员作用充分发挥;坚持围绕中心、服务大局,推动党建和业务工作深度融合;坚持推动全面从严治党向纵深发展,不断提高党的建设质量;坚持把制度建设贯穿各项工作之中,用制度管根本管长远。部直属机关党的工作坚持走在前、作表率,积极发挥了示范带动作用,为推动交通运输改革发展取得历史性光辉成就,提供了重要政治保证。

40年波澜壮阔,40年累累硕果。在庆祝改革开放40周年之际,部直属机关党委认真梳理总结，把改革开放40年来，中央和国家机关工委、部党组等领导同志关于部直属机关党建工作的讲话，历次党员代表大会、党建工作会议报告等重要材料，3个部管国家局机关党委和部机关各司局、部属在京各单位的党组织党建工作重要文稿和具有特色的党建实践成果汇编成册，供交通运输系统广大党员干部职工学习借鉴，对加强新时代部直属机关党的工作具有重要意义。

一代人有一代人的际遇，一代人有一代人的使命。中国特色社会主义进入新时代，交通运输事业也进入了新时代。历史要求我们高举伟大旗帜，始终坚持党的领导；历史要求我们承继起伟大事业，矢志接续奋斗；历史要求我们勇于担当作为，将改革开放继续进行到底！部直属机关各级党组织和广大党员干部要更加坚定自觉地以习近平新时代中国特色社会主义思想为指导，全面贯彻落实新时代党的建设总要求，以"一个带头、三个表率、一个模范"为目标，不忘初心、牢记使命，开拓创新、奋勇前进，为推进交通强国建设、实现交通运输现代化，作出新的更大的贡献！

杨传堂

2018年12月

谱写引领和保障交通运输发展的壮美华章
——改革开放40年交通运输部直属机关党建工作综述

历史，总是在一些特殊年份给人们以汲取智慧、继续前行的力量。改革开放40周年，2018年正以这样一个特殊年份，让中国重温历史，给世界昭示未来。

40年一路走来，中国共产党领导的改革开放和社会主义现代化建设成就辉煌，党的建设也取得了巨大进步。这40年，交通运输部直属机关各级党组织勇于探索、拼搏奋进，全面推进党的政治建设、思想建设、组织建设、作风建设、纪律建设、制度建设，深入推进反腐败斗争，不断提高党的执政能力和领导水平，积累了丰富的历史经验。

在党的坚强领导下，交通运输发展视野更加宏阔、内涵更加丰富、动力更加磅礴，无论在交通基础设施规模、运输服务质量、技术装备水平，还是在发展理念转变、体制机制创新、市场化运作等方面，都取得了前所未有的成绩，为改革开放发挥了重要支撑和强力保障作用。

栉风沐雨　一路前行一路歌

乘风破浪，领航发展。十一届三中全会以来的40年，是世界发生大变化大调整的时期，也是中国发生广泛而深刻变革的时期。

这40年，我国成功实现了从高度集中的计划经济体制到充满活力的社会主义市场经济体制、从封闭半封闭到全方位对外开放的伟大历史转折，使中国的社会生产力获得新的巨大解放，社会主义在中国焕发出前所未有的强大生命力，马克思主义在中国焕发出前所未有的强大感召力。

这40年，交通运输部直属机关党的建设一路前行、持续奋斗。从十一届三中全会到十三届四中全会，党的建设得到恢复和不断加强；十三届四中全会到党的十六大，党的建设体制机制进一步完善；党的十六大到党的十八大，党的建设实现了继承、创新和发展；党的十八大以来，中国特色社会主义进入了新时代，党的领导和党的建设全面加强。

回首40年，全国交通运输系统广大干部职工以敢闯敢干的勇气和自我革新的担当，以逢山开路、遇水架桥的开拓精神，闯出了一条新路、好路，交通运输事业实现了从瓶颈制约到与经济社会发展相适应的翻天巨变。这些成就的取得与交通运输直属机关各级党组织、广大党员干部始终走在前、作表率密不可分。

——改革开放40年来，我们走过了一条坚定政治方向、贯彻政治路线的忠诚之路

在改革开放伟大历史进程中，交通运输作出了一系列开创性、基础性的探索：率先创办对外开放的"窗口"——蛇口工业区；放开搞活交通运输市场，突破所有制束缚，掀起了社会办交通的热潮；探索推进交通运输筹融资社会化，实施"贷款修路、收费还贷"、允许收取过路过桥费等重大政策，形成"国家投资、地方筹资、社会融资、引进外资"的多元化交通投融资格局……

如何在深化改革中结合新的实际，继承发扬党的优良传统和优良作风、坚定广大党员领导干部正确的理想信念、巩固和加强马克思主义在全党全国的指导地位？各级党组织深知，摸着石头过河并非无章可循，引领交通运输事业走一条坚定政治方向、贯彻政治路线的忠诚发展之路是根本。

坚持路线不动摇，党的执政根基愈加稳固。夯实党的执政根基，是推进改革开放的前提和保证。为进一步坚定党的路线，保证民主集中制的贯彻执行，1983年10月，中共中央印发《关于整党的决定》。交通部机关同年成立临时党委，在此后3年多的时间里，分期分批对部机关和在京直属单位的党组织和党员进行了整顿。20世纪80年代末期，部直属机关各级党组织集中进行了坚持四项基本原则、反对资产阶级自由化等教育，帮助干部职工保持正确的政治方向，保证了党和国家各项方针、政策的贯彻执行。进入20世纪90年代，部直属机关各级党组织深入推进"三讲"教育活动，通过自上而下地开展学习、对照检查、谈心谈话，帮助广大党员干部从更深层次认识到，在任何时候都不能动摇对社会主义和共产主义的政治信仰。

2008年，交通运输部成为全党开展深入学习实践科学发展观活动试点单位之一。部直属机关各级党组织按照中央统一部署和部学习实践领导小组的安排，以"破解现代交通运输发展难题，提高'三个服务'（服务国民经济和社会发展全局、服务社会主义新农村建设、服务人民群众安全便捷出行）能力和水平"为载体，集中开展了深入学习实践科学发展观活动，广大党员干部在提高思想认识、解决实际问题、创新体制机制、促进科学发展、加强基层组织建设等方面取得明显成效，并建立了学习实践科学发展观长效机制，得到中央领导同志和中央国家机关工委的充分肯定。

辨明方向不跑偏，引领改革阔步向前。由社会主义计划经济向社会主义市场经济改革，考验着我们党能否始终坚守政治信仰，坚守党性原则。党的十二届三中全会作出《中共中央关于经济体制改革的决定》，交通部随之提出以"转、分、放"和"实现两个转变"为主要内容的改革思路，解决交通管理体制政企不分、重企轻政等问题。"七五"期间，交通运输行业提出以"实现两个转变、加强行业管理"为中心的改革发展任务，运输生产和基础设施建设迅猛发展。在这一时期，部直属机关各级党组织认真抓好各项改革中的思想政治工作，每一项改革方案出台后，都会有针对性地开展形势教育，引导党员群众正确认识和处理整体与局部、国家与个人、长远与眼前的关系，真心实意地拥护改革，积极投身于改革实践，防止和克服不利于改革的各种思想。1992年7月，交通部印发《关于深化改革、扩大开放、加快交通发展的若干意见》，加大了交通市场改革力度，扩大对外开放领域，拓宽利用外资渠道。在部党组的领导下，部直属机关各级党组织重点突出党的基本路线教育，把基本路线教育作为根本性的、基础性的工作来抓，不失时机地宣传党和国家关于经济体制改革、政治体制改革和其他领域改革的方针、政策以及交通体制改革的任务，促使广大党员特别是领导干部把思想和行动统一到党的基本路线上来，不断增强推进经济体制改革的自觉性，排除僵化和自由化两种错误思想的干扰。2000年后，交通运输领域投融资体制改革持续深化,"中央投资、地方筹资、社会融资、利用外资"的投资新格局逐步形成,部直属机关各级党组织及时通过开展宣传教育和理论、业务学习等多种形式,统一思想,把准方向,引导广大党员干部深刻认识到既要扩大规模加快速度,也要保证质量,专款专用,不能饥不择食,避免风险积累。

党的十八大以来,部直属机关各级党组织在做好党的群众路线教育实践活动、"三严三实"专题教育、"两学一做"学习教育等工作的同时,紧紧围绕中心、服务大局,面对改革发展时间紧、任务重、要求高的新形势,致力为交通运输改革发展提供坚强的思想、政治、组织保障。各级党组织紧紧围绕党中央和部党组的决策部署谋划工作思路,以政治建设为统领,将广大党员领导干部紧密团结在以习近平同志为核心的党中央周围,将工作重心聚焦到服务改善民生、全面建成小康社会上来,谋事创业,担当奋进,做到中央有决策、部党组有安排,部直属机关各级党组织就有响应、有行动、有落实,奋力展现新时代新担当新作为,党的建设科学化水平和服务中心工作的能力不断提升。

——改革开放 40 年来,我们走过了一条坚守思想立场、深化理论武装的自信之路

指导思想先进、理论武装先行,是我们党的特有优势。40 年来,部直属机关各级党组织坚持用科学理论武装党员、指导实践、推动工作,党的理论创新每前进一步、党组织的理论武装工作就跟进一步。可以说,这 40 年是党的理论创新相当活跃的时期,是当代中国马克思主义大普及的时期,也是党的理论创新成果被越来越多的党员和群众所学习、所接受、所掌握、所运用,理论成果变为巨大物质力量的时期。

学思践悟,坚持中国特色社会主义思想。邓小平同志曾说:学马列要管用要精。部党组始终要求各级党组织将理论学习同实际情况结合起来,讲求实效,力戒形式主义。20 世纪 80 年代,各级党委(党组)理论学习中心组的学习机制已经普遍建立起来,组织开展了一系列政治理论学习和路线、方针、时事、政策学习。学习的内容也不断扩大,不仅学马列主义原著、学政治理论,还拓展到经济、管理、业务、文化、科技等多个方面。为了加强党员特别是党员领导干部的政治理论学习,恢复开办中央党校中央国家机关分校交通部班,分期对处级以上干部和后备干部进行培训。

1995 年,交通部党组印发《关于加强对直属机关党委工作指导的意见》,指导直属机关党委搞好党员干部的理论学习。同年,部直属机关党建研究会成立,团体会员很快发展到 30 个,每年定期召开会议,交流研究成果,通过理论研究指导实际工作。

1996 年起,"三讲"教育活动中,部直属机关各级党组织广大党员干部按照江泽民同志提出的"一个中心,三个着眼于"的学风要求,以研究实际问题为中心,努力实现在改造客观世界的同时努力改造主观世界,通过理论学习指导推动中心工作。

进入 21 世纪,部直属机关各级党组织深入学习践行科学发展观,在深学经典的基础上,立足我国基本国情,针对我国交通运输发展的阶段性特征,结合行业实际深刻回答"什么是社会主义、怎样建设社会主义""建设什么样的党、怎样建设党"的问题,使广大党员干部对中国特色社会主义的认识达到了新高度。2010 年,部直属机关各级党组织按照中央统一部署,深入开展了创先争优教育活动。

丰富载体，不断掀起理论学习新高潮。 部直属机关各级党组织始终坚持发挥党委（党组）理论学习中心组学习的示范引领作用，充实理论学习载体，推动理论武装工作深入开展，努力提高领导干部的理论水平和工作能力。1996年10月，部直属机关第十一次党代会召开时，理论学习在形式上、内容上、效果上均取得了较大提升，有的单位每年进行理论中心组学习超过10次。这期间，处级以上党员领导干部均进行了轮训学习，撰写400篇论文和心得体会，将其中100篇约30万字优秀论文汇编成《掌握党的基本理论指导交通改革发展》学习文集，印刷出版。

"三个代表"重要思想提出后，全行业掀起了开展保持共产党员先进性教育活动的热潮。部党组成立保持共产党员先进性教育活动试点工作小组，组织专家深刻分析形势，科学阐明此次教育活动的重要意义，采取典型引路的方式逐步推广，带领各级党组织有的放矢地解决思想问题。通过多年的实践探索和丰富完善，部直属机关形成了中心组学习为龙头、局处级领导干部学习培训为重点、党支部抓学习落实的理论武装工作格局。

丰富的学习形式逐步固化下来，部直属机关形成了定期对处级以上党员干部进行短期脱产理论培训的制度，党课讲座、报告会、特色党日、交通大课堂、理论学习汇报会座谈会、编著出版论文集和心得体会专刊、电子党校等学习形式丰富多彩、不断创新。理论武装工作呈现出"快（紧跟中央部署）、深（带着问题学、带着思考学）、广（广泛涉猎各领域知识）、实（实事求是，指导工作）"的新特点。

党的十八大以来，党内教育模式进一步创新，由重点教育向全员教育转变，由集中教育向常态教育转变。每年在部党校集中举办学习贯彻中央全会精神、贯彻落实中央决策部署的专题轮训班，直属机关处级以上党员干部和基层党组织书记参加学习，实现了重点对象教育培训全覆盖。根据部党组部署，每年对学习教育工作进行督导，组织召开交流推进会，安排不同层次的机关基层党组织交流好做法、分享好经验，示范引导、督促带动全系统。每年"七一"期间，确定一个专题，开展党性分析。在部党组带头示范下，部直属机关各级党组织和全体党员参加党性分析会，查摆问题分析原因，自我完善整改提高。现已实现常态化制度化，为党员锤炼党性提供了重要保障。据不完全统计，仅"两学一做"学习教育开展以来，部直属机关各单位党组织书记讲"学党史、感党恩、跟党走""党风廉政"等专题党课超过4900多场次，共举办12600余场支部学习研讨会。

部直属机关还着重加强党建理论研究，各级党组织踊跃参加每年开展的党建研究工作，平均每年提交50个左右研究成果，三分之一以上获得全国党建研究会和中央国家机关党建研究会的表彰，党建理论研究工作始终走在中央国家机关的前列。

理论强则党强，思想富则国富。扎实的理论功底指导各项党建工作高质量开展：通过自我加压落实中央八项规定精神，"四风"问题得到有力整治，端正了"为了谁"；党的群众路线教育实践活动将每一名党员干部纳入"从群众中来，到群众中去"的群众工作体系之中，明确了"依靠谁"；"三严三实"专题教育深入查摆问题、剖析根源，党的优良传统和作风得到恢复和发扬，搞清了"我是谁"；"两学一做"学习教育把规定动作与自选动作有机结合，全体党员注重在"学"上有提高，在"做"上出成效，常态化制度化工作扎实推进。

——改革开放40年来，我们走过了一条逐步完善制度、健全体制机制的创新之路

邓小平同志提出："在党的建设上走出一条不搞政治运动，而靠改革和制度建设的新路子。"制度建设带有根本性、全局性、稳定性和长期性。我们党始终把制度建设作为一项重要基础性建设贯穿于党的建设始终，用制度建设来保障和促进党的政治建设、思想建设、组织建设、作风建设、纪律建设和反腐败斗争的深入发展。改革开放以来，部直属机关各级党组织高度重视制度建设，用制度创新引领实践创新，取得了丰硕成果。

适应国家机关改革要求，完善党组织运行机制。 改革开放初期，部直属机关实行党政分工等改革。1986年，部党组决定，在部机关50名职工以上的司局中配备处级专职政工干部，不设专职政工干部的司局也要选配得力的兼职干部。在京直属单位按照不低于行政业务处（科、室）的规格设置党的工作机构，并配齐纪检机构和纪检干部。11年后，部直属机关党委又印发《关于加强交通部机关和在京直属单位专职党务干部队伍建设的意见》，就相关要求进行了完善和强化。

1998年6月，经国务院批准，全国水上安全监督管理体制改革正式实施。根据部党组部署，部直属机关党委及时指导各级党组织进行换届选举和调整充实工作，确保工作任务延伸到哪里、党建工作就开展到哪里。同时，通过制定《交通部机关党支部工作细则》和考核标准等一系列制度，增强党组织的活力和党员党性观念，使各级党组织和广大党员干部在推进体制机制改革等各项重大工作中，更好地发挥战斗堡垒作用和先锋模范作用。

2008年和2013年，国务院两次进行机构改革，形成交通运输部与国家铁路局、中国民航局、国家邮政局的"一部三局"新格局。根据规定，部直属机关党委负责管理国家局机关党的工作。2014年选举产生的新一届直属机关党委和纪委领导班子中，三个国家局的（直属）机关党委和纪委负责同志分别担任部直属机关党委、纪委副书记。此后，"一部三局"机关党建各项工作均作为一个整体通盘考虑，为综合交通运输改革发展夯实了思想、政治和组织基础。

提升科学化规范化水平，释放制度的力量。 改革开放初期，党中央制定了《关于党内政治生活的若干准则》等一批重要的党内规章制度，开创了依靠改革和制度建设从严治党的新路径。20世纪80年代，政治学习日制度逐渐恢复，部直属机关党的制度建设在坚持中改进、在改进中坚持，"三会一课"制度、组织生活日、民主生活会和组织生活会制度、谈心谈话制度、民主评议党员制度、请示报告制度等不断完善。到20世纪90年代，部直属机关认真抓党委工作规则、领导干部双重组织生活会等制度的建立和完善工作，有的党组织将这些制度汇编成册，方便各级党组织遵照执行；有的党组织充分发扬民主，召开恳谈会，设立领导接待日，开展对话活动，鼓励党员和干部群众在工作、学习、生活中畅所欲言，提出好的意见建议。1996年，部直属机关党委首次提出了建立目标管理机制和各级党委抓基层组织建设的责任制，明确要把基层党组织建设工作做得好不好作为考核各单位党委和党委书记工作实绩的重要依据。进入21世纪以来，部直属机关党内组织生活制度结合新形势、新任务、新要求不断创新，如部党组要求全面建立汲取违纪案件教训专题民主生活会制度，领导班子成员发生违纪案件或下属单位出现严重违纪违法问题的，该单位领导班子必须召开专题民主生活会，要求严格抓好问题整改。

在创新学习教育制度方面，从20世纪80年代开始，部直属机关就逐步建立了以党校为主阵地，健全理论学习领导责任制、党委（党组）中心组学习、讲师团辅导、干部脱产进修培训、理论学习考核等一整套学习管理制度，有力地推进了学习型政党建设。

在强化反腐倡廉制度方面，1986年，部党组提出"抓党风和机关作风好转，主要是抓好教育、制度、检查、处理四个环节"，其中抓制度就是着重建立健全各级领导干部的党风责任制，相关部门制定了党风、机关作风"八个规定"，要求各级党组织严格落实。经过几年努力，部直属机关各级党组织普遍建立了党风责任制，还协助行政部门制订了廉政措施，完备的党风廉政建设制度为党员干部提供了行为规范。良好的制度不断完善、延续至今。

党的十八大召开后，部直属机关各级党组织贯彻落实全面从严治党要求，围绕中心、服务大局，进一步推进直属机关党建体制机制改革创新。2015年6月，部党建工作领导小组成立，与部党风廉政建设和反腐败工作领导小组实行"一套人马、两块牌子"，统筹谋划部署、全面推动落实交通运输党的建设各项工作。两个领导小组办公室均设在直属机关党委。

在部党组的领导下，直属机关党建工作取得了重要成效：研究起草和制定《交通运输部党组贯彻落实全面从严治党要求实施意见》等53项直属机关党建制度性文件，其中综合类11项、组织工作13项、宣传统战工作5项、党风廉政建设17项、群团工作7项；健全了部直属机关党委常委会议制度，建立了党务工作季度例会制度，健全了制度贯彻执行情况检查常态化机制，建立基层党建三级联述联评联考机制，组织研发并推广应用党建工作管理信息化系统等等。

在此基础上，部直属机关党委组织党建专家成立工作小组，按照"突出重点、结合实际、急用先立"的工作原则，将上级党内法规及文件明确提出要制定或健全的制度、党中央及中央国家机关工委已明确并计划制定的制度、上级党内法规及文件没有提出制度建设要求但党建工作迫切需要的，结合党建工作实际需要列入制度体系建设计划，并建立了党建工作制度体系动态调整机制。党建顶层设计的不断加强，开创了部直属机关党建工作的新局面。

——改革开放40年来，我们走过了一条强化基层组织、密切联系群众的发展之路

如何把广大党员教育管理好，充分发挥先锋模范作用；如何最大限度地调动各级党组织和广大党员的积极性、主动性、创造性，增强党的蓬勃活力，特别是如何建立健全保持共产党员先进性纯洁性的长效机制，是党的自身建设必须解决好的一个重大问题。

发挥党员先锋模范作用。管党治党，关键在于管好党员、带好队伍。发挥党员先锋模范作用，首先要把严"入口关"。部直属机关各级党组织始终注重加强入党积极分子和预备党员的培养、考察和教育，成熟一个发展一个，不搞批量"生产"，杜绝"带病"入党。改革开放初期，部机关和在京直属单位只有不到1000名党员，1992年时部直属机关共有党员5700名，入党积极分子超过1300人。截至2017年年底，部直属机关党员数量达到7571人，基层党组织495个。其中大学以上学历党员占80.9%，约45%的党员在改革开放以后出生，党员队伍的年龄结构和知识结构更加优化、更有朝气。

各级党组织注重激发党员"细胞"和干部队伍的生机活力。40 年来，部直属机关结合历次学习教育活动，从党员管理基础环节、基础制度入手，严格按照政治合格、执行纪律合格、品德合格、发挥作用合格的要求，切实增强党内政治生活的政治性、时代性、原则性、战斗性。坚持正确的选人用人标准，突出人岗相适、人事相宜，选优配强各级党的领导班子。为党员干部干事创业提供空间，提出了一系列系统配套、务实管用的新思路、硬举措，树立了事业为上、激励干部担当作为的强烈导向。部直属机关党委每年组织专兼职党务干部学习培训和考察，开展党建研究活动，交流研讨解决党建工作中的重点难点问题。

榜样的力量是无穷的，部直属机关各级党组织始终注重发挥先进典型的示范带动作用。改革开放初期，针对社会上"一切向钱看"的错误倾向，开展"创先争优"活动，大力宣传杨怀远、贝汉廷、焦红等优秀共产党员和长江轮船总公司"东方红"34 号轮等先进集体的事迹，营造相互学习、你追我赶、共同前进的生动局面。进入 20 世纪 90 年代，行业内相继涌现出包起帆、许振超、"华铜海"轮、青岛港等优秀共产党员和先进集体，以他们为典型的群众性精神文明创建活动持续深入开展。近年来，以王淑芳、陈维为代表的一批优秀共产党员成为广大党员干部对标学习的榜样，通过大力弘扬优秀共产党员先进事迹、推动建立劳模工作室等形式，更好地发挥了"两优一先"集体和个人的示范带动作用。

发挥基层党组织战斗堡垒作用。抓好基层党组织建设，使它们真正发挥战斗堡垒作用，这是党建工作的重中之重。1986 年，党员领导干部组织生活制度基本形成，生活会的民主空气有所增强，批评和自我批评的作用也更加明显。部直属机关党委注重了解各单位党组织生活会的情况，注意及时检查和通报。对少数软弱涣散或问题较多的党组织和党员，有重点地进行了帮助教育，使他们有了不同程度的改进。

1990 年，部直属机关党委遵照部党组指示，对基层党支部书记分期分批进行培训；对党员进行党的基本理论、基本路线和基本知识的教育，切实发挥党员的先锋模范作用；关心和解决专职党务干部和政工干部队伍的实际问题，以适应加强党的建设和改进思想政治工作的需要。通过这些有效的措施不断加强基层党组织建设，发挥好职能作用。

2003 年，党中央提出了科学发展观等重大战略思想。各级党组织通过组织专题报告会、领导干部讲党课、交流学习心得、知识竞答等方式，使广大党员干部对科学发展观和构建社会主义和谐社会理论的重大意义、科学内涵、基本要求有了更深入的理解，对国家经济、社会发展的形势、方向有了更清醒的认识，对交通工作的目标、任务有了更准确的把握，并为之努力奋斗，为实现科学发展贡献力量。

此外，随着社会主义市场经济的不断发展，针对党员流动大、分布广的特点，部直属机关各级党组织积极探索加强党员管理的新路子，将党支部建在项目上，形成工作任务开展到哪里，党的基层组织就建到哪里，每个党员都在党组织中，每个党组织都能发挥作用的良好局面。

发挥群团组织桥梁纽带作用。党的群团工作是党治国理政的一项经常性、基础性工作，是党组织动员广大人民群众为完成党的中心任务而奋斗的重要法宝。改革开放初期，部直属机关党委明确要求各直属单位工会主席、团委书记参加同级党委或根据议题列席同级党委会议。工会、共青团组织日益健全，在广大职工和团员青年中深入地开展了一系列具有针对性的思想教育活动，组织了读书演讲、业务研讨、岗位练兵、知识讲座、文体竞赛等丰富活动，有效配合了党的中心工作开展。

1986年至1992年期间，部直属机关工会和团委相继成立。部直属机关工会开始独立负责地开展工作，在建设职工之家、开展社会主义劳动竞赛、反映职工群众呼声、困难职工帮扶、加强妇女工作等方面做了大量工作。部党组专门制定《关于加强和改善部机关和在京直属单位党组织对共青团工作领导的意见》，团的活动的思想性、政治性显著增强。在这一时期，党、政、工、团共抓职工之家、团员之家的建设，多数直属单位建立了职工代表大会制度，各单位团组织负责人试行选聘制，团组织推荐优秀共青团员作为党的培养发展对象等相关工作顺利开展。此后，群团组织围绕中心工作开展建家升级活动，以"跨世纪青年文明工程""跨世纪青年人才工程"为依托开展的青年岗位能手和创建"青年文明号"活动如火如荼，各级群团组织的桥梁纽带作用充分发挥。

进入21世纪，党的群团工作在继承创新中不断加强。各级工会继续推动建立"职工之家"，数量和质量均明显提升；职工代表大会制度更加完善，职工反映意见的渠道更加畅通；职工喜闻乐见的各类文体活动日益丰富，各类兴趣团体如雨后春笋般不断成立、壮大。部直属机关党委成立青年工作部，以创建"五四红旗团组织"、青年读书会、青年艺术汇演、根在基层等活动为载体，促进团员青年健康成长。部直属机关妇工委广泛开展"巾帼建功"、家庭家教家风宣传活动，激励女职工积极应对挑战，发挥"半边天"作用。

40年来，部直属机关统战工作不断解放思想、开拓创新，统战工作从恢复、发展走向拓展、深化，呈现出团结、稳定、活跃的局面，为促进国家经济社会发展、民主政治建设和社会和谐作出了积极贡献。20世纪70年代末80年代初，部直属机关注重加强同知识分子、民主党派成员、归国华侨、名人志士的联系，倾听他们的意见，支持他们的工作，并成立知识分子政策办公室。20世纪80年代初，部直属机关党委统战部、部机关和在京直属单位归国华侨联谊会等统战部门和组织相继成立，各民主党派的基层组织进一步健全，民主党派人士数量有所增加、活动更加丰富。部直属机关党委指导民主党派和侨联做好自身建设的同时，通过每年召开座谈会、汇报会等形式倾听他们的意见，鼓励他们为交通运输改革发展献计献策。2000年以后，统战工作更加制度化常态化，部直属机关各级党组织最大限度地调动各方面为交通运输发展作贡献的积极性，充分发挥统战组织和统战对象，特别是非党知识分子建言献策、民主监督的作用。研究制定《交通运输部党组关于加强和改进党的群团工作的实施意见》，加强对工、青、妇、侨等群团组织的工作指导和支持力度，群团工作找准推进"四个交通"发展的切入点和结合点，着力打造"岗位建功"职工争先品牌、"职工之家"温馨服务品牌、"家庭建设"温暖传递品牌、"根在基层"青年实践品牌、"实事项目"阳光帮扶品牌、"文体活动"特色文化品牌，为改革发展凝心聚力，营造团结奋进的良好氛围。

党的十八大以来，部直属机关各级党组织一如既往地重基层、打基础、管长远，鼓励基层党组织基层工作创新，增强工作活力，创新支部工作法，创建党建品牌，党组织的凝聚力、号召力、战斗力不断增强。部直属机关党委对党组织和党员实施规范化管理，为每个党支部、党小组、党员配发了《党支部工作手册》《党小组工作手册》和《中国共产党党员手册》，结合党建考核、学习教育专项督导等工作，定期或不定期组织对手册的填写情况进行抽查，对党组织和党员实施规范化管理。在推动学习教育向基层一线延伸、向党员群众拓展方面，部直属机关各级党组织深入开展联学联建、"十百千万"、"两学一做"创先争优载体创建活动，共创建了263个党建品牌，5733名书记讲党课，27293名党员写感言。其中多个基层党组织的党建品牌被评为中央国家机关工委"十大学习品牌"、中央国家机关工委展示品牌。各级党组织还不断提炼支部工作法，形成了成系统、有特色的基层党组织工作经验。

——改革开放40年来，我们走过了一条不断改进作风、推进反腐倡廉的坚定之路

以党的十一届三中全会召开为标志，党的作风建设和反腐败斗争迈入一个新的历史发展期。各级党组织适应改革开放的新形势、新任务和新要求，不断推进和深化党的作风建设和反腐败斗争，取得了显著的成绩，使我们党焕发出强大的生机和活力，保证了改革开放的顺利进行。

不忘初心，作风建设永远在路上。改革开放初期，部直属机关在部党组的坚强领导下，成立端正党风工作小组，纠正行业不正之风，党风有了很大改进。1986年，部党组明确提出树立"三个观点、两个作风"，即树立"领导就是服务""一切工作都要讲实效"和"办实事讲实效"的观点，树立"廉洁奉公，服务基层"的良好作风。对党员领导干部的管理和监督机制逐步建立起来，使各级党员领导干部都置于党组织和群众的监督之下，不允许有特殊党员，不允许有无制约的权力。

20世纪90年代，部党组提出了"团结、求实、廉洁、高效"八字方针，动员广大党员在转变机关作风、提高工作效率、改善服务态度、努力在基层服务中充分发挥先锋模范作用。各级党组织进一步从抓教育、抓制度、抓监督、抓查处等环节入手，深入进行党的理想、宗旨教育和党风党纪教育、党的艰苦奋斗优良传统教育、职业道德教育，帮助党员增强党性观念和自我约束能力。

此后，各级党组织普遍建立了党风责任制，党风廉政建设方面的制度性规定逐步完善。建立了谈话制度，对发现有问题的或群众意见大的领导干部，通过谈话进行思想帮助。完善了举报制度，每年对各单位党风状况组织一次全面检查，发现问题立即查处，坚持一事一结、一事一报、不留尾巴。

怀敬畏，反腐倡廉不停歇。邓小平同志说："我们开放搞活政策延续多久，纠正不正之风、打击经济犯罪就要干多久。"改革开放初期，部党组就明确由副部长亲自抓分管领域的违法违纪问题，实行从党组成员、工作小组到每一个办案人员的自上而下的办案责任制。抓住领导干部这个"关键少数"，认真落实从严管理监督干部有关部署要求，着力建设忠诚党、懂全局、善管理、作风硬的高素质党员领导干部队伍。同时，促进"关键少数"发挥"关键作用"，以上率下，带头示范，及时遏制和根除广大党员思想作风中的不良苗头。

工程建设领域容易滋生腐败。1998年是我国公路建设的拐点，这一年，公路建设完成投资2100亿元，自此，我国交通基础设施建设特别是高速公路建设进入突飞猛进的发展时期。1999年，部专门出台了《在交通基础设施建设中加强廉政建设的若干意见（试行）》，明确党风廉政建设在交通基础设施建设中的意义、地位和作用，加强建设项目前期工作、招投标、工程实施过程中的廉政建设,强化建设项目投产后的效能监督,加大工程项目反腐败斗争的力度,为交通建设创造良好的外部环境。

2005年开始,部直属机关按照中央确立的"标本兼治、综合治理"的方针,坚持惩前毖后、治病救人,进一步加大治本的力度,加强教育、强化监督、创新体制,探索建立惩治和预防腐败体系,把反腐败寓于交通改革发展各项重要政策措施之中,从源头上预防和解决腐败问题。每年组织党员干部进行廉洁自律自查自纠,认真开展一把手的述职述廉工作、反腐倡廉的警示教育活动。积极推进廉政制度机制创新,不断强化对权力运行的监督,取得了反腐败斗争的阶段性成果。此后,部直属机关违纪违法案件发案率、受党纪处分人数呈下降趋势。

党的十八大以来,以习近平同志为核心的党中央以强烈的历史担当,直面党内存在的种种问题和弊端,从制定和执行中央八项规定破题,解决了新形势下作风建设抓什么、怎么抓的问题。部直属机关各级党组织认真贯彻落实习近平总书记关于作风建设的指示精神,从加强教育、完善制度、强化监督多个角度压实"两个责任"、落实全面从严治党要求:《交通运输部直属机关强化落实党风廉政建设"两个责任"的十项措施》等一系列制度密集出台,全方位扎实制度笼子;严格执行民主集中制,严格程序规范化制度化,重大事项集体研究集体决策,部直属机关党委加强对直属单位党组织民主生活会组织生活会的指导督导,规范程序、严格把关;依托党建系统在全体党员中定期开展线上知识测试,强化了党章党规党纪意识,掀起了学习党内基础知识的热潮,达到了以考促学、以学促廉的目的;节假日发廉政短信等经常性提醒成为常态,在关键时间节点开展明察暗访,督促在京单位严格费用预算,控制"三公"支出,规范差旅费报销,执行公车使用规定,有效控制了"四风"问题的变异和蔓延。一系列举措使中央八项规定深入人心,"四风"问题得到有力整治,党员干部的纪律规矩意识明显提升,党风政风行风不断好转。

春风化雨　吹尽黄沙始见金

岁月铭刻奋斗的艰辛,时代印证铿锵的脚步。40载众志成城、栉风沐雨,40年砥砺奋进、铿锵前行,机关党建走在前、作表率,有力引领和保障交通运输现代化发展。

当陶醉于硕果的收获愉悦归于沉静,当回望40载的感性回归于理性,透过那艰辛沧桑的记忆碎片,深入到层层成绩光环的深邃,耀射而出的确是那更光彩夺目的"真金"。它,是所有过往实践的结晶,而它又必将指导创造未来。这正是40年来部直属机关党建在实践中积累的十分宝贵的经验:高举中国特色社会主义伟大旗帜,坚决贯彻中央关于党的建设新的伟大工程的战略部署,围绕中心、服务大局,求真务实、开拓创新,团结带领党员干部职工把思想和力量凝聚到干好党和人民满意的壮丽事业上来。

——高举旗帜、坚定信念,始终是党建工作的根本指引

旗帜引领方向,旗帜凝聚力量。习近平总书记指出:"中国特色社会主义是当代中国发展进步的旗帜,全党必须高举中国特色社会主义伟大旗帜。"正是这面中国人民经过一个多世纪的艰辛探索才找到的伟大旗帜,保证了党和国家事业始终沿着正确方向胜利前进,凝聚起改革共识,汇聚起巨大创新力量,推动我国社会主义制度自我完善和发展,赋予了社

会主义蓬勃生机活力。

40年来，部直属机关党建工作实践表明，高举旗帜、强化思想理论建设，坚定理想信念、坚持正确政治方向，为交通运输事业发展提供了强大思想保障和精神支撑，这是任何时期党建工作必须坚守的根本指引。高举旗帜不动摇。从"文革"结束后"两个凡是"左的思潮盛行到资产阶级自由化思想暗流涌动，从姓资姓社、姓公姓私的争辩到"法轮功"沉渣泛起；从"左""右"之争甚嚣尘上到否定改革开放思潮的老调重弹。部直属机关各级党组织之所以能够在这些特殊时期政治正确、立场鲜明，广大党员领导干部之所以能在这些大是大非问题面前始终保持政治敏感性和政治清醒，根本在于各级党组织始终坚持党的领导，始终坚持中国特色社会主义这面伟大旗帜的正确指引。坚持用党的最新理论成果武装头脑指导实践推动工作。改革开放以来，部直属机关各级党组织始终高度重视马克思主义中国化最新成果的学习、贯彻和落实，与时俱进地用邓小平理论、"三个代表"重要思想、科学发展观和习近平新时代中国特色社会主义思想武装头脑，用科学理论、观点和方法指导实践、推动工作，以广大党员干部的思想、行动高度统一凝聚起推动交通运输发展的强大物质力量。40年的攻坚克难、努力拼搏，交通运输发展进入了由"适应发展"逐步迈向"引领发展"的新时代。

——融入中心、服务大局，始终是党建工作的首要任务

交通运输，从地上到天上、从陆地到海江、从乡村到城市，直接关系经济建设、社会发展和人民生活。部直属机关党建工作只有服务大局、推动发展，才能大有可为、富有活力。部直属机关党建工作围绕中心，就是要围绕交通改革发展稳定这个中心；服务大局，就是要服从和服务于交通改革发展稳定这个大局。

部直属机关各级党组织自觉遵循这一基本规律，始终把党建工作放到党和国家大局中思考和谋划，紧扣各个时期交通运输发展的主题主线，积极担当、主动作为，为推进各个阶段交通运输科学发展提供了重要的政治、思想和组织保障。围绕党中央和部党组重大决策部署来思考谋划工作。改革开放以来，部直属机关各级党组织牢固树立"四个意识"，认真贯彻落实党中央、部党组重大决策部署，谋划党建工作、制定具体措施，做到党中央有决策、部党组有安排，部直属机关各级党组织和广大党员就有响应、有行动、有落实，确保政令畅通。把中心工作的重点和难点作为党建工作的切入点。部直属机关党建工作千头万绪、纷繁复杂，必须因势而谋、顺势而为，找准工作切入点和着力点。40年来的经验表明，只有把这些中心工作的重点、难点、薄弱点作为党建工作的重点和主攻方向，做到党建与中心工作同规划、同部署、同落实、同检查、同考核，部直属机关党建工作融入中心、服务大局才能做得好、做得实，做出成效。发挥基层党组织和党员作用为中心和大局服务。交通运输发展每个阶段有每个阶段的艰巨任务，每个时期有每个时期的重要使命。40年来的实践表明，只有充分发挥部直属机关各级党组织的理论优势、政治优势、组织优势、制度优势和群众工作优势，充分发挥基层党组织的战斗堡垒作用和广大党员的先锋模范作用，带动广大职工群众攻坚克难、奋力拼搏，才能解决好落实好交通运输事业发展过程中的大事、要事、难事，才能推动每一时期的艰巨任务和重要使命的顺利实现。

——不忘初心、牢记使命，始终是党建工作的出发点和落脚点

"中国共产党人的初心和使命，就是为中国人民谋幸福，为中华民族谋复兴。"这是习近平总书记在党的十九大上的鲜明宣示。"不忘初心、牢记使命"，坚持一切为了群众、一切依靠群众，让交通改革发展成果更多更公平地惠及全体人民，把实现人民群众对交通需求作为出发点和归宿，这是部直属机关党建工作始终不渝的根本宗旨。

坚持一切为了人民群众，不断增进人民群众的福祉。习近平总书记强调："共产党就是为人民谋幸福的，人民群众什么方面感觉不幸福、不快乐、不满意，我们就在哪方面下功夫，千方百计为群众排忧解难。"部直属机关党建工作40年，就是各级党组织扎实抓党建，提高党员素质，增强队伍凝聚力，不断提升交通运输服务水平的40年；就是部直属机关各级党组织和广大党员干部牢固树立群众观，牢记使命担当，转变作风，着力解决群众关心的实际问题，让群众不断得到实惠，群众满意度不断提升的40年。从改革开放初期交通运输"瓶颈"问题凸显，我们为改变交通运输紧张状况，解决人民出行不便的民生问题而努力；到本世纪初特别是党的十八大以来，部直属机关各级党组织攻坚克难，以激励带动广大职工群众投身入"四个交通"建设，推进"四好农村路"，切实打好交通扶贫脱贫攻坚战为目标，交通运输发展取得人民满意的巨大成就，忠实践行了人民交通为人民的宗旨。这一历程告诉我们，各级党组织只有以满足人民群众需求为出发点和落脚点，才能真正实现好、维护好、发展好广大群众的根本利益；只有时刻担当起增进人民群众福祉的重任，抓好党建推进交通运输事业各项工作发展，才能不辱使命。相信群众、依靠群众，推进交通运输事业不断快速发展。唯物史观指出，人民群众是历史的创造者。各级党组织能否始终抓住战略机遇，不断实现交通运输新的跨越式发展；能否以"五大理念"为统领，实现交通运输全面协调可持续发展；能否全面深化改革，顺利完成交通运输发展各个历史时期的目标任务，有效支撑国民经济社会发展，这一系列问题的解答，都取决于广大职工和人民群众支持、拥护。40年来的实践启示我们，只有发挥党的优良传统和政治优势，围绕改革发展中心任务和交通运输重点工作，切实做好思想政治工作，加强宣传教育，以党员先锋模范作用凝聚和激励起广大干部职工立足岗位、干事创业，紧紧依靠和广泛凝聚各方面力量奋力拼搏，交通运输事业才能够持续快速健康发展。时代在变迁，历史在前进。但无论何时，我们必须明白和相信，只有始终践行党的群众路线，发动群众、依靠群众、凝聚群众，才能有效克服前进道路上的种种困难，不断把交通运输事业推向前进。

——以人为本、凝心聚力，始终是党建工作的重中之重

基层是党的执政之基、力量之源；根基牢固，党就有组织力、战斗力、凝聚力。改革开放以来，部直属机关各级党组织始终高度重视党员队伍和基层组织建设，尊重党员在部直属机关党建活动中的主体地位，发挥党员主体作用，提升政治素质、业务能力，改进作风，有力推进了交通运输事业各项工作顺利完成。40年来的实践表明：坚持以人为本，党员队伍就充满活力，作用发挥就充分，党的工作也就坚强有力；强化基层组织建设，战斗力、凝聚力就更加凸显，党的建设、交通运输事业就生机勃勃。坚持以人为本，充分发挥党员主体作用、增强党员队伍活力。广大党员是部直属机关各级党组织的细胞，是直属机关党建工作的主体，是我们开展一切工作的基石；只有尊重党员主体地位，充分发挥党员

的主体作用,才能最大调动党员的积极性、主动性、创造性。部直属机关党的各级组织始终把以人为本的原则贯穿于党的工作的全过程和各环节,尊重、落实党员民主权利,提高党务公开力度,增强工作的透明度,充分调动党员参与党内事务的积极性,广大党员愈来愈紧密地凝聚在党组织周围。坚持强化党员教育培训,党员个体发展空间不断拓展。不断加大党内关怀帮扶力度,关心党员工作生活,及时走访慰问生活困难或家庭受灾等需要帮助的党员。党员干部队伍素质不断提升,党员队伍凝聚力、战斗力不断日益增强。40年来的实践告诉我们,尊重党员主体地位,充分发挥党员的主体作用,进一步激发党员的积极性、主动性和创造性,提高党员队伍服务交通运输的素养能力,充分发挥广大党员的先锋模范作用,建设一支政治坚定、素质过硬、本领高强的党员队伍,始终是部直属机关党建工作活力之源,是提升党建工作科学化水平的关键环节。强化基层组织建设,不断提升党的基层组织的组织力。基础不牢,地动山摇。党的基层组织是党全部工作和战斗力的基础,是落实党的路线方针政策和各项工作任务的战斗堡垒,担负着直接教育党员、管理党员、监督党员和组织群众、宣传群众、凝聚群众、服务群众的重要职责。40年来,部直属机关各级党组织在加强基层党组织建设,不断提高基层组织和广大共产党员的战斗力、凝聚力、向心力,取得良好的成效。知之愈明,则行之愈笃;行之愈笃,则知之益明。唯有强化对基层党组织的领导,才能不断增强基层党组织的政治领导力、思想引领力、群众组织力和社会号召力;唯有选好基层党支部书记,配齐基层党组织领导班子,强化理想信念、能力素养教育培训,才能充分发挥基层党组织的战斗堡垒作用;唯有始终严肃党内政治生活,严格党员管理监督,强化党性锤炼,广大党员才能在急难险重任务中充分发挥先锋模范作用。

——与时俱进、开拓创新,始终是党建工作的不竭动力

随着形势的发展,党建工作在理念、思路、机制、手段和载体上,必须更加注重与时俱进、开拓创新,适应经济社会发展的需要,顺应广大党员提高综合素质的要求,才能够激发党员的内生动力,增强党组织的向心力,使党建工作始终充满活力。

40年来,在党中央坚强领导下,部直属机关各级党组织从不同历史阶段新情况、新特点出发,从各部门、各单位的实际出发,坚持解放思想、实事求是、与时俱进,不断更新观念,改进方式,创新机制,推动了部直属机关党建工作见成效、上台阶。创新党建工作理念。理念是行动的先导,党建理念的创新助推部直属机关党建工作提升新水平、开拓新境界。各级党组织积极适应时代发展新变化,勇于打破封闭的思想观念,将互联网引入党建工作,在开放、共享中实现了基层党的建设水平不断提升。创新党建工作制度体系。40年来,部直属机关各级党组织始终高度重视党建工作制度体系建设,印发制定了党建工作一系列制度规范文件,初步形成了较为系统的党建工作制度体系,党建工作制度化、规范化、科学化水平不断提高。实践表明,强化顶层设计,如此才能形成制度的系统性、整体性和协同性;要始终坚持与中心工作有机融合,这样才会利于执行、发挥作用;要与时俱进不断健全完善,才能保持制度的生命力;要切实强化制度执行情况监督、检查和问责,制度才会刚性运行。创新党建工作载体和方式方法。40年来,部直属机关各级党组织改革、创新理论学习模式,不断探索基层党建活动载体,丰富活动方式,大大提升了党建工作的吸引力和科学化水平。实践表明，部直属机关机关党建工作唯有与时俱进，在开辟新思路、探索新方法、化解新矛盾、解决新问题上面狠下功夫，做到超前预见、主动适应，才能使党建工作始终保持鲜明的时代特征和旺盛的生命力。

乘风破浪　继往开来续新篇

春风化雨结硕果，继往开来续新篇。进入新时代，我们要更加紧密地团结在以习近平同志为核心的党中央周围，深入学习领会习近平新时代中国特色社会主义思想，特别是习近平总书记关于交通运输工作的重要指示精神，将全面从严治党不断推向深入，着力提升干事创业本领，努力建设交通强国。

——坚持党是领导一切的，更加坚定不移地维护党的集中统一领导

沧海横流显砥柱，万山磅礴看主峰。坚持党对一切工作的领导，是近代以来中国的历史逻辑、政治逻辑和实践逻辑所决定的。坚决维护习近平总书记的核心地位，坚决维护党中央权威和集中统一领导，是党的最高政治原则，是全党共同的政治责任。

必须把党的领导落实到交通运输各领域。要牢固树立"四个意识"，在政治立场、政治方向、政治原则和政治道路上同以习近平同志为核心的党中央保持高度一致。所有工作都必须以贯彻中央精神为前提，不折不扣地把中央决策部署落实到位，确保中央各项政令在交通运输领域畅通无阻。必须健全交通运输大党建格局。全面落实部党组管行业必须管党建的要求，深化建立"一部三局"大党建体系，促进党建工作进一步协调统一、相融相通。加强党建工作顶层设计和分类指导，推动形成一级抓一级、一级带一级、层层抓落实的党建工作格局。必须层层落实管党治党责任。要完善和落实党建工作责任制，建立全面从严治党主体责任和监督责任清单制度，建立横向到边、纵向到底的管党治党工作责任链。压实压紧党委（党组）和基层党组织的责任。加强部党组和党建工作领导小组对党建工作的领导，强化统筹规划、督促检查和推动落实。

——把党的政治建设摆在首位，更加旗帜鲜明地讲政治

党无魂不立，国无魂不存，民无魂不聚。没有正确的政治观就等于没有灵魂。党的十九大把党的政治建设纳入党的建设总体布局并摆在首位，是从战略和全局高度做出的重大决策。抓住党的建设的"根"和"魂"，关键是扭住政治建设这个"牛鼻子"。

坚持以政治建设统领交通运输党建工作。要把政治建设的要求贯彻到交通运输党建之中，始终使交通运输改革发展沿着正确的政治方向。正确把握大局、坚决服从大局、自觉服务大局，既跳出一域谋全局，又在谋全局中抓好一域。自觉把交通运输工作放到全党、全国改革发展大局中来谋划、来推进。坚守政治立场，严守政治规矩。党员领导干部要用习近平新时代中国特色社会主义思想武装头脑、坚定理想信念、站稳政治立场，保持政治定力。要对照党章党规，不断反躬自省，做到手握戒尺、心存敬畏，切实增强纪律定力、道德定力、抵腐定力。要全面加强和规范党内政治生活，坚持真理，修正错误。要防止形式化、娱乐化、庸俗化，自觉抵制商品交换原则对党内生活的侵蚀。增强政治担当，提升政治能力。党组织和党员领导干部要注重从政治上观交通发展的大势、看交通发展的问题，谋交通发展的思路，遇事多想政治要求、办事多想政治规矩、成事多想政治影响，使讲政

治成为指引行业发展的基本坐标,不断提升把握全局的政治洞察力,不断增强政治担当、提升政治能力。

——营造风清气正的良好生态,更加坚定不移地推进全面从严治党向纵深发展

"治人者必先自治,责人者必先自责,成人者必先自成。"打铁还需自身硬,绣花要得手绵巧。坚定不移推进党自身的革命性锻造,以全面从严治党引领治国理政新实践是重大的战略部署。各级党组织必须持续推进全面从严治党向纵深发展、向基层延伸。

巩固交通运输反腐倡廉成果。全面贯彻中央八项规定精神,巩固反腐倡廉的成果,严格执行党的各项纪律,真正让铁规发力,让禁令生威,以八项规定的"小切口"带来管党治党的"大变局"。匡正风气、遏制腐败这个政治生态最致命的"污染源"。聚焦交通运输行业作风建设。坚持纠正"四风"不止步,驰而不息,久久为功,认真查找"四风"突出问题特别是形式主义、官僚主义在交通运输系统的新变异、新表现。持续正风肃纪,清除积弊沉疴,从推进交通运输治理体系和治理能力现代化的高度,健全和落实改进作风常态化机制。塑造正气充盈的党内政治文化。以政治文化涵养政治生态。要充分发挥党内政治文化的教育引导、凝聚共识、规范行为的重要功能,以积极健康的党内政治文化为党内政治生活"塑魂",规范党员特别是领导干部的政治行为。领导干部自觉当好"领头雁",修身慎行、怀德自重、清廉自守,领出好班子、带出好队伍。以人民群众的信任和信赖厚植交通运输行业的社会"信用",以党风政风的"扭转"推动行业政治生态不断向好。

——提升党建工作质量,更加毫不动摇地强化基层党组织建设

"欲筑室者,先治其基。"党的力量来自组织,提升党建工作质量、建强党的组织体系,必须坚持树立抓基层的鲜明导向,提升各级党组织的组织力。

进一步建强交通运输基层战斗堡垒。努力健全完善基层组织体系,推动党的组织和党的工作全面覆盖,建设好党组织和党员队伍,不断打通交通运输基层党组织的"最后一公里"。突出政治功能,努力把基层党组织建设成宣传党的主张、贯彻党的决定、推动交通运输改革发展的坚强战斗堡垒。进一步发挥基层党组织促发展惠民生的功能。把党的建设质量体现在增强交通运输发展动能上,运用新思想破解难题,强化实践取向,推动交通运输发展提质增效。基层党组织要当好深化交通运输改革的"生力军",自觉服从服务于交通运输改革稳定大局,确保交通运输行业全面深化改革工作积极稳妥推进。要当好服务群众的"贴心人",实实在在从群众需要出发,用群众的语言宣传党的主张、用务实的办法解决群众问题,团结带领群众深入参与到交通运输建设和发展中去。以增强政治功能为导向,选优配强党务干部。要按照政治过硬、本领高强的要求,建设政治强、业务精、作风好的党务干部队伍,推进党务干部专职化。把党的建设责任传导到"神经末梢"、任务落实到"基层细胞"、养分供应到"毛细血管",推动基层组织全面进步、全面过硬。

——全面加强本领建设,更加锲而不舍地提高党员队伍的创造力凝聚力战斗力

"政善治,事善能。"党员干部作为"党的肌体的细胞",必须坚定理想信念、练就过硬本领。能力绝非天生，也不可一劳永逸、一蹴而就，党员干部要紧跟时代，心存危机，努力增强本领。

紧紧围绕建设交通强国需要，补短板。聚焦领导干部队伍能力短板，知识弱项，经验盲区，加快知识更新，优化知识结构，拓宽眼界和视野，不断提高专业素养，使工作能力跟上时代节拍，避免少知而迷、无知而乱。以增强学习本领、政治领导本领、改革创新本领、科学发展本领、依法执政本领、群众工作本领、狠抓落实本领、驾驭风险本领八大本领为核心，加强党员干部教育培训和实践历练。紧紧抓住学习本领这个关键，求长效。功以学成，业由学广。要围绕交通运输行业发展，有针对性、有目的性地学习提升，不务虚功。要紧扣交通运输实际学以致用，切实掌握交通运输发展的本领，掌握工作主动权。要把学习当作一种政治责任、一种人生境界、一种终身追求，不断增强学习本领。紧紧依靠交通运输实践，炼真功。真本领从实践中来，要在推动行业发展中，锤炼成事的真本领，打造专业能力和专业精神。要结合岗位实际，树立问题导向，积极投身交通运输改革发展的实践，真正在实践中学习，在实践中磨砺本领，在实践中汲取智慧，努力成为推动交通运输事业发展的行家里手。

40年，潮平海阔，千帆竞发。回望过去，党带领全体人民迈进了新时代，交通运输部党组也带领着千千万万交通人迈向了新征程，开启了新的实践。展望明天，我们充满信心和鼓足勇气，高擎精神旗帜、集纳智慧、凝心聚力，擘画交通运输事业更加光明的未来，奋力谱写新时代建设交通强国更加华美的篇章。

中国共产党交通运输部
直属机关委员会
2018年12月

目 录

——下 卷——

一、部直属机关各单位党组织的党建工作发展综述

坚持党的领导　坚定不移推进改革开放　为新时代铁路高质量发展提供坚强政治保证
　　………………………………………………………国家铁路局直属机关党委（ 3 ）

加强党的建设　引领民航发展………………………中国民航局直属机关党委（ 13 ）

一以贯之强党建　凝心聚力促发展…………………………国家邮政局机关党委（ 20 ）

以"五个坚持"统揽党建业务工作　建设"坚强前哨"和"巩固后院"
　　……………………………………………………………………部办公厅党总支（ 28 ）

以"五个过硬"统领党建工作　以思想大解放推动事业大发展
　　………………………………………………………………部政策研究室党支部（ 34 ）

砥节砺行敢担当　良法善治有作为………………………………部法制司党支部（ 40 ）

核心指引　发展先行……………………………………………部综合规划司党总支（ 44 ）

服务交通　保障先行……………………………………………部财务审计司党支部（ 48 ）

创组工先锋　树清风正气　为交通强国建设提供坚强组织保证和干部人才支撑
　　……………………………………………………………………部人事教育司党支部（ 53 ）

党旗飘扬当先锋　相融相促筑基石………………………………部公路局党支部（ 60 ）

劈波斩浪四十载　初心不改立潮头………………………………部水运局党总支（ 68 ）

深学互促　笃行实干　打造高素质专业化运输干部队伍……部运输服务司党支部（ 74 ）

不忘初心担使命　学思践悟铸平安………………部安全与质量监督管理司党支部（ 79 ）

党的建设是做好科技工作的坚强保障……………………………部科技司党支部（ 84 ）

忠诚担当　服务大局……………………………………………部国际合作司党支部（ 88 ）

深化政治建警　筑牢忠诚警魂
　　——新形势下加强交通公安机关基层党支部规范化建设思考 … 部公安局党支部（ 93 ）

用心用情认真做好离退休干部党建工作 ················· 部离退休干部局党委（104）

惠海泽航尽职责　增强党性当先锋 ················· 中国海上搜救中心党支部（110）

围绕中心　服务大局　努力实现新时代机关后勤党建工作新发展

　　·· 部机关服务中心党委（115）

深入学习贯彻习近平新时代中国特色社会主义思想　增强改革动力　强化责任担当　加快
　　推进海事治理体系和治理能力现代化 ················· 部海事局直属机关党委（122）

持之以恒抓好党建　全面落实从严治党
　　——为救捞事业改革发展提供坚强政治保障 ················· 部救助打捞局党委（134）

抓改革　强管理　优服务　创一流 ····················· 中国船级社党组（142）

乘改革开放东风前行　用党的建设工作掌舵 ················· 部规划研究院党委（148）

党旗高扬谱辉煌 ································ 部科学研究院党委（153）

不断加强党的建设　用改革创新成果检验党组织战斗力 ····· 部公路科学研究院党委（157）

会当击水三千里 ································ 部水运科学研究院党委（164）

改革开放交通先行　党建引领教育培训 ················· 部管理干部学院党委（171）

不忘初心　牢记使命　恪尽职守　见证与记录交通运输改革开放辉煌业绩

　　·· 中国交通报社党委（179）

不忘初心　躬耕改革　立足交通　服务交通 ················· 人民交通出版社党委（188）

服务交通运输　推动交通运输通信信息发展　为谱写新时代交通强国信息化篇章提供坚强
　　政治保证 ································· 中国交通通信信息中心党委（195）

艰苦奋斗　改革创新　以一流党建创一流业绩 ················· 部职业资格中心党委（202）

继往开来　再攀高峰 ···················· 部路网监测与应急处置中心党委（207）

二、"我与改革共成长"征文优秀文稿

改革开放：春风化雨伴我同行 ····················· 部救捞局　马　鑫（215）

改革开放，伴我一路成长 ························· 部救捞局　张立山（217）

改革开放四十年　敢教日月换新天 ··················· 部规划院　张利国（220）

新疆交通与改革开放共发展
　　·················· 公路科学研究院智能交通研究中心　合尼古力·吾买尔（222）

改革开放四十年赋 ··················· 人民交通出版社股份有限公司　杨　荀（224）

见证路网建设与汽车工业互促进共发展
　　································ 交通运输部路网监测与应急处置中心　郑宗杰（225）

目　录

三、部直属机关各单位党组织有特色的党建工作实践成果展示

打造"固定学习日"学习品牌　强化思想理论武装　筑牢事业发展之基
………………………………………………………国家铁路局直属机关党委（229）
立足四个注重　着眼四个打造　开创机关党建工作新局面 …… 国家邮政局机关党委（233）
扎实开展"五讲四好三服务"　努力建设放心省心舒心模范机关 …… 部办公厅党总支（236）
创新形式载体　打造"知行合一，严实求是"党建品牌 ………… 部政策研究室党支部（239）
砥节砺行良法善治
　　——以党建引领交通运输法治政府部门建设 ……………………… 部法制司党支部（242）
激励党员干部新时代新担当新作为　进一步提升工作质量效率工作法
………………………………………………………………… 部综合规划司党总支（248）
"三个融入"破解高速公路服务区服务难题 ……………………… 部公路局党支部（250）
勇担责　善作为　奋力谱写交通强国水运新篇章 ……………… 部水运局党总支（254）
"真情像梅花开过"
　　——"感谢感恩感动"恳谈会侧记 ……………… 部安全与质量监督管理司党支部（258）
打通科技改革政策"最后一公里" …………………………………… 部科技司党支部（261）
忠诚担当奉献　服务外交大局 …………………………………… 部国际合作司党支部（265）
充分发挥堡垒作用　持续强化政治建警 …………………………… 部公安局党支部（267）
全面贯彻落实新时代党的建设总要求　推动形成离退休干部党建工作新局面
………………………………………………………………… 部离退休干部局党委（273）
"三抓两促进"支部工作法 ………………………………… 中国海上搜救中心党支部（276）
深入践行"后勤精神"和"工作理念"　不断提升保障能力和服务水平
………………………………………………………………… 部机关服务中心党委（280）
夯实基层党建工作　为海事改革发展提供坚强政治保障 …… 部海事局直属机关党委（282）
"亮身份、明承诺、做表率"主题实践活动 ……………………… 部救助打捞局党委（292）
淬炼"红柳精神"　打造海上堡垒 ………………………………… 中国船级社党组（296）
切实推动党建工作与中心工作融合互促 ………………………… 部规划研究院党委（300）
让家国情怀浸润每一位职工的心田 ……………………………… 部科学研究院党委（303）
创新"微+N"　服务到基层 …………………………………… 部公路科学研究院党委（306）
坚定政治方向　坚持以人为本　不断加强和创新科研事业单位思想政治工作
………………………………………………………………… 部水运科学研究院党委（310）

军地共建　搭建兵营里的学习阵地 …………………………… 人民交通出版社党委(313)
铸魂聚力　强基固本　红色引擎释放交通信息化发展强劲动力
　　………………………………………………… 中国交通通信信息中心党委(315)
席位就是战位 ……………………………………… 部路网监测与应急处置中心党委(319)

附　　录

党建研究优秀成果报告及优秀论文 ………………………………………………（325）

后记 …………………………………………………………………………………（326）

一、部直属机关各单位党组织的党建工作发展综述

坚持党的领导　坚定不移推进改革开放
为新时代铁路高质量发展提供坚强政治保证

国家铁路局直属机关党委

今年，是中国改革开放40周年。40年栉风沐雨，40年春华秋实，中国这个古老的东方大国，创造了人类历史上前所未有的发展奇迹，展现出勃勃生机。正如习近平总书记所指出的，改革开放这场中国的第二次革命，不仅深刻改变了中国，也深刻影响了世界！

40年来，作为国民经济大动脉、国家关键基础设施和重要基础产业的中国铁路，在党中央的坚强领导下，立足中国国情，不断推动自身改革发展，励精图治，砥砺前行，特别是党的十八大以来，加快建设现代化铁路，积极构建综合交通运输体系，取得了历史性成就，发生了历史性变革。全国铁路营业里程从1978年的5.17万公里，到2017年底的12.7万公里，增长了145%；高速铁路从无到有，2017年底营业里程已达2.5万公里，占世界高铁里程66.3%；客运发送量从1978年的8.15亿人，到2017年的30.84亿人，增长了278%；货物发送量从1978年的11.01亿吨，到2017年的36.89亿吨，增长了235%。展现出国家"四纵四横"高铁网提前建成并成网运行，以"八纵八横"为主骨架的现代铁路网伴随着新时代的步伐正在加快构建之中……

深入开展"两学一做"学习教育

回望40年来不平凡的历程,中国铁路之所以取得令世界瞩目的巨大成就,最根本的就在于始终坚持中国共产党的领导,始终在党中央的正确领导下,贯彻落实交通运输部的要求,以加强铁路局党的建设,实施改革、推进改革,不断提升行业发展能力和水平,实现从学习引进、追赶到领跑的飞跃。

旗帜鲜明讲政治,牢牢把握改革政治方向

2013年,我国铁路管理体制实现政企分开改革,组建国家铁路局和中国铁路总公司,不再保留铁道部,铁路改革实现历史性突破。

国家铁路局组建以来,局党组和各级党组织坚决贯彻落实党中央关于铁路改革的决策部署,坚持以政治建设为统领,把牢政治方向,将强化政治意识、讲政治的要求贯彻到边组建、边履职的各个方面和全过程之中,为构建行业监督管理体系,深化政府职能转变,有效开展安全质量市场监管和各项行政履职,提供了强力有的政治保证。

组织党员干部收看党的十九大盛况,认真学习党的十九大精神

加强政治机关建设,凸显政治引领力。习近平总书记强调,中央和国家机关首先是政治机关,而不是单纯的业务单位,所做的每一项工作中都包含有政治。按照这一要求,国家铁路局党组持续深入开展政治机关建设,不断强化各级组织和广大党员干部的政治机关意识,树牢"四个意识",严格遵守政治纪律和政治规矩,坚决维护以习近平同志为核心的党中央权威和集中统一领导,坚定"四个自信",着力增强政治敏锐性和政治鉴别力,提高政治能力和政治觉悟,提升从政治上看问题,从政治上谋划、部署、推动工作的能力和水平,不折不扣地贯彻执行党中央的各项决策部署,不搞变通、不做选择,真正把讲政治的要求落实到推动每一项工作之中,全局政治生态呈现出良好的发展态势。

坚持理论武装头脑，夯实思想建设之基

思想建设是党的基础性建设。铁路政企分开改革以来，全局各级党组织坚持抓实政治理论学习，加强理想信念宗旨教育，切实拧紧思想"总开关"，全体党员干部的思想得到深刻洗礼。

邀请专家作辅导报告，推动党员干部更好地学习领会党的理论和路线、方针、政策，提高贯彻执行力

按照党中央的统一部署安排，全局分期分批扎实开展党的群众路线教育实践活动。活动始终紧扣"为民务实清廉"的主题，结合国家铁路局组建开局、建制、履职实际，聚焦"四风"问题深入查摆，以整风精神推动突出问题整改，以优良的作风确保了政企分开改革过渡期的各项工作完成。在全局处级以上领导干部中深入开展"三严三实"专题教育，聚焦对党忠诚、个人干净、敢于担当，着力查找"不严不实"的问题和具体表现，突出问题导向，贯彻从严要求，深化"四风"整治，使广大党员干部在思想、作风、党性上集中进行了"补钙""加油"，把严和实的要求切实转化为加快推动铁路行业监督管理、促进铁路改革发展、维护铁路安全稳定的强大动力。开展"两学一做"学习教育，全局党员干部深入学习习近平总书记系列重要讲话、学习党章党规，打牢学的基础，进一步坚定"四个意识"、提升政治素养，知规明纪、锤炼坚强党性；紧密联系铁路行业履职监管实际，争做"四讲四有"合格党员，强化安全监管首要职责、推进铁路规划建设优质高效发展、推动铁路法规标准制修订，深化简政放权、持续优化服务、增强市场活力，努力创造经得起实践、人民、历史检验的工作实绩。推进"两学一做"常态化制度化，进一步在真学实做上深化拓展，实现融入日常、抓在经常。

深入学习贯彻习近平新时代中国特色社会主义思想和党的十九大精神。按照中央及上级党组织的安排部署，把学习习近平新时代中国特色社会主义思想和党的十九大精神作为

首要政治任务，既整体把握、全面系统，又突出重点、抓住关键，紧扣"六个聚焦""十个深刻领会"的要求，集中开展学习传达、集中学习、研讨交流、深入企业联学、集中轮训等五个轮次的学习活动，两级理论学习中心组发挥示范引领作用，先学一步、深悟一层，坚持读原著、学原文、悟原理，深入开展研讨，深入铁路企业、联系单位开展宣讲，带头学懂弄通做实。坚持全员全覆盖学习，人人撰写学习体会并逐级阅批，在把好政治关、思想关、文字关的同时，保证了不让一名同志在思想上掉队。紧密结合"两学一做"学习教育常态化制度化，把习近平新时代中国特色主义思想作为贯穿学习始终的主题主线，持续推动学习宣传贯彻往深里走、往实里走、往心里走。

党员干部收看两会，围绕党和国家的重大工作部署开展学习讨论，凝聚思想共识

创新实施"固定学习日"制度。局党组、各单位分党组（党委）、所有党支部在每月第一个星期一安排集中学习，统一时间、统一内容、统一要求。及时收集、梳理习近平总书记一个时期的重要讲话、党中央重要会议、重要文件精神作为学习重点，同时穿插学习《习近平谈治国理政》等书籍，既注重跟进学，又坚持学原文、读原著、悟原理。两级中心组成员每月以普通党员身份参加所在党支部学习，以上率下。非党员均参加所在部门或处室的理论学习。为党员干部统一配发《习近平的七年知青岁月》《知之深爱之切》《摆脱贫困》《之江新语》《新时代面对面》《习近平新时代中国特色社会主义思想三十讲》等书籍作为"枕边书""案头卷"，组织编印《习近平新时代中国特色社会主义思想关于"人民"的论述》《习近平新时代中国特色社会主义思想关于交通强国的论述》《习近平新时代中国特色社会主义思想关于思想政治工作的论述》，摘编河北、福建、浙江有关习近平总书记在当地任职期间的通讯报道等14册辅导学习参考资料，促进全员反复研读、不断学思践悟。广泛开展全员研讨交流，坚持学习体会逐级阅批，一级带一级，把好政治关、思想关、文字关，有效形成了真学、真懂、真用的浓厚氛围。

全面从严管党治党，党的凝聚力、战斗力显著提升

坚持把全面从严治党的要求贯穿于全面履职的各方面、全过程。强化抓好党建是最大

政绩的理念,牢牢牵住主体责任这个"牛鼻子",健全完善全局各级党组织主体责任工作机制,明确责任目标、工作重点,层层传导压力、层层压实责任。加强纪检机构和工作机制建设,充实工作力量,聚焦主责主业,突出监督责任。成立党建工作领导小组、党风廉政建设和反腐败工作领导小组、党组巡视工作领导小组,确保党建工作统一领导、统筹规划、有效落实。将党建工作要求纳入事业单位章程,先后两次进行增补修订,发挥了重要作用。

扎牢制度笼子,为从严管党治党提供根本保障。坚决向党中央看齐,巩固依规治党基石,紧跟党内法规制度建设的发展步伐,结合全局党组织和党员队伍的实际,制修订《建立健全党员干部直接联系群众制度的实施办法》《贯彻中央全面从严治党要求落实主体责任的工作意见》《关于加强党员教育管理监督工作的实施意见》《关于力戒形式主义官僚主义的实施意见》《党员领导干部八小时之外行为约束规范》等近50个制度规定,初步形成了比较健全的制度框架,基本实现了"立得住、行得通、管得了"的目标。同时,加强党内法规的学习教育,推动各级党组织积极宣规、重规,引导每一名党员自觉学规、明规、遵规,切实将党内法规内化于心、外化于行。

每年举办党支部书记和党务干部培训班,提高党组织带头人素质和能力

严肃党内政治生活,弘扬积极健康的党内政治文化。全面贯彻落实《关于新形势下党内政治生活的若干准则》,坚持和完善全局党内政治生活基本规范。严格执行民主集中制,不断完善和落实议事规则、决策程序,坚持按程序、规则和集体意志办事。严格落实请示报告制度,坚决做到步调一致、令行禁止。规范"三会一课"制度,强化经常性、严肃性;建立健全党支部组织生活、党费缴纳管理制度,狠抓基础管理,为全局党员配发党费缴纳证,每月党员亲手交纳党费并签字,强化"心中有党"意识,提倡多交党费、增强"一心为党,为党的事业做贡献"意识。坚持开展民主评议党员,督促党员增强党的观念、提高党性修养。坚持高质量开好党员领导干部民主生活会和党员组织生活会,真正拿起批评和自我批

评的有力武器,在红脸出汗、思想碰撞中练就坚强党性。

　　开展政治巡视,"政治体检"增强自我净化能力。在落实中央巡视整改要求、坚决确保巡视整改全面到位的基础上,着眼于现实条件,进一步统一思想,推动局内政治巡视。2017年2月至8月完成首轮政治巡视,实现对局属14个单位(分党组、党委)的全覆盖,围绕发现的问题,深入分析局党组、局机关以及各单位出现问题的原因,开列问题清单466项,抓好逐条研究梳理,建立完善制度136项,制定整改措施675项。注重运用监督执纪"四种形态",批评教育2人,责任检查6人,诫勉谈话6人,立案审查2件,给予党纪处分2人;对相关党组织给予通报批评。同时,在局政府网站通报巡视情况,主动向社会公开,接受党员干部和群众监督,充分彰显了巡视"利剑"效应。总结巡视工作经验,立足新时代全面从严治党新的要求,坚守政治巡视定位,把"两个维护"作为根本政治任务,作出从2018年起,利用5年时间对局属单位和局机关各部门分批开展两轮全覆盖政治巡视和专项巡查的工作部署,切实强化不敢腐的震慑、扎牢不能腐的笼子、增强不想腐的自觉。

大力表彰优秀共产党员、优秀党务工作者和先进基层党组织

　　夯实基层基础,党的组织建设整体跃升。坚持突出政治功能,以提升组织力为重点,在推进政企分开改革、深化履职监管过程中,及时研究党的组织建设中的新情况新问题,不断加强局属单位党的组织建设,制定分党组(党委)工作规则,优化调整党支部设置,规范党员组织关系归属,全部纳入组织管理。坚持"书记抓、抓书记",强化党建工作第一责任人责任落实,选优配强党支部班子特别是党支部书记,党组织的组织力和工作活力不断增强。统一规范党组织工作台账,严格工作程序和标准,形成了制度化、规范化的良好局面。广大党员创先争优、建功立业的积极性得到充分调动,组建以来先后有198名优秀共产党员、39名优秀党务工作者、34个先进基层党组织受到局级表彰,有效彰显了先锋模范作用。

一、部直属机关各单位党组织的党建工作发展综述

局机关召开第一次党的工作会议

驰而不息推进作风转变，良好政治生态助推全面深化履职

党的作风问题关系党的形象，关系人心向背，关系党的生死存亡。国家铁路局自组建以来，全局各级党组织和广大党员干部，坚决在思想上政治上行动上同以习近平同志为核心的党中央保持高度一致，坚持从政治上认识和对待作风问题，以贯彻落实中央八项规定精神为主线，落细落实作风建设各项要求，在坚持中深化、在深化中发展，营造形成了目标一致、行动统一、干事创业、共促发展的良好政治生态。

落实中央八项规定及其实施细则精神，示范引领强表率。细化制定局党组贯彻落实中央八项规定精神的实施办法，并根据实施细则要求进一步修订完善。对局党组成员提出季度调研、与干部群众谈心谈话、办公室不用公款购置摆放花卉绿植、以普通党员身份参加党支部政治理论学习、出差不住套房等10条硬性规定，坚持联系实际落细落小，从一点一滴、小事小节上从严要求，有效带动了广大干部职工落实中央八项规定精神的思想统一、行动自觉。

聚焦"四风问题"，久久为功"钉钉子"。坚持对"四风"问题零容忍，紧盯老问题，关注新动向，对隐形变异"四风"问题深挖细查、决不放过。持续关注元旦、春节、端午、中秋、"十一"等年节假期和监督检查、行政许可、行政执法等重点环节，加强监督检查，加大查处问责力度。局组建以来，共查处违反中央八项规定精神和"四风"问题6起，处理7人，党纪政纪处分20人。深入贯彻落实习近平总书记有关进一步纠正"四风"加强作风建设的重要批示精神，出台《力戒形式主义官僚主义的实施意见》《大兴调查研究之风的意见》。结合履职实际和干部职工思想情况，出台《公务接待禁止饮酒规定》《党员领导干部八小时之外行为约束规范》等一系列规定，不断拧紧作风建设的螺丝，有力促进了党风政风持续向好。

坚持问题导向，专项整治扫除顽症痼疾。结合局政企分开改革后职能变化的实际，针对铁路乘车证使用中占用企业资源、公私不分等问题，主动开展铁路乘车证清理，共计清理445张铁路乘车证、全部作废，并不再办理。从局领导做起，全体干部职工因公出差需

要乘火车时一律正常买票。开展"小金库"、津补贴、违规多占住房、事业单位违规公款吃喝、基层执法人员吃拿卡要、异地交流干部生活待遇违规等专项清理清查,进一步突显了纪律震慑。

直属机关召开党建工作会议,对党组织书记进行述职评议考核

发挥系统工作优势,深入推进精准扶贫、精准脱贫

坚持党的群众路线,密切联系群众的渠道进一步深化拓展。开展"服务群众服务基层"主题实践专项工作,每月组织干部在铁路客运站客流高峰期和重点任务时段,到铁路客运

一、部直属机关各单位党组织的党建工作发展综述

车站进行顶岗作业,为广大旅客面对面地提供优质服务,解决铁路企业基层单位的现实困难、听取工作意见建议,累计超过2500人次参加,受到铁路企业和旅客的欢迎和好评。要求全局工作人员每月走出机关,进车站、上列车,开展客运服务质量问卷调查,月均完成问卷1万份,广泛听取人民群众对铁路服务质量方面的意见建议。通过及时向铁路企业反馈问卷调查情况,推动企业解决了高铁用餐、购票选座等服务问题,站车厕所革命、环境等方面服务质量不断提升,更好地展示了铁路系统这张靓丽名片。

抓干部队伍建设,加强人才培养,组织干部交流培养锻炼座谈会

恢复和发扬行业优良传统,提升履职监管效能。恢复添乘机车列车检查这一铁路系统特有的优良传统,制定各级干部添乘制度,量化添乘频次和工作要求。出台《加强作风建设从严监督管理做好添乘执法监察工作的意见》,对执法人员添乘检查内容、工作纪律和要求进一步做出明确规定。领导干部带头落实添乘制度、严守添乘纪律,指导和督促铁路企业,及时解决添乘检查发现的各类突出问题。同时进一步规范行政执法证发放范围,加强内部管理,体现从严要求。坚持深入基层一线发现和解决问题,在重要时间节点、重点事件处置等工作中,局党组成员带头靠前指挥、现场协调处置,有效解决了一批突发和急难问题。

着力打造忠诚干净担当的干部队伍,推进事业发展的人才基础更加牢固

党的干部是党的事业的骨干,抓好干部的锻炼和培养是各级党组织的重要责任。国家铁路局组建以来,局党组坚持按照习近平总书记提出的信念过硬、政治过硬、责任过硬、作风过硬的要求和新时期好干部标准,要求干部、培养干部、锻炼干部,为各类优秀干部脱颖而出创造了有利环境。

深入实施领导干部素质提升、全员岗位适应能力提升和干部实践锻炼培养"三大工程"。

坚持严管与厚爱相结合，政治上激励、工作上支持、待遇上保障、心理上关怀，充分调动广大干部的积极性、主动性、创造性。大胆使用干部，让敢担当善作为的干部有舞台；科学明确选人用人标尺，突出事业为上、以事择人，识人看担当，选人用人重作为。坚持党管干部原则，严格选人用人各项程序，把牢政治关、作风关、能力关、廉洁关。积极推进干部交流，强化实践锻炼，帮助干部更新知识、拓展能力、提高履职水平。自局组建以来，处级以上党政干部及专业技术人员累计参加脱产培训3875人次；司局级党政干部网络培训注册65人，共计完成7300学时。每年坚持举办党组织书记和党务干部培训，适时组织纪检干部培训、群团工作培训，促进了党建工作队伍的整体素质提升。先后选派5名优秀干部到定点扶贫、对口支援贫困地区挂职扶贫，担任驻村第一书记，帮助贫困地区实施精准扶贫、精准脱贫，打赢脱贫攻坚战。

加强对群团工作的领导，聚合改革发展的向心力

深入贯彻落实党的群团工作会议精神和习近平总书记关于群团工作的重要讲话精神，加强对群团工作的正确领导，强化政治性、先进性、群众性，立足服务群众，有效激发了广大干部群众的积极性、主动性、创造性，形成了政企分开、机构组建、深化履职、助推行业改革发展的全员合力。各级工会组织充分发挥桥梁和纽带作用，围绕中心、服务大局，广泛开展建功立业竞赛，提升干部业务素质，心系职工送温暖，做好帮扶困难职工、健康体检等关心关爱职工的贴心工作，举办健步行、摄影展览、乒乓球比赛等丰富多彩的文体活动，推动和谐文明机关建设。召开直属机关团员大会，选举产生第一届直属机关团委。共青团组织结合青年群体特点，想青年所想、谋青年所需，广泛开展读书座谈、单身青年联谊会、志愿服务等活动，教育引导广大青年树立坚定的信念和正确的价值观念，发挥青年优势，组织高铁科普宣传活动，走进20余所中小学、覆盖3000余人次；参与铁路科技创新课题研究、"服务群众、服务基层"主题实践等，充分展示广大青年的聪明智慧和才华，用实干成就青春梦想。一支"有理想、有本领、有担当"的青年力量，正在为铁路高质量发展提供源源不断的动力。

习近平总书记在2018年新年贺词中提到："复兴号奔驰在祖国广袤的大地上。"这让全体铁路系统广大干部职工倍感自豪和骄傲。面对新时代新征程，国家铁路局各级组织和广大干部职工，将更加紧密地团结在以习近平同志为核心的党中央周围，坚持以习近平新时代中国特色社会主义思想为指导，沿着党的十九大描绘的宏伟蓝图，同心同德、砥砺奋进，努力开创铁路高质量发展新局面，书写交通强国的铁路华章！

加强党的建设　　引领民航发展

中国民航局直属机关党委

党的十一届三中全会以来，在党中央的坚强领导下，按照交通运输部党组的要求，民航各级党组织高举中国特色社会主义伟大旗帜，认真学习贯彻落实党的理论和路线方针政策，围绕中心、服务大局，与时俱进、探索创新，推动党的建设不断取得新进展新成效，为民航安全改革发展提供了坚强政治保证。

一、在结束"文化大革命"后的重大历史关头，坚决拨乱反正，用邓小平理论指引，开辟了民航发展的新道路

"文化大革命"结束后，领导民航走出十年内乱的"重灾区"，确立正确的发展方向，是民航各级党组织肩负的重大使命。

传达党的十九大精神

1978年12月，党的十一届三中全会和这次全会形成的以邓小平同志为核心的党的第二代中央领导集体，以巨大的政治勇气和理论勇气，科学评价了毛泽东同志和毛泽东思想，彻底否定了"以阶级斗争为纲"的错误理论和实践，重新确立了解放思想、实事求是的思想路线，确定把党和国家的工作重点转移到社会主义现代化建设上来，作出了改革开放的重大决策，为民航在困境中奋起，指明了前进方向。1979年2月19日至3月10日，民航总局党委召开扩大会议，认真学习领会三中全会精神，重点抓了统一思想认识的工作，明确

民航工作重点转移到安全生产、改善服务工作、提高经济效益与社会效益方面上来,要求民航广大党员、干部做到思想上跟上转移的形势,行动上跟上转移的步伐,作风上跟上转移的要求。

贯彻邓小平同志关于民航要走企业化道路的重要指示精神,首先要拨乱反正,涉及纠正"左"的错误,修改束缚企业化的有关制度等大量工作。贯彻1980年12月16日至25日召开的中央工作会议精神,民航总局党委研究了民航的历史和现状,统一了各级干部的思想,清除了重点转移的思想障碍。民航总局党委确定了坚持四项基本原则,坚持有左反左,有右反右,不搞贴标签、人人过关的做法;本着"实事求是、有错必纠"的精神,从思想和组织建设入手,对在"文化大革命"中遭受严重破坏的基层党组织进行了多次整顿,使民航系统党的基层组织得到恢复、巩固和发展,确立了以围绕中心抓党建、抓好党建促发展的工作思路;认真平反、全面纠正冤假错案,落实了"两航"起义人员等统战对象的政策,密切了党群关系,为民航发展从思路变成现实创造了有利条件。

民航总局召开全面从严治党工作会

配合解放思想和工作重点的转移,民航各级党组织在总局党委的统一领导下,深入地开展了"实践是检验真理的唯一标准"大讨论,确立了实事求是的思想路线;组织开展整党,深入清理"左"的影响,纯洁了党的组织,端正了党的作风,促进了安全生产,加快了改革步伐;恢复重建民航各级纪检监察机构,开展打击经济领域犯罪活动、纠正不正之风等工作,促进了民航党风、行风的好转;开始了第一个五年普法宣传教育,提高了民航干部职工依法办事的自觉性;创办了中央党校国家机关分校民航班,围绕学习马克思主义的基本理论,对民航处以上党员干部进行系统地轮训;召开共青团全国民航第一代表大会,成立全国民航团委;在全民航广泛开展"五讲四美三热爱"活动、窗口机场文明服务竞赛活动,涌现出一大批文明服务优胜机场、先进个人和服务明星。1982、1983年涌现出杨继海机组、王仪轩机组两个先进典型，因成功处置劫机事件受到国务院嘉奖，被授予"中国民航英雄机组"称号。

各级党组织在民航工作重点转移的重要历史关头，做了大量卓有成效的工作，从政治上、思想上、组织上保证了民航改革发展的方向。民航广大干部职工以邓小平理论为指导，艰苦奋斗，努力拼搏，民航行业呈现出了前所未有的勃勃生机和活力。

二、面对严峻复杂形势，深入学习贯彻邓小平理论和"三个代表"重要思想、科学发展观，不断推进党的建设新的伟大工程，开创了民航发展的新局面

20世纪80年代末90年代初，国内发生政治风波，国际局势风云突变，我国社会主义事业的发展面临空前巨大的困难和压力，民航也一度出现经济滑坡、市场疲软，航空运输面临很多困难。民航各级党组织紧密团结在以江泽民同志为核心的党中央周围，认真学习贯彻邓小平理论和"三个代表"重要思想，紧紧围绕"提高党的领导水平和执政水平、提高拒腐防变和抵御风险能力"这两大历史性课题，以改革创新精神加强民航系统党的建设，保证了民航发展的正确方向，促进了民航安全持续健康发展。

按照中央统一部署，狠抓形势、理论教育，在民航全体人员中进行了坚持四项基本原则、反对资产阶级自由化的思想教育，保持了思想稳定和队伍稳定，经受住了严峻考验。1992年，邓小平同志发表南方谈话和党的十四大以后，民航各级党组织认真组织开展邓小平理论宣传教育，切实把思想和行动统一到中央部署要求上来。

贯彻党的十四届四中全会精神，民航总局党委于1994年印发了《关于贯彻<中共中央关于加强党的建设几个重大问题的决定>的实施意见》，就加强党的思想建设、贯彻民主集中制、培养选拔德才兼备的跨世纪干部、加强基层党组织建设、持续抓好党风和廉政建设等提出具体措施。民航各级党委中心组带头学习马克思主义理论，形成了长期坚持的制度。成立了民航总局党校，加强对党员领导干部的理论培训和党性锻炼。开展思想政治工作人员专业职务评定工作，调动民航政工人员的工作积极性。按照领导干部廉洁自律、严肃查办违法违纪案件、纠正部门和行业不正之风等反腐败三项任务工作格局的要求，加大反腐败工作力度，遏制腐败现象滋生蔓延的势头。

20世纪90年代初期，航空安全问题频发。民航总局党委在狠抓安全规章和飞行管理的同时，高度重视思想政治教育，特别是把抓好飞行队思想政治工作摆上突出位置，1995年、1996年连续两次召开了全国民航飞行队伍思想政治工作座谈会，1998年民航总局党委再一次召开会议，发出了《关于进一步加强飞行队伍思想政治工作的通知》，不断强化思想政治工作的主导地位，对突出"严"字当头，建立一支思想过硬、作风优良、技术精湛的飞行队伍，提出了高的标准和要求，对于稳定队伍、保障航空安全发挥了积极的作用。

贯彻中央关于加强领导班子思想政治建设的重要指示精神，民航总局党委转发了《中共中央关于县以上党和国家机关党员领导干部民主生活会的若干规定》。从此，民航系统各级领导班子普遍建立了民主生活会制度，对于规范党内民主生活、加强领导班子建设发挥了积极的推动作用。

贯彻党的十四届六中全会精神，民航总局党委制定了《民航社会主义精神文明建设纲

要》,在全行业广泛开展以创建文明机场、文明航班、文明售票处为载体的精品服务样板创建活动。从1996年至2002年,先后达标了91个文明航班,35个文明售票处,17个文明机场。创建活动强化了民航干部职工的服务、奉献意识,使精神文明建设辐射到民航各个领域和层面,促进了行业服务质量的改进,树立了中国民航的良好形象。1999年5月,中国国际航空公司刘晋平机长率领机组将我驻南斯拉夫大使馆遇难者骨灰和伤员运回北京,受到中央领导的高度赞扬和社会各界的好评。

冯正霖同志与五一劳动奖章获得者握手

党的十五大后,按照中央部署,在民航系统开展了以"讲学习、讲政治、讲正气"为主要内容的党性党风教育,各级党员领导干部普遍受到了一次深刻的马克思主义思想教育,各级领导班子解决自身问题的能力得到提高,思想作风有了进一步的转变。

从2001年开始,民航总局党委进一步加强统一战线工作,建立健全统战工作网络,建立了民航总局领导与统战对象联系制度、高层次小范围谈心制度、通报情况座谈会制度等"三项制度",形成了好的工作机制。2002年,根据国务院批准的《民航体制改革方案》及有关规定,将新组建的民航六大集团公司党的组织关系分别移交中央企业工委、上海市委、广东省委。

党的十六大后,民航总局党委制定印发了《关于全面贯彻落实党的十六大精神,加快实现由民航大国向民航强国跨越的指导意见》。从2005年开始,民航总局党委在民航总局机关和直属单位分两批开展了以实践"三个代表"重要思想为主要内容的保持共产党员先进性教育活动,广大党员干部普遍受到了一次深刻的党的先进性教育,建立健全了保持共产党员先进性的长效机制,进一步促进了民航各项工作。

贯彻党的十七大精神和中央部署,民航局党组从2008年9月开始,在民航局机关和直属单位开展深入学习实践科学发展观活动,以"狠抓安全不放松、推进改革不动摇、夯实基础下功夫、推动民航科学发展"为主题,突出确保航空运输持续安全这一实践载体,认真学习,深入调研,着力转变思想观念,解决突出问题,完善体制机制,把科学发展观贯彻落实到民航各项工作中,促进了民航事业又好又快发展。

三、牢牢把握战略机遇期,坚持用习近平新时代中国特色社会主义思想武装头脑、指导实践,全面加强党的领导和党的建设,开启了民航强国建设的新征程

党的十八大以来,以习近平同志为核心的党中央团结带领全党全军全国各族人民,高举中国特色社会主义伟大旗帜,统筹推进"五位一体"总体布局、协调推进"四个全面"战略布局,以巨大的政治勇气和强烈的责任担当,提出一系列新理念新思想新战略,出台一系列重大方针政策,推出一系列重大举措,推进一系列重大工作,解决了许多长期想解决而没有解决的难题,办成了许多过去想办而没有办成的大事,党和国家事业发生了历史性变革,中国特色社会主义进入了新的发展阶段。

民航局党组认真学习贯彻习近平新时代中国特色社会主义思想和党的十八大、十九大精神,自觉把民航工作放在我国经济进入新常态的大逻辑下认真思考,放在以供给侧结构性改革为主线的大政策下制定措施,放在贯彻稳中求进工作总基调的大背景下统筹谋划,认真分析民航当前发展中的突出矛盾和问题,形成了"践行一个理念、推动两翼齐飞、坚守三条底线、完善三张网络、补齐四个短板"的新时期民航工作总体思路,在全行业形成广泛共识。认真贯彻习近平总书记关于安全隐患零容忍的重要指示精神,深入开展安全隐患排查,狠抓基层基础基本功建设,建立健全安全管理长效机制,推动我国民航实现持续安全发展。制定出台《关于进一步深化民航改革工作的意见》,确定了10个方面40项改革任务,形成"1+10+N"的深化民航改革工作框架,各项改革不断取得新进展。践行"发展为了人民"的理念,以"真情服务"理念引领服务工作提升,不断增强人民群众对民航发展的获得感。总结永暑礁新建机场校验试飞工作,概括提炼出"忠诚担当的政治品格、严谨科学的专业精神、团结协作的工作作风、敬业奉献的职业操守"这一当代民航精神,加强宣传弘扬、提振队伍士气,增强了行业的凝聚力。

坚持把贯彻执行中央八项规定精神、加强作风建设放在突出位置,制定印发《民航局党组贯彻落实中央八项规定的实施办法》,认真抓好贯彻落实,从改进调查研究、简化公务接待、精简会议活动、精简公文简报、加强出差管理、规范出访活动、加强培训管理、改进新闻报道、厉行勤俭节约等方面入手,持续用力、久久为功,推动作风建设不断取得新成效,进而带动了政风、行风转变。

2013下半年开始,民航局党组用一年多的时间,分两批组织开展了以"为民务实清廉"为主要内容的党的群众路线教育实践活动。教育引导民航系统党员领导干部牢固树立宗旨意识和马克思主义群众观点,改进工作作风,夯实党的执政基础,切实提高为人民服务的本领。2014年开始,作为党的群众路线教育实践活动的延展和深化,组织处级以上领导干部开展了"三严三实"专题教育,组织党员干部深入查找"不严不实"问题,结合巡视及巡视整改,推进问题整改和立规执纪,教育引导各级领导干部把"三严三实"作为自己为官从政做人的根本要求和个人修身养性、建功立业的毕生追求。

2016年开始,在民航系统全体党员中组织开展了以"学党章党规、学系列讲话,做合格党员"为主要内容的"两学一做"学习教育。通过扎实深入开展"两学一做"学习教育,民航系统全体党员又经历了一次深刻的思想政治洗礼,进一步强化了政治意识、大局意识、核心意识、看齐意识,进一步坚定了中国特色社会主义的道路自信、理论自信、制度自信、文化自信,进一步提升了党内政治生活的政治性、时代性、原则性、战斗性,进一步夯实了党建工作的基层基础基本功。通过开展学习教育,对党员组织关系、基层党组织设置、党建基本制度落实情况等各方面工作进行了一次彻底的大起底、大排查、大检修,很多长期积累的矛盾和问题得以推动解决,党建工作呈现出新的气象,基层党组织的战斗堡垒作用和党员的先锋模范作用进一步彰显,有力地推动了民航安全改革服务发展等各项工作。

顺应新时期民航党建工作的需要,成立民航局党建工作(党风廉政建设及巡视工作)领导小组及办公室,成立新的局直属机关纪委,理顺民航系统党建和反腐倡廉工作体制机制。制定印发《民航局党组关于深入推进全面从严治党的实施意见》《党委(党组)意识形态责任制实施细则》等规范性文件,进一步健全党建工作制度体系,组织开展党组织书记抓党建工作述职评议考核工作,层层传导压力,推动责任落实。在首都机场集团、空管局、飞行学院等单位探索开展派驻纪检组长在试点工作,有力促进了重点单位的党风廉政建设。统筹推进在民航各监管局和个别尚未单独设立党务、纪检部门的单位设立党委办公室,加强党务、纪检工作力量。

坚持把纪律挺在前面,坚持纪严于法、纪在法前,深化运用监督执纪"四种形态",加强日常监督。坚持无禁区、全覆盖、零容忍,坚持重遏制、强高压、长震慑,坚持行贿受贿一起查,做到有案必查、有腐必惩,坚决减存量、重点遏增量。紧盯十八大以来不收敛不收手,问题线索集中、群众反映强烈,现在重要岗位且可能还要提拔使用的领导干部,紧盯行政审批、资源分配、资产资金管理、工程建设、物资设备采购、干部人事等关键环节,严肃查处腐败问题,净化政治生态。针对民航系统近些年发生的腐败案件,持续深入开展警示教育,以案为戒、以案明纪。

自2014年以来,民航局党组先后开展7轮巡视,完成对27家局属单位的巡视,实现了全覆盖,共发现问题300个,形成问题线索70余条,发挥了巡视利剑作用。党的十九大后,根据中央新要求,坚持"实践探索在前、总结提炼在后",修订局党组《巡视工作实施办法》等5项制度,进一步推动局党组巡视工作制度化、规范化。高起点谋划推动新一轮巡视工作,对部分单位开展"回头看",推动和指导11个单位开展了巡察,着力构建巡视巡察联动的监督网,推动全面从严治党向基层延伸。

党的十九大召开后,民航局党组认真组织开展学习贯彻习近平新时代中国特色社会主义思想和党的十九大精神系列活动,发挥党组中心组示范带动作用,坚持读原著、学原文、悟原理,开展多形式、分层次、全覆盖的全员培训,真正把习近平新时代中国特色社会主义思想和十九大精神落实到每个基层支部、每名党员干部。坚持知行合一、学用结合,对标党的十九大提出的新目标和作出的战略安排,综合分析新时代民航强国的发展方向和阶段性特征,科学把握新时代民航强国建设的战略进程,研究拟定《新时代民航强国建设行动纲要》,完善发展战略顶层设计,明确到2020年加快实现从航空运输大国向航空运输强国的跨越,到2035年实现从单一的航空运输强国向多领域的民航强国的跨越,至21世纪中叶,实现从多领域民航强国向全方位民航强国的跨越。

2018年,是贯彻党的十九大精神的开局之年,是决胜全面建成小康社会、实施"十三五"规划承上启下的关键一年,也是推进新时代民航强国建设的重要一年。民航局党组认真落实新时代党的建设总要求,紧紧围绕坚持和加强党的全面领导,紧紧围绕维护以习近平同志为核心的党中央权威和集中统一领导,以党的政治建设为统领,以开展"不忘初心、牢记使命"主题教育为抓手,全面推进民航系统党的政治建设、思想建设、组织建设、作风建设、纪律建设,把制度建设贯穿其中,着力提高民航系统党的建设质量,营造风清气正的良好政治生态,为推动民航高质量发展、开启新时代民航强国建设新征程,提供坚强保证。

一以贯之强党建 凝心聚力促发展

国家邮政局机关党委

2006年,根据国务院《邮政体制改革方案》,实行邮政政企分开,重组国家邮政局。12年来,在国家邮政局党组和上级工委、部直属机关党委的正确领导下,机关党委围绕"服务中心、建设队伍"两大任务,坚定不移推进全面从严治党,将党的领导体现和贯彻到行业改革发展的各项具体实践中,有力推动中央重大决策部署的贯彻落实,为邮政业改革发展、书写新时代交通强国邮政篇提供了坚强政治保证。

一、旗帜鲜明讲政治,确保邮政业改革发展正确政治方向

我国邮政业的改革,在世界范围内没有先例,走的是一条"摸着石头过河"的艰难探索之路,面对改革发展中不断出现的新情况新问题,国家邮政局党组始终把政治建设摆在首位,以坚强的政治领导,保证了行业改革发展的正确方向。

一是强化对机关党建工作的领导。局党组认为,邮政管理部门既是业务部门,也是政治机关,没有脱离政治的业务,也没有脱离业务的政治,务必加强党的集中统一领导。成立以党组书记为组长的党建工作领导小组、党风廉政建设领导小组,经常性专题研究党建工作。研究制定《关于贯彻落实全面从严治党要求的实施意见》,对全面从严治党作出部署。不断强化党建述职评议考核,推动党建述职评议考核与年度考核一体部署、一体组织、一体实施,实现了党建述职评议考核在各司局和直属单位党组织的全覆盖。从严落实全面从严治党主体责任,逐步形成了党组统一领导、主要领导亲自抓、分管领导配合抓、党务部门具体抓的工作格局。

二是加强机关思想政治建设。充分发挥党组中心组示范引领作用,党组书记、局长马军胜带头讲党课。推动局机关各级党组织以学习贯彻习近平新时代中国特色社会主义思想为重点,用党的理论创新成果武装头脑、指导实践、推动工作,切实增强"四个意识"、坚定"四个自信",坚决维护以习近平总书记为核心的党中央权威,在思想上、政治上、行动上同以习近平同志为核心的党中央保持高度一致。习近平总书记每次发表重要讲话,机关都在第一时间认真组织传达学习,及时作出安排部署,迅速掀起学习贯彻热潮。党的十八大、十九大刚结束,局机关第一时间举办专题培训班,每次都分二期对机关100多名局处级干部进行集中轮训。局党组成员带头分别深入基层宣讲,将党中央和习近平总书记的最新指示传达到一线。党的十八大以来,局党组以集中学习、专家授课、研讨交流和实地观摩等形式,共组织集中学习62次,研讨交流25次,形成学习报告142篇;累计举办司局级干部专题研讨班10期,举办处级干部专题培训班21期。机关基层党支部积极主动加强党员思想政治教育,充分利用"西直门讲坛""青年学习论坛"等开展形式多样的学习活动,

同时，大力推广使用"支部工作"APP，开展在线学习活动，保持了网上学习"比学赶超"的生动局面，在工委2017年度排名中，位列中央部委第2名。

马军胜同志参加所在支部党日活动

三是严肃党内政治生活。认真贯彻《关于新形势下党内政治生活的若干准则》，研究制定《严格落实"三会一课"制度的措施》《严格落实党员领导干部双重组织生活制度的措施》，印发《关于严格规范党内和日常工作生活中称呼的通知》，明确党员干部在党内和日常工作生活中一律互称同志，从规范称呼做起，发扬党内民主，形成"清清爽爽的同志关系，规规矩矩的上下级关系"。严格落实民主生活会、组织生活会制度，深入开展批评与自我批评。各级党组织深入开展学党章、用党章、遵党章活动，组织开展形式多样的主题党日活动，扎实开展民主评议党员工作，不断规范党内政治生活，营造良好的政治生态。

二、倾情倾力带队伍，汇聚起推动行业改革发展强大力量

党员干部是推进邮政业改革发展的"主心骨"和"排头兵"。无论是在邮政业改革初期的困难时期，还是行业高速发展的黄金时期，局党组始终坚持使命引领和问题导向相统一，引导党员干部坚定理想信念，不断改进思想作风。

一是大力弘扬井冈山精神，筑牢改革发展信念。这是邮政管理部门队伍建设的一条十分重要的经验。2007年，国家邮政局刚刚重组，面对环境的变化、角色的转换，不少党员领导干部感到迷茫和困惑，甚至产生了"到底能坚持多久"的悲观情绪，在这种困难局面下，局党组毅然决定组织机关各司室负责同志以及省级邮政管理部门"一把手"上井冈山，从井冈山精神中汲取行业改革发展前行不竭动力，一举实现了对邮政管理队伍的思想大整顿，克服了"信念危机"，为邮政体制改革开好局、起好步产生深刻的影响。之后，又先后组织

到延安、西柏坡等红色教育基地,接受革命传统教育,锻造艰苦创业的精神之魂。2012年,国务院决定设置市(地)一级邮政管理局,这是邮政业改革中的又一次重大机遇。在这一关键节点,局党组在井冈山和北京组织四期全国市(地)局局长任职培训班,培训既有革命传统和理想信念教育,也有邮政管理业务授课,使即将奔赴基层邮政管理第一线的同志们,以井冈山精神为动力,坚定信念,努力开创基层邮政管理工作新局面。通过不断聚力凝魂,打下了邮政管理系统党员领导干部矢志抓改革的信念之基。

二是抓好党内学习教育,自身必须始终过硬。按照中央统一部署,推动思想政治建设环环相扣,从"关键少数"向全体党员拓展、从集中性教育向经常性教育延伸,教育引导广大党员干部锤炼党性修养,拧紧思想作风的"总开关"。党的群众路线教育实践活动取得成果丰硕。聚焦"四风",局党组梳理出14个突出问题,提出了8个方面37条整改措施。通过整改,局机关会议费支出下降44.62%,接待费用下降63.92%,公车运行维护费下降21.2%,出国费下降30.78%。集中解决群众反映强烈的突出问题,向社会承诺的"8件实事"圆满完成,取得了让老百姓看得见、感受得到的实际效果。"三严三实"专题教育落实到位。聚焦干部群众反映强烈的6个方面、49个具体问题,扎实开展"为官不为""庸懒散软"等四项专项整改行动,逐一列出问题清单,全面制定整改任务,局机关专题教育取得明显实效。"两学一做"学习教育纵深推进。深入推进"灯下黑"专项整治,及时研究制定《关于推进"两学一做"学习教育常态化制度化的实施方案》,明确15项常态性工作、18项阶段性重点工作,实现"两学一做"常态化制度化。

三是建立健全激励机制,倡导敢担当善作为。坚持落实新时期好干部标准,出台《关于加强和改进邮政管理系统领导班子建设的意见》《关于加强和改进培养选拔优秀年轻干部工作的实施意见》等文件,树立正确用人导向,选拔政治强、懂专业、善治理、敢担当、作风正的干部。在全体党员干部中大力倡导"较真、从严、务实、共进"的工作理念,强化爱岗敬业教育,坚决杜绝"为官不为"。完善"局领导约谈日"等谈心谈话制度,注重人文关怀和心理疏导,帮助困难党员、老干部等解决实际困难和问题,让干部职工充分感受到组织的关怀和温暖。通过党建引领,激发起广大党员干部坚持以担当有为的精神,攻坚克难、积极进取,扎实做好邮政业改革发展各项任务,推动邮政业持续高速增长。党的十八大以来,业务总量年均增速达到37%,业务收入占GDP比重从0.36%提高到0.82%,快递业务量增长到401亿件,连续4年稳居世界第一,成为我国经济的一匹黑马,为国家经济调结构、稳增长、促改革、惠民生、防风险做出了积极贡献。

三、强基固本重质效,实现基层党组织建设整体提升

牢固树立党的一切工作到支部的鲜明导向,始终坚持邮政业改革发展到什么阶段,党的建设就要推进到什么阶段。国家邮政局重组以来,机关和直属单位从最初的7个党支部、120余名党员,发展到现在23个党支部(党总支)、380余名党员。

一是强化基层党组织建设。将党建经费列入行政经费预算,支持机关开展党建活动。局党组落实机关党委常务副书记列席党组会议要求,通过多种渠道充实机关党委力量。严格党组织换届选举,建立并完善《机关党组织换届选举办法和规定》,机关党委按期组织2次换届,对应换届的基层党组织建立台账,严把程序、审批、考察关,指导机关党组织进

行换届选举；严格党员教育管理，坚持严格党员标准、严格发展程序、严把党员"入口关"，提高发展新党员的质量，12年来共发展43名新党员，培养入党积极分子120余名。推进社会组织在中央国家机关率先实现党的组织和党建工作"两个覆盖"，受到中央国家机关工委充分肯定。加强基层党务干部队伍建设，每年在延安、井冈山或沂蒙山等革命圣地、老区举办一期党务干部培训班。

二是提高党建工作制度化规范化水平。认真开展支部工作法总结推广工作，制定和落实机关基层党建工作季度通报制度。制定印发《关于进一步落实"三会一课"的措施》，配套制作《党组会议记录本》《党委会议记录本》《党支部会议记录本》《党员学习记录本》等9类记录本，从严规范会议记录，促进党内政治生活经常化。印发《关于进一步严格党费收缴管理使用的措施》，配套制作《党员须知》手册，创建"党小组长收缴、党支部汇总、机关党委审核、机关财务入账"的党费收缴新模式，实现党费收缴、管理、使用规范化。

三是激发基层党组织活力。不断强化党支部创新精神和开拓意识，为满足党员多样化学习需求，充分利用腾讯通RTX、QQ和微信等网络媒体资源，加强教育培训阵地建设；依托中国邮政快递报社报、刊、网构建"3+X"宣传平台，开设网上专栏和论坛，开辟党员学习园地。有的单位还建立了"支委会、'支委+党小组长''全体党员'"三个QQ群，形成宣传教育三级推动体系，让党建工作"24小时不掉线"。

四、驰而不息抓作风，磨砺廉洁从政"压舱石"

局党组坚持把作风建设贯穿于邮政业改革发展全过程，切实改进党员干部作风，努力营造风清气正政治环境，以作风建设持续推进开创改革发展崭新局面。

一是坚持教育优先，提高党员廉政意识。坚持把加强党风廉政教育、提高党员干部廉洁自律意识作为做好党风廉政建设和反腐败斗争工作的基础，通过组织学习新《党章》、"一准则两条例"、中央"八项规定"精神等，并结合历次主题教育活动、重要时间节点开展警示宣传，坚持开展全系统"以案释纪明纪，严守纪律规矩"主题警示教育月等活动，局党组书记马军胜做警示教育讲话，不断筑牢党员干部拒腐防变的思想道德防线。

二是落实廉政责任，始终把纪律挺在前面。适应纪检监察体制改革要求，设立"党风廉政建设领导小组办公室"，统筹全系统党风廉政建设和反腐败工作；设置"纪检监察室"，将机关纪委工作纳入其中。每年组织基层党组织负责人签订《党风廉政建设责任书》，并组织开展"两个责任"落实情况自查互查。正确运用监督执纪"四种形态"，坚持抓早抓小，对拟提任干部及时出具廉政意见，对新任领导干部进行任职廉政教育。以高度的责任感，积极配合做好中央专项巡视工作。针对"党的领导弱化、党的建设缺失、全面从严治党不力"等3个方面11个问题，局党组认真制定整改方案、梳理反馈问题，实行台账推进、挂账销号、动态管理，强力推进整改工作，一些长期坚持的工作转入经常性管理。

三是抓好重点整治，发挥拒腐防变关键作用。及时对公务用车、超标使用办公用房、违规配置使用手机、使用会议费等问题进行专项清理整治，对社会组织个别领导干部违规领取车补等问题进行查究，给予党内严重警告处分，在全系统通报批评。抓住重要节点严明纪律规矩，每逢元旦、春节及五一、十一、中秋等节日前，专门发出通知，提出纪律要求，严防"四风"反弹。贯彻《中国共产党巡视工作条例》，对31个省局党组开展整治巡视，指导省局开展对357个市(地)局党组开展巡察工作,推动全面从严治党向纵深发展、向基层延伸。

国家邮政局举行建党95周年暨"两优一先"表彰活动

五、凝魂聚气促融合,树立邮政行业良好形象

行业良好形象是改革发展成效的集中体现。局机关通过党建带群团建设,充分发挥机关工会、女职委、共青团组织的桥梁纽带作用,推动机关文化建设和文明氛围不断呈现新气象。

一是积极推进群团组织建设。认真贯彻中央党的群团工作会议精神,组织机关工会圆满完成换届选举,充分发挥工会在机关建设、服务和维护干部职工合法权益中的重要作用。支持机关女职委工作,开展"三八"妇女节特色活动。以"奋战十三五、传递邮政情、共筑中国梦"为主题,以公文写作、读书演讲等形式,深入开展岗位建功活动,积极推动行业健康发展。局机关各级群团组织开展了形式多样的慰问困难职工、阳光助学、医疗救助、教育文化等活动,努力为职工办实事。加强对机关团委工作领导和指导,每年召开青年座谈会,凝聚青年干部职工投身改革的智慧和力量。

二是加强行业精神文明建设。成立邮政行业精神文明建设指导委员会,先后制定了《关于全面推进邮政行业文化建设的指导意见》《关于进一步加强邮政行业精神文明建设的指导意见》,引领行业文化和精神文明建设方向。联合团中央、交通运输部组织开展快递行业"青年文明号"创建活动,成功组织三届"中国梦·邮政情"寻找最美快递员评选活动,举办两届快递行业"黑马杯"篮球邀请赛、三届春节行业"微见闻"征集活动,并逐步打造成邮政行业文明创建优秀品牌。认真践行社会主义核心价值观,大力弘扬邮政行业"诚信、服务、规范、共享"的核心价值理念,大力宣扬尼玛拉木、王顺友、艾克帕尔·伊敏、其美多吉、马朝立等先进典型事迹,展示了行业良好风貌。

一、部直属机关各单位党组织的党建工作发展综述

马军胜同志赴定点扶贫县哈叭气村"盛世"蔬菜合作社指导工作

三是注重在为民办实事中发挥表率作用。认真践行以人民为中心的发展思想，每年确立一批"邮政业更贴近民生实事"，解决群众关心的重点热点问题，让行业改革发展成果更多更公平惠及全体人民。以深入推进邮政业"放管服"改革为突破口，推行"三个清单一张网"工程，全面精简优化行政审批，出台一揽子政策措施，为邮政业发展、企业创业创新营造良好制度环境。坚持抓党建、促扶贫，充分发挥行业优势，扎实推进精准扶贫。局机关定点扶贫点河北平泉市哈叭气村17户建档立卡64人，已实现全部脱贫，提前3年率先脱贫摘帽。

六、几点思考

一是机关党建工作要对标对表。机关党建所取得的任何重要进步，关键在于有以习近平同志为核心的党中央的坚强领导，有习近平新时代中国特色社会主义思想的科学指引。这是机关党建工作最重要的经验。机关党的工作必须把政治建设摆在首位，作为党的根本性建设，秉持"政治安全"这一最根本的安全理念，把讲政治的要求贯穿想问题、做决策、抓落实的全过程，贯彻到机关党的建设的各个方面、各个环节，提高机关党的工作政治性、原则性、时代性和实效性。

二是机关党建工作要夯基培土。党的基层组织是推动党中央决策部署贯彻落实的"执行终端"。基础不牢，地动山摇。没有强大的组织力，党的路线方针政策就得不到有效落实，基层党组织自身的重要性和政治影响力也得不到应有体现。做好机关党建工作，就要把提升组织力作为机关基层党组织加强自身建设的核心内容，强化一切工作到支部的导向，进一步加强支部规范化建设，制定严格党的组织生活制度的具体办法，严格"三会一课"等制度的落实，推进支部活动方式创新，增强基层党组织在贯彻落实党的路线方针政策和重大决策部署方面的引领力、号召力和凝聚力。

群众路线教育实践活动局党组中心组集体研讨

三是机关党建工作要善作善成。党建与业务工作是统一体，密不可分。必须充分发挥党建工作领导小组、党风廉政建设领导小组、巡视工作领导小组和精神文明建设指导委员会的职能作用，坚持贴近中心工作、贴近队伍实际、贴近党员干部需求，做到党建与业务工作同谋划、同部署、同检查、同考核，使党建与业务深度融合，用党建统领业务，以党建促进业务工作开展，以业务工作的成效检验党建成效。

四是机关党建工作要融情融智。机关党建是立"根"铸"魂"的，主要是做"人"的工作，要坚持以人为本，增强服务理念，多做激励人、鼓舞人、理解人、关心人的工作，要多留心那些经常加班加点、家庭负担重、生活有困难的同志，多关注机关里身心健康有问题的同志，做好政治引领、理顺情绪、化解矛盾、解疑释惑工作，要爱人如己、成人之美、美人之美、美美与共，使机关党委真正成为"干部之家""党员之家""老干部之家"。

七、下一步工作重点

一是强化理论武装，把深入学习贯彻习近平新时代中国特色社会主义思想和党的十九大精神作为头等大事。继续在学懂弄通做实上下大功夫，持续用力、不断深化、落地见效。发挥党组理论学习中心组的示范引领作用和党支部的主体作用，通过辅导宣讲、研讨交流、形势报告等多种形式，注重利用新媒体等新技术、新形式，深入开展大学习、大调研，推动学习贯彻工作向基层延伸、向深度广度拓展。

二是坚持以党的政治建设为统领，把讲政治落实到机关党建全过程和机关事业发展各方面。把坚决维护习近平总书记的核心地位、坚决维护党中央权威和集中统一领导作为首要任务，认真贯彻落实中央《关于加强和维护党中央集中统一领导的若干规定》。以严肃党内政治生活为着力点，推进政治建设，紧密联系实际，把政治建设抓紧抓实抓细。

三是以提升组织力为重点，进一步建强基层党组织。加强基层党支部规范化建设，发挥支部"管到人头"的优势，严格党员教育管理监督，依靠党支部把党员管住管好，使每一名党员都成为一面鲜红的旗帜、每一个党支部都成为一座战斗的堡垒。

四是强化正风肃纪，深入推进反腐败斗争，建设风清气正的政治机关。以驰而不息的精神，坚决防止和纠正"四风"。坚持把纪律挺在前面，让党的纪律真正立起来、严起来。用好"四种形态"，强化监督执纪问责。

五是强化机关党建工作责任制，为推动新时代机关党建提供有力保障。进一步严格落实机关党建工作责任，加强机关党建制度建设，加大党务干部队伍建设力度。

以"五个坚持"统揽党建业务工作建设"坚强前哨"和"巩固后院"

部办公厅党总支

2014年5月8日,习近平总书记在中办调研视察时发表"5·8"重要讲话,提出了"五个坚持"的重要论断,涵盖了政治建设、思想建设、业务建设、作风建设、品德建设等各个方面,是新时代做好办公厅工作的根本遵循,是办公厅党员干部的行为指南。交通运输部办公厅党总支在部直属机关党委的领导下,坚持以习近平新时代中国特色社会主义思想为指导,以"五个坚持"为根本遵循,不忘初心,牢记使命,增强"四个意识",坚定"四个自信",坚决维护习近平总书记的核心地位,坚决维护党中央权威和集中统一领导,统筹党建、业务工作融合发展,努力建设党组放心、司局省心、基层舒心的"坚强前哨"和"巩固后院"。

一、坚持绝对忠诚的政治品格,增强"四个意识"的理性认识

习近平总书记指出:"全党同志要强化党的意识,牢记自己的第一身份是共产党员,第一职责是为党工作,做到忠诚于组织,任何时候都与党同心同德。"对党忠诚既是党对党员干部最基本的政治要求,也是党员干部最重要的政治素养。办公厅党总支作为机关运转中枢的基层党组织,维护党的领导核心、对党绝对忠诚是赖以生存的生命线,是必须坚守的核心政治标准。厅党总支始终把坚持绝对忠诚的政治品格作为工作的灵魂和政治建设的首要任务,引导全厅党员干部把对党绝对忠诚铸入思想、融入灵魂、付诸行动。

一是夯实信念之基。习近平总书记强调,"坚持对党绝对忠诚,必须坚定理想信念"。崇高的理想是思想的旗帜,是党员的精神支柱,是党的力量所在,办公厅党员干部决不能在理想信念的"总开关"上出现偏差。厅党总支注重把持之以恒抓好理想信念教育贯穿融入到思想政治建设全过程,设置宗旨意识、群众路线、"三严三实"等专题,组织开展学习交流研讨,推动全厅党员干部进一步增强"四个意识"、坚定"四个自信",夯实信仰之基、补足精神之钙、把牢方向之舵。

二是筑牢党性之魂。习近平总书记指出:"党性是党员干部立身、立业、立言、立德的基石,必须在严格的党内生活锻炼中不断增强。"党性之魂是共产党人的精神支柱,不养不成,不养不固。厅党总支严格执行新形势下党内政治生活若干准则,严格落实"三会一课"等制度,加强全厅党员干部党性锻炼;认真组织开展党性分析,坚持不懈把开展批评和自我批评这个武器用好用活,对照党员标准、对照入党誓词、对照初心和使命、对照"五个坚持",联系个人思想和工作实际,强化党员意识、增强党的观念、提高党性修养。通过加强党性锻炼,确保全厅党员干部坚定执行党的政治路线,严格遵守政治纪律和政治规矩,自

觉在政治立场、政治方向、政治原则、政治道路上同以习近平同志为核心的党中央保持高度一致。

三是练好理论之功。习近平总书记强调,"对共产党人来说,只有理论上清醒才能有政治上清醒,只有理论上坚定才能有政治上坚定"。马克思主义理论素养是党员干部素质的核心和灵魂,掌握马克思主义理论是党员干部的基本功。厅党总支坚持读原著、学原文、悟原理,把学习贯彻习近平新时代中国特色社会主义思想和党的十九大精神作为首要政治任务,带领全厅党员干部在学懂弄通做实上下功夫求实效,着力提升党员干部的马克思主义理论素养;坚持领导班子和领导干部先学一步、学深一层,带头将《习近平谈治国理政》《习近平新时代中国特色社会主义思想三十讲》作为案头卷、工具书、座右铭,在理论武装上走在前做表率;坚持政治和业务学习两手抓,组织全厅党员干部学习领会习近平总书记关于交通运输工作、办公厅工作的重要指示精神,认真贯彻落实部党组对办公厅工作的部署要求,激励每一位党员干部在岗位上学思践悟,贡献力量;坚持以制度促规范管长远,建立健全厅学习例会制度,推动厅机关、档案馆、文印室支部健全完善学习研讨制度,做到有计划、有部署、有交流、有考核,把保持绝对忠诚建立在对科学理论的理性认同上,建立在对基本国情的准确把握上,建立在推进交通强国建设的实践中,做政治上的明白人、当工作中的实干家。

办公厅党总支读书交流活动

二、坚持高度自觉的大局意识,抓党建引领激励办公厅党员干部新时代新担当新作为

习近平总书记要求办公厅干部"必须牢固树立高度自觉的大局意识,自觉从大局看问

题,把工作放到大局中去思考、定位、摆布,做到正确认识大局、自觉服务大局、坚决维护大局"。厅党总支坚持围绕中心抓党建,抓好党建促业务,引导党员干部深刻领会新时代、新思想、新矛盾、新目标提出的新要求,自觉站在党和国家大局、交通运输改革发展全局上想问题、干工作、优服务,全面履行"四项职能",出谋划策、贡献智慧,加强督办、促进落实,统筹协调、搞好保障,提升"三服务"质量和水平。

一是在优化参谋服务中担当作为。坚持把抓党建强队伍的工作重点放到服务部党组决策和提高机关运转效能上,做到"参之有道""谋之有方"。积极引导全厅党员干部加强政务谋划,协助部党组谋划年度工作要点、重点目标任务、更贴近民生实事等,统筹推进习近平总书记关于交通运输工作重要指示和中央关于交通运输工作的决策部署落到实处。加强部机关政务运行、人大代表建议政协委员提案、重要信访问题分析,反映政务运行态势和基层群众期盼,提供决策参考建议。围绕大局报送政务信息,为中央和部党组决策提供高质量政务信息服务。

二是在优化综合协调中担当作为。坚持把抓党建强队伍的工作重点放在发挥枢纽作用、做好上下内外沟通协调上,确保机关运行有序、大事小事不遗不漏。注重发挥牵头抓总、协调各方的职能作用,打通"经络"、畅通渠道,推动形成合力合拍、同频共振的工作格局。加强重大活动组织,全力做好党和国家重大活动、部内重要会议、部领导重要工作安排的统筹协调和服务保障工作,确保周全细致,衔接严密。提升办文办会能力,协调统一部务会审议部管局事项规章流程,对司局承办的部重要会议、重要活动提前介入、加强指导。针对沟通不够、交流不深、信息不畅等问题,变"文来文往"为"人来人往",加深理解,凝聚共识。

办公厅党总支集中学习

三是在优化督促检查中担当作为。坚持把抓党建强队伍的工作重点放在创新督查方式、

一、部直属机关各单位党组织的党建工作发展综述

完善督查体系、发挥办公厅抓落实的基本职能作用上来。引导党员干部把精力放在抓好重大决策部署落实上,完善督查任务台账,采取关联分析方法,强化"一本账"管理,统筹推进党中央、国务院重大决策部署、中央领导同志重要指示批示、部年度重点目标任务的督促落实,防止重复督查,提高督查实效;组织开展交通扶贫和作风建设专项督查调研,委托专业机构对更贴近民生实事完成情况开展第三方评估。

四是在优化服务保障中担当作为。坚持把抓党建强队伍的工作重点放在增强服务意识、拓展服务内容、提高服务能力上,为党组、机关和基层群众做好服务保障工作。加强与人大代表、政协委员沟通联系,按期保质完成办理工作,使代表委员满意率始终保持在较高水平。推进政务公开,用政务更加公开透明,赢得人民群众更多理解、信任和支持。积极化解案情复杂、时间长、影响大的信访积案。建立全方位的管控保密防线和责任落实体系。严格执行财经纪律,加强机关财务保障。建立健全档案管理体系,加强机关文印工作。

三、坚持极端负责的工作作风,倡导"严实细"

习近平总书记强调,"工作作风上的问题绝对不是小事,如果不坚决纠正不良风气,任其发展下去,就会像一座无形的墙把我们党和人民群众隔开,我们党就会失去根基、失去血脉、失去力量"。办公厅作为落实决策的"第一关"、推进工作的"第一棒",始终秉持极端负责的工作作风,以严上加严、实之又实、细之又细的工作态度,确保各项工作一抓到底、落地见效。

办公厅党总支组织党日活动

一是严字当头。办公厅工作要求严格标准,时时、处处、事事都要坚持一流标准、一流质量、一流要求,凡是经过办公厅的事,党组就能放心、司局就能省心、群众就能安心。督促全厅党员干部严格按照党性原则办事,按政策法规办事,按制度程序办事,工作中严

格把好每一个环节、每一道防线、每一个哨位,不容许一丝马虎,不放过一个疑问,不留下一个漏洞,不出现一个差错,努力做到零错误、零延误、零失误。

二是实处发力。厅党总支从"三办"工作实际出发,发挥支部的战斗堡垒作用和党员的先锋模范作用,对部党组的决策部署主动跟进,报真情、做实事、求实效,雷厉风行抓落实,当好部党组抓落实的"快速反应部队"。坚持和完善主题联学制度,学习基层先进经验,了解基层所需所想,帮扶解决难点问题,把工作抓实做实。

三是细处见功。"天下大事必作于细"。作风建设不能大而化之、泛泛而谈,要从细节、小事入手。引导全厅党员干部在办文办会办事中一丝不苟、严谨细致、精益求精,把各种可能的情况想全想透,把各项措施制定的周详完善,确保重要会议、重要活动、重要接待安排科学、无缝衔接、圆满高效;把细致扎实的要求落实到"三办"工作的各个环节、各个细节,从最简单、最平凡、最普通的事情做起,把手中的事情做精做细,于细微之处见精神,在细节之间显水平。

四、坚持无怨无悔的奉献精神,营造风清气正的政治生态

"甘于奉献是共产党人的崇高品格,中办的同志更要做到",这是习近平总书记在新时期新形势下对办公厅队伍建设提出的新的更高要求。责任重于泰山,以极端负责的态度做好工作才能成就事业,以无怨无悔的付出对待事业方能守护理想。厅党总支要求全厅党员要把心思放在责任上,把精力放在工作上,把智慧放在做事上,为营造风清气正的政治生态和团结干事的工作环境履职尽责。

一是践行无怨无悔的"大奉献"精神。习近平总书记强调,"我们共产党人讲奉献,就要有一颗为党为人民矢志奋斗的心,有了这颗心,就会'痛并快乐着',再怎么艰苦也是美的,再怎么付出也是甜的,就不会患得患失。这才是符合党和人民要求的大奉献"。针对办公厅大事要事交织、急事难事叠加的情形,厅党总支引导全厅党员干部牢固树立"大奉献"精神,把为人民服务作为一切行动的出发点和落脚点,正确认识苦与乐、得与失的关系,不斤斤计较,不患得患失,做到虔诚而执着、至信而深厚,切实守护好共产党人的精神高地。

二是弘扬默默无闻的"螺丝钉"精神。习近平总书记要求办公厅的同志要有"绿叶精神"。办公厅党总支引导全厅党员干部把默默无闻的"螺丝钉"精神成为推进工作的行动准则,树立正确的名利观、得失观,把心思、精力、智慧都用到干事创业上,比工作不比待遇、比贡献不比索取,保持"钻"的韧劲,不惧事杂、不畏事重、不避事难,做到大事举重若轻、小事举轻若重,大事小事杂事都抓好抓实,在平凡的岗位上创造属于自己的精彩。

三是崇尚任劳任怨的"老黄牛"精神。习近平总书记要求办公厅的同志"要为了党和人民事业勤勤恳恳、任劳任怨,不图名、不图利,专心致志、心无旁骛做好工作"。厅党总支把队伍建设与培养敬业能力、吃苦耐劳精神有机结合起来,引导全厅党员干部不讲条件、不计得失,把部党组交给的每一项任务做到最好,以辛勤辛苦和热情服务赢得党组、司局和基层、群众的信任,做勤勤恳恳的"老黄牛",在践行党的宗旨、为人民谋福祉的实践中实现人生价值。

五、坚持廉洁自律的道德操守,推动全面从严治党落实到支部和党员

全面从严治党是新时代党的建设的重大创新。党的十八大以来,以习近平同志为核心

的党中央结合新的历史任务和时代特征,创新发展马克思主义党建理论,把全面从严治党纳入"四个全面"战略布局,构成了新时代党的建设的鲜明特点和重要经验。厅党总支深刻认识全面从严治党的重大政治、理论、实践意义,以更高的要求、坚韧的决心、强烈的担当,坚定不移推动全面从严治党落实到各个支部和每名党员,在廉洁自律上作出表率。

一是层层落实责任。厅党总支书记切实履行抓党建主体责任,坚持目标导向和问题导向相结合,建立年度党建和业务工作一本账,坚持党建、业务工作一体部署、一体督办,明确时间表、路线图、责任人,列出问题清单、责任清单、整改清单,确保工作有人管、有人抓。督促厅内党员领导干部履行好"一岗双责",认真落实党风廉政建设责任制,做到守土有责、守土尽责,形成一级抓一级、层层抓落实的工作格局。

二是织密制度笼子。协助部党组制定贯彻落实中央八项规定精神的实施细则。认真落实党员领导干部个人事项报告、述职述廉、民主评议等制度规定。制定落实秘书管理办法、办公厅党员干部"十不准"以及办文、办会、办事系列管理办法和操作规程。加强制度执行力建设,使"遵守制度、敬畏制度、按制度办事"成为党员干部的自觉和习惯。

三是始终严格自律。厅党总支始终坚持把纪律和规矩挺在前面,把廉政教育作为各类会议的重要内容,逢会必讲、警钟长鸣,抓早抓小、防微杜渐,让红脸出汗成为常态。引导党员干部自觉从中华优秀传统文化中汲取营养,恪守老老实实做人、干干净净做事的道德信条,坚守做人、处事、用权、交友的底线,解决好世界观、人生观、价值观这个"总开关"问题,增强不想腐的自觉。

以"五个过硬"统领党建工作
以思想大解放推动事业大发展

部政策研究室党支部

改革开放40年来,思想解放与深化改革总是相互激荡、彼此成就。如今,改革未竟全功,思想更待解放。习近平总书记强调,要弘扬改革创新精神,推动思想再解放改革再深入工作再抓实,为站在新起点上谋划和推进改革指明了方向,这也是政研室今后工作的根本遵循。

政研室与离退休干部局离退休部长党支部联学共建活动

政研室成立于2014年,至今仅4年,是一个非常年轻的团队,也是一个敢打硬仗、善打胜仗、特别能吃苦、特别能战斗的团队。成立以来,面对大事多、急事多、难事多、任务重、要求高的工作压力,全室始终保持奋发有为的精神状态,弘扬"平常时候看得出来,关键时刻站得出来,危急关头豁得出来"的工作作风,拿出了一批高质量的工作成果。作为部党组决策的智囊团、参谋部、思想库、宣传队,政研室党支部在部直属机关党委的领导下,始终坚持以习近平总书记提出的"五个过硬"锤炼队伍,融合党建工作与中心工作"同频共振",以"功成不必在我"的境界和"功成必定有我"的历史担当,不忘初心,牢记使命,努力践行新时代党的建设总要求,激励党员干部新时代新担当新作为,打赢全面深化改革新的攻坚战,以新一轮思想大解放,推动新一轮大发展。

一、坚持做到信念过硬,以习近平新时代中国特色社会主义思想筑牢政治灵魂

习近平总书记一再强调,理想信念就是共产党人精神上的"钙",没有理想信念,理想信念不坚定,精神上就会"缺钙",就会得"软骨病"。我们党历经苦难而淬火成钢,归根到底在于心中的远大理想和革命信念始终坚定执着,始终闪耀着火热的光芒。政研室党支部持续开展"两学一做"学习教育常态化制度化,用信念凝结党员干部的初心与使命,打造立身之本、正气之魂、力量之源。

党支部组织党员重温入党志愿书

第一,加强政治理论学习,研究新情况、解决新问题、更新思想库。坚持学习习近平新时代中国特色社会主义思想,使其成为改造主观世界、坚定理想信念的强大思想武器。一是在"学懂"上下功夫。建立"写、谈、议、思"(写学习心得、谈学习体会、议学习感受、思对策建议)学习法,通过读原文、学原著,增强党员干部的思想自觉、政治自觉、行动自觉。二是在"弄通"上见真章。将学习与习近平总书记对交通运输工作的重要指示精神,与交通强国建设实践贯通起来,做到学深悟透、学以致知、学以力行。在行业媒体开辟专栏,组织撰写"焦蕴平"系列评论员文章,多维度解读交通运输改革发展的思想、理念、思路、决策,精准发声,以文辅政。三是在"做实"上求实效。聚焦行业重大体制机制性问题,深入研究交通运输大部门制改革、供给侧结构性改革等重点任务,持续推出《"四好农村路"

理论与实践》《以习近平新时代中国特色社会主义思想为指引　奋力开启建设交通强国新征程》等研究成果，引领全行业学习，做到真学、真信、真懂、真用。

第二，践行社会主义核心价值观，凝聚新时代交通精神。一是认真落实意识形态工作责任制。开展"爱岗敬业明礼诚信"社会主义核心价值观主题实践。当好推动交通运输改革发展的"宣传队"，广泛宣传"感动交通年度人物"先进事迹，培树更多时代楷模和重大典型，塑造新时代交通人新形象、新作为。二是继续弘扬"两路"精神，围绕交通强国、"四好农村路"建设等做好主题宣传，营造良好的交通发展舆论环境。以"为人民服务到白头"的"小扁担精神"，"爱岗敬业、默默奉献"的"铺路石精神"等为历史背景，进一步提炼研究新时代交通精神，形成凝聚行业合力的正能量场。三是深化文明交通行动，推进行业诚信建设制度化。做好电影《村路弯弯》《又见红叶》等文艺创作，开展交通运输公益广告大赛，推动交通文博工程建设。有序推进《中国交通运输改革开放40年》等交通文献编纂，全面提升行业软实力。

二、坚持做到政治过硬，教育引导党员干部做到对党保持绝对忠诚

党的十九大报告强调，"把党的政治建设摆在首位"。我们常说，打铁还需自身硬。政治素质如何，事关"淬火""捶打"的成效。万水千山不忘来时路，树高千尺根深在沃土。政研室党支部始终高度重视政治建设，打牢党建工作的"地基"，在加强党性锻炼中修好初心，在为民办事中践行初心，绝对忠诚，勇于担当。

第一，加强干部队伍建设。一是大力弘扬忠诚老实、公道正派、实事求是、清正廉洁等价值观，坚决防止和反对个人主义、自由主义等不良政治文化，发展积极健康的党内政治文化，全面净化政研室的党内政治生态。二是把衡量担当作为的标尺亮出来，把重实干重实绩用人导向鲜明树立起来，激励党员干部牢固树立"四个意识"和"四个自信"，坚决维护习近平总书记的核心地位，坚决维护以习近平同志为核心的党中央权威和集中统一领导，坚持做老实人、说老实话、干老实事，襟怀坦白，公道正派，保持对党的绝对忠诚。

第二，严格落实纪律要求。一是全面加强组织纪律和政治纪律建设，提高遵守纪律标准，严格执行纪律要求，引导党员干部在守纪律、讲规矩上当先锋、作表率，切实做到政治信仰不变、政治立场不移、政治方向不偏。二是每年召开党员评议大会，重点查找党建工作中是否存在"两个责任"未落地、党建业务"两张皮"等突出问题，并对照整改落实；定期召开领导干部民主生活会、党性分析会、专题组织生活会，组织全体党员特别是领导干部开展批评和自我批评，进行"党性体检"。

第三，树立大局意识，提高政治站位。一是党员干部始终牢记自己的第一身份是共产党员、第一职责是为党工作。坚持把推进党的事业发展，把实现好、维护好、发展好最广大人民的根本利益，作为一切工作的出发点和落脚点。保持政治上的清醒坚定，始终忠于党、忠于人民。二是在工作落实上，树立大局意识，提高政治站位，主动工作、主动汇报、主动查摆问题。特别是在重大工作推进落实过程中，不折不扣的贯彻党中央决策部署，在思想上行动上与党中央保持高度一致。

三、坚持做到责任过硬，激励党员干部新时代新作为新担当

习近平总书记曾说："我的执政理念，概括起来说就是：为人民服务，担当起该担当的

责任。"面对当前改革发展稳定遇到的新形势新情况新问题，政研室党支部自觉把使命放在心上、把责任扛在肩上，牢固树立"抓落实、要结果、看效果"的鲜明导向，主动当好"智囊团"和"参谋部"。在抓工作谋划上，积极有为，为部党组决策出观点、出思路、出举措。在推进改革攻坚上，下好先手棋，打好主动仗，做到精准对接、前瞻引领决策需求。

第一，攻坚克难勇于担当。"士不可以不弘毅，任重而道远"，政研室始终以"使命必达"的信念，在重点改革攻坚上，顶住压力、步步为"赢"。一是引导党员干部牢固树立正确政绩观，扭住关键、精准发力，勇挑重担、啃硬骨头。聚焦发力全面深化改革总目标，深入贯彻中央重大改革部署，发挥部改革办统筹、协调、抓总作用，推动改革在重要领域和关键环节取得实质性突破，提升重点难点改革的落地执行力。二是突出抓好重大政策研究和储备，为部党组决策当好参谋、智囊，做到对策有准度、推动有抓手。以解决行业重大问题为突破口，组织推进交通强国、雄安新区政策协调创新、"四好农村路"等战略性研究。围绕中美贸易摩擦、深化收费公路改革等重点、热点工作，开展专题性政策研究，形成政策建议。三是进一步解放思想，强化创新工作。习近平同志指出，冲破思想观念的障碍、突破利益固化的藩篱，解放思想是首要的。政研室党支部坚持履职尽责，站在更高起点谋划和推进改革，把改革精神融入血液，以改革为创新开路，在加快交通强国建设的新时代跑出创新的"加速度"。

第二，提升专业素养善于担当。一是加强专业知识、专业能力培训，利用"知行讲坛"，邀请行业内外专家讲课，学习创新的思想和前沿的学术，涵养干部担当作为的底气和勇气。把"初心"和"使命"融入到政研室各项工作的全过程，积极打造书香型、智慧型、担当型党支部，做实"四个平台"，做精"四项活动"，实施"六大工程"，实现党建和中心工作"同频共振"。二是带动全室努力做到学以致用、用以促学、学用相长，谋划改革发展全局，加强政策储备的顶层设计。全力做好部党组的重要文稿保障工作，发挥以文辅政的积极作用。加快建设"信用交通省"，指导各地实施加强信用监管。讲好交通故事，提升舆情监测和研判能力，营造良好发展舆论氛围。通过加强党建工作凝聚全室力量，在黄金时期当好先行、有所作为。

四、坚持做到能力过硬，崇尚苦干实干，奋力推进交通强国建设

绳短不能汲深井，浅水难以负大舟。"星星之火，可以燎原""摸着石头过河"……回望我们党97年波澜壮阔的历史，几代"领路人"的远见卓识和雄才伟略，无一不来自筚路蓝缕的艰辛探索、奋力开拓中不断的总结与学习。习近平总书记一再强调，我们党既要政治过硬，也要本领高强。政研室党支部紧紧围绕工作职责，教育带动党员干部永葆"入山问樵、入水问渔"的求知精神，锤炼"八项本领"，努力达到"政治家+专门家"的标准，当好部党组决策的"最强大脑"。

第一，增强学习本领。坚持学习习近平新时代中国特色社会主义思想，统一思想、指导实践，做到"知行合一"。抓好政策理论研究，推动出版《习近平新时代中国特色社会主义思想在交通领域的成功实践》等书籍。

第二，增强政治领导本领。把党建作为最大政绩来抓，始终坚持战略思维、创新思维、辩证思维、法治思维、底线思维，牢牢把握正确政治方向。严格党内政治生活，增强党组

织的政治性和战斗性。

第三,增强改革创新本领。提高主动谋划的能力,保持锐意进取的精神,提升改革攻坚的能力,围绕交通强国建设目标要求,进一步推动形成新时代全面深化交通运输改革的顶层设计。

第四,增强科学发展本领。围绕国家的新战略确定多层面研究课题,开展前瞻性政策研究,争取形成一批研究成果和政策储备,为部党组科学决策做好参谋。

第五,增强依法执政本领。主动学习党章,遵守党章,维护党章权威;自觉学习宪法,养成法治思维,真正把国家法律与党章党规党纪内化于心、外化于行。

第六,增强群众工作本领。持续推进"问计于民、问计于网"专栏建设,推动政策研究导向始终瞄准交通运输行业民生热点。积极参与部脱贫攻坚工作,贯彻落实"修好农村路,服务城镇化,让农民兄弟走上柏油路和水泥路"的工作要求,全面推动"四好农村路"建设。

第七,增强狠抓落实本领。继续加强改革的督查保障,抓完善机制、抓改革成效、抓成果巩固,推动改革举措早落地、见实效。

第八,增强驾驭风险本领。加强防控金融风险、公共安全风险的政策研究。

五、坚持做到作风过硬,提升党性修养,营造干事创业的良好氛围

作风问题本质上是党性问题,党性强则作风正。"百姓谁不爱好官?把泪焦桐成雨。"政研室党支部始终坚持以滚石上山的劲头、爬坡过坎的勇气加强作风建设,带动全体党员干部时刻用共产党员标准要求自己,努力向焦裕禄等好干部看齐,在学思践悟中磨砺党性,锤炼过硬作风。

党支部组织生活日

第一,加强班子建设,营造科学民主氛围。一是严格落实民主集中制,遵守议事规则和集体决策机制,保证民主决策的科学性。定期开展思想务虚和工作务虚,营造为担当者担当、为负责者负责、为干事者撑腰的良好氛围。二是室领导班子以身作则,层层落实管党治党责任,管理党员干部从"宽松软"转向"严紧硬"。以政研室党支部荣获"交通运输部系统先进基层党组织"表彰为契机,加强支部建设,做精支部党建品牌。进一步推进党务公开,全面提升执行力,对部领导交办的工作做到令必行、禁必止。

第二,加强党风廉政建设,持续改进"四风"。一是落实"一岗双责",加强党风廉政建设,树立廉政"红线"意识,底线思维。落实中央八项规定精神,增强纪律教育经常性针对性实效性,久久为功祛除享乐主义和奢靡之风。二是持续整治"四风",正风肃纪,反对官僚主义,各级领导干部身体力行,以上率下,形成"头雁效应";持之以恒克服形式主义,坚持察实情、出实招、办实事、求实效,做到解决问题势如破竹,改进工作立竿见影。三是进一步改进文风,多掌握部党组的工作意图和导向,提升以文辅政的能力;多了解掌握行业发展现状,确保文稿接地气、识民情;尽量写短文、写实文,提升文章的理论高度、政策高度。

第三,扎实调研工作,打牢干事创业基础。政研室党支部深入开展"大学习大调研",加大调研工作力度,将吃透上情与摸清下情相结合,努力把上级政策吃透,把基层实际吃透,把现实问题吃透,做到对行业发展的真实情况了然于胸,确保政策研究接地气,有实效。加强新型行业智库试点建设,充分发挥各类智库作用,把重点放在提高研究质量、推动内容创新上,推动智库建设在新的起点迎接"高光时刻",把智库成果作为调查研究的重要补充,为部党组科学决策作好参谋。

习近平总书记指出,改革开放的过程就是思想解放的过程。没有思想大解放,就不会有改革大突破。改革开放40年历程告诉我们,要胜利实现既定战略目标,续写好中国特色社会主义这篇大文章,就必须坚持解放思想、实事求是。我们要从人民的实践创造和发展要求中获得前进动力,探索实践更多改革重大课题,开拓创新更多的新领域,以思想大解放推动事业大发展,为全面加强交通强国建设积蓄力量,做出贡献。

砥节砺行敢担当　良法善治有作为

部法制司党支部

法制司党支部自2014年成立以来，在部直属机关党委的坚强领导下，深入学习贯彻党的十八大、十九大精神，认真落实部党组的决策部署，全面履职尽责，勇于担当作为，以落实全面从严治党要求为主线，紧紧围绕全面推进依法治国战略布局和交通强国建设，着力打造"砥节砺行良法善治"党建品牌，扎实推进"两学一做"学习教育常态化制度化，充分发挥支部的战斗堡垒作用和党员的先锋模范作用，为推进交通运输法治政府部门建设提供了坚实引领和保障。

党的十九大以来，法制司领导班子以习近平新时代中国特色社会主义思想为指导，增强"四个意识"，坚定"四个自信"，着力推进支部政治建设，提高政治站位，加强党性锻炼，不断提高党建水平和工作实效。

一、凝心聚力，教育引导出实招

一是突出学习的政治性。把深入学习领会习近平新时代中国特色社会主义思想作为首要政治任务来抓，组织开展了支部书记讲党课、研讨交流等学习活动。班子成员团结一致，做到"两个坚决维护"，自觉抓好相关改革任务的落实，深化推进交通运输法治政府部门建设，为交通强国建设提供扎实的法治保障。

党支部组织党员宣誓

一、部直属机关各单位党组织的党建工作发展综述

二是突出学习的针对性。结合法制司工作特点，对不同处室、不同年龄、不同岗位党员制定不同学习计划，引导党员加强习近平总书记关于全面依法治国和关于交通运输工作重要指示精神的学习，更好指导交通运输法治政府部门建设，提高学习的针对性。

三是突出学习的持续性。全面、系统、持续学习习近平新时代中国特色社会主义思想，严格按照《法制司党支部学习制度》，明确支部学习、小组学习、个人学习的内容和责任人。将学习作为任务、手段，使学习成为需求、习惯，推动学习教育抓在经常。

二、聚焦问题，党性锤炼重实干

坚持问题导向锤炼党性，根据司领导班子思想和工作实际，结合民主生活会和组织生活会整改情况，有的放矢提高党性修养。一是旗帜鲜明讲政治。提高政治站位和政治敏锐性，坚定执行党的政治路线，严格遵守政治纪律和政治规矩，在政治立场、政治方向、政治原则、政治道路上同以习近平同志为核心的党中央保持高度一致。在任何情况下都做到政治信仰不变、政治立场不移、政治方向不偏。二是踏石留印抓落实。着力解决"四不"方面的问题，以抓工作落实为突破口，虚功实做，以"钉钉子"的精神抓好中央和部党组决策部署的落实，制定司督查工作清单，责任落实到人，定期督查督办。三是锲而不舍纠四风。以改进调研工作为抓手，精心设计"大调研"活动安排，不断细化调研方案和调研工作安排，要求调研"扑下身子、迈开步子、走出院子"，强化调研前准备工作，增强调研工作的针对性，将责任落实到人，确保调研工作取得实效。四是时刻警醒严纪律。坚持"教育为先预防为主"，组织开展任前廉政谈话、节前廉政提醒，增强秉公用权、廉洁从政的自觉意识。紧盯重要节点纪律教育，认真组织学习中央纪委通报曝光的违反中央八项规定精神问题案例，以案释纪、以案说法，释放从严信号。

党员干部开展业务调研

三、严格要求，组织管理见实效

一是组织建设制度化。抓好支部党建工作，制度具有根本性。结合党内有关规定和工作实际，制定出台了法制司党支部《"三会一课"制度实施细则》《学习制度》《加强党风廉政建设实施细则》以及《活动经费使用管理规定》，夯实组织建设的制度保障。二是责任落实明晰化。加强支部领导班子建设，支部书记担负起党建工作"第一责任人"责任，树立"抓好党建是最大政绩"理念，班子成员当好"头雁"。根据支部人员变动情况，由处领导担任党小组长，从组织上确保司、处负责同志一手抓业务、一手抓党建、两手都要硬，切实履行"一岗双责"职责。三是活动安排科学化。根据司业务工作特点，坚持规定动作与自选动作相结合，科学安排党建活动。针对司内青年干部多，对行业了解不深的情况，组织开展"司长讲党课、处长讲业务、专家讲前沿"活动，不断提高干部专业素养。安排司、处、科三级干部赴市、县、乡政府机关挂职锻炼，做到理论学习与实践教育相结合。

2018年，与离退休干部局组织联学活动，参观北京顺丰

四、恪尽职守，推进工作求实绩

以打造"砥节砺行，良法善治"党支部党建品牌为抓手，注重发挥党建工作在法治政府部门建设过程中的引领作用，有效促进了中心工作。一是落实中央决策部署持续深化。把思想和行动统一到中央的决策部署上来，确保中央决策部署的贯彻落实。在中央国家部委中率先提出"交通运输法治政府部门"建设工程，按照中央《深化党和国家机构改革方案》，

率先报送了交通运输综合执法改革方案,走在改革的前列。二是党员干部的素质持续提升。按照习近平总书记提出的"既要政治过硬,也要本领高强",学理论与学业务并重,支部党员尤其是青年党员政治素质和业务素质不断提升,业务能力不断增强,更多人成为各自岗位上的行家里手,推动立法等各项工作质量不断提高。三是党员干部的责任意识持续增强。支部党员发挥先锋模范作用,攻坚克难,勇于担当,积极主动谋划、引领、推动、协调交通强国战略下的法治政府部门建设,解决好社会关注度高,与群众、企业利益密切相关的难点、焦点问题,加大行政许可取消力度,提高含金量,推动交通运输"放管服"改革效益不断显现。四是打造战斗堡垒的动能持续激发。协同推进党建与队伍建设,党支部的凝聚力、战斗力增强。支部党员做到"撸起袖子加油干",把雷厉风行和久久为功有机结合起来,做实做细做好各项工作,展现良好精神风貌的同时,带动行业依法行政水平不断提升。

　　法制司党支部以习近平新时代中国特色社会主义思想武装头脑、指导实践、推动工作,打造了一支思进取、接地气、抓落实、敢担当的干部队伍,充分发挥支部的战斗堡垒作用和党员的先锋模范作用,有力推进了交通运输法治政府部门建设。

核心指引　发展先行

部综合规划司党总支

改革开放的 40 年，是国民经济高速发展、国力日渐强盛的 40 年。40 年来，综合规划司党总支在部党组的坚强领导下，按照部直属机关党委的要求，不忘初心，牢记使命，始终坚持党对交通规划工作的绝对领导权，坚定正确的政治立场和政治方向，不断提升综合立体交通规划本领和能力，为交通运输事业不断发展、稳步前进当好先行。

进入新时代，综合规划司党总支把学习贯彻习近平新时代中国特色社会主义思想和党的十九大精神作为首要政治任务，把党的建设伟大工程作为重中之重，树立"四个意识"，坚定"四个自信"，做到"三个表率，一个模范"，持续推进"两学一做"学习教育常态化制度化，积极创建"核心指引，发展先行"创先争优载体和"四比十化"活动，不断促进党建、中心工作深度融合，凝练规划司使命与精神，增强干部信心，增进干部自觉，鼓舞干部斗志，把全司党员干部的精气神引导到交通强国建设上来、引导到服务国家重大战略上来，为各项工作的开展提供了坚强的思想政治基础和组织保障。

综合规划司党员干部赴铁道兵纪念馆学习

一、始终坚持把政治建设放在首要位置，坚定理想信念，把准政治方向，大力推进交通强国建设

（一）坚定立场夯实根基

坚持党的政治领导，涵养政治生态，防范政治风险，永葆政治本色。坚持国家机关首先是政治机关，旗帜鲜明讲政治，坚定不移加强党的全面领导，坚持不懈推动党的政治建设。40年来，无论外部环境如何变化，规划司坚持党对交通规划工作的绝对领导绝不动摇，在大是大非面前，全司党员干部立场坚定，旗帜鲜明，坚决同错误思想作斗争。坚决贯彻落实中央和部党组部署要求，全力服务国家战略，为交通发展当好先行。

（二）狠抓学习提高站位

坚持理论学习，坚持与时俱进，深入推进马列主义、毛泽东思想、邓小平理论、"三个代表"重要思想、科学发展观学习研究，扎实开展"三讲"教育、党的先进性教育、创先争优、"两学一做"专题教育等。进入新时代，规划司将学习贯彻习近平新时代中国特色社会主义思想和党的十九大精神作为首要政治任务和头等大事，制定每月学习计划，分类分层分重点抓好学习，坚持先学一步，学深一层，读原著、学原文、悟原理，坚持用新思想武装头脑。坚持个人自学与集中学习相结合，系统学习与碎片化学习相结合，撰写党的十九大心得体会并汇编成册，整理并印发了习近平总书记关于交通规划重要讲话精神——《学习手册》。不断提高政治站位，坚持用新理念、新思想、新战略谋划交通强国建设。

（三）创新方法提升效果

坚持理论与实践相结合，将理论学习的成果体现到业务水平提高上。近年来，全司开展以"交通强国、规划先行，怎么看、怎么做"为主题的学习研讨活动，分四阶段多层次实施学习方案，围绕雄安新区、国际合作、规划创新等热点难点，研究对策、研讨办法、务求实效，激励全体党员在交通强国建设中建言献策，发挥先行。

（四）狠抓落实抓出实效

规划司始终坚持把贯彻党中央决策部署和部党组工作要求作为各项工作的核心。在改革开放的各个时期，各个节点，坚持重点突出，着眼全局，不断提升服务国家战略的本领和能力。进入新时代，全司以习近平总书记关于交通运输规划方面的指示批示精神为根本遵循，找准落点，以钉钉子精神抓好落实，抓出实效，各项重点工作进展顺利，成果丰硕。

二、深入推进党的建设常态化制度化

（一）真学悟透，筑牢党员干部理想信念

一是司领导严格落实"一岗双责""双重组织生活"制度。上讲台、讲党课，带头学习、当好头雁。二是认真组织学习，积极参加各类轮训、调训班，实现全司全覆盖。建立综合规划司"'两学一做'学习教育微信工作群""'心学堂'微信群"，用好新媒体，传播正能量。

坚持"请进来""走出去",邀请专家学者授课,赴各地实地开展主题党日,提升学习效果。

（二）固本强基,发挥党组织战斗堡垒作用

一是加强基层组织建设,建立了党总支、党支部、党小组,落实党务工作职责,坚持和完善党务干事制度。二是严格落实"三会一课"制度,定期召开党员大会、党总支及所属党支部委员会会议和党小组会,开展每月组织生活日活动。做好总支、支部、党小组、党员手册记录,提升基层支部规范化水平。三是高质量开好组织生活会和党性分析会,用好批评与自我批评的武器,深入查摆问题,制定整改方案,一项一项列台账,一条一条抓落实。四是按规定收缴党费。

（三）固化机制,严格规范党内生活

一是进一步加强内部管理。制定《综合规划司干部管理工作规程》《综合规划司"三重一大"事项议事规则》、党组织工作手册等,完善制度,规范管理。二是进一步规范业务管理。制定印发《交通运输科研项目管理暂行办法》《交通运输部部内信息化建设项目管理暂行办法》等业务管理制度,进一步健全工作制度体系。三是编印交通运输规划政策文件汇编、司工作制度汇编、司年度工作计划工作总结汇编等,以严的标准、严的程序、严的纪律进一步规范管理。四是坚持民主集中制,完善集体研究决策机制,严格落实"三重一大"制度,开好总支会、司长办公会、司务会。

（四）群策群力,切实做好群团工作

一是支持工青妇工作。组织开展健身、庆祝"三八"妇女节、恒爱行动捐赠等活动,营造积极向上、和谐健康的工作氛围。二是开展各类慰问活动。在职工生日或身体患病时开展送温暖活动,慰问困难党员干部,为外地挂职干部及其亲属排忧解难。三是推进共青团工作。组织青年同志赴海事卫星地面站开展联学；组织开展"根在基层"赴甘肃临夏州交通扶贫调研活动。围绕难点热点问题、机关建设、推进交通强国建设等内容,积极开展建言献策。

三、开展"四比十化"活动,创新"12345"工作法,不断加强文化建设

（一）开展"四比十化"活动,促进党建业务工作深度融合

引导党员干部在落实习近平总书记对交通规划指示精神上下功夫,在服务国家重大战略上见实效。按照"四个合格"的要求,开展"四比十化"活动。即比照政治合格要求,看履职尽责；比照执行纪律合格要求,看遵规守纪和廉洁自律；比照品德合格要求,看道德修养和协作配合；比照发挥作用合格要求,看先锋模范作用发挥。努力推进综合交通一体化、"一带一路"国际化、公路网络化、水运系统化、交通运输智能化、交通运输绿色化、交通运输投资计划精益化、交通扶贫均等化、交通运输统计精准化和交通运输军民融合深度化等十项重点工作。全司党员干部围绕"四比十化"干事创业,以更高的标准、更广的视角谋划交通规划,为交通运输发展当好先行。

(二)凝练综合规划司使命与精神,不断丰富文化建设内涵

重视司文化建设,制定"综合规划司文化建设主题方案",凝练出"核心指引,发展先行"的规划司使命和"忠诚、廉正、求是、奋进"的规划司精神,以文育人,以文化人,统一全司党员干部思想,形成心往一处想、劲往一处使的团结奋进良好局面。

(三)创新"12345"工作法,不断提升担当作为能力

结合中办《关于进一步激励广大干部新时代新担当新作为的意见》精神,围绕全司工作存在的突出问题,提出了"12345"工作法,即践行"核心指引,发展先行"的规划司使命,服务交通强国建设大局;坚持党建和业务"两手抓""两促进",深入开展"四比十化"活动,推进党建、业务工作深度融合;推进质量、效率、作风三个一流,确保工作成效;弘扬"忠诚、廉正、求是、奋进"的规划司精神,营造干事创业的良好氛围;制定职责清单、任务清单、责任清单、问题清单和一条全链条管理主线的"4+1"目标任务管理督查机制。通过系统的、制度化的工作机制创新,全面提升担当作为的本领和能力。

四、驰而不息改进作风,深入推进全面从严治党向纵深发展

严格贯彻落实中央八项规定精神及部实施细则,盯住关键节点、关键环节,划清红线、底线,杜绝"四不"问题,努力打造规划司文化品牌,用"走出去"服务促进作风转变,进一步增强党员干部的服务、担当自觉。

一是制定规划司党员干部"十不准",以更高的标准、更严的要求管好自己、管好身边人。二是持续推进各项整改。有计划地组织全司党员干部主动上门和走访座谈,听取相关司局和部属单位意见,逐条研究提出方案,列出整改措施并及时反馈落实。三是认真开展"大学习""大调研"活动,苦练调研基本功,弘扬党的优良传统和作风,走好新形势下的群众路线。司领导班子成员带领司内党员干部深入地方一线开展实地调研,厘清工作思路,破解交通发展难题。四是加强主动沟通、主动对接,认真办理人大代表建议和政协委员提案,纳入台账,挂图作战。

等闲识得东风面,万紫千红总是春。处在新时代,站在新起点,综合规划司党总支将继续把党的政治建设摆在首位,坚决维护习近平总书记的核心地位,坚决维护党中央权威和集中统一领导,坚决贯彻党中央和部党组决策部署,在推进交通强国建设新征程上,展现新时代交通人的新担当新作为!

服务交通　保障先行

部财务审计司党支部

今年是我国改革开放40周年。40年来，中国特色社会主义建设突飞猛进，我们的祖国在政治、经济、社会、文化、科技、国防、外交等各个方面都取得了巨大的成就，实现了持续走向繁荣富强的伟大飞跃。改革开放以来特别是十八大以来，在部党组的坚强领导下，按照部直属机关党委的部署和要求，财审司党支部以服务改革开放大局为方向，突出党建引领，夯实党建基础，不断加强党的政治建设、思想建设、组织建设、作风建设和纪律建设，充分发挥党支部的战斗堡垒作用和党员先锋模范作用，持续为交通运输高质量发展提供优质的服务和强有力的支撑。

一、始终坚持和加强党的全面领导，用习近平新时代中国特色社会主义思想武装头脑指导工作

坚持以科学理论引领、用科学理论武装，是我们党永葆先进性、纯洁性的根本保证。十八大以来，财审司党支部在"学懂、弄通、做实"上下功夫，坚持集中教育和经常性教育相结合，扎实做好"三严三实"专题教育，持续推进"两学一做"学习教育常态化制度化，稳步开展"不忘初心，牢记使命"主题教育，切实把学习习近平新时代中国特色社会主义思想的成果体现在推动各方面工作中。深入学习领会习近平新时代中国特色社会主义思想，进

党支部参加庆祝建党90周年活动

一、部直属机关各单位党组织的党建工作发展综述

一步筑牢同以习近平同志为核心的党中央保持高度一致的思想根基,推动每位党员把忠诚核心、拥戴核心、维护核心的要求转化为思想自觉、党性观念、纪律要求、行为规范。坚持以人民为中心的发展思想,弘扬党的群众路线,尽心尽责为基层办实事解难题。以新发展理念为引领,服务保障好交通运输行业持续健康发展,让人民群众有更多的获得感和幸福感。深入理解我国社会主要矛盾转化的重大意义,以此作为我们提供财审服务支撑的重要依据。准确把握"两个一百年"奋斗目标的任务要求,认真落实2018—2020年三年行动纲领,坚决打好防范化解重大风险、精准脱贫、污染防治三大攻坚战。通过学用党的创新理论,使全体党员进一步理解习近平新时代中国特色社会主义思想的政治意义、理论意义、实践意义和方法论意义,准确把握基本观点、精神实质、核心要义,真正做到学而信、学而用、学而行。

党支部组织观看第十三届全国人大开幕式

二、落实"三会一课"制度,稳步推进支部建设

中国共产党是改革开放的发起者、推动者和领导者,是中国特色社会主义事业的领导核心。毫无疑问,改革开放40年来中国特色社会主义的伟大成就,是在中国共产党的领导下取得的。纵观40年财审司支部建设的发展轨迹,就是一幅与改革开放伟大事业同步推进、协调发展的生动画卷,党的事业每向前推进一步,我们的支部建设就跟进一步。加强党的建设,基础在基层,重点在支部,而"三会一课"是最基本的形式和最主要的路径。支部自2004年起,每年坚持支部书记讲党课;2009年提出以创建学习型党支部为载体,通过

"专题明确深入学,联系实际干中学",使思想政治工作不断走向深入;2011年要求在提高党员干部党性修养上下功夫,全面构建学习型党支部;2014年引导党员交流学习心得,组织党员撰写近百篇心得体会;2017年创新学习方式,采取"领导带头学、小组提前学、支部集中学"的形式,在每月组织生活日进行专题学习研讨。通过落实"三会一课"制度,司党支部组织生活不断规范。

党支部组织党员赴西柏坡学习

三、着力推进党建业务深度融合,勇于担当破解发展难题

为充分发挥载体优势,促进党建工作具体开展,经反复讨论研究,支部形成了以"遵规崇德、勇于担当"为主题的创先争优载体建设实施方案。同时,坚持在党建工作中践行司主题文化,以"铸一流团队、创一流服务"为奋斗目标,严守"严谨、廉政、创新、和谐"的财审价值观,践行"依法理财、实事求是、客观公正、保守秘密"的职业道德,以"全面履行财审职责,保障交通科学发展"为行业使命,加强沟通协调,增强服务意识,解决实际问题。坚持党建工作与业务工作同研究、同部署、同落实,从行业使命、工作方法、服务理念、能力素质等多个方面探索支部工作新思路、新方法,做到业务工作与党的建设同向发力、相互促进。十八大以来,财审司主动申报"敢于担当、勇于创新、努力破解行业投融资难题"党建课题,收费公路专项债券规模再上新台阶,预决算管理工作在中央国家机关中屡获一等奖,审计监督向纵深发展,真正做到以党建工作凝聚全司党员干部的智慧和勇气,破解交通运输财务审计发展中遇到的困难和问题,实现党建工作与经济工作的高度融合、深度契合、密切配合。

开展部属单位财务审计负责人培训

四、深化全面从严治党，不断推动作风建设持续深入

全面从严治党是党的建设的一贯要求和根本方针。财务审计司作为行业财务管理和审计监督的主管司局，主动将财审工作融入到全面从严治党的大格局中，努力寻找财审监督与党内监督的契合点，突出近功与长效并重，内功与外力并举，着力强化不敢腐的震慑，着力扎牢不能腐的笼子，着力增强不想腐的自觉，有力促进党风廉政建设向前发展。党的十八大以来，围绕落实中央八项规定精神和国务院"约法三章"，在部机关和部属单位范围内全面深入开展严肃财经纪律专项活动，严格执行"三公"经费、会议费使用，楼堂馆所建设、办公用房清理等方面的制度要求，严肃查处公款旅游、公款吃喝、违规购置使用公车、违规报销差旅费用和违规发放津补贴等问题，有效促进党风廉政建设深入开展。持续加强审计监管，推进审计全覆盖和向纵深延伸，深化内部审计，认真开展领导干部经济责任审计；借力国家审计，做好年度预算执行审计和稳增长促改革调结构惠民生政策落实情况跟踪审计；配合巡视和纪检工作，协助中央巡视组做好有关违反财经纪律线索的核查工作；建立健全审计整改跟踪督查、追责问责、通报和公开、审计结果及审计整改结果运用、加强沟通协调等五个机制，审计监督的制度体系逐渐成形。

党的十九大报告对新时代推进党的建设新的伟大工程作出了顶层设计和全面部署，提出了新时代党的建设总要求，为我们全面加强党的建设指明了前进方向。在新的历史起点上，财审司党支部将始终坚持和加强党的全面领导，牢固树立"四个意识"，坚定"四个自信"，坚决维护习近平总书记的核心地位、坚决维护以习近平同志为核心的党中央权威和集中统一领导，坚持稳中求进工作总基调，不忘初心、牢记使命，锐意进取、扎实苦干，坚定不移推进全面从严治党,不折不扣地做好财审司的各项任务,为推进交通强国建设贡献力量。

开展部属单位财务决算汇审工作

创组工先锋　树清风正气　为交通强国建设提供坚强组织保证和干部人才支撑

部人事教育司党支部

改革开放的40年，是中国交通运输事业沧桑巨变的40年。40年来，交通运输业发展成绩斐然，创造了举世瞩目的"中国速度"和"中国模式"。40年来，交通运输干部人事工作随着世情、国情、党情发生重大而深刻的变化，随着交通运输各项事业稳步向前迈进的大好形势而不断向前发展。特别是党的十八大以来，以习近平同志为核心的党中央全面加强党的领导，深入推进党的建设新的伟大工程，推动党的建设取得重大历史性成就、发生根本性变化。人事教育司党支部在部党组的坚强领导下，坚持以习近平新时代中国特色社会主义思想为指导，坚决贯彻全面从严治党战略部署，认真落实中央关于干部人事工作的决策要求，坚持正确导向、坚持从严管理、坚持强基固本、坚持深化改革，部属各级领导班子建设、干部人才队伍建设和基层组织建设呈现新气象，干部人事工作科学化水平有了新的进步，为交通运输当好先行提供了坚实保障。

组织召开交通运输部组织人事工作会议

一、坚持把政治建设摆在首位,事业发展的政治保障更加坚强有力

坚持以政治建设为统领,深入学习贯彻习近平新时代中国特色社会主义思想和党的十九大精神,牢固树立"四个意识",坚定"四个自信",坚决维护习近平总书记的核心地位、坚决维护党中央权威和集中统一领导,在思想上政治上行动上同党中央保持高度一致。组织召开部组织人事工作会议,深入学习领会习近平总书记关于党的建设和组织工作重要思想,学习新时代党的组织路线,对当前和今后一个时期的重点任务作出部署。强化理想信念教育,把习近平新时代中国特色社会主义思想作为理论武装的首要任务,组织广大干部在学懂弄通做实上下功夫,不断从中汲取信仰的力量、真理的力量、奋斗的力量、创新的力量。会同机关党委,深入开展党的群众路线教育实践活动和"三严三实"专题教育,持续推进"两学一做"学习教育常态化制度化,实现党内教育从领导干部向基层党员拓展,从集中性教育向经常性教育延伸。严格执行新形势下党内政治生活若干准则,指导各级班子落实好民主集中制,坚持民主生活会、"三会一课"、双重组织生活会等制度,不断增强党内政治生活的政治性、时代性、原则性、战斗性。

深入学习党的十九大精神集中轮训

二、坚持好干部标准,干部队伍建设取得新的成效

坚决贯彻信念坚定、为民服务、勤政务实、敢于担当、清正廉洁的好干部标准和忠诚干净担当要求,坚持把政治标准放在首位,强化党组织领导和把关作用,努力精准科学选

人用人，组织完成交通运输部党的十九大代表和"两委"人选推荐，配合完成新一届人大政协换届人选推荐工作。严格落实中央防止干部"带病提拔"的意见，做到"凡提四必"，把好"党风廉洁意见关"，对政治上不合格的"一票否决"。积极推进干部能上能下，对不适宜担任现职的干部进行调整。强化本领导向、实干导向和担当导向，出台加强干部队伍本领建设的意见和激励干部新时代新担当新作为的实施意见。出台事业单位领导人员管理办法。强化公务员规范管理，落实公务员法及其配套法规制度，积极推行县以下机关公务员职务与职级并行制度，基层公务员职级得到提升。加强干部教育培训，立足部党校主阵地主渠道，构筑领导干部全员轮训、"一校四院"重点调训、知名高校联合培训的培训格局。强化干部实践锻炼，一大批干部在援藏援疆援青第一线、脱贫攻坚主战场、吃劲岗位上淬火历练，在沿海发达省份和国家战略实施区域真锤实炼，在港珠澳大桥等重点工程建设、"桑吉轮"等重大突发事件应对中经受考验，交通运输干部在磨砺中茁壮成长、在风浪中铸就担当。

组织部首次宪法宣誓仪式

三、实施人才强交战略，人才队伍建设迈上新的台阶

坚持党管人才原则，成立人才工作领导小组，编制出台行业人才发展规划纲要，建立党组联系服务专家制度。充分发挥全国交通运输职业教育教学指导委员会作用，加强行业职业教育与培训工作。落实职业资格制度，建立行业人才评价体系，655万余人通过考试和

鉴定，取得相应的等级资格。持续加强高层次人才培养，设立博士后流动站，完善人才选拔评选政策制度，选拔涌现出一批国家级领军人才，评选交通运输青年科技英才，一批站在行业科技前沿、具有国际视野和能力的领军人才集聚到交通运输事业中来，成为推动交通强国建设的重要力量。大力开展高技能人才培养，交通运输行业职业技能大赛连续5年被列为国家一类技能大赛，选拔和表彰了一批全国五一劳动奖章获得者、全国技术能手、全国青年岗位能手和全国交通技术能手，生动展示了交通运输技能人才的生产实践和精神风貌。

举办全国交通运输行业职业技能大赛

圆满完成渔船检验和监督管理职责划转和人员转隶

四、深化体制机制改革,事业发展内生动力明显增强

认真贯彻落实党中央关于全面深化改革的战略部署,交通运输体制改革不断深入,综合交通运输体系不断完善。圆满完成渔船检验和监督管理职责划转和人员转隶。坚持改革精准对接发展需要,积极推进海事、长航、珠航、救捞、船级社、科研院所等六大板块改革取得积极进展;分类推进行政类、生产经营类事业单位改革;统筹推进港航公安、培训疗养等改革工作,完成行业协会商会和行政机关脱钩前三批试点工作。推进大连海事大学建设世界一流海事大学,中国船级社打造国际一流船级社。与综合交通运输体系建设相适应的机构职能体系日臻完善,全系统发展动力明显增强。

组织召开巡视情况反馈会

五、落实全面从严治党要求,风清气正的政治生态不断巩固

强化全面从严治党"两个责任",出台落实全面从严治党要求的两个意见,层层传导压力,在思想从严、执纪从严、监督从严、作风从严、反腐从严上同轨并向全面发力,推动全面从严治党向纵深发展。高举政治巡视利剑,全力配合完成中央专项巡视,切实抓好整改落实;紧跟中央步伐,制定出台部党组巡视工作实施办法和规划,立足标本兼治,启动十九大后巡视工作;推动建立部属单位巡察制度,实现巡视巡察无缝衔接的立体网络,做到发现问题、形成震慑,剑指问题、倒逼改革。出台从严管理监督干部等意见,综合运用教育引导、制度约束、考核评价、监督检查等方式,加强对领导班子和领导干部的管理。加强审计监督,五年来对部管干部离任审计全覆盖。坚持惩前毖后、治病救人,最大限度教育挽救干部,正确运用监督执纪"四种形态",加大提醒函询诫勉力度,严格执行领导干

部个人有关事项报告制度。强化对干部选任工作的监督,严格执行干部选任"一报告两评议"、离任检查、干部选任有关事项报告等制度,集中开展超职数配备干部、"裸官""吃空饷"、干部档案造假、领导干部违规兼职等专项整治,营造交通运输系统风清气正的选人用人环境。加大问责力度,印发贯彻落实《中国共产党问责条例》实施办法,对全面从严治党不力的领导班子和领导干部严肃问责,把真管真严、敢管敢严、长管长严要求落到实处。

六、努力建设忠诚干净担当组工干部队伍,支部组织力得到进一步提升

坚持把"讲政治"放在人事教育司各项工作和支部自身建设的首位,着力建设"政治上绝对可靠、对党绝对忠诚"的组织人事干部队伍,创建"创组工先锋、树清风正气"党建品牌,严格落实"三会一课"制度,通过书记带头讲党课、设立支部组织生活日、举办组工干部大讲堂、创建微信学习群等多种形式,组织党员干部深入学习党的创新理论和干部人事政策法规。对照《党章》严密组织换届改选,认真落实民主集中制原则,开好班子民主生活会和专题组织生活会,支部党内政治生活更加严肃认真。组织开展向中组部等上级组织部门对标学习活动,规范司内呈文办事流程,提高文稿公文质量,加强干部日常管理,定期开展警示教育,做好假日廉政提醒,不断提升专业素养,锻造过硬作风。加强对群团组织建设的领导,关心青年干部成长进步,广泛开展形式多样的群众文化活动,发动干部职工自己动手建设"职工小家",积极开展春游、健步走、迎新春等形式多样文体活动,营造出团结和谐、活泼奋进的良好工作氛围。支部建设始终走在机关前列,多次被直属机关党委评为先进基层党组织。

表彰先进集体

一、部直属机关各单位党组织的党建工作发展综述

人事教育司党支部全家福

党旗飘扬当先锋　相融相促筑基石

部公路局党支部

改革开放以来,我国公路管理体制经历了多次变化。改革开放之初交通部恢复设立公路局("文革"时期中断),对各省区市公路局和县公路局实行三级垂直管理。后经多次职能精简、下放和改革,1988年,部设立了统管公路及水路运输的运输管理司,统管公路及水路基础设施建设的工程管理司;1994年,组建了主管全国公路建设、管理和道路运输的公路司。2009年,公路运输管理从公路司分离成立运输司,公路司改名为公路局。2013年—2015年,公路局与路网中心党支部联合设立了党总支;2015年路网中心设立党委后,又恢复为公路局党支部。历经多次变化,党组织名称也多次由党总支——党支部——党总支——党支部更替,但都是在部直属机关党委的坚强领导下进行的。公路局党的建设伴随形势发展,不断取得了新成效,坚强领导确保了公路行业改革创新各项工作的顺利进行。

40年来,公路局(司)党(总支)支部高度重视党的建设,始终坚持在党建与业务相融相促上下功夫,以党建强队伍,以党建促改革,以党建引领发展,努力建设一流团队、创造一流业绩,时刻在勇于担当、真抓实干、攻坚克难、为民服务等方面当先锋、做表率。近10年来,公路局党支部先后2次被中共中央、国务院、中央军委授予"全国抗震救灾英雄集体",2次被中共中央组织部授予"先进基层党组织",1次被全国总工会授予"全国五一劳动奖状",1次被中央国家机关工委授予"中央国家机关先进基层党组织",多次被部直属机关党委授予"先进基层党支部",涌现出了一批劳动模范、先进个人和优秀共产党员。

一、固本强基,打造政治过硬、勇于担当的坚强堡垒

坚持把筑牢思想阵地、打造战斗堡垒作为党支部建设的核心任务,积极探索党建工作实践化、具体化的新路子,努力打造一支"旗帜鲜明讲政治,勇于担当做贡献"的党员干部队伍。重点做到了"五个抓好":

抓好理论武装。理论武装是确保党员干部政治上坚定、行动上自觉的一项全局性、基础性工作,必须紧抓不放、常抓不懈。在"三讲"教育、保持共产党员先进性教育、党的群众路线教育实践活动、"三严三实"教育、"两学一做"学习教育实践、"两学一做"学习教育常态化制度化建设等学习教育实践中,局(司)党支部都能按照部党组和部直属机关党委的要求,扎实制订学习教育实施方案,推进学习教育,党员干部坚持读原著、学原文、悟原理,自觉用马克思主义中国化的最新理论成果武装头脑,筑牢信仰之基、勤补精神之钙、常扫思想之尘。同时,总结推广了"五学四化"学习法,不断强化学习研讨,增强理论理解,党员干部理论武装的实际成果不断显现,增强"四个意识"、坚定"四个自信"的主动性、自觉性不断提升。

一、部直属机关各单位党组织的党建工作发展综述

党支部组织集中学习

抓好党性修养。严格落实"三会一课"等党建工作基本制度，坚持民主集中制，定期召开民主生活会、组织生活会、党性分析会，深入开展批评与自我批评，推动党员干部党性修养不断提升，党支部的战斗力和凝聚力不断提升。改革开放以来，作为主管全国公路行业的具体职能部门，部公路局是历次行政改革的重点，在部党组的坚强领导下，充分发挥局党组的战斗堡垒作用，顺利完成了公路局、工程管理司、公路司、公路局等不同历史时期的机构改革和职能转变，确保了行业稳定和队伍安全，党员干部党性修养经受住了组织的信任和历史的考验。

抓好作风建设。坚决贯彻党中央历年来关于党的作风建设的要求，常抓长严，常抓不懈，坚持正风肃纪，不断纯洁党的队伍。落实从严治党要求，认真贯彻落实中央八项规定精神，强化党章党规教育，定期开展廉政预警，提升拒腐防变意识。建立完善党风廉政制度，提出公路局干部"十不准"要求，明确工作、生活、言行禁区。落实廉政风险点管理措施，强化民主集中制原则和决策的科学性，强化监督制约机制，重点对公路从业单位资质管理、路网改造资金分配、建设项目初步设计审查等重点岗位人员进行廉政教育，规范工作流程，实行集体决策，推进网上审批和网上公示，实行定期轮岗，确保"干成事""不出事"。

抓好载体创新。结合支部特色，不断创新实践载体。1998年实施西部大开发和积极财政政策，公路建设进入高潮期，局党支部先后组织开展了建功"九五"、建功"十五"、建功

"十一五"、建功"十二五"系列活动，动员党员干部立足岗位做奉献，支援重点项目建设，加班加点工作，指导全国公路建设，实现了我国公路20年大发展的黄金时代。随着养护和应急任务的增加，局党支部结合应急抢险保通的硬任务，组织党员干部深入抗震救灾、雨雪冰冻的灾害一线救灾，使广大党员干部经受住了血与火的考验。在局承担的2008年抗击雨雪冰冻灾害、"5.12抗震"、支援舟曲泥石流灾害等重大活动中，局党支部组织党员干部开展"立足岗位做贡献"系列活动，谱写了党员干部可歌可泣的动人篇章，杨国峰、吴春耕、徐成光等同志深入救灾一线参与指导救灾，公路人与人民解放军携手救灾，抢通了救灾保通的"生命线"。局党支部被中共中央、国务院、中央军委授予全国"抗震救灾"先进集体，被全国总工会授予"五一劳动奖状"，被中央组织部授予"先进基层党组织"称号。结合党日主题活动和业务实际，开展了"做一天养路工""我向党来说句话""铭记历史跟党走"等主题党日活动。组织党员撰写学习心得和感言，在集体学习会议上，由每个党员诵读个人感言，抒发拥护党、热爱党、跟党走的信心和决心，评选优秀感言，受到全局党员干部的热烈欢迎和积极参与，党支部的凝聚力、组织力得到了有效提升。

2018年1月，低温雨雪冰冻现场处置

抓好示范引领。对照党章标准，选树优秀党员标兵，组织开展向身边的优秀党员看齐活动。定期开展讲好交通故事、展示党的风采活动，通过身边的榜样，树立正气、弘扬正能量，增强党组织吸引力、凝聚力。深入开展党建品牌创建。结合工作实际和职工实际，提炼形成了局（司）党支部"严实筑路、服务先行"党建品牌创建，引导党员干部在工作学习生活中扎实践行，更加奋发有为地团结带领党员干部不断创造新的业绩。

一、部直属机关各单位党组织的党建工作发展综述

2010年4月，青海玉树7.1级地震现场处置

二、相融相促，坚持围绕中心、服务大局的基本方向

知者行之始，行者知之成。公路局（司）党支部坚持把党建工作融入中心工作，放在突出位置，围绕贯彻落实党中央、国务院的方针政策，切实担负起时代赋予的重任，敢啃硬骨头、敢试深水区，使党建工作在推进公路行业持续健康发展中焕发出勃勃生机。

当好推动行业发展的发动机。40年来，按照党中央、国务院提出的交通运输是国民经济的战略重点，必须优先发展的方针要求，公路交通始终认真贯彻"国家投资、地方筹资、社会融资、利用外资"的投融资方针，认真贯彻以人为本，全面协调可持续的科学发展观，认真贯彻创新、协调、绿色、开放、共享的新发展理念等一系列正确的方针政策，着力推动公路基础设施实现跨越式发展，使公路交通真正成为发展的先行官。截至2017年底，全国公路总里程达到477万公里，其中高速公路通车里程13.65万公里，从一无所有到稳居世界第一；长大桥隧建设突飞猛进，建成了杭州湾大桥、苏通大桥、秦岭终南山隧道、港珠澳大桥等一批具有世界影响力的公路桥隧工程。

当好公路法治建设的奠基石。公路交通的持续健康发展，离不开制度支撑和法律保障。40年来，在党组织的带领下，公路交通始终把法治建设放在重要位置，法律法规从无到有，逐步健全。1987年《公路管理条例》颁布实施，1997年《中华人民共和国公路法》颁布实施，标志着公路行业开始步入法制化时代。在此基础上，《公路安全保护条例》《收费公路管理条例》等一系列配套法规和规章出台，建立了以《中华人民共和国公路法》为龙头，涵盖行政管理、公路建管养、收费管理、路网运行等全方位的行业法律法规和规章体系。

当好全面深化改革的先行官。党的十一届三中全会吹响了中国改革开放的号角，公路行业改革发展的步伐不断加快。1983年，提出了"有河大家走船，有路大家走车"的口号，

打破了公路地区封锁，促进了公路运输市场的发展。1984年，推动出台了以提高养路费征收标准、开征车辆购置附加费、"贷款修路、收费还贷"三项政策为主的筹融资政策，为公路建设提供了稳定的资金来源和良好的政策环境。党的十八大以来，按照党中央国务院的决策部署，公路局又参与推动了公路建设管理体制改革、收费公路制度改革、养护市场化改革、综合执法改革、深化"放管服"改革等一系列适应新时期发展要求的改革举措，为加快推进公路交通发展奠定了坚实的基础。

港珠澳大桥主桥最大跨径青州航道桥合龙

当好行业转型发展的定盘星。40年来，公路行业不断创新理念，打破思想束缚，着力推进技术创新性、资源节约型、环境友好型建设，走出了一条具有中国特色的行业发展之路。新时期，局党支部把握我国交通运输发展阶段性转变工作趋势，积极适应群众出行多元化需求和供给侧结构性改革要求，将公路养护、管理、服务摆在更加重要的位置，作为公路交通转方式、调结构的主攻方向。按照中央精神和交通强国建设的总体要求，着力由传统管理者转向公路交通服务提供者，将公路交通发展方式从规模速度增长型转向质量效率增长型，从增量扩能为主转向提升服务、做优增量并举的轨道，提升建设理念，贯彻公路工程全寿命周期成本理念，更加注重安全、绿色、服务等社会效益，更加注重公路的功能性和出行者需求，推动公路行业转型升级。

三、牢记使命，争当干事创业、服务群众的模范先锋

一个支部就是一个堡垒，一名党员就是一面旗帜。在局党支部的带领和党员模范作用

的带动下，紧密联系公路交通实际，强化服务意识、着力改善民生，把以人为本和民生优先的要求，贯彻到公路交通工作全过程。

在提升服务上做文章。服务区是为司乘服务的重要窗口，公路局率先在高速公路服务区开展了文明服务创建，全面提升服务质量，增设服务项目，深化服务内涵，扩大服务范围，积极扩大在途服务领域。近年来，又在干线公路上推动建设普通干线公路服务区和停车区，使高速公路优质服务逐步延伸到普通干线公路。加快完善公路标识体系，结合智慧路网建设，推进路网监测体系建设，加强出行信息服务能力建设，利用互联网、高速公路交通广播，等向司乘提供出行服务信息，鼓励并规范社会化市场化主体开展车载导航服务等。大力推进ETC推广应用，实现ETC全国联网，扩大ETC车道规模，开通网上充值等便民服务。2015年9月28日，ETC实现全国联网。截至目前，全国高速公路ETC用户突破5000万。在公路收费窗口、服务区窗口、公路执法窗口开展"扮靓三个窗口"文明服务行业推进活动，增加便民为民服务设施，简化群众办事流程，开展微笑服务、星级服务等，全面提升公路行业窗口服务水平和服务质量。

重庆市ETC车道上快速通过的车辆

在改善民生上求实效。贯彻落实习近平总书记关于"四好农村路"重要指示精神，对标全面小康，扎实推进"四好农村路"建设，加快剩余乡镇、建制村通硬化路，推进农村公路窄路基路面加快改造。大力推进待贯通路段建设，完善路网，提高路网贯通性，加强路网升级改造，提升路网通达性和通畅性，不断满足人民群众对公路出行的新需求和新期待。推动出台了绿色农产品免费通行政策，为合法装载的农产品免收车辆通行费，在服务农户的同时，方便城市农产品供应。出台重大节假日小客车免费通行政策，为公众休闲度假提供交通便利。推进公路安全生命防护工程、危桥（隧）改造工程和灾害防治工程建设，确保公路设施安全和公众出行安全。

推进"四好农村路"建设

在应急保通中见真情。公路交通点多、线长、面广，承担着大量抗洪抢险、抗震救灾、重点物资抢运、重大活动保障等急难险重任务。工作中，我们不断加强应急保障能力建设，完善应急预案，建立健全应急管理体制机制，努力做到快速反应、妥善处置、保障有力。2008年南方雨雪冰冻灾害和5.12地震中，公路局逐步健全完善公路应急保障体制机制建设，同时坚持应急队伍到了哪里，党员先锋模范作用就发挥到哪里，支部涌现出了吴春耕、杨国峰等一批冲锋在一线的优秀党员。2012年以来，部公路局党支部全程参与了10余次6.0级以上地震、20余起登陆我国大陆地区台风的公路网运行保障工作，成功应对了低温雨雪冰冻灾害、汛期南方多次大面积强降雨、桥梁隧道垮塌、公路损毁以及涉及公路运行安全的重大公路交通突发事件。哪里最需要，哪里就有党员领导干部的身影。在抢险保通的战场上，党员领导干部以对人民群众高度负责的精神，身先示范、冲锋在前、任劳任怨，以实际行动诠释党员干部心系群众、为民服务的宗旨情怀。

新时代肩负新使命，新担当开创新局面。我们将按照部党组统一部署及部直属机关党委的要求，进一步夯实党建责任，进一步推进党建与中心工作相融合，完善制度，创新机制，突出特色，推动党建工作再上新台阶，建设政治过硬、对党忠诚、敢打能拼的一流干部队伍，以全新的面貌、全新的作风投入到交通强国建设中去，为服务决胜全面建成小康社会、实现中华民族伟大复兴的中国梦作出更大贡献。

一、部直属机关各单位党组织的党建工作发展综述

2017年6月,局领导组织茂县滑坡现场救灾

劈波斩浪四十载　初心不改立潮头

部水运局党总支

改革开放以来，水运局先后历经港口局、水运局、海洋运输局、水运管理司、基建司、水运司、水运局等不同时期体制变化，但党组织始终按照部党组的决策部署，在部直属机关党委的领导下，带领全体党员解放思想、推进改革、扩大开放、与时俱进，忠诚于党，积极发展水运事业，服务国家经济社会发展和改革开放大局。

党的十八大以来，水运局党总支作为交通运输部机关党员人数最多的基层党组织（50名党员，下设3个党支部），在部党组、部直属机关党委的领导下，不断压实全面从严治党主体责任，坚持党建工作和中心工作两手抓、两促进的融合工作法，既圆满完成了部党组布置的水运改革开放和发展任务，又在干事创业中发挥了党组织的战斗堡垒和党员的先锋模范作用。水运局党总支先后被评为2012年度创先争优先进基层党组织，2012—2013年度部直属机关先进党组织，2014年、2015年、2016年、2017年连续4年党建考核优异，2017年党建课题获得部三等奖，郭青松、王玉芬等多名同志分别获得部直属机关优秀共产党员、优秀党务工作者等称号。

2015年7月，选举产生新一届党总支委员会

一、以改革开放为指引，解放思想，水运改革开放走在前列

党的十一届三中全会召开后，改革开放全面铺开，水运司党组织坚决贯彻落实中央改革开放决定，以邓小平理论为指导，注重加强党的思想政治建设，掀起了思想解放的高潮，有力推动了水运行业加快发展。

加快解放思想，实行开放搞活。1983年全国交通工作会议上提出"有河大家走船"的口号，水运司党组织认真落实部党组的决策部署，在交通行业率先开展解放思想、发展水运大讨论，提出水路运输方面放手让大家搞，"各部门、各行业、各地区一起干，国营、集体、个人以及各种运输工具一起上"，在资本利用方面实行"谁建、谁用、谁受益"政策等，极大解放和发展了水运生产力。1984年12月28日，上海港年货物吞吐量完成1亿吨，首次跨入年货物吞吐亿吨大港行列。

改革管理体制、实行政企分开。水运司党组织坚决贯彻落实党中央、国务院及部党组关于政企分开的决策部署，积极配合开展对长江航运管理体制、黑龙江、珠江等内河航运管理体制、招商局管理体制和天津、上海、广州3个航道局管理体制及部分部属涉水单位体制进行改革。改革管理体制、推行政企分开，时间紧、任务重、责任大，水运司党组织通过党课教育，引导全体党员要勇于攻坚克难、敢闯敢试，为改革创造条件。

加快制定法规条例，促进行业管理走上正轨。按照部党组"加强交通宏观管理、增强交通企业活力"的要求，水运司党组织打破固有思想束缚，结合水路运输实际和国际先进经验，先后出台了《关于中外合资建设港口码头优惠待遇的暂行规定》《水路运输管理条例》《航道管理条例》等法规和规章，发布了一系列水运工程建设相关的技术标准，初步搭建了水路交通法规体系框架。

这一时期，水运局党组织根据改革开放的需要，以解放思想为突破口，进一步强化党组织和党员的政治建设、思想建设、纪律建设和作风建设，自觉抵制不良思想侵蚀，使水运改革开放走在前列。在疏解压船、压港、大运河堵船等急难险重任务中，不少党员离开机关，长期坚守在基层一线指挥，展现了水运司党员勇于担责、无私奉献的良好精神面貌。

二、与时俱进，注重思想政治建设，国际海运"走出去"和法制建设走在前列

1992年10月，党的十四大把建立社会主义市场经济体制确定为我国经济体制改革的目标，经济体制改革进入到建设社会主义市场经济体制新阶段。水运司党组织注重思想政治建设，通过"三讲"引导全体党员自觉抵制不良社会风气影响，为加快水运改革开放步伐，加快建设水运市场经济体制，提供了坚强有力的组织保障。

深化水路交通管理体制改革。水运司党组织坚决落实《深化水运管理体制改革方案》，在深化港口管理体制方面，继续实行政企分开，指导地方政府设立港口行政管理机构，配合将港务局改组为自负盈亏的港埠企业；在深化内河航运管理体制改革方面，配合开展深化长江航运和黑龙江航运管理体制改革，确保内河航运管理体制适应改革需要。

深化水运市场改革。水运司党组织带领全体党员认真学习党中央、国务院和部党组关于建设社会主义市场经济体制文件精神，新修订《水路货物运输规则》《水路货物运输

管理规则》，全面开放国内水路货运市场。同时，为响应党中央、国务院提出"建设上海国际航运中心"的战略目标，积极选派综合素质过硬的党员参与上海航运交易所组建工作。

推进水运开放步伐。积极落实中央加大开放的要求，先后与10多个国家分别签订了《中智海运协定》《中法海运协定》《中英海运协定》《中波海运协定》《中加海运协定》《中希海运协定》《中以海运协定》《中德海运协定》等一批海运协定，特别是2001年11月10日，我国成为世界贸易组织正式成员后，积极推动通过了《中华人民共和国海运条例》，水运开放步伐进一步加快。

加快水路交通法治建设。以1993年7月颁布实施《海商法》为标志，《水路运输管理条例》《水路旅客运输管理办法》《水路危险货物运输规则》《航道管理实施细则》《船闸管理办法》《水运工程建设市场管理办法》《水路运输服务管理规定》等法规规章先后发布或修订，建立水运工程标准体系并发布《水运工程标准体系表》，为水运行业健康发展提供了重要保障。

这一时期，水运司党组织、全体党员以认真开展"三讲"教育活动，积极学习"三个代表"重要思想为重点，通过抓好政治理论学习、加强思想政治建设、强化作风建设和廉洁自律，进一步提升了党组织的凝聚力、向心力、战斗力，发挥了党员模范带头作用。在1998年抗击特大洪水对长江、松花江等内河特大洪涝灾害中，部抗洪抢险领导小组办公室设在水运司运输处，全司党员积极参加值班值守、货运调度及灾后重建工作，其中运输处处长李凤岐同志被评为中央国家机关抗洪抢险先进个人。

三、以科学发展为指针，加强先进性教育，内河水运发展和港口体制改革走在前列

2002年11月，党的十六大召开，我国改革开放取得新进展，初步建立社会主义市场经济体制。水运司（2008年更名为水运局）党组织按照中央和部党组关于从严治党要求，不断强化党的建设，为水运行业贯彻落实科学发展观，稳步推进改革开放提供了坚强有力的组织保障。

进一步深化港口管理体制。2001年，国务院办公厅转发交通运输部等部门《关于深化中央直属和双重领导港口管理体制改革的意见》（国办发〔2001〕91号），指导地方将由中央管理及中央与地方双重领导的港口，全部下放地方管理，充分调动各方面的积极性，我国港口实现了由设施短缺向总体适应的转变，基本建成了包括集装箱、煤炭、石油、铁矿石、粮食、商品汽车、陆岛滚装和旅客运输等在内的综合性、立体式运输系统，为经济社会发展提供了有力的支撑。

进一步扩大水运对外开放。积极制定水运行业加入世界贸易组织承诺，依法清理行政审批项目，简化市场准入手续，加强国际海运市场监管，广泛参与相关国际组织活动，2002年12月、2013年12月，分别签署《中欧海运协定》《中美海运协定》，进一步扩大了海运对外开放水平。

进一步转变水运发展方式。在全党深入学习科学发展观之际，水运司党组织在深入开展学习调研的基础上，提出水运要牢固树立科学发展观，按照建设节约型社会的基本要求，

以提高资源利用效率为核心,节约土地、岸线、能源、建筑材料,调整运输结构,实现水运科学发展。为利用好长江黄金水道、发挥水运比较优势,水运司党组织广泛呼吁、积极协调,推动建立了由交通部和沿江七省二市人民政府参与的长江水运发展协调机制,成立了长江水运发展协调领导小组,2006年11月21日在南京召开第一次会议,时任副总理黄菊专门致信。在共同努力下,先后出台了"十一五""十二五"长江黄金水道建设总体推进方案、《关于推进长江黄金水道建设的若干意见》《推进长江干线船型标准化实施方案》等相关文件,有力地推动了长江黄金水道建设,为长江经济带发展奠定了坚实基础。2011年1月21日,国务院正式印发《关于加快长江等内河水运发展的意见》(国发〔2011〕2号);同年,三峡船闸货物通过量首次突破1亿吨,内河水运发展进入了一个崭新时代。

进一步完善水运法制。按照建立社会主义市场经济法律体系的原则,水运司党组织坚持依法行政,进一步完善水运法制建设,持续开展水运工程标准体系建设,完善水运工程标准管理机制,以法律和标准等形式将水运行业改革开放成果和成功经验固定下来,特别是经过10多年的努力,《港口法》于2004年施行,并陆续出台了相关规章制度。

这一时期,水运司党组织以保持党的先进性教育、学习实践科学发展观、开展创先争优等党建活动为载体,深入推进党的思想建设、组织建设、作风建设、制度建设和反腐倡廉建设,进一步发挥党组织战斗堡垒作用和党员先锋模范作用,如在抗击"非典"、《港口法》制定、抗击2008年南方冰冻雪灾等重大事件过程中,一名共产党员就是一面旗帜,涌现出了彭翠红、傅锦秀等一批无私奉献的优秀共产党员,有力推动了水运行业改革开放。

四、以习近平新时代中国特色社会主义思想为指引,全面从严治党,供给侧结构性改革和水运绿色发展走在前列

党的十八大以来,根据"五位一体"总体布局和"四个全面"战略布局要求,水运局党总支积极推进全面从严治党,并把贯彻落实习近平总书记关于"沿海地区要想富先建港""把长江全流域打造成黄金水道"等重要论述的内涵和要求落地生根作为检验党建和业务工作成效的标尺,推动了水运事业改革开放取得新成效。

用习近平新时代中国特色社会主义思想武装头脑。党的十八大以来,水运局党组织和全体党员始终把政治理论学习作为必修课,认真学习《习近平谈治国理政》(第一卷、第二卷)、《习近平新时代中国特色社会主义思想三十讲》、党的十九大报告及习近平总书记相关讲话精神,在学原文、读原著的基础上,采取支部书记讲党课、党员谈体会、青年党员下基层上讲台等方式,进一步提升学习的效果。通过对习近平新时代中国特色社会主义思想的系统深入学习,全局党员干部牢固树立"四个意识"、不断增强"四个自信",坚决维护习近平总书记在党中央和全党的核心地位、坚决维护以习近平同志为核心的党中央权威和集中统一领导,确保了水运改革开放始终沿着正确方向前进。

水运基础设施建设取得历史性成就。在中央领导同志的关心和有关部门的支持下,水运基础设施建设水平步入世界前列。2016年9月18日,世界上规模最大、技术难度最复杂的三峡升船机建成投入试通航。2017年4月15日,荆江河段航道整治工程通过竣工验收,长江中游全线达到一级航道标准,通航水深达到3.5米。2017年12月10日,全球最大的

自动化码头——洋山深水港区四期自动化码头开港试生产，习近平总书记在2018年新年贺词中提到"洋山四期自动化码头正式开港"，这是全体水运人的骄傲。2018年5月14日，长江南京以下12.5米深水航道二期工程投入试运行，长江口至南京431公里12.5米深水航道全线贯通，5万吨级海船可以直达南京。

深入推进水运改革发展取得重要进展。党的十八届三中全会通过了《中共中央关于全面深化改革若干重大问题的决定》，吹响了新时代改革的号角。在部党组的领导下，水运局制定实施《深入推进水运供给侧结构性改革行动方案（2017—2020年）》，在去运能、降成本、补短板、培育新经济增长点方面成效显著，走在了部机关司局的前列。同时，水运重点领域改革取得新突破，区域港口一体化发展成效显著，形成环渤海、长三角、东南沿海、珠三角和西南沿海5个现代化沿海港口群，港口资源整合加速。配合推进深化长江航运行政管理体制，对长江航运实施统一政令、统一规划、统一标准、统一执法、统一管理。配合推进水运领域中央与地方财政事权与支出责任划分改革，有力推动了水运治理能力和治理体系现代化。

稳步扩大水运开放步伐。积极响应中央"走出去"战略，推动我国与"一带一路"沿线国家地区签订了双边海运或河运协定，支持港航企业积极参与34个国家的42个港口的建设和经营管理，海运基础设施互联互通加速推进，成为"一带一路"重要支撑。积极推进自贸区航运政策创新，推出了放宽国际航运、船舶管理、船舶代理市场外资股比要求等先行先试航运开放政策，在提升对外开放水平、促进贸易便利化等方面起到了积极作用。2014年8月15日，国务院以国发〔2014〕32号印发《关于促进海运业健康发展的若干意见》，吹响了加快改革开放、实现海运大国向海运强国转变的号角。

积极推进水运安全绿色发展。按照中央及部党组的要求，牢固树立新发展理念，不断提升安全应急发展水平，深入推进平安港口建设，港口安全生产制度体系日趋完善。加强客运安全管理，实施国内水路运输旅客实名制，修订发布水路交通突发事件应急预案，完善预案体系。稳步推进水运绿色发展，大力推进内河船舶船型标准化工作，积极推广LNG等新能源动力船舶应用，加快港口岸电设施建设，船舶大型化、标准化、清洁化趋势明显。出台长江经济带绿色航运发展指导意见，发布实施港口和船舶污染防治专项行动实施方案等并督促加快实施，走生态优先绿色发展之路成为普遍共识。

不断提升水运行业现代治理能力。根据中央改革精神，把握部党组的部署，深入推进"放管服"改革，主动取消下放了6大项、2小项水运行政许可项目，并通过编制发布权力清单和责任清单、出台行政许可服务指南、推进网上审批，加强以信用管理为基础的事中事后监管能力建设，进一步完善了权力运行机制。建立健全水运法规体系，历时二十余年接续努力，推动出台了《航道法》及相关配套法规，全面评估《港口法》并启动修订工作，推进《国际海运条例》修订进程，制修订发布了30多部部门规章，开展规范性文件"立改废"工作，水运法规体系日益完善。党的十八大以来，不断优化水运工程标准体系，颁布新版《水运工程标准体系》，发布施行70余项水运工程标准。目前，现行标准总数达150多项，涵盖水运工程建设各个领域，标准的质量和技术水平总体上已跻身世界先进行列。

五、坚持把作风和廉政建设放在突出位置，守规严纪，营造干事创业的良好环境

党的十八大以来，水运局党总支在部直属机关党委的领导下，带领全体党员先后开展了党的群众路线教育实践活动、"三严三实"专题教育、"两学一做"学习教育及"两学一做"学习教育常态化制度化等学习教育活动，坚持"规定动作不走样，自选动作有特色"，切实做到真抓实做，真查实改，在查找和解决自身存在的"四风"问题、明确党组织工作任务和增强党员身份意识、创建"守纪律讲规矩，勇担当善作为"党建载体等方面取得了实实在在的成效，得到部党组的认可和服务对象的好评。同时，坚持把贯彻执行中央八项规定精神，加强作风和廉政建设放在突出位置，从改进调查研究、加强出差管理、规范公务活动入手，督促领导班子和党员干部认真贯彻落实党风廉政责任制，认真履行"一岗双责"，严格执行《领导干部廉洁从政承诺书》，推动了作风建设不断取得新成效，营造了风清气正的干事创业环境。

2006年6月，水运司党支部组织党员赴革命教育基地，接受党性锤炼教育

在改革开放40年历程中，历届党组织注重加强对工会、团支部、妇联等群团组织的政治领导，并充分发挥工青妇组织在帮助干部职工解决工作、生活困难，团结干部职工，激励青年干部、妇女干部干事创业等方面营造良好氛围，使工青妇组织成为党组织的有力助手。水运局团支部先后荣获中央国家机关"最具活力团支部"、部直属机关"五四红旗团组织"荣誉称号。

新时代召唤担当，新征程重在作为。水运局党总支和全体党员将以习近平新时代中国特色社会主义思想为指引，以提高水运局领导干部执政能力建设试点为契机，全面从严治党，全面推进党的政治建设、思想建设、组织建设、作风建设、纪律建设，把制度建设贯穿其中，深入推进反腐败斗争，不断提高水运局党建工作质量，为水运行业改革开放提供坚强有力的政治保障。

深学互促 笃行实干
打造高素质专业化运输干部队伍

部运输服务司党支部

运输服务司成立于2015年4月,前身可追溯到2009年3月成立的道路运输司。近10年来,从道路运输司到运输司,再到运输服务司,工作职能在拓展,工作任务在加重,对干部队伍素质和能力的要求也越来越高。为更好地履职尽责,有力提交运输服务水平,在部直属机关党委的领导下,运输服务司党支部始终把团队建设作为党建工作的关键问题来抓,努力培养一支"信念坚定、为民服务、勤政务实、敢于担当、清正廉洁"的干部队伍。司党支部先后荣获"中央国家机关先进基层党组织""交通运输部直属机关先进基层党组织""上海世博会先进集体""世博安保反恐怖工作先进单位""全国扫黄打非先进集体"等荣誉称号。

一、探索建立深学细照的党建方法,不断强化思想建设、坚定党的理想信念

坚持把思想建党作为支部党建工作的基本原则,多种形式加强理论学习,着力解决党员干部世界观、人生观、价值观这个"总开关"问题。

司领导带队体验公交日

一是在理论学习中筑牢信仰信念。依托"三会一课"以及司碰头会、月度调度会，组织全司党员干部认真学习马克思列宁主义、毛泽东思想、邓小平理论、"三个代表"重要思想、科学发展观，特别是习近平新时代中国特色社会主义思想，实现了政治理论学习常态化。同时，认真组织开展党的群众路线教育实践、"三严三实"专题教育、"两学一做"学习教育等活动，促进全司党员干部不断增强"四个意识"、坚定"四个自信"。

二是在红色教育中传承红色基因。突出"浸润式""体验式"教育方式，组织全司党员干部重走井冈山、瑞金、于都等红色道路，重温了井冈山革命老区的光荣传统和伟大长征精神。赴西柏坡参观了革命历史纪念馆、革命先辈故居及七届二中全会会址，深入学习"两个务必"号召和"西柏坡"精神，在党旗下庄严宣誓，重温入党誓词，汲取"赶考精神"的力量，接受红色文化的熏陶，教育全司党员干部永远听党话、跟党走。

三是在党性分析中增强党性修养。切实把党性分析作为加强党员干部思想建设的重要手段，每年认真组织开展民主生活会、组织生活会及"七一"专题党性分析，支部书记、副书记、支部委员和各党小组组长经常与党员同志谈心谈话、交流思想，深入开展批评与自我批评，认真查摆整改问题，持续反对"四风"，不断增强党性修养。

二、探索建立联学互促的党建载体，不断强化宗旨观念、提高岗位履职能力

注重创新党建工作载体，通过向先进典型看齐、在急难险重任务中磨砺、强化业务知识学习，不断增强党员干部的宗旨观念，切实提升党员干部的业务本领能力。

一是在主题联学中转变工作作风。与北京东四邮电局开展"双学双促"共建活动，深入学习"东四服务精神"，把东四邮电局设为"道路运输行业服务精神学习实践基地"，分批次组织全国运管单位到东四邮电局观摩学习，引领全行业强化宗旨观念和服务意识，活动成效受到了中组部时任部长李源潮同志的充分肯定。同时，与河北省运管局党委、京东集团党委以及老干局团结湖党支部、黄寺第三党支部，分别开展了"不忘初心、牢记使命""贯彻实施创新驱动战略，加快推进交通强国建设""学习十九大精神，共谋运输服务发展"等主题联学活动，在走基层中持续改进作风。

二是在急难险重中夯实宗旨观念。将北川羌族自治县设立为"创先争优活动党员联系点"，作为党性教育和学习基地，以及听取群众对道路运输发展政策建议与需求、呼声与愿望的重要平台，带动全司同志向基层、向群众、向实践学习，不断增强为人民服务的宗旨观念。同时，在玉树地震发生后，分批次组织党员干部深入灾区接受艰苦条件的锻炼，充分发挥全司党员干部的积极性，帮助青海省运管局、玉树运管处完成灾后重建运输保障工作。

三是在业务学习中提升履职能力。每年制定专题业务学习计划，在党员自学和党小组集中学习基础上，坚持每月组织开展一次专题业务学习，紧扣国家重大改革发展政策，邀请行业内外专家进行专题讲授。期间，邀请党的十九大代表、"三八红旗手标兵"王淑芳同志，对北斗系统在交通运输行业中的应用推广进行介绍；同时，经常组织开展专题研讨，针对建设交通强国以及发展城市公交、现代物流、节能减排、道路运输信息化、缓解城市拥堵等重点难点问题，组织开展大讨论，解放思想，凝聚共识，推动改革发展。

四是在问计基层中增强工作本领。坚持把调查研究作为谋事之基、成事之道，每年围

绕服务国家战略、落实部党组决策以及行业热点难点问题，积极开展战略性、专题性、对策性调研，深入基层听取意见建议，找准工作切入点，明晰政策举措。围绕建制村通客车、道路客运联网售票、驾培服务模式改革、重点营运车辆联网联控、道路货运行业安全稳定等重点工作，走访30个省、上百家企业，深入运输服务生产第一线，听取群众意见，跟踪政策实施效果。连续两年组织开展"邀您共同话春运"春运服务体验调查评估工作，在线调查点击量达600多万次，通过倾听群众呼声，促进春运服务质量明显提升。

党支部组织双学双促读书交流会

三、探索建立知行统一的党建机制，不断强化责任担当、推进运输服务提档升级

坚持抓党建抓业务、两促进两提升，站位发展大局，勇于担当，主动作为，充分发挥党支部战斗堡垒作用和党员先锋模范作用，推动运输服务改革发展取得积极成效。

一是强化宗旨意识，全力办好民生实事。坚持把办好民生实事作为践行"建设人民满意交通"的实际行动。大力推进建制村通客车，全国建制村通客车率达到96%，河北、辽宁等8省(市)已实现全部建制村通客车；大力推进公交都市创建，上海、南京通过验收，成为首批国家公交都市示范城市，新确定50个城市开展"十三五"期第一批创建工作，全国每天约有2.5亿人次选择公交出行；推进210个地级以上城市实现交通一卡通互联互通，累计发放互联互通卡1700多万张，便捷支付范围不断扩大；积极推进汽车维修电子健康档案建设，现已覆盖19个省、239个地市、3.87万家维修企业，有效提升了市场诚信水平和满意度；加快推进道路货运车辆异地检验检测，北京、辽宁等9个省份已实现省内综检联网和异地检测；在10个省份组织开展"司机之家"试点建设，有效解决了货车司机实际困难，改善了司机从业环境。

二是强化大局意识,服务国家重大战略。充分利用国家便利运输委员会机制,加快推进国际运输便利化,与"一带一路"沿线21个国家开展了国际道路运输合作与交流,与18个国家签署了双、多边国际道路运输协定,向西、向南的国际道路运输走廊进一步拓展延伸。深入推进京津冀运输服务一体化,完成了6条省际客运班线公交化改造,初步形成了"一卡走遍京津冀"的出行服务模式。大力推进建制村通客车,积极构建县乡村三级农村物流服务网络,为乡村振兴、全面建成小康社会创造条件、夯实基础。研究制订《推进运输结构调整行动计划(2018—2020年)》《柴油货车专项治理行动计划》,为大气污染防治、打赢蓝天保卫战提供支撑。

党支部组织主题党日活动

三是强化担当意识,深化重点领域改革。持续深化出租汽车改革,推动240多个城市出台落地实施细则,出台了《出租汽车服务质量信誉考核办法》,助力7部门联合印发《关于加强网络预约出租汽车行业事中事后联合监管有关工作的通知》,推动传统出租车改革取得突破,网约车新业态步入规范发展轨道。联合印发了鼓励和规范互联网租赁自行车发展、促进小微型客车分时租赁健康发展等指导意见,更好满足人民群众出行需求。推进货运车辆安全技术检验和综合性能检测依法合并,对7种低危气体道路运输实施豁免管理,降低了企业制度性交易成本。

四是强化创新意识,推动行业转型升级。认真贯彻新发展理念,大力推进无车承运、多式联运、甩挂运输等先进货运组织模式发展,物流降本增效成效明显。以城市绿色货运配送示范城市为载体,推动解决城市配送"三难"问题,降低物流成本,促进新能源车辆推广应用。大力推进货运车型标准化,完成全部3.2万辆不合规车辆运输车退出市场,更新了符合标准的半挂车、中置轴车辆5万辆,有效解决了超限超载顽疾。同时,出台意见推进旅客联程运输发展及道路客运转型升级,指导各地积极探索发展定制客运,推进城乡客运一体化发展取得明显成效。

　　五是强化底线意识，切实维护安全稳定。连续6年开展道路运输平安年活动，联合印发了《道路旅客运输企业安全管理规范》《道路运输安全生产工作计划（2018—2020年）》，道路运输安全监管能力持续提升。14部门联合出台《促进道路货运行业健康稳定发展行动计划》，充分发挥行业维稳部际协调机制作用，有效化解货运行业不稳定风险。推动国办印发《关于保障城市轨道交通安全运行的意见》，出台了《城市轨道交通运营管理规定》，初步构建了轨道交通运营管理体系。持续落实每日"零报告"制度，指导重点省份及城市依法妥善处置道路货运、出租汽车等行业不稳定事件，有力维护了行业发展稳定大局。

　　步入新时代，踏上新征程，我们将以习近平新时代中国特色社会主义思想为指引，在部党组的坚强领导下，不忘初心、牢记使命、砥砺奋进、担当作为，奋力推进运输服务高质量发展，为建设交通强国、决胜全面建成小康社会、实现人民对美好生活的向往而努力奋斗！

不忘初心担使命　学思践悟铸平安

部安全与质量监督管理司党支部

多年以来，安质司党支部在部直属机关党委的领导下，始终以习近平新时代中国特色社会主义思想为指导，深入贯彻党要管党、全面从严治党各项要求，深刻认识党和国家面临的"四大考验""四种风险"，不断探索实践，持续推动司党建各项工作取得实效。

一、突出政治建设，牢记政治使命

党的政治建设是党的根本性建设。安质司党支部高度重视政治建设工作，始终坚持党的政治领导，夯实政治根基，永葆政治本色。一是认真学习贯彻习近平新时代中国特色社会主义思想和党的十八大、十九大和历次全会精神，教育引导全体党员干部保持政治定力、增强"四个意识"，坚决维护习近平总书记权威和核心地位、坚决维护以习近平同志为核心的党中央权威和集中统一领导，始终在思想上政治上行动上同以习近平同志为核心的党中央保持高度一致。二是尊崇党章，严格执行新形势下党内政治生活若干准则，增强党内政治生活的政治性、时代性、原则性、战斗性。2014年完成支部班子调整，2017年初完成司党支部换届；规范支部手册、党小组手册、党员手册使用，提升支部建设规范化水平。三是加强文化建设。以"学思践悟铸平安"党建品牌和"平安小家"建设为抓手，把支部建设成

2012年，与离退休干部局联学

凝聚人心、推动发展、促进和谐的政治核心和战斗堡垒。四是加强党性锻炼，提高党员干部的政治觉悟和政治能力。坚持每年"七一"开展专题党性分析，肯定成绩、查摆问题、深挖根源、认真整改。支部书记和支部委员坚持每年为全司党员讲授党课，切实把党员干部的思想和行动统一到中央的决策部署上来。

二、狠抓思想建设，坚定理想信念

思想建设是党的基础性建设。安质司始终教育党员干部牢固树立共产主义远大理想和中国特色社会主义共同理想。一是强化理论武装。系统学习《党章》《关于新形势下党内政治生活的若干准则》《中国共产党党内监督条例》《中国共产党廉洁自律准则》《中国共产党纪律处分条例》等党内法规，拧紧思想"总开关"。2017年开展"向党说句心里话"活动。二是坚持以知促行、知行合一，认真组织开展党建专项活动。2012年以来相继开展了创先争优、党的群众路线教育实践、"三严三实"专题教育、"两学一做"学习教育及常态化制度化等专项活动，党员意识、作风建设、廉洁自律方面得到极大提高。三是把坚定的理想信念深耕于实践的土壤，先后与离退休干部局、部公路院、国家铁路局、国家民航局、国家能源局安全质量监督部门开展"学基层、学业务"联学活动。组织赴江西井冈山、湖北红安、浙江嘉兴、山西大寨村、八路军总部驻地旧址以及多个交通运输基层单位和施工现场，接受爱国主义教育，学习基层工作经验。四是注重运用"互联网+党建"思维，建设"平安之家"微信平台，提高思想教育成效，有效解决工学矛盾。

2017年，举行"向党说句心里话"活动

三、强化组织建设，从严管理干部

党的干部是党和国家事业的中坚力量。安质司始终坚持党管干部原则，坚持正确用人导向。一是严格组织生活，落实"三会一课"等制度，认真开展党性分析、民主生活会、党员民主评议、组织生活会等工作。做好党务公开工作，保证党员的知情权和监督权。圆满完成党员组织关系排查、党费收缴专项检查，机关党员学习教育"灯下黑"问题专项整治等专项工作。二是注重工作创新。开展"家庭助廉"活动并围绕"感谢感恩感动"主题召开恳谈会，有关内容在央视"焦点访谈"播出，反响强烈。强化愿景与共识，通过人人参与、组织评选，将"严监管、强质量、促安全、保平安"作为安质司工作目标宗旨。三是加强群团工作。组建司团支部，增选2名工会委员，为群团工作开展提供组织保障。组织开展植树、秋游、采摘等活动；在职工及家属有困难时，支部和工会尽最大可能予以关心帮助。四是加强党员干部管理监督。积极培树典型、强化示范引领，多位同志荣获优秀共产党员、优秀党务工作者、五四青年奖章和标兵、全国最美家庭荣誉称号，多个处室获得文明处室表彰，安质司连续多年荣获国务院安委办"安全监管监察先进单位"。积极参加2008年抗震救灾文艺汇演和广播操比赛。严格执行《关于党员领导干部报告个人有关事项的规定》《党政领导干部选拔任用工作责任追究办法（试行）》和《党政领导干部选拔任用工作有关事项报告办法（试行）》等制度，加强安质司干部队伍建设。

2008年，举行抗震救灾演出

四、加强作风建设，密切联系群众

作风建设是党的建设的永恒主题。安质司党支部始终坚持作风建设永远在路上，做到真管真严、敢管敢严。一是认真开展"党的群众路线教育实践活动"，深入查摆形式主义、官僚主义、享乐主义和奢靡之风方面存在的突出问题，切实转变党员干部作风。二是与辽宁省绥中县交通运输管理局、江西安远县结对子，与部职业资格中心党委针对试验检测职业资格工作开展"两学一做"党员联合攻关，深入基层、互帮互促、解决难题。三是在

"6·1"东方之星客船翻沉事件、"8·12"天津港区危化品火灾爆炸事故的应急处置、事故调查等急难险重工作任务中,党员干部冲在一线、身先士卒,充分发挥了党员先锋模范作用和党组织的战斗堡垒作用。四是贯彻落实中央八项规定精神,紧盯"四风"问题不放松,在安全检查、工程质量安全督查、出差、会议等工作中对轻车简从、节俭节约、廉洁从政提出明确要求。

荣获国务院安全生产监管监察先进单位

五、推进纪律建设,坚持标本兼治

加强纪律建设是全面从严治党的治本之策。安质司党支部始终牢记党是用革命理想和铁的纪律组织起来的马克思主义政党,注重发挥组织严密、纪律严明的优良传统和政治优势。一是强化规矩纪律意识。深入学习党章党规、《中国共产党廉洁自律准则》《中国共产党纪律处分条例》,使纪律规矩成为不可逾越的红线、带电的"高压线"。二是牢固树立安全红线意识、底线思维,充分认识交通行业发展在任何时候都不能以安全和生命为代价的极端重要性,做到守住底线、不越红线、不碰高压线。三是全面梳理业务工作廉政风险点,制定廉政风险防控手册并严格执行,从制度和管理上严防腐败问题发生。四是准确把握监督执纪"四种形态"的基本内涵,抓早抓小抓预防。通过任前谈话、廉政谈话、重大节点廉政提醒等方式,推动"咬耳扯袖、红脸出汗"工作常态化。

六、注重制度建设,贯穿工作始终

制度建设是全面从严治党的重要保障。安质司党支部坚持以党章为根本遵循,健全制度体系,扎紧制度笼子。一是加强支部制度建设,近些年相继制定了司党支部学习制度、"三会一课"实施细则、组织生活日实施细则、党支部活动经费使用管理规定、党风廉政建设细则等制度，推动党建工作制度化规范化。二是完善司管理制度，相继制定了司工作制度、"三重一大"事项集体决策制度、工程质量安全督查工作专业检测机构选取与委托工作规则、突发事件应急处置操作手册及流程，切实做到用制度管权管事管人，把权力关进制度的笼子。三是严格执行民主集中制，对合同签订、款项拨付、评先评优、支部换届选举等重大事项均集体研究决定，实现科学、民主、依法决策。四是支部书记带头抓、总体抓，班子成员分工负责，履行分管领域管党治党责任。班子成员始终走在前列、深学一层，形成"深学实做"的生动局面。

七、狠抓反腐倡廉建设，持之以恒正风肃纪

反腐倡廉建设是党的建设的基本任务。安质司认真学习以习近平同志为核心的党中央关于治国必先治党、治党务必从严的重要论述，按照全面从严治党的要求，抓好"两个责任"落实。一是认真学习贯彻《中国共产党党员领导干部廉洁从政若干准则》《中国共产党党员领导干部廉洁从政若干准则实施办法》，使党员干部增强新形势下加强廉政建设重要意义的认识。二是强化警示教育。结合典型案例通报，教育引导党员干部吸取教训、以案为鉴。组织观看反腐倡廉专题片，开展"清风筑廉""以案释纪明纪、严守纪律规矩"主题警示教育月等活动，促使党员干部坚定理想信念、提高廉洁自律能力。三是坚持一岗双责，落实党风廉政建设主体责任。司领导班子成员分工负责，强化责任传导，认真履行分管领域党风廉政职责；处级以上领导干部每年初签订《廉政责任承诺书》。四是按照有关规定严肃认真开展组织函询、诫勉谈话、提醒谈话工作，把规矩制度挺在前面，促进干部清正、政府清廉、政治清明。

下一步，安质司党支部将按照党的十九大提出的新时代党的建设总要求，以党的政治建设为统领，以坚定理想信念宗旨为根基，不断加强司党建工作，为安全和质量中心工作的开展，提供坚强政治保障。

党的建设是做好科技工作的坚强保障

部科技司党支部

改革开放以来,科技司党支部在部党组及部直属机关党委的坚强领导下,深入贯彻落实党的路线、方针、政策,严明各项纪律、规矩,不断改进工作作风,为做好行业科技管理工作提供了坚强的政治保障和组织保障。

党的十八大以来,科技司党支部深入学习贯彻党的十八大、十九大精神和习近平新时代中国特色社会主义思想,深刻把握新形势下全面从严治党规律及新时期行业科技管理工作规律,充分发挥党支部战斗堡垒作用,不断提升政治引领力、学习推动力、组织凝聚力、创新发展力、制度执行力,推动科技司党建工作科学化水平上台阶。

党支部组织开展十九大精神学习研讨

一、持续推进"两学一做"学习教育常态化制度化

一是在真"学"上下功夫。抓好学习重点和学习方法,打造学习品牌,丰富学习内容,提高学习效率,围绕学习十八大、十九大精神,习近平新时代中国特色社会主义思想,习近平关于科技创新、标准国际化、网络安全等方面重要论述和讲话等主题,先后开展多次

一、部直属机关各单位党组织的党建工作发展综述

支部学习,数十人次的党员讲了党课,党课主讲人覆盖全体司领导和各层级干部,在支部学习和党课活动中鼓励全员参与讨论发言。利用科技创新发展培训班、交通运输行业网络安全培训班等教育培训平台,及时向行业宣贯中央有关政策、文件精神。创新学习载体,聚焦十八大以来交通运输科技创新发展成就,与行业基层科研单位和部离退休干部局开展主题联学。在重要时间节点组织全体党员以线上线下结合的方式进行有关党内基础知识测试。二是在"实"做上做文章。牢固树立"四个意识",在领导班子和全体党员中通过民主生活会、组织生活会、民主评议党员、党性分析等方式,按照"四讲四有""四个合格"共产党员标准,以问题为导向查找差距,剖析根源,认真持续整改。十八大以来,我们以务实担当的精神,在落实中央政策打通成果转化障碍,统筹综合交通运输标准化和科技创新,推动五大信息系统整合,强化行业网络安全保障等方面出台系列政策措施,得到了行业广泛认可。

党支部组织党员干部参观"真理的力量"展览

二、扎实推进基层党组织建设

一是按照直属机关党委要求,严格落实各项基层党建重点任务,顺利完成了支部换届、党费收缴工作专项检查、党员组织关系集中排查、党员基本信息维护、迎接"两学一做"学习教育常态化制度化督导等工作。二是严格组织生活,除规定的三会一课、民主生活会、组织生活会、民主评议、谈心谈话外,通过开展支部联学、专题党日活动、调查研究活动、

扶贫工作、志愿者行动等，达到教育党员、服务群众的作用。三是创新工作方法，建立"锤炼党性促进创新"党建品牌和"四抓四促"工作法，将党建与业务有机融合，培养党建通、业务强的干部，在考核中注重效果与形式的统一，激发党员的先进性，充分发挥党建工作围绕中心、服务大局的作用。四是做好司党建课题研究，其中《全面深化改革背景下的机关党建新探索》荣获中央国家机关党建研究会 2014 年度课题研究成果优秀奖。五是积极推进支部"互联网+"党建应用，充分运用好维护好党建工作管理系统，动员、督促全司党员自觉主动使用党建工作管理系统，初步实现宣传展示、学习分享的常态化，组织生活、发展党员的制度化，换届选举、党费管理的规范化，答题答卷、问卷调查的高效化，材料报送、工作往来的无纸化，极大提升了党建工作的向心力、吸引力、凝聚力，党建信息化建设取得良好成效，在不同场合受到上级党委领导的肯定。

党支部组织党员干部赴 360 公司开展网络安全学习调研

三、不断加强正风肃纪和反腐败工作力度

一是制定并落实《科技司党风廉政建设"两个责任"实施办法》，有力推进优良作风的形式，全司未发现违反廉政要求的行为。二是司领导班子带头抓作风建设，转变文风、会风，严肃财经纪律，严格规范会议、差旅和工作行为准则，在开展"大调研"活动中，力戒形式主义、浅尝辄止，做到"身入""心至"，确保取得实效，全司未发现违反中央八项规定精神的现象。三是经常性地进行廉政教育，组织开展廉政谈话、节前廉政提醒、廉政教育专题党课，通过组织党员干部观看廉政教育警示片、廉政教育基地和廉政漫画展等引导党员干部增强廉洁自律意识，筑牢廉政思想防线。四是按照部党组要求，结合十种新表现，梳理司内存在的"四风"问题并结合支部民主生活会抓好整改落实。

组织党员干部参观"家风家教"廉政教育展览

四、发挥群团组织作用，推进司内文化建设

一是按照部直属机关工会要求，完成直属机关工会第二次会员代表大会代表和部机关工会第一次会员代表大会的推选工作。二是推进"工会小家"建设，开展有科技特色的工会小家建设，形成了"科技支撑交通强国"的共同愿景和"求真求实勇于创新遵循规律"的职业精神，司内文化建设初见成效。三是强化青年工作，加大对青年干部的培养力度，选派青年干部参加部直属机关团委组织的各类学习、培训和调研活动，为青年干部成长成才创造条件、搭建平台。

今后，科技司党支部将以习近平新时代中国特色社会主义思想为指导，深入学习贯彻党的十九大和十九届一中、二中、三中全会精神，全面落实新时代党的建设总要求，切实增强"四个意识"，坚定"四个自信"，以政治建设为统领，理想信念和宗旨意识为根基，全面推进政治、思想、组织、作风、纪律建设，把制度建设贯穿始终，为交通强国建设贡献科技力量。

忠诚担当　服务大局

部国际合作司党支部

党的十八大以来，在部直属机关党委的领导下，国际合作司党支部认真学习贯彻习近平新时代中国特色社会主义思想特别是习近平外交思想，加强学习教育、强化作风建设、狠抓工作落实，扎实推动党建工作与业务工作相互促进、融合发展。

一、不断加强学习教育，扎实推进政治思想建设

一是认真组织理论学习，加强思想政治工作。司党支部高度重视政治思想建设，始终把理论学习摆在工作的突出位置，作为提高全司党员干部思想和工作能力的重要手段。采取集中学习、个人自学、集体讨论等形式，认真组织学习习近平新时代中国特色社会主义思想和党的十八大、十九大以及十八届、十九届历次全会精神，牢固树立"四个意识"，坚定"四个自信"，思想上、政治上、行动上同以习近平同志为核心的党中央保持高度一致。认真制定理论学习计划，严格保证学习时间，学深悟透，做到入脑入心、理论与实践相结合，形成了全司主动学习、热爱学习、争创学习型集体的良好氛围。

二是加强理想信念教育，当好"党旗下的交通人"。司党支部坚持正确政治方向，注重弘扬主旋律，开展经常性思想政治工作和宣传教育工作。利用座谈会、谈心谈话等多种形式，及时了解干部职工在全面深化改革中的思想动态。积极参加部直属机关党委组织的"机关文明处室""优秀共产党员""人民满意的公务员"等争创活动，激发党员干部的工作活力。以"坚定理想信念、岗位创先争优，提高交通外事服务能力与水平"等为主题，通过司领导讲党课、观看理想信念教育片、集体讨论等方式，在党员干部中深入开展理想信念、党风党纪、廉洁自律、艰苦奋斗主题教育活动。组织党员干部赴革命圣地西柏坡开展了以"传承弘扬优良传统作风，保持为民务实清廉本色"为主题的党日活动。通过座谈会、发函、主动上门等方式，广泛征求部内司局、部属单位以及外交部相关司局、交通运输央企、地方交通厅等对开展交通运输国际合作工作的意见。组织党员干部认真学习新时期党关于外事工作的路线、方针、政策，学习党的光辉历史和优良传统，深入开展理想信念教育和安全保密教育，把牢思想和行动的"总开关"，补足精神之"钙"，消除思想之"霾"，切实做到对党忠诚、对国家忠诚、对人民忠诚，自觉维护国家利益和民族尊严。

二、加大组织建设力度，增强支部组织力、凝聚力、战斗力

一是推进党支部建设，强化战斗堡垒作用。建立和落实机关党建工作责任制，坚持民主集中制，重大问题集体讨论决策，并广泛征求意见。坚持"三会一课"制度和党务公开，增强党组织工作透明度，建立和完善了党内民主选举和党员评议制度等，切实保障党员的

选举权、知情权、参与权、监督权。召开年度民主生活会,开展批评与自我批评,切实起到增强班子团结、形成工作合力的作用。认真做好党费的收缴与管理工作。

党支部组织主题党日活动

二是扎实开展各项活动,增强党性修养。认真开展"创先争优"活动,发挥党员的先锋模范作用,增强党建工作生机和活力。把握"为民、务实、清廉"要求,以"除'四风'、增党性,推进交通运输外事工作创新发展"为主题,认真开展党的群众路线教育实践活动。扎实开展"三严三实"专题教育,司领导班子聚焦"对党忠诚、个人干净、敢于担当",组织开展学习交流、党性分析、谈心谈话、廉政教育、联学共建等一系列活动。司领导班子积极配合中央巡视工作,组织处室及时提供了有关材料。在开展"践行三严三实,创建先锋工程活动"中,结合工作实际,坚持用理想信念和改革创新引领外事工作,把经常性的优良传统教育和思想政治工作贯穿于国际合作工作的整个过程之中,创建了"忠诚担当、服务大局"的党建工作品牌。中国交通报以"携优良作风走出去,强交通国际话语权"为题对国际司作风建设情况进行了专题报道。扎实推进"两学一做"学习教育常态化制度化,将参加中心组学习、支部学习讨论、党课活动、主题党日、联学活动等有机结合,协调推进,综合实施,突出实效。每月中旬按时提交支部学习教育情况汇总表,每月底按时提交支部学习教育工作台账。认真学习习近平新时代中国特色社会主义思想,学习党章党规,学习革命先辈和先进典型,学习交通运输行业涌现出的模范人物。组织党员干部赴部绿化基地开展了以"服务交通绿化环境"为主题的学习交流活动,与中国交通通信信息中心北京国际移动卫星地面站党组织开展了以"服务'四个交通'发展"为主题的联学交流活动,与部离退休部长党支部开展了以"畅谈十八大以来变化、展望十九大胜利召开"为主题的联学活动。司党支部书记以"联系党史学习党章 增强党章意识""学习党的十九大精神 做好交通国际合作工作"为题为全司党员干部讲授专题党课。组织党员干部向新疆塔克什肯边境口岸运政人员捐赠书籍，开展向色达县贫困学生助学活动，组织了冬衣棉被捐助活动。通过党员干部一系列活动，活跃了科技司党建工作，党员党性修养得到了不断提升，为服务交通运输改革发展注入了新的活力。

党支部组织开展联学共建活动

三是加强精神文明建设，建设和谐好司局。司党支部在工作中不断探索新思路、新方法，将支部党建工作和队伍建设工作落到实处。国际司人员编制少，但交通运输领域国际合作与交流的任务异常繁重，在人少事多、经常要应对紧急突发情况等工作条件下，司党支部努力强化团队精神和拼搏奉献精神，在提高个人综合素质的基础上提升了全司的整体工作水平，打破处室界限，合理调配人力资源，发挥整体优势，特别是在承办重要国际会议以及部领导出访和部领导参加的重要外事活动中，集中优势"兵力"，打好"大仗、硬仗"。在承担主办"一带一路"国际合作高峰论坛"加快设施联通"平行主题会议等重大任务过程中，司党支部充分发挥战斗堡垒作用和党员先锋模范作用，主动担当、积极作为、无私奉献，圆满完成了各项任务，为服务国家外交大局作出了重要贡献。组织党员干部前往浙江开展"学基层、学业务"联学调研活动，了解基层工作情况，学习基层务实作风，汲取基层工作经验。做好工青妇工作，组织丰富多彩的职工活动，增强凝聚力，使司内形成和谐的氛围和强有力的团队精神，为完成交通运输国际合作任务提供了有力保障。

三、加强作风纪律和反腐倡廉建设，坚持全面从严治党

一是驰而不息狠抓作风建设，强化纪律要求。组织党员干部认真学习贯彻习近平总书记关于作风建设的重要论述，不断提高贯彻落实中央八项规定精神、反对"四风"的思想自觉和行动自觉。筑牢思想防线，切实增强党员干部的使命感责任感，进一步培育良好的作

风和精神状态。加强交通运输国际合作各项任务的跟踪落实，解决突出短板和薄弱环节方面的问题，做到真抓、敢抓、善抓、常抓，确保各项目标任务按时保质完成。加强日常思想教育和监督管理，狠抓关键岗位和重要时间节点的廉政风险预警防范与监督检查，教育并提醒党员干部在推进"一带一路"建设、协助企业"走出去"等工作中，把握好与企业特别是民营企业的"亲""清"关系，严格遵守廉洁纪律。教育引导全司党员干部严于律己，始终保持头脑清醒，慎独慎微，坚持和发扬艰苦奋斗的优良传统，严格执行廉洁纪律，自觉用党纪国法规范和约束言行。

二是狠抓部署落实，加强廉政风险防控工作。司党支部对党风廉政建设认真负起责任，按照"一岗双责"的要求大胆管理，弘扬正气，以踏石留印、抓铁有痕的工作要求抓党风廉政建设。把党风廉政建设与司内各项工作结合起来，做到同部署、同落实、同检查、同考核。按照部党风廉政建设工作任务总体部署，扎实开展廉政风险防范工作，真正把"风险点"变为"安全点"。及时纠正不当行为，将风险化解于未然，把廉政风险防控工作落到实处，避免苗头性、倾向性问题演变为违纪违法行为。同时，把廉政风险防控与强化外事服务意识、做好交通国际合作业务工作有机结合起来，互相促进见成效。

三是加大宣传教育力度，推进廉政文化建设。认真组织学习贯彻《中国共产党廉洁自律准则》《中国共产党纪律处分条例》《关于新形势下党内政治生活的若干准则》《中国共产党党内监督条例》和部党组《关于贯彻落实中央八项规定精神的实施细则》《关于落实各级领导班子党风廉政建设主体责任的意见》等重要文件，细化工作抓手和落实机制。持续开展以正面典型示范、反面案例警示为重点的"双示"教育。把廉政文化建设列入重要议事日程，同司内各项工作紧密结合，多次召开专题会议，研究制定廉政文化建设的目标和方法，推进廉政建设常态化长效化，强化外事纪律，营造崇尚廉洁、抵制腐败、风清气正的良好工作环境。

四、党建与业务工作相结合，服务国家外交大局和交通强国建设

一是深入学习贯彻习近平外交思想，牢牢把握交通运输国际合作工作的正确政治方向。深刻学习领会习近平新时代中国特色社会主义外交思想，认真贯彻落实中央外事工作会议、中央周边外交工作座谈会精神及我部关于加强交通运输外事工作的指导意见等文件。充分发挥交通运输基础性和先导性作用，服务国家外交大局和交通强国建设。推进"一带一路"交通建设，加强互联互通和国际运输便利化。加强国际产能合作，提升行业"走出去"整体水平。积极参与维护海洋权益相关工作，积极助力海洋强国建设。加强双边、区域国际合作，建立并完善了一系列高层次合作机制，签订了一系列合作协议，开展了交通节能减排、城市智能交通、物流信息服务、危险品运输安全等合作项目，为我国交通运输行业开放发展提供了有力支持。更加注重参与行业全球治理，加强行业软实力建设，深层次参与了行业国际规则和标准的制定，积极承担国际责任和义务，中国第15次当选国际海事组织A类理事国，中国代表首次当选国际海事组织理事会主席。在国际舞台上贡献中国方案，讲好中国故事，不断提高话语权和影响力。

二是强化外事纪律要求，提升外事服务水平。从党风廉政建设高度出发，做好因公出国(境)等外事管理工作，陆续制订了部加强外事管理工作的相关文件，科学编制年度因公

出国(境)计划和经费预算,加强检查监督工作力度,防止在外事活动中出现"四风"和违反中央八项规定精神的问题,确保部因公出国(境)工作有序、规范开展。增强主动服务意识,改进服务措施,进一步完善因公出国(境)审核审批程序,优化护照签证申办手续,为部机关、部属单位等提供了优质、便捷、高效的因公出国(境)服务。

下一步,国际司党支部将深入学习贯彻习近平新时代中国特色社会主义思想特别是习近平外交思想,认真贯彻落实党的十九大和十九届二中、三中全会精神,不忘初心,牢记使命,加强学习、打造队伍、狠抓工作、开拓进取,努力为服务国家外交大局和交通强国建设做出新的更大贡献。

深化政治建警　筑牢忠诚警魂
——新形势下加强交通公安机关基层党支部规范化建设思考

部公安局党支部

改革开放40年来，全国交通公安机关在部党组和各级港航单位党委的坚强领导下，始终坚持以服务保障水运经济建设发展为立足点，牢牢把握"融于交通、服务交通"的基本定位，深入践行"忠诚事业、服务发展"的核心价值理念，抓实党建引领队伍建设这个根本，凝聚一代代交通公安人，用青春和热血，护卫港航安全，铸造江海之盾。伴随改革开放的大潮，在上级关心关怀下，2002年长江港航公安管理体制得以理顺，2017年沿海港航公安管理体制改革方案印发实施，交通公安离企归政的改革目标全面实现。

交通公安机关作为共和国交通港航安全的忠诚守护者和重要保障者，肩负着打击犯罪、保护人民、服务群众、维护国家安全和社会稳定的重要使命。全面深化政治建警，加强基层党的建设，充分发挥交通公安机关基层党支部的领导、监督和带头作用，充分发挥基层党员民警的先锋模范作用及党员领导干部的表率作用，对于增强党的凝聚力和战斗力，保证党的路线、方针和政策在交通公安机关基层工作中得以全面贯彻落实，具有十分重要的意义。笔者结合新形势下长江航运公安机关基层支部工作的新特点、新情况，就如何加强交通公安机关基层党支部建设作一些粗浅的分析。

一、加强公安机关基层党支部规范化建设典型做法及成效

（一）长江航运公安机关基层党组织的基本情况

长江航运公安局下设一级机构33个，其中内设机构11个、直属机构5个、公安分局16个、警校1个。长江航运公安局各级党组织中，共有19个党委（含长江航运公安局党委），163个基层党支部，共1801名党员。各分局（警校）党委隶属于长江航运公安局党委统一领导，同时接受地方党组织工作指导。

作为国家派驻长江上的一支公安执法队伍，长江航运公安机关的党组织数量较大、隶属关系复杂、管理链条较长，党员人数多、分布广、思想活跃、情况复杂，公安基层党支部规范化建设工作任务重、难度大。

（二）基层党支部规范化建设主要做法及成效

党的十八大以来，长江航运公安大仗、硬仗不断，在交通运输部党组、长航局党委和

部公安局党组的坚强领导下,认真学习贯彻党的十八大、十九大精神,扎实开展党的群众路线教育、"三严三实"、"两学一做"等专题学习教育,通过抓好基层党支部规范化建设,基层党支部管党治党的责任意识明显提升,党支部战斗堡垒作用明显增强,党员队伍的精气神有了较大转变,党员个人的身份认同感和责任感明显增强,工作作风更加务实、工作纪律更加严明,党内政治生活也更加规范、更加严肃。

1. 以政治建设为核心,健全责任体系。通过深入学习习近平新时代中国特色社会主义思想,开展"迎接十九大、忠诚保平安"主题教育,践行习近平总书记对公安工作提出的"对党忠诚、服务人民、执法公正、纪律严明"的总要求,不断增强民警荣誉感、责任感、使命感。一是严格落实主体责任。成立局党建工作领导小组和工作专班,多次专题研究党支部规范化建设工作,举办多批次党支部书记培训班,该局党委书记与全线党支部书记"面对面"授课交流。该局党委委员广泛深入基层联系点领学、联学、督学。二是注重选好配强支部班子,推行基层党支部书记由行政主要负责人兼任。党支部严格坚持每周集中学习日制度和一日工作学习行为规范。三是注重培育支部党建品牌,以"大江金盾党旗红"为引领,九江分局"文森精神铸辉煌"、武汉分局"跟我来"、安庆分局安庆派出所"星光闪耀、服务先锋"等特色党建品牌不断涌现。

2. 以组织建设为根本,夯实战斗堡垒。该局党委制定了《长江航运公安局党委关于进一步加强党的建设的意见》,明确党委履行党建工作主体责任,形成"党组织统一抓、书记全盘抓、班子成员分工抓、行政领导配合抓、党务干部专职抓"的党建工作格局,实现层层有担子、人人有责任。在长航局组织的支部达标考核验收中,长江航运公安局共有155个党支部通过考核,达标通过率95%,形成了以点带面、整体推进的良好工作局面。每年初制定下发党建工作要点和责任清单,分解量化支部规范化建设的目标任务,纳入年度绩效管理考核,使支部规范化建设"软任务"变成"硬指标"。每季度督促基层党委开展党建工作自查整改、查漏补缺。通过开展党组织书记党建工作述职评议等加强对基层党组织落实党建工作目标任务的督导考核。

3. 以典型引领为重点,提升队伍活力。局党委高度重视党员的示范引领作用,不断加强先进典型的培育。近年来涌现出了全国公安系统二级英雄模范、全国"最美警察"、全国优秀人民警察、全国"百佳刑警"、"中国好人"等一批立得住、叫得响的党员模范先锋。加强对青年干部的培养力度,招录的新民警65%在基层支部接受锻炼。打造基层党支部党员活动阵地,建立统一规范、功能完善的党员活动室。打造指尖学习阵地,建立"长江公安"微信公众号及支部工作群。打造特色文化阵地,形成一所一特色、一队一亮点,丰富了党建文化内涵。

4. 以作风建设为保障,培育优良警风。认真落实"两个责任",坚持年初部署、年中跟踪、年底"结账",确保党风廉政建设和反腐败各项工作任务落到实处。制定实施《从严管理监督干部的实施意见》,促进党员领导干部廉洁从政。强化对重点部门和重点工作的监督。深入开展群众评议,推进社会监督。坚持正风肃纪,五年来,长江航运公安各级纪检督察部门开展明察暗访1.25万次,提出整改建议557条。共受理信访举报225件,立案19件,给予党纪、政纪处分32人。

一、部直属机关各单位党组织的党建工作发展综述

(三) 加强基层党支部规范化建设工作经验

"围绕中心、服务大局"是公安党建工作的首要原则和永恒主题,公安机关基层党支部工作要紧扣"党建+公安工作"这一中心线,以党建工作为灵魂,以队伍建设为核心,以业务工作为载体,使之相互促进,共同提高,推动公安工作全面发展。

何建中同志接见英模代表

1.抓好理论武装,筑牢警魂强化定力。把学习贯彻习近平新时代中国特色社会主义思想和党章党规作为政治理论学习重点和常态,采取集中学习、个人自学、专家辅导、书记讲党课、公安大讲堂、红色革命教学等形式,常学常思常悟,切实增强"四个意识",坚定"四个自信",坚决维护习近平总书记的核心地位,坚决维护以习近平同志为核心的党中央权威和集中统一领导,打牢高举旗帜、听党指挥、绝对忠诚的思想根基。

2.注重关键少数,狠抓素质能力提升。五年来,依托交通运输部党校、长航局党校、长航警校等平台,对长江航运公安各级党组织书记开展常态化党建工作基础知识培训,确保书记熟悉党的基本理论、基本制度、基本方法,成为党建工作的"行家里手"。注重从优秀青年党员中选拔和培养党务干部,培育素质过硬的"领头雁"。通过加强横向、纵向之间党建工作交流,举办多批次党务工作培训班,提升抓党建工作的能力和水平。

3.聚焦融合发展,履职担当能力明显提升。五年来,长江航运公安局牢固树立"围绕中心抓党建,抓好党建促发展"理念,深入推进党建工作与公安中心工作的深度融合,做到了有机结合,实现了化学反应,全面开创了长江航运公安发展新局面,维护长江航运安全、公共安全、生态安全的能力水平不断增强,担当作为更加凸显。芜湖分局侦办的"10·12"

污染环境系列案(事)件,中央领导同志专门批示,引起公安部、环保部等国家部委高度关注。

支部书记讲党课

二、充分认识加强基层党支部规范化建设的重要意义

(一)新形势下对基层党支部规范化建设的新要求

习近平总书记指出:"基层是党的执政之基、力量之源。"推动全面从严治党向基层延伸、强化基层党组织整体功能,是统筹推进"五位一体"总体布局、协调推进"四个全面"战略布局的客观需要,是实现全面建成小康社会目标、推进中国特色社会主义现代化建设的必然要求,是以自我革命精神加强新时代党的建设、始终保持党的先进纯洁性的具体举措,具有重要现实意义和长远战略意义。

公安工作面临的形势复杂严峻,公安队伍担负的任务艰巨繁重。加强和改进新形势下公安机关党建工作,基层党支部一定要有直面困难、敢于担当的勇气,一定要有解决问题、善作善成的智慧,坚持在服务大局上做文章,在促进中心工作上下功夫,最大限度地把党建工作的成效体现到维护国家安全和社会稳定工作上来,体现到推动公安事业长远发展进步上来,体现到打击刑事犯罪、遏制刑事发案上来,体现到加强法治建设、保障公平正义上来,真正把党建优势转化为发展优势,把党建成果转化为实战成果,以此来推进公安各项事业发展进步。

一、部直属机关各单位党组织的党建工作发展综述

交通公安党政主要领导干部深化从严治党学习班

当前,各交通公安机关正按照中央部署要求,深入推进改革发展。要开启新的征程,加强党的建设是最深厚动力和最根本保证,需要建设一支政治过硬、业务过硬、责任过硬、纪律过硬和作风过硬的高素质公安队伍,以更强的责任担当推进党的建设,来保证事业的发展。

(二)支部党建在公安队伍建设管理中的重要作用

党的十九大提出了新时代党的建设的总要求和重点任务,指明了新时代党的建设的方向和目标。公安机关落实这些要求和任务,需要做大量艰苦细致的工作,离不开基层支部和广大党员民警的努力奋斗。

1.抓好交通公安基层党建工作是推进交通事业发展、开启交通强国建设的根本保证。党的十九大报告对新时代交通运输发展作出了全新部署,首次提出建设交通强国的战略目标与战略要求。这既是对多年来交通发展成绩的充分肯定,更是对新时代交通强国赋予新功能、寄予新厚望、提出新要求。作为交通公安机关,必须认真落实新时代党的建设总要求和交通运输部党组工作部署,旗帜鲜明讲政治,把党的政治建设摆在首位,保证政治方向正确,为推进交通运输事业发展、开启交通强国建设新征程提供坚强保证。

2.抓好交通公安基层党建工作是服务好长江经济带建设的深厚动力。习近平总书记4月26日在武汉主持召开深入推动长江经济带发展座谈会并发表重要讲话。他强调,推动长江经济带发展是党中央作出的重大决策,是关系国家发展全局的重大战略,明确提出了推动长江经济带发展需要正确把握的5个关系。交通公安担负着维护港航社会治安稳定和保护群众生命财产安全的重大责任,必须牢固树立勇于担当意识,切实增强政治责任,提高政治站位,扎实推进"三水共治",把习近平总书记"共抓大保护、不搞大开发""生态优先、

绿色发展"的重要战略思想,坚决贯彻落实到交通公安服务长江经济带发展的方方面面。

党支部集体学习十九大精神

3.抓好交通公安基层党建工作是落实党的路线方针政策和上级各项工作任务的基本前提。加强公安机关党支部建设,能更好地完成党的中心任务,紧紧围绕党和国家大局,谋划和推进基层党支部建设,必须坚持围绕中心,服务大局,拓宽领域,强化功能,进一步巩固基层党支部建设和加强党的基层组织,凝聚基层组织的创造力、凝聚力、战斗力,完善基层党组织建设的体制,增强、基层组织的生机活力,扩大党的组织和工作覆盖面。

(三)基层党支部规范化建设存在问题表现及根源分析

当前,在上级党组织的正确领导下,公安机关各级基层党组织班子一手抓党建、一手抓工作,使基层党组织建设呈现出稳步前进和全面健康发展的态势。但其中也存在一些不容忽视和亟待解决的问题。

1.与贯彻落实全面从严治党的新要求相比,落实党建工作责任机制还有待深化。一是重视程度不够,少数党员干部认为党建工作不如公安业务工作重要,或者是业务工作与党建工作存在"两张皮"现象;二是党建责任落实不够到位,党组织的主体责任、书记的第一责任人等责任未能很好地履行,部公安局和一些基层单位由于编制的限制,党务干部兼职多,专职少,在一定程度上存在着工作不安心、工作不到位的现象,有些单位部分领导干部对党建工作责任制执行不力,党建工作"第一责任人"意识不强。少数单位把党建工作看成是专职党务人员的事情;三是党建工作缺乏硬性考核奖惩办法和激励约束机制,特别是考核标准量化难,操作尺寸难以把握,压力传导层次衰减,普通党员民警压力不大,动力不强,参与度不高,党务工作得不到有效落实。

2.与新时代公安事业发展的新定位相比,基层党组织和党员干部能力和水平还有待提高。近年来，在公安部党委和交通运输部党组的坚强领导下，交通公安工作成效显著、亮点突出，但面对习近平总书记对长江提出的"共抓大保护、不搞大开发"、"生态优先、绿色发展"的重要战略思想，面对经济发展新常态、维护稳定新压力、人民群众新期待，交通公安机关短板还不少，差距还不小，也清醒看到，在少数党员干部中，有的理想信念淡化，宗旨意识不强，不会做群众工作；有的实事求是精神有所弱化，理论与实际脱节，改革创新意识不强；有的精神懈怠，不担当不作为不落实等情况还时有发生。一些基层党支部书记在公安业务工作上是一把"好手"，但习惯以行政命令的方式来抓党的建设，对于如何严格党内政治生活、开展思想政治工作、抓好队伍建设"不太在行"；一些党务干部创新能力不强，按部就班，一定程度上影响了党建工作的质量和水平；有的单位发挥党务干部作用不够明显，致使党务干部队伍整体素质难以提高，影响了党务岗位的作用发挥。

3.与提高基层党支部规范化建设水平的新任务相比，组织体系和保障能力还有待优化。一是管理体制不顺畅。党的组织关系根据属地管理原则，以长江航运公安局为例，各分局党组织由所在地党委和长江航运公安局党委实行双重领导，由于长江航运公安点多线长的特点，这种双重管理导致党组织管理权限和干部管理权限不对应，系统内的上级党组织与派驻地上级党组织尚未建立经常性沟通交流机制，相互几乎不联系、沟通的机会很少，双方在工作上不能很好地形成合力，在实际工作中，易出现对于同一工作部署要求不统一，导致重复劳动，工作效率下降。二是党建经费欠保障。根据中共中央组织部《关于中国共产党党费收缴、使用和管理的规定》（中组发〔2008〕3号）相关规定，特别是长航公安局各分局作为中央驻地方单位，每年按照全年党员实交党费总数的10%向所在地方党委上缴党费，单位留存90%，但在实际工作中，根据各地经济发展状况的不同，有的地方按照实交党费的100%上缴，却无党费返还，党建经费保障不到位，日常工作所需经费主要靠行政经费来弥补，进一步影响了党建工作发展。

三、新形势下推动交通公安机关基层党支部规范化建设总体思路

（一）指导思想

新时代交通公安机关基层党支部规范化建设工作，要以习近平新时代中国特色社会主义思想为指导，全面贯彻落实党的十九大精神，深入贯彻新时代党的建设总要求和习近平总书记"四句话、十六字"总要求，坚持党要管党、全面从严治党，坚持政治建警、全面从严治警，大力加强党的政治、思想、组织、作风和纪律建设，把制度建设贯穿其中，深入推进党风廉政建设和反腐败斗争，不断提高交通公安机关基层党支部规范化建设工作质量，为贯彻落实党中央、部党组各项决策部署，奋力开创新时代交通公安工作新局面提供坚强保证。

（二）总体目标

通过开展交通公安机关基层党支部规范化建设工作，把基层党支部建设成为推动跨越、服务群众、凝聚人心、促进和谐的坚强堡垒，基层党支部创造力凝聚力战斗力进一步增强、

基层党支部书记队伍能力进一步提高、党员队伍素质进一步提升、基层基础保障进一步加强，为不断开创交通公安工作新局面提供坚强组织保证。

具体实现五个方面目标：

一是提升基层党支部战斗力，提升一批一般党支部，巩固扩大一批先进党支部，创建一批基层党建工作示范点。

二是提升基层党支部书记素质，不断拓宽选任渠道，加强教育培训，着力增强基层党支部书记忠诚事业、服务发展的能力。

三是提升党员队伍生机活力，提高发展党员质量，加强教育管理服务，逐步完善激励关怀帮扶机制，进一步增强党员意识和党性观念。

四是提升基层基础保障水平，不断壮大党务工作力量，进一步保障党支部党建活动经费，加强活动场所建设，深入推进基层党建工作信息化。

五是提升基层党建制度化水平，推进基层支部党建工作责任制的落实，以促进党支部党建工作规范化、活动经常化、决策科学化。

（三）主要措施

2017年5月19日，习近平总书记对全国公安机关和公安队伍提出"对党忠诚、服务人民、执法公正、纪律严明"的总要求，为加强新时代公安工作和公安队伍建设提供了根本遵循、指明了前进方向。交通公安机关在新时代开展基层党支部规范化工作，就必须毫不动摇地坚持全面从严治党治警，以铁的纪律打造一支铁的队伍，严格落实主体责任，坚持党建和业务两手抓、两手都要硬，强化监督执纪问责，切实担负起维护新时代交通港航安全和社会稳定的重大职责使命，重点是要突出"六个建设"：

政治建设：公安机关是党和人民手中掌握的"刀把子"，政治坚定、对党忠诚是公安机关的建警之魂。交通公安作为平安交通建设中的重要参与者，更要毫不动摇地坚持党对公安工作的绝对领导，着力铸牢对党绝对忠诚的政治灵魂，绝对忠诚于党、忠诚于以习近平同志为核心的党中央，始终在政治立场、政治方向、政治原则、政治道路上同以习近平同志为核心的党中央保持高度一致，坚决听从以习近平同志为核心的党中央的命令和指挥，确保党中央的决策部署在交通公安得到不折不扣贯彻落实。

思想建设：党的十八大以来，部公安局认真贯彻落实党中央的部署安排，在交通公安系统部署开展了"增强党性、严守纪律、廉洁从政"和"秉公执法、人民公安为人民"等主题教育，把忠诚为民的优良作风根植在了民警心中，取得了较好效果。当前社会各种思想文化相互激荡、相互交融，公安民警的思想观念也时刻发生着前所未有的变化，从这个角度来讲，加强思想建设对于公安队伍有着更为重要的现实意义。工作中，我们必须始终把思想建设作为基层党支部规范化工作的基础，不断加强理想信念教育，强化使命意识；不断加强制度建设，扎紧制度笼子；不断加强党性修养，牢固树立宗旨意识。

组织建设：党组织作为党建工作开展的主要阵地，是最贴近群众，与人民群众保持最密切联系的组织和桥梁，是我党思想理论传播的主要阵地。在新形势下，做好党的组织建设工作，对于全面加强党的领导，促进党组织更好地为人民群众服务起着十分重要的作用

一、部直属机关各单位党组织的党建工作发展综述

和意义。习近平总书记在党的十九大报告中指出,要推进党的基层组织设置和活动方式创新。具体到交通公安,做好组织建设工作,要配齐配强基层支部班子,狠抓领导表率作用;要抓党员发展和管理,带好党员队伍;要加强党员的阵地建设,健全党内组织生活。

组织党员重温入党誓词

作风建设:习近平总书记曾对加强党的作风建设作出重要指示:纠正"四风"不能止步,作风建设永远在路上。当前,中国特色社会主义进入新时代,交通强国建设和长江经济带建设进入新征程,交通公安机关肩负的使命任务决定了公安队伍必须具有优良的纪律作风和过硬的能力素质。只有进行根本的、全面的、彻底的作风塑造和纪律锻造,才能圆满完成神圣而光荣、艰巨而繁重的使命任务,才能实现交通公安正规化专业化现代化建设目标,才能真正做到让党放心,让人民群众满意。

纪律建设:公安队伍是党绝对领导下的一支纪律部队,迈步新时代,踏上新征程,更需要一支执法公正、纪律严明的公安队伍。开展纪律建设,必须紧盯关键节点,加强监督检查,突出"关键少数"。坚持以问题为导向,加强公安民警纪律教育,强化民警严明纪律的思想自觉;严格落实党章党纪、警规警纪,增强民警严明纪律的行动自觉;严格查办各类违纪违法案件,强化民警严明纪律的实践自觉;通过进一步强化"一岗双责"意识,切实将主体责任扛在肩上。

制度建设:十九大报告提出:"全面推进党的政治建设、思想建设、组织建设、作风建设、纪律建设,把制度建设贯穿其中"。由此可以看出,今后党的建设将呈现"5+1"格局,这个"1"就是制度建设,而且贯穿于党的建设全过程。交通公安机关基层党支部规范化工作要扭住制度创新这个关键,实现依规治党常态化,既要加强党建制度创新,健全完善制度体系,也要狠抓制度落地,增强制度规范执行力。交通公安机关各级党组织、政工部门要加强调查研究,搞好政治工作和党建工作制度的配套衔接,做到彼此呼应,增强整体功能。

党支部组织参观廉政漫画展览

（四）保障机制

一是成立各层级党建工作领导小组，全面落实党建工作责任制，构建党委统一领导、书记负总责、分管领导分工负责，政工部门推进落实，党组织负责人"一岗双责"的党建工作格局，确保每一个环节都有效落实；交通公安各级班子，特别是班子里的书记是密切联系上级和基层的桥梁与纽带，要选好书记，强化书记能力培养，有针对性地开展实施培训计划，提高履职能力。

二是细化支部工作目标管理制度，完善支部工作评价体系，把支部规范化建设工作作为考核领导班子和领导干部的重要内容之一，量化考核指标、严格考核标准、强化考核措施、加大奖惩力度。要紧密结合公安工作特点，不断健全完善新时代交通公安基层党建工作制度机制，确保党建制度的落实。

三是加强支部阵地建设。各交通公安局党委（党组）要高标准定位、高质量落实文化活动阵地建设，抓好现有办公、活动场所的不断完善和补充，全方位赋予各类场所的文化功能。要建立健全人往基层流、钱往基层投、政策往基层倾斜的工作机制，把工作重心和资源向基层倾斜。建立落实基层党组织经费正常增长机制，确保各党支部的活动经费，保障组织工作有序开展。

四是创新学习教育模式，搭建起"互联网+"信息化平台，利用网络信息技术，采用互联网、公安内网等网络手段，通过资料共享和在线学习等途径实现对全体党员教育的全覆盖，提高学习教育的吸引力，增强教育效果。

五是创新党建品牌建设,根据各单位、部门的特点,深度挖掘党建品牌主题、品牌定位,明确创建任务、创建标准、推进措施,形成一批分层次、分区段的有影响力的公安党建品牌。

六是创新党建工作法,挖掘党建工作的内涵,要在全线总结推广出一批不同特色、务实管用、易于推广的"党支部工作法",推动公安业务工作与党建工作法融合发展,用公安业务工作丰富党建工作法内涵、扩大党建工作法影响。

用心用情认真做好离退休干部党建工作

部离退休干部局党委

建立干部离退休制度,是党和国家领导制度改革的一项重大成果,邓小平同志称之为在党的历史上值得大书特书的事。改革开放40年来,历届部党组始终高度重视并认真做好离退休干部工作,坚持从政治上尊重、思想上关心、生活上照顾、精神上关怀老同志。在部直属机关党委的领导下,离退休干部局党委加强自身建设,持续出台政策措施,着力加强部机关离退休干部党建工作,积累了宝贵经验,取得了明显成效。

一、不断加强自身建设

自1982年8月成立老干部局以来,部离退休干部工作从无到有、从小到大,在开拓中前进,在创新中发展,走过了极不平凡的发展历程。离退休干部局先后成立党支部、党总支负责离退休干部党建工作。1994年5月,在部党组的重视支持下,经直属机关党委批准同意,离退休干部局由党总支升格为局党委,潘洪庆同志任离退休干部局局长兼党委书记,并首次设立专职党委副书记,由王玉臣同志担任。2001年7月,经直属机关党委批准同意,召开交通部离退休干部局第一次代表大会,选举产生了第一届离退休干部局党委和纪委,并首次设立专职党委书记,由王玉臣同志担任。至今,已经历了4次换届选举,有力加强了党委自身建设和离退休干部党建工作。

(一)2001年7月,召开交通部离退休干部局第一次代表大会

为加强离退休干部党组织建设,健全离退休干部局党的工作机构,经直属机关党委批准同意,召开中国共产党交通部离退休干部局第一次代表大会,会议选举王玉臣同志为党委书记,赵长松、李广翔(离休)两位同志为党委副书记,孟维钊同志为纪委书记。

(二)2006年12月,召开交通部离退休干部局第二次代表大会

因任期届满,经直属机关党委批准同意,召开中国共产党交通部离退休干部局第二次代表大会,会议选举王玉臣同志为党委书记,孟维钊同志为党委副书记兼纪委书记,李广翔(离休)同志为党委副书记。

(三)2012年5月,召开交通运输部离退休干部局第一次代表大会

因任期届满和大部制改革,交通部更名为交通运输部,经直属机关党委批准同意,召开中国共产党交通运输部离退休干部局第一次代表大会,会议选举窦燕萍同志为党委书记,汪宝良同志为党委副书记兼纪委书记,李广翔(离休)同志为党委副书记。

一、部直属机关各单位党组织的党建工作发展综述

中国共产党交通运输部离退休干部局第一次代表大会现场

（四）2018年1月，召开交通运输部离退休干部局第二次代表大会

因任期届满，经直属机关党委批准同意，召开中国共产党交通运输部离退休干部局第二次代表大会，会议选举张晓冰同志为党委书记，汪宝良同志为党委副书记兼纪委书记，周海涛（退休）同志为党委副书记。

中国共产党交通运输部离退休干部局第二次代表大会现场

新当选的交通运输部离退休干部局第二届党委委员、纪委委员

二、持续出台政策措施

30多年来,部党组认真贯彻落实中央关于老干部工作的决策部署,着眼交通运输发展全局,先后制订出台了一系列体现交通运输行业特点,反映离退休干部需求的政策措施。特别是成立离退休干部局党委以来,结合贯彻落实中央部署要求,多次以部党组名义制订印发重要文件。

(一)"六老"工程纲要(交党发〔2001〕25号)

2001年,为贯彻落实中央《关于加强老龄工作的决定》(中发〔2000〕13号)精神,部党组在认真总结多年来部离退休干部工作经验的基础上,制订并印发了《交通部机关离退休干部"六老"工程纲要》(交党发〔2001〕25号),明确把"基本实现老有所养、老有所医、老有所教、老有所学、老有所为、老有所乐"作为部机关离退休干部工作的目标要求,受到老同志的普遍拥护。

(二)"四个起来"工作目标(交党发〔2005〕7号)

2005年,部党组结合离退休干部工作实际,制定印发了《贯彻"四个起来"促进健康长寿——2005-2008年交通部机关离退休干部工作目标》(交党发〔2005〕7号),目的是通过学习教育和服务管理,使部机关离退休干部真正"愉快起来、锻炼起来、学习起来、充实起来"。

(三)新形势下工作决定(交党发〔2006〕47号)

2006年,部党组在"六老"工程纲要和"四个起来"工作目标的基础上,进一步制订并印发《关于进一步做好新形势下交通部机关离退休干部工作的决定》(交党发〔2006〕47号),要求进一步落实中央关于离退休干部工作的各项政策措施,努力把新形势下部机关离退休干部工作提高到一个新的水平。

(四)"十二五"工作意见(交党发〔2011〕68号)

2011年,部党组在全面总结"十一五"部机关离退休干部工作取得成绩的基础上,制订并印发《"十二五"时期进一步加强交通运输部机关离退休干部工作的意见》(交党发〔2011〕68号),《意见》深入分析了离退休干部工作面临的新形势新任务,按照中央关于进一步做好老干部工作的部署要求,对"十二五"时期部机关离退休干部工作作出了全面部署。

(五)加强与改进工作意见(交党发〔2017〕8号)

为贯彻落实中央《关于进一步加强和改进离退休干部工作的意见》(中办发〔2016〕3号)精神,更加主动适应统筹推进"五位一体"总体布局、协调推进"四个全面"战略布局和人口老龄化的新形势新要求,积极应对离退休干部工作面临的新情况新问题,2017年部党组制订并印发了《中共交通运输部党组关于进一步加强机关离退休干部工作的意见》(交党发〔2017〕8号),对做好新形势下离退休干部工作提出具体要求,并作出部署安排。

以上5份以部党组名义印发的文件为认真做好部机关离退休干部工作提供了重要基础和保障。在此基础上,局党委坚持目标具体化、工作责任化,分别出台了多份配套指导意见和实施细则,确保将中央和部党组的部署要求落实落小落细,真正实现了"让部党组放心、让老同志满意"的工作目标。

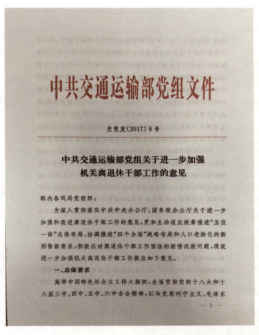

2017年2月,部党组印发《中共交通运输部党组关于进一步加强机关离退休干部工作的意见》

三、着力加强支部党建

局党委坚持党要管党、全面从严治党，认真落实"三会一课"等组织生活制度，指导支部按期进行换届选举，选齐配强支部书记，着力加强支部班子建设；积极总结提炼推广支部工作法，如黄寺一支部的"六引导"工作法、羊坊店支部的"四结合"工作法、团结湖支部的"互联网+党建"工作法、局机关支部的"用心用情增添正能量"工作法等，不断扩大基层党组织的影响力和覆盖面。

同时，局党委坚持向中心聚焦、为大局聚力，积极推动新形势下离退休干部工作转型发展，组织开展了增添正能量系列活动。例如，今年围绕"不忘初心、牢记使命"主题教育和纪念改革开放40周年组织开展了"不忘初心，我的入党故事"主题征文活动和纪念改革开放40周年系列活动，推动正能量系列活动与离退休干部党建工作融合发展。此外，本着有利于教育管理、有利于发挥作用、有利于参加活动的原则，离退休干部局党委按照"一方隶属、多重管理"的形式，积极在老年大学教学班次、候鸟式养老体验活动中探索成立"非建制性"党组织，形成"哪里有党员，哪里就有党组织"的党建工作格局。

局党委成立之初，下辖11个党支部，其中离退休干部党支部9个，在职党支部2个（局机关党支部和密云绿化基地党支部）；2014年，密云绿化基地整体划转通信信息中心管理，局党委下辖支部由11个调整为10个；2016年，经局党委批准同意，新调整组建黄寺第三党支部，局党委下辖支部11个，其中离退休干部党支部10个（离退休部长党支部、黄寺第一党支部、黄寺第二党支部、黄寺第三党支部、羊坊店党支部、方庄党支部、团结湖党支部、交道口党支部、和平里党支部、河沿党支部），在职支部1个（局机关党支部）。

部领导坚持每年为老同志通报交通运输发展情况

四、主要工作成效

改革开放 40 年来,在部党组的高度重视和直属机关党委的领导下,局党委认真贯彻落实党中央及部党组的各项决策部署,部机关离退休干部党建工作取得了明显成效。

一是党建工作格局不断完善。部党组高度重视做好离退休干部工作,坚持把离退休干部工作列入重要议事日程,定期召开离退休干部工作领导小组会议,听取汇报并部署重点工作。同时,局党委深入贯彻落实中办发 3 号文件和交党发 7 号文件精神,推动离退休干部基层党组织建设纳入机关党建工作整体规划同研究、同部署。按要求按期进行换届选举,制定工作规则,不断加强班子自身建设。

二是政治建设不断加强。局党委坚持把加强党的政治建设摆在突出位置,组织老同志深入学习贯彻习近平新时代中国特色社会主义思想和党的十九大精神,学习贯彻习近平总书记在全国老干部工作"双先"表彰大会上的重要指示和讲话精神,教育引导老同志增强"四个意识",坚定"四个自信",坚决做到"两个维护"。

组织党务工作人员培训班,专题学习习近平新时代中国特色社会主义思想

三是服务大局能力不断提升。局党委深入贯彻落实新时代党的建设总要求,着力加强离退休干部政治建设、思想建设和党组织建设,推动部机关离退休干部工作更好融入新时代党的建设伟大工程。同时,注重发挥离退休干部的积极作用,牢牢把握为党和人民事业及交通运输发展增添正能量的价值取向,广泛开展增添正能量活动,引导广大老同志充分发挥独特优势,为推动交通运输发展、建设交通强国凝心聚力。

惠海泽航尽职责　增强党性当先锋

中国海上搜救中心党支部

中国海上搜救中心成立于 1989 年 7 月，是国家海上搜救部际联席会议和国家重大海上溢油应急处置部际联席会议的办事机构，与交通运输部应急办公室合署办公。搜救中心党支部成立于 2009 年，现有综合处、指挥协调处和应急管理处三个党小组，共有党员干部 22 人。搜救中心党支部在部党组、部直属机关党委的正确领导下，深入学习贯彻习近平新时代中国特色社会主义思想和党的十九大精神，积极推进"两学一做"学习教育常态化制度化，有效落实全面从严治党责任，坚持与业务工作统筹研究、统筹部署、统筹落实，着力建好建强党支部，推进搜救工作不断取得新的成效。

党支部与东海救助局厦门基地党支部举办联学共建活动

一、围绕中心抓党建

（一）统一思想，深入学习贯彻习近平新时代中国特色社会主义思想

深入学习贯彻习近平新时代中国特色社会主义思想和党的路线方针政策，切实将党员干部的思想和行动统一到党中央以及部党组部署上来。一是研究制定政治学习方案，明确了任务目标和要求。二是通过支部专题学、党小组全面学，组织党员干部深入学习十九大报告和相关辅导读本。三是联系实际以思促学。注重学思结合、学研结合、学做结合，将

党的十九大精神贯彻落实到顶层设计谋划中,贯彻落实到具体工作中。我支部党课《坚定理想信念、练就过硬本领》,在 2017 年中央国家机关"党课月"活动中被评为示范党课。

2017 年七一前夕,支部书记智广路同志讲党课

(二)规范管理,有效落实全面从严治党责任

扎实履行基层党建责任。研究制定了支委主要职责分工,明确了相关责任。严格执行"三重一大"事项集体决策制度和"三会一课"制度,认真落实民主生活会、组织生活会制度,深入开展"七一"专题党性分析,统筹抓好整改落实。强化党员干部教育管理,将思想政治工作抓在日常、抓在经常;抓好基础性工作,从严规范支部组织生活,有效提升党支部的凝聚力、战斗力和创造力。

(三)深入开展"两学一做"学习教育常态化制度化

一是党支部制定了年度学习教育计划安排,明确重点学习任务和支委会学习专题,并细化分解到月,责任落实到人。二是领导干部率先以带促学。支部书记、副书记带头学习、带头讲党课,带头研讨交流,紧密联系工作实际谋发展、出思路,带动党员干部自觉主动加强学习。三是结对共建以联促学。与东海救助局厦门基地党总支先后进行了 4 次面对面交流,通过联合开展党建课题研究、定期交流学习体会、互派人员讲授党课等,实现了决策层与执行端、"中枢神经"与"神经末梢"的有序互动。四是专题交流以研促学。特别邀请河南省商丘市水上义务救援队队长、2015 年感动交通十大年度人物黄伟讲述自己主动奉献、义务救援的感人故事。通过研讨交流、现身说法,进一步培树党员干部的奉献精神、担当精神。五是立足"实干"不懈怠,将"两学一做"学习教育成果落实到实际工作中。通过学习教育,进一步强化党员干部的责任意识、担当意识,锤炼特别能吃苦、特别能战斗的工作作风,提升"招之能来、来之能战、战之能胜"的应急处置能力。中心全体党员干部努力克服应急值守时间长、双语切换、生物钟紊乱等困难和不利因素,24 小时、365 天坚守值班岗位。

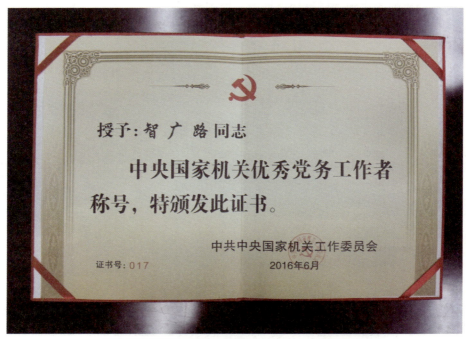

支部书记智广路同志获中央国家机关优秀党务工作者称号

(四)深化完善了"三抓两促进"支部工作法

一是抓学习教育,筑牢思想基础。坚持学习教育有重点、重质量、讲实效,坚持领导率先以带促学、结对共建以联促学、坚守制度以规促学,引导党员干部充"电"补"钙"。二是抓组织建设,筑牢战斗堡垒。认真落实"三会一课"制度,严格程序、保证质量,定立规矩、明确责任,积极打造"惠海泽航、人本至善"特色党建品牌,全面落实专项工作。三是抓作风建设,筑牢思想防线。认真履行"一岗双责",落实全面从严治党责任,始终保持作风建设高压态势,引导党员干部牢固树立正确的权力观、利益观,争做为民务实清廉的践行者。四是促进党建工作规范化、制度化。始终把"三会一课"和民主生活会、组织生活会制度,作为规范党内政治生活的重要载体,不断开辟党建新途径、新方法;推进内部管理制度化,实现以制度管人管事,有效推动从严管党治党要求落到实处,实现基层党组织建设的加强、改进和创新。五是促进业务工作健康发展。充分发挥党支部战斗堡垒作用和党员先锋模范作用,勇挑重担,敢于担当,有效落实应急值守职责,妥善处置各类突发事件,将"两学一做"主阵地延伸到搜救应急一线中,努力做到学做结合、真学真做。

(五)形成特色,精心培育"惠海泽航、人本至善"党建文化品牌

"惠海泽航、人本至善"主要取自《大学》,体现时代特征。"惠海"就是认真贯彻落实党中央、国务院决策部署,全力服务国家"一带一路"倡议和海洋强国战略,服务海洋经济发展,"泽航"就是忠实履行负责任政府职责,让航运业共享国家发展成果,为涉海用海活动保驾护航;"人本"就是始终坚持全心全意为人民服务的根本宗旨,以人民为中心,精心维护人民群众生命财产安全,"至善"就是在海上搜救决策、指挥和组织实施过程中,坚持问

题导向、目标导向,充分发挥党支部战斗堡垒作用和党员的先锋模范作用,着力打造"忠诚、干净、担当"的党员干部队伍,全力以赴、不遗余力,以最满意的搜救效果回馈最关切的社会期待,在完成急难险重任务中检验学习教育成果。搜救中心党支部依托"惠海泽航、人本至善"党建品牌,深化凝聚党员干部共识,有效调动党员干部积极性、主动性和创造性,扎实推动"两学一做"学习教育取得实效。

中国海上搜救中心获得中央国家机关五一劳动奖状

二、抓好党建促发展

(一)海上应急工作成效显著

坚持24小时应急值守和领导带班制度,遇有险情和事故,及时启动应急预案,会同部际联席会议各成员单位及其所属机构,有效开展应急处置。2012年至2018年6月,全国共组织协调海上搜救行动12920次,成功搜救中外遇险船舶9536艘、中外遇险人员101187人,搜救成功率达96.1%;成功防御了"莫兰蒂""天鸽"等台风,妥善处置了马航MH370客机搜寻、"东方之星"号客轮翻沉事件、中国游客在普吉岛海域遇险,以及四川茂县特别重大山体滑坡灾害、四川九寨沟县7.0级地震等险情事故。圆满完成了"一带一路"国际合作高峰论坛、金砖国家领导人会晤、党的十九大等重点时段应急值守和保障任务。

(二)海上应急合作机制进一步完善

一是严格落实国家海上搜救和重大海上溢油应急处置部际联席会议相关工作制度,根据形势发展及时调整成员单位,两个部际联席会议成员单位总数增加到27个。同时,组织走访各部际联席会议成员单位,了解海上搜救和重大海上溢油应急处置能力建设情况,就加强海上应急工作进行研讨交流。二是积极推动落实我部与相关成员单位的合作协议,联合部际联席会议成员单位,开展"走进搜救一线"调研活动,加强对地方搜救业务的指导服务，强化部际、部省联动。

(三) 海上应急能力不断增强

一是顶层设计逐步完善。大力推进《国家重大海上溢油应急能力建设规划（2015—2020年）》《国家水上交通安全监管和救助系统布局规划（2016年调整）》实施，海上搜救和溢油应急综合能力建设有序推进。二是组织开展各类演习演练。2016年成功举办珠江口国家海上搜救演习，首次实现国家海上搜救部际联席会议全体成员单位直接参与，国家、省、市三级全方位联动，进一步磨合了部际、部省联动机制，增强了快速反应能力。三是完成"基于北斗的海上搜救信息系统"在沿海省级海上搜救中心的部署。加快沿海空中巡航救助一体化建设。四是通过开展海上搜救政策宣贯培训班、海上搜救协调员培训班、志愿者培训班、城市轨道交通应急管理人员研修班等，有力提升从业人员政策把握能力和业务技能水平，引导搜救志愿者队伍发展。

(四) 对外交流合作和国际影响力进一步增强

一是南海海上搜救合作取得突破，2017年成功举办中国—东盟国家首次大规模海上联合搜救实船演练，得到国家领导同志的充分肯定。二是深入推进中国—东盟海上搜救领域合作，举办面向东盟国家的海上搜救协调员培训班。三是轮流主办中日韩俄四国搜救合作操作级别会议，提出提升中日韩俄四国海上搜救合作机制层次的工作思路和初步方案。四是跟踪国际海盗和武装劫船事件的发展动态，妥善应对我船员在非洲海域遭海盗劫持事件。协助海军开展护航工作，截至2018年6月，共完成1153批6515艘船舶的护航任务。五是积极参与国际海上搜救事务和相关国际组织活动，提高国际话语权和影响力。经我中心推荐，2012-2018年我国获得国际海事组织"海上特别勇敢奖"27次，其中奖章2人次。

搜救中心各项工作得到了党中央、国务院以及部领导的充分肯定，近年来连续获得"中央国家机关五一劳动奖状""中央国家机关第三届创建文明机关争做人民满意公务员活动先进集体""先进基层党组织"等荣誉，2017年获中华全国总工会"全国五一劳动奖状"。

随着"一带一路"、海洋强国深入实施，海洋开发利用、海上贸易航行等活动日益频繁，极端天气影响加大，海盗对商船的袭扰时有发生，海上风险隐患不同程度增加，海上应急工作面临严峻的形势和挑战。为做好新时期海上应急工作，中国搜救中心将始终坚持"稳中求进"的工作总基调，围绕中心、服务大局，切实发挥好国家海上搜救和重大海上溢油应急处置部际联席会议作用，推进海上应急工作再上新台阶。

一、部直属机关各单位党组织的党建工作发展综述

围绕中心　服务大局
努力实现新时代机关后勤党建工作新发展

部机关服务中心党委

近年来，在部党组高度重视和直属机关党委的领导下，部机关服务中心党委（以下简称中心党委）坚持以习近平新时代中国特色社会主义思想为指导，认真贯彻落实习近平总书记"五个坚持"重要论述和李克强总理"三个服好务"指示精神，按照部领导对机关后勤工作的指示批示要求，抓牢"保障机关高效运行"这个工作核心，全面从严治党，全面加强党的思想建设、组织建设、制度建设、作风建设、反腐倡廉建设和队伍建设、精神文明建设，全面落实主体责任和监督责任，不断加强和规范党内政治生活，统筹推进党建工作和业务工作融合发展，进一步提升了党建工作科学化水平，进一步提高了党员干部队伍的能力素质，为机关后勤事业改革发展提供了可靠的政治保证。

开展"弘扬井冈山精神，践行忠诚与担当"教育培训

一、服务中心党建工作开展情况

中心党委牢固树立抓好党建就是最大政绩的理念，强化党建统领作用，以全面从严治党的政治自觉扎实推进机关后勤党建工作。

(一)强化思想引领,党员干部理想信念更加坚定

坚持把理论武装作为提高党员干部综合素质的根本任务来抓,坚定理想信念,拧紧"总开关",在党言党,在党爱党,在党为党。近年来,扎实开展了学习实践科学发展观、创先争优、党的群众路线教育实践活动和"三严三实"专题教育,持续推进"两学一做"学习教育常态化制度化,深入学习党章党规和习近平总书记系列重要讲话精神,坚持把理论学习与后勤工作实际紧密结合起来,坚持以中心组学习为龙头、中层干部为重点、党员全覆盖、党支部抓落实的理论武装格局。通过班子成员带头讲党课、扎实开展主题党日活动、制作党建专题学习光盘、组织党员干部参加各类培训班、组织开展理论学习研讨和撰写学习体会等方式,实现了党员学习全员覆盖、中层以上干部全部轮训。通过多层次、多形式、全方位的思想政治理论学习,中心全体党员党性修养不断提高,理想信念更加坚定,自觉在思想上政治上行动上同以习近平同志为核心的党中央保持高度一致。

(二)夯实组织基础,党建工作不断取得新进展

不断加强党委班子自身建设,认真贯彻落实严肃党内政治生活的要求,遵守政治纪律和政治规矩,坚持完善民主集中制,科学决策,坚持"三重一大"事项决策议事规则,民主决策,坚持密切联系群众,改进作风,班子成员认真落实党员领导干部双重组织生活制度,自觉接受监督,充分发挥了党委班子的带头表率作用。坚持统筹推进党建工作和业务工作,做到同部署、同落实、同检查,有效促进了中心工作的顺利开展,充分发挥了党组织的战斗堡垒作用。近年来,坚持把"抓支部书记"作为推动基层党建工作的重点,引导各党支部书记在推动后勤发展、促进后勤服务、加强支部建设、带好队伍中履职尽责,引导各支部严格落实"三会一课"制度,定期召开组织生活会、党性分析会、党日活动,扎实开展学习教育,不断加强党员的日常教育管理,严肃组织生活,规范组织关系转接,完成党员组织关系集中排查和党费核查等,党建基础得到了有力加强,党支部的凝聚力、向心力、战斗力进一步提高。目前,中心设置了6个党支部,党员118名(其中退休党员40名),对任期已满的党支部进行了换届改选,同时严格标准发展党员,按照坚持标准、严格程序、保证质量、慎重发展、宁缺勿滥的原则,坚持把工作在服务保障一线岗位、年纪较轻、工作表现好且积极要求上进的入党积极分子,作为发展党员的重点,并把着力点放在教育引导和培养考察上。

(三)扎紧扎实制度笼子,保障中心工作能力进一步提升

近年来,服务中心党政共同组织开展了"制度建设年"、"深化制度建设年"、"强化制度落实年"、"服务创新年"和"精细化服务年"等系列活动,梳理修订完善现有党建、行政、纪检、人事、经营、财务、物业等方面的规章制度和工作流程,形成141项制度汇编,在加强制度建设的同时,通过将党建工作纳入全面质量管理体系,制定了服务中心《党委工作规则》、《三重一大事项决策实施意见》、《党风廉政建设责任制实施办法》和《廉政风险防控体系》等文件规定,会议服务、食堂餐饮和物业服务均已通过了ISO9000质量认证和每年一度的复审工作,初步形成全方位、全覆盖的制度体系,扎紧了制度的笼子,加大了执行力

度，有力地推进了后勤规范化、法制化，切实保障了各项制度得到有效落实，提升了后勤保障工作水平。

(四)狠抓党风廉政建设，党员干部纪律规矩意识不断增强

坚持以深入学习贯彻习近平新时代中国特色社会主义思想和党章党规党纪为重点，驰而不息地抓实党员干部作风转变，保证干净干事创业。一是完善工作机制，定好规矩。坚持每年与中层干部签订党风廉政建设承诺书、开展廉政约谈，做到压力层层传递、任务层层分解、责任层层落实。加强对权力运行的监督制约，针对内部管理的"薄弱点"和问题易发的"风险点"，制定了《后勤廉政风险防控手册》，强化责任意识并把廉政建设情况纳入评选先进单位和先进个人的重要内容。严格落实领导干部个人事项报告等制度，强化日常廉政谈话和重要时段、重要节点的廉政提醒和监督工作，积极发挥纪委在后勤廉政建设中的作用。二是从严整顿作风，严守规矩。从党委委员和领导干部做起，以上率下，坚持高标准、严要求，全面落实中央八项规定精神及其实施细则，开展办公用房、公务用车、公务接待等多个专项整治，认真完成中央和部党组巡视整改任务、纪工委督查任务及部巡视、审计、财经纪律检查、八项规定精神督查、基层党建专项排查等问题的整改工作。三是加强党纪教育，培育良好作风。通过会议培训、网上测试、调查问卷等形式，认真抓好《中国共产党廉洁自律准则》和《中国共产党纪律处分条例》的学习宣传和贯彻落实。通过开展专题讲座、通报典型案例、观看电教警示片等活动，持续开展廉政教育月活动，督促党员干部自警自律，教育党员干部始终把纪律和规矩挺在前面，不断提高守纪律、讲规矩的自觉性。四是强化执纪问责，筑牢规矩意识。坚持对信访举报案件按规范程序认真查处后并按规定追究责任。同时建立常态预警与专项预警相结合的工作机制，营造了风清气正的良好氛围。党员干部的纪律规矩意识明显增强，服务意识、服务能力、服务水平得到提升，务实作风明显改善。

组织党员干部参观警示教育基地

(五)加强队伍建设,党员职工综合素质不断提高

按照政治坚定、开拓创新、团结协作、廉政勤政的要求,积极推进党务公开,强化对干部的选拔任用和管理,严格干部考核奖惩办法,坚持干部述职述廉、报告个人重大事项、请示报告等制度,既鼓励干部干事创业,又用"聚光灯"监管干部健康成长成才。在处级干部竞聘工作中,坚持正确选人用人导向,严格执行干部选拔任用规定,采取公开岗位、公开竞聘流程、公开民主测评、公开竞聘结果的"四公开"办法,严格组织审查和干部考核,择优任用,使干部人尽其才、才尽其用。加强干部教育培养和锻炼,通过开展"请进来,走出去"活动、邀请专业院校老师授课、邀请烹饪大师来传授技艺、安排职工去兄弟部委学习厨艺、会议服务、会场布置等,开展丰富的岗位练兵和技能竞赛活动,鼓励创新创业,激励岗位交流锻炼,打造服务品牌,开展先进典型引领活动,强化服务意识,提升服务本领,不断培养骨干,催生一批技能人才脱颖而出,后勤干部职工队伍的整体素质和服务水平得到不断提高,也得到了部领导和机关广大职工的一致好评。

提倡机关就餐"光盘"行动

(六)弘扬后勤精神,干事创业的良好氛围基本形成

以培育弘扬后勤精神和工作理念为抓手,着力营造健康向上的后勤文化,做实文明建设,为后勤工作提供精神动力和思想支撑。近年来,在中心内部强化服务意识,培育"爱岗敬业,务实创新,团结协作,廉洁奉献"的后勤精神和"重落实,讲规范,抓细节,求高效,创一流服务"的工作理念,动员广大干部职工努力践行,用心服务,不断提升干部职工的精神境界和职业道德素养。坚持开展多种形式的学习教育活动,推进中心文化建设。开展了"弘扬后勤精神、践行核心价值体系""深入学习贯彻中心规章制度活动""劳动最美,服务光荣——说说身边感动我的人和事""讲好后勤故事,展示党的风采,保障交通发展"等主

一、部直属机关各单位党组织的党建工作发展综述

题活动，使自觉践行后勤精神、追求良好的职业道德和做人品行在中心形成普遍共识。重视发挥工、青、妇组织的作用，健全完善了中心工会组织，依规维护会员权利。注重加强对团员青年的教育管理，充分调动和激发广大团员青年爱岗敬业、奉献青春的工作热情。尊重党员职工群众的知情权、参与权和监督权，发扬民主，经常听取和征求党员职工的意见，充分发挥职工的能动性，努力营造和谐后勤、活力后勤的良好氛围。

组织党员干部学习规章制度知识竞赛

二、服务中心党建工作下一步打算

当前和今后一个时期，中心党委工作的总体思路是：以习近平新时代中国特色社会主义思想为指导，全面贯彻党的十九大和十九届二中、三中全会精神，紧紧围绕部机关工作大局，以党的政治建设为统领，把全面从严治党的主体责任和监督责任扛稳、抓牢、做实，以质量、效益、安全、廉政为主线，抓班子、带队伍、强作风，扎实加强和改进党建工作，充分发挥党委政治核心作用、基层党组织战斗堡垒作用和党员先锋模范作用，更精心地谋划服务、安全、奋进，成为机关的好后勤，让干部职工更满意，为保障机关高效运转作出新的贡献，为服务和支持交通强国建设提供更加坚强的后勤保障。

（一）切实提高政治站位

坚持不懈用习近平新时代中国特色社会主义思想武装头脑、指导实践、推动工作，深入学习贯彻党的十九大精神和习近平总书记对交通运输发展的重要指示精神，牢固树立"四个意识"，始终坚定"四个自信"，不断增强"两个维护"的高度自觉，始终在政治立场、政治方向、政治原则、政治道路上同以习近平同志为核心的党中央保持高度一致，始终做政治上的明白人。结合开展"不忘初心、牢记使命"主题教育，深入推进"两学一做"常态化制度化，将学习教育融入日常、抓在经常，提高党员干部的思想认识和政治觉悟，教育引导

干部职工提高政治站位,把机关后勤工作放到服务于交通强国建设和交通运输事业发展的大局中去主动谋划,找准定位,履职尽责,推进后勤服务保障工作水平再上新台阶。

组织党日活动,瞻仰毛主席纪念堂

(二)全面提高工作本领

坚持全心全意为人民服务的宗旨,坚持以人民为中心的思想,坚持稳中求进工作总基调,坚持新发展理念,既要政治过硬,也要本领高强。面对新形势新要求,坚持把习近平新时代中国特色社会主义思想和党的十九大精神贯彻到机关后勤工作中,认真落实部党组的决策部署,紧紧围绕部机关工作大局,深入践行"后勤精神"和"工作理念",坚持质量第一、效益优先的原则,更加注重科学分析、科学决策,不断总结和完善工作经验,结合开展大学习大调研工作和"精细化服务年"活动,提升服务理念,推动工作创新,强化制度规范,注重细节落实,着力提高干部职工队伍素质,推进后勤服务保障工作质量实现新提高。

(三)持续强化作风建设

把落实中央八项规定及实施细则精神和部党组的要求贯穿于党员干部教育、管理、监督的全过程。坚持标本兼治、重在治本,从小事抓起、从具体问题改起,盯住关键时间节点,加强监督检查,防止"四风"反弹,以永远在路上的韧劲,巩固和拓展落实中央八项规定精神成果。坚持领导干部带头树立正确的政绩观，大力弘扬求真务实作风，说实话、办实事、求实效，不搞形式主义、官僚主义，坚决同形式主义、官僚主义作斗争，切实发挥"头雁效应"，以"钉钉子"精神把作风建设抓紧抓实、抓出成效。

（四）不断强化"两个责任"

认真贯彻落实新时代党的建设总要求，全面加强党的建设。严肃党内政治生活，加强党的政治建设。加强基层党组织政治功能、提升组织力，充分发挥党支部的战斗堡垒作用。加强党员干部廉政教育，通过组织集中培训、举办专题辅导讲座、开展集体学习等多种形式，不断增强党员的政治意识、纪律意识、廉洁意识，营造学纪遵纪守纪的浓厚氛围。落实全面从严治党要求，强化监督执纪问责，健全常态监督、不定期检查和强化问责的工作机制，进一步加强对领导干部和重点岗位人员的监督，把纪律和规矩挺在前面，营造风清气正的良好政治生态。

深入学习贯彻习近平新时代中国特色社会主义思想 增强改革动力 强化责任担当 加快推进海事治理体系和治理能力现代化

部海事局直属机关党委

  40 年前，党的十一届三中全会拉开了改革开放的序幕，吹响了改革开放的号角，推动党和国家各项事业取得了历史性成就、发生了历史性变革，中国特色社会主义进入了崭新的时代。交通运输事业作为国民经济发展的基础性行业，是经济社会各项事业发展的重要支撑和保障，交通运输事业发生了翻天覆地的变化，全面实现了跨越式发展。海事事业作为交通运输的重要组成部分，40 年来，海事部门在交通运输部党组及部直属机关党委的坚强领导下，认真履行国家法律法规赋予的职责，积极探索水上交通安全监管规律，取得了一系列成就，有力保障了水上交通安全和水域环境清洁，维护了国家主权，助推和服务于交通运输发展，为社会主义现代化建设提供强有力的水上安全保障。

2007 年 11 月，深圳海事局举行职务等级标识授予仪式，标志着直属海事系统职务等级标识管理正式实行

一、部直属机关各单位党组织的党建工作发展综述

党的十九大明确提出，中国特色社会主义进入了新时代，提出了一系列新战略、新任务、新部署，其中对于海事来说，最直接的联系、最重要的内容就是党的十九大报告中提出建设"交通强国""海洋强国"。海事各级党组织和广大党员干部要自觉把海事工作统一到十九大精神上来思考、谋划，紧紧抓住建设"交通强国""海洋强国"的战略机遇，总结历史经验，强化使命担当，推动海事在服从服务于中国特色社会主义现代化强国的伟大征程中实现更大作为。

2009年9月，部海事局干部职工参加迎接中华人民共和国成立60周年文艺演出活动

一、从海事发展历程中汲取智慧与力量，充分认识广大党员干部的主力军作用，增强推动海事改革发展的自信心和自豪感

回顾97年党的历史，总体可以划分为三个历史时期：第一个历史时期，从1921年到1949年，这28年，称之为新民主主义革命时期；第二个历史时期，从1949年中华人民共和国成立到1978年党的十一届三中全会召开，这29年我们称之为社会主义革命和建设时期；第三个历史时期，从党的十一届三中全会召开到今天，到目前已近40年，这一段历史还没有完结，还在生机勃勃的发展和延续，称之为改革开放和社会主义现代化建设的新时期。对于这三个历史时期，可以用三个关键词去提炼概括，即：革命、建设和改革。

无论是革命、建设还是改革，贯穿其中的主线都是改革发展，在改革中推动发展，在发展中深化改革。这场波澜壮阔的历史进程，始终是在党的坚强领导下进行的，是一代又一代共产党人接续奋斗的结果，广大党员干部始终挺立潮头，担当改革发展的主力军。正如习近平总书记指出那样："历史是最好的教科书。党的历史告诉我们，就

是要坚持党的领导不动摇,为实现民族独立、人民解放和国家富强、人民富裕而不懈奋斗。"

海事事业作为党和人民事业的组成部分。回顾海事事业的历史和变革,也是一部沉淀着改革与发展的历史华章。我国现代海事管理机构始建于新中国成立之初,1953 年,经政务院批准,在交通部下设中华人民共和国港务监督局,同时在沿海港口设立港务监督机构,对外统一行使海上交通监督管理职能。改革开放以后,海事发展大体经历了三个阶段:1978 年至 1989 年,随着"文革"中被废除的监管机构相继恢复,海事管理机构和管理体制得到不断充实、健全,完善了中央和地方分工负责的水上安全监督管理体制,这一阶段为"港务监督"管理阶段。1989 年,在我国经济由计划经济向市场经济过渡的大背景下,进行了海事管理体制机制的重大改革。在中央层面,交通部成立了安监局、船检局;在地方层面,直属和地方港监机构从港务局中独立出来,在沿海港口成立了海上安全监督局,由交通部直接管理,独立行使行政管理职能。自此进入"海监局"的管理阶段,海上安全监管体制得到进一步理顺。1998 年,经国务院批准,交通部安监局和船检局合并组建成立交通部海事局,以中华人民共和国海事局名称对外统一行使海上安全监督管理职能。海事管理从此进入了"海事局"管理模式阶段。近年来,随着我国国家治理体系和治理能力现代化的不断推进,海洋治理格局和水上安全监督管理体制发生了深刻变革,直属海事系统到 2013 年顺利完成核编转制,行政机构整体纳入公务员管理,强化了三级管理、四级架构的海事行政格局。在此基础上,围绕"四个交通"建设,以海事"革命化、正规化、现代化"(简称"三化")建设为统领,深化直属海事系统管理体制改革,优化基层执法资源配置,进一步完善了水上交通安全治理体系。

海巡 31 在南海海域巡航

回顾历史,总结经验,把握规律,才能更好地展望未来,才能鼓足干劲,增强攻坚克难、开拓前进的信心和力量。回顾现代海事发展的这 65 年,尤其是改革开放以来的 40 年,

一、部直属机关各单位党组织的党建工作发展综述

海事的改革发展历程极不平凡,取得的成就令人瞩目,海事事业历经了由小到大、由弱变强的过程,最鲜明的特点就是海事管理模式基本成熟定型,构建了"统一政令、统一布局、统一监督管理"的新格局;最显著的成就就是基本适应了国民经济快速发展对水上交通安全监管的客观需求,为港航经济、区域经济社会发展以及维护我国海洋权益提供了卓有成效的海事服务保障;最突出的标志就是一支听从指挥、素质精良、作风过硬、服务人民的海事队伍正在形成;最引人注目的就是建立完善了海事核心价值体系,并逐渐深入人心,海事文化特色愈加彰显,海事影响力与日俱增;最值得自豪的就是海事管理与我国海洋大国地位总体相称,为国际提供了海事管理的中国样本、中国智慧、中国经验。这些成绩,为进一步深化海事事业改革发展奠定了坚实的理论基础和实践基础。

2010年,海事执法人员在保障上海世博会水上安全工作中当先锋、打头阵

我们在改革发展中得到了深刻的启示:一是必须紧紧围绕党和国家工作大局。通过改革发展,统一了海事监管力量,破除了资源分割、力量分散等弊端,增强了水上安全监督管理的合力。从根本上看,海事改革发展是在国家经济快速发展、社会发展方式持续转型、管理体制机制不断完善的大背景下取得的,也只有始终保持与党和国家的发展同步,才能确保海事改革发展沿着正确的方向继续前进。二是必须始终坚持党的领导。海事改革发展具有长期性和系统性,我们之所以能够始终保持昂扬的斗志和必胜的信心,始终能够在爬坡过坎、攻坚克难中经受住考验,得益于党中央、交通运输部党组及部直属机关党委的正确领导,得益于海事系统各级党组织政治领导核心作用的充分发挥,确保了改革发展的政令统一、步调一致。三是必须始终坚持充分发挥广大党员的先锋模范作用。在海事改革发展进程中,广大党员攻坚克难,主动作为,以模范行动带动海事干部职工扎实推进各项工作,确保党的路线方针政策在海事落地生根。

二、以习近平新时代中国特色社会主义思想为引领，准确把握新形势新任务新要求，提升深化海事改革发展的责任感和使命感

（一）深入学习贯彻习近平新时代中国特色社会主义思想

党的十八大以来的六年，全国海事系统深入学习贯彻习近平治国理政思想，坚持以海事"三化"建设为统领，紧紧围绕保障水上交通安全这一中心，主动服务发展大局，深入推进体制机制改革，持续深化治理能力建设，安全监管体系日益完善，加快推进自身转型升级，开创了海事发展新局面。

党的十九大提出建设交通强国的宏伟目标，这是以习近平同志为核心的党中央对交通运输工作的充分肯定和殷切期望，也是新时代全体交通人为之奋斗的新使命。海事作为交通运输行业的重要支持保障系统，不论是外部大环境的客观要求，还是自身发展的内在需求，都要求海事部门必须珍惜这个黄金时期，抢抓机遇，勇于担当，展现作为。要深入贯彻落实部党组的部署，准确把握发展定位，在当前和今后一个时期，要更加注重服务经济社会发展，更加注重服务国家战略，更加注重依法行政，更加注重改革创新驱动，更加注重可持续发展。要继续坚持问题导向和目标导向，敢于面对、善于破解事业发展中存在的矛盾和问题，围绕"基本建成国内一流经济执法系统、基本达到海事管理国际先进水平"的目标，积极进取、奋发作为，加快推进海事转型升级科学发展。

（二）全面认识社会主要矛盾变化在海事领域的体现

当前，我国社会主要矛盾已经转化为人民日益增长的美好生活需要和不平衡不充分的发展之间的矛盾。这是关系全局的历史性变化，在海事领域也有着充分的体现。

一是人民群众对水上交通运输安全便捷、生态环保的需求与海事保障供给的不平衡、不充分。从人民群众的需求来看，随着经济社会的发展，人民群众生活水平明显改善，人民群众的安全意识、环保意识显著增强，对水上交通运输的需求已经不仅停留在"走得了"，还要求"走得安全、走得舒适"。从海事保障供给来看，水上安全和防污染管理法律法规建设还滞后于行业发展，制约了海事职能的全面高效履行；监管装备设施建设水平和布局还不平衡，海事安全监管和航海保障能力还存在短板；水上交通事故还时有发生，表明我们对水上交通安全监管规律的研究还不够深入，平安交通建设任重道远。

二是人民群众对海事执法公平正义的期待与海事依法行政供给的不平衡、不充分。从人民群众的需求来看，随着法治意识、民主意识的增强，人民群众对海事执法的公平公正和权力运行的公开透明提出了全方位的更高要求。从海事依法行政供给来看，惯性思维和习惯行为在一定程度上依然存在，自觉运用法治思维、法治方式解决问题化解矛盾的能力还有待于提升；对执法标准、业务流程的执行仍然存在不规范不统一的现象，执法效能没有得到有效发挥；执法监督机制的落实还存在盲区，趋利执法、权力寻租的情况仍有发生。

三是人民群众对高质量海事服务的需求与海事服务供给的不平衡、不充分。从人民群众的需求来看，随着服务型政府的理念深入人心，人民群众对海事优质服务、船员权益维

护期望更高;随着生活水平的提升,人民群众对新兴水上休闲娱乐等的需求更为旺盛。从海事服务供给来看,海事信息资源与地方政务平台的融入还不够充分,政务服务的便利度还有待提升;船员权益保障机制的落实还存在薄弱环节,船员职业荣誉感和美誉度还不够强;前瞻性研究和政策储备还不够,安全监管跟不上水上新业态发展的步伐。

2010年8月,组织"海巡31"参与东海和粤桂琼北部湾联合巡航前,海事执法人员重温入党誓词

只有全面客观地认识社会主要矛盾变化在海事领域的体现,科学谋划战略目标,合理规划实施路径,我们才能牢牢把握推动海事高质量发展这一根本要求,奋力开启海事治理现代化的新征程。

三、不忘初心、牢记使命,准确把握新形势赋予我们的新任务新要求,在习近平新时代中国特色社会主义思想指引下开辟海事发展新境界

党的十九大制定了全面建设社会主义现代化强国的宏伟蓝图,提出建设交通强国的宏伟目标,这是以习近平同志为核心的党中央站在党和国家事业发展全局高度作出的战略部署,是新时代赋予交通运输的历史使命。建设交通强国,海事任重道远。当前,站在新的历史起点上,海事各级党组织和广大党员干部既要提高政治站位,站在决胜全面建成小康社会的高度谋划海事工作,又要注重联系海事业务工作实际,认真研究涉及"交通强国"等方面的内容,深入思考谋划海事改革发展各项工作。

(一)找准海事发展坐标

党的十九大报告明确指出,"经过长期努力,中国特色社会主义进入了新时代,这是我国发展新的历史方位"。新时代意味着新起点、新任务、新要求。谋划新时代海事工作,必须找准新的历史方位下海事的发展坐标。

2012年2月,海事局党组在中央国家机关开展党建课题示范交流

一是新思想为海事发展指引新方向。新修订的《党章》把"习近平新时代中国特色社会主义思想"确立为党必须长期坚持的指导思想,这是新时代党和国家事业的思想引领和行动指南。这就要求我们,必须以习近平中国特色社会主义思想为指导,主动提高工作站位,切实用新思想来武装头脑、指导实践,开启海事发展新篇章。

近年来,部海事局党建课题研究成果。获全国党建研究会二等奖2个、三等奖1个,
获中央国家机关党建研究会一等奖2个、二等奖4个

二是新战略为海事发展拓宽新空间。2018年全国交通运输工作会议,明确了交通强国建设的基本内涵、总体思路和战略目标,全面吹响了建设交通强国的号角。这就要求我们,必须把握战略机遇,牢固树立战略思维,系统研究海事助推交通强国建设的思路举措,拓展海事发展空间,真正发挥海事在交通强国建设中的先行引领作用。

三是新理念为海事发展开启新思路。党的十九大把坚持创新、协调、绿色、开放、共享的新发展理念作为新时代坚持和发展中国特色社会主义的基本方略。这就要求我们,要紧扣我国主要社会矛盾的变化,按照高质量发展要求,着力解决发展过程中不平衡不充分问题,着力强基固本推进海事治理体系和治理能力现代化,努力建设人民满意的海事,让人民群众对海事发展成果有更多的安全感、幸福感和获得感。

2015年5月,部海事局在南海华阳礁参加灯塔建设开工仪式

(二)确立海事治理现代化的战略目标

对照建设交通强国的基本内涵、总体思路、战略目标和框架体系,2018年全国海事工作会议提出,海事作为交通运输的重要组成部分,应当在交通强国建设新征程中当好先行,全面推进海事治理现代化,确立了海事治理体系和治理能力现代化的战略目标。

海事治理现代化的基本内涵:海事治理现代化是交通强国建设的重要内容。坚持以人民为中心,构建共建共治共享的治理格局,海事监管到位、保障有力、服务智能便捷、卓越高效,管理规范统一、运转协调,队伍素质精良、作风过硬,全面实现治理体系和治理能力现代化,海事治理能力水平进入国际海事领域前列,为交通强国目标实现提供有效支撑。

海事治理现代化的总体思路:以习近平新时代中国特色社会主义思想为指导,紧扣我国社会主要矛盾变化,全面贯彻新的发展理念,认真落实高质量发展要求,不断完善海事治理体制机制，持续提升安全监管和服务保障能力，着力保障水上交通安全形势稳中向好，着力服务国家和区域重大发展战略实施，着力推动现代航运业快速健康发展，着力提升中国海事的国际影响力和制度性话语权，全面建设人民满意海事，在交通强国建设中发挥先行引领作用。

海事治理现代化的战略目标：从现在到 2020 年，全面实现海事"三化"建设和"十三五"规划确定的总体目标，基本建成国内一流的经济执法系统，基本达到海事管理的国际先进水平，为实现海事治理现代化奠定坚实基础。从 2020 年到 2035 年，奋斗 15 年，基本实现海事治理现代化，走在全国口岸单位前列，进入国际海事领域先进行列。到那时，水上交通安全风险得到有效管控，海事服务优质高效，海事领域制度性话语权和国际影响力达到世界一流水平，人民群众的获得感、幸福感、安全感大幅提升，站稳交通强国建设第一方阵。从 2035 年到 21 世纪中叶，再奋斗 15 年，全面实现海事治理现代化，进入国际海事领域前列。到那时，水上交通实现长治久安，海事服务卓越高效，海事领域制度性话语权和国际影响力达到世界领先水平，人民满意海事全面建成，为建成交通强国提供有效支撑。

（三）构建海事治理现代化的框架体系

推进新时代海事新发展，必须坚持以人民为中心，紧紧围绕建设现代化经济体系的要求，紧贴交通强国建设实际，着力构建与海事治理现代化相适应的框架体系。

局领导查看支部工作资料

一、部直属机关各单位党组织的党建工作发展综述

第一，全面构建海事从严管党治党体系。坚持和加强党的全面领导是实现海事治理现代化的根本保证。要深刻领会落实党的十九大提出的新时代党的建设总要求，大力推进海事系统党的政治建设、思想建设、组织建设、作风建设、纪律建设，把制度建设贯穿其中，深入推进党风廉政建设，不断提高党的建设质量。当前和今后一个时期，始终把党的政治建设摆在首位。自觉用习近平新时代中国特色社会主义思想武装头脑，牢固树立"四个意识"，坚定"四个自信"，严守党的政治纪律和政治规矩，严肃党内政治生活，始终在政治立场、政治方向、政治原则、政治道路上同党中央保持高度一致，坚决贯彻执行党的路线、方针、政策和上级部署。锲而不舍加强基层组织建设。牢固树立党的一切工作到支部的鲜明导向，推动全面从严治党向纵深发展。以提升组织力为重点，突出政治功能，优化基层党组织设置，健全和规范运行机制，提升基层党建工作质量，激发基层组织活力，把基层党组织打造成推进海事事业发展的坚强战斗堡垒。持之以恒正风肃纪。牢牢把握保持党同人民群众的血肉联系这个核心问题，持续巩固落实中央八项规定精神成果，有效运用监督执纪"四种形态"，营造风清气正的政治生态。深入落实"两个责任"，构建"不敢腐、不能腐、不想腐"的有效机制，着力解决群众身边的不正之风和腐败问题。

第二，全面构建海事安全治理体系。安全是海事治理现代化的核心任务。构建共建、共治、共享的海事安全治理体系，有效支撑交通强国安全发展体系和国家总体安全。当前和今后一个时期，要推动构建安全治理大格局。坚持安全第一、预防为主、综合治理的方针，依法全面履行海事监管职责，推动构建以"行业监管责任、政府属地责任、企业主体责任"为支撑的安全责任链，形成"行业治理、政府治理、社会治理"相结合的系统治理体系，共铸水上交通安全共同体。继续强化风险防控和隐患治理。坚持底线思维和红线意识，强化风险管理和隐患治理双重预防。健全完善基层执法模式、机制，加大现场监管力度。加强和改进海事调查，建立与交通强国相适应的体制机制。加强应急处置能力建设。统筹推进应急装备、应急队伍、应急预案、应急管理体制机制建设，加强监测、预测、预警和应急演练，强化深远海搜救能力建设，建立健全与安全风险相匹配、覆盖应急管理全过程的突发事件应急管理格局。大力弘扬安全文化。培育水上交通安全文化，普及安全知识，增强安全意识，加强安全培训，促进从业人员从"要我安全"到"我要安全"再到"我会安全"的思想转变、素质提升和行动自觉。

第三，全面构建海事公共服务体系。提供优质服务是海事治理现代化的题中应有之义。要把人民对美好生活的向往作为奋斗目标，服务人民、服务大局、服务基层，着力构建安全便捷、优质高效、绿色智慧的海事公共服务体系。当前和今后一个时期，全力服务国家战略实施。发挥海事职能作用和专业优势，服务京津冀协同发展，推动"一带一路"海上通道互联互通，助推长江黄金水道在长江经济带战略实施中发挥出主通道作用，服务粤港澳大湾区建设。深化国际海运便利化机制，复制推广自贸区海事政策，助推自由贸易港建设。积极参与全球重要海上战略通道治理保障，维护我国海

上交通利益。全力服务全面深化改革。深化"放管服"改革，进一步简政放权、提高效率，完善事中事后监管，优化航运业发展营商环境，激发航运发展新动能。深化海事体制改革，调整优化管理层级和机构设置，优化航海保障管理机制。全力服务行业转型升级。加强前瞻性政策和技术研究，促进政产学研用在水上交通运输领域的深度融合，推动北斗导航应用，引导扶持"无人船舶"、"E航海"新技术、新业态。深化船舶排放控制区建设，积极支持、大力推广船舶使用清洁能源，建立船舶污染综合治理机制，推进航运绿色可持续发展。不断改善船员发展的政策环境、市场环境、法治环境和社会环境，提升船员职业的荣誉感和美誉度。

第四，全面构建海事依法行政体系。依法行政是海事治理现代化的重要基石。要牢固树立法治思维，不断深化和推进法治海事建设，着力构建科学完备、公平正义的海事依法行政体系。当前和今后一个时期，加强法规标准建设。争取立法资源，进一步健全海事法律法规体系。坚持问题导向、目标导向，大力推进立改废，构建覆盖全面、层级完善、权责明晰、融合衔接的全国海事"法治网"。彰显海事执法公平正义。明晰执法标准，完善执法模式，优化执法流程，加强政务公开和监督检查，充分利用科技信息化手段，实现执法全过程有效控制，促进严格规范公正文明执法，切实增强执法效能，提升执法权威和公信力。大力推行信用管理。推动构建政府、社会共同参与的跨地区、跨部门、跨领域的守信联合激励和失信联合惩戒机制，促进企业经营和从业主体依法诚信生产、经营，营造尊崇法治、诚实守信的社会环境。

第五，全面构建海事发展支撑保障体系。支撑保障体系是海事治理现代化的基本条件。要围绕海事发展，构建坚强有力、现代高效的支撑保障体系。当前和今后一个时期，加快建设高素质的海事队伍。坚持党管干部原则和好干部标准，优化选人用人机制，注重培养选拔具有专业能力、专业精神的干部，建设一支政治过硬、本领高强的高素质干部队伍。完善人才培养机制，建立权威专家、技术骨干和覆盖全员的多层次人才队伍，拓宽人才成长通道，打造人才积聚高地。提升装备设施和信息化水平。坚持问题导向、需求导向，突出抓重点、补短板、强弱项，形成数量充足、结构合理、能力高效的装备设施布局。融合应用"互联网+"、大数据、人工智能等新技术，打造"现场成图、数据成链、监控成网、管理智能、服务便捷、支撑有力"的智慧海事升级版。提升文化软实力。践行海事核心价值体系，增强文化自信，提升凝聚力、向心力。适应媒体生态新格局，传播中国海事"好声音"，营造良好的发展环境，扩大海事影响力。

第六，全面构建海事国际合作体系。国际合作为海事治理现代化提供了广阔空间。要主动服务国家全面开放新格局和交通运输开放合作新要求，着力构建开放共享、互利共赢的海事国际合作体系。当前和今后一个时期，要加强国际化人才培养。制定国际人才培养规划，提供资源保障和培养平台。全方位加强人才对外交流，加大向国际海事组织等主要国际组织输送人才力度，建立一支覆盖高级海事官员、国际舞台权威专家和一批深度参与国际事务骨干人才的梯队。积极拓展合作空间。围绕国家发展大局,拓展多双边机制的海事架构性安排,致力成为海事国际合作的倡导者、推动者和引领者。深化与"一带一路"沿线国家多边、双边合作交流,搭建服务国家外交的海事平台,扩大海事国际"朋友圈"。深度参与国际规则制定。积极参与全球海事治理体系建设,主动参与和引领国际海事规则和标准制修订,推动中国标准国际化,提供更多"中国智慧""中国方案",不断增强话语权和影响力。

持之以恒抓好党建　全面落实从严治党
——为救捞事业改革发展提供坚强政治保障

部救助打捞局党委

岁月流金，党旗高扬。一面鲜红的党旗，让全部的力量为之凝聚；一面鲜红的党旗，为发展的道路指明方向。1978年12月，中国共产党召开具有重大历史意义的十一届三中全会，重新确立了马克思主义的思想路线、政治路线和组织路线，开启了改革开放历史新时期，也开启了党的建设的历史新时期。改革开放40年来，伴随经济社会发展的进程，交通运输部救助打捞局在交通运输部党组的坚强领导下，始终不忘初心，围绕不断提高党的执政能力，与救捞事业一起经历了波澜壮阔的伟大历程，取得了辉煌成就。特别是在部救捞局几次体制改革的重要历史节点和关头，党建工作起到了压舱石和定盘星的作用。党的十八大以来，部救捞局党委（组）持之以恒抓好党建工作，全面落实从严治党要求，动员和团结全局广大党员解放思想、开拓创新、励精图治、不断进取，扎实推进党建各项工作，努力提高党建水平，为救捞改革发展提供坚强的政治保障。

一、工作回顾与总结

部救捞局成立于1978年3月。1996年，为了加强部救捞局机关党的建设，在交通运输部党组的统一部署下，成立了部救助打捞局党委，由此部救捞局党的建设开启了新征程。40年来，特别是党的十八大以来，在部党组和部直属机关党委的正确领导下，坚持围绕救捞改革发展大局，牢牢把握建设队伍、增强素质、服务中心的核心任务，认真落实全面从严治党要求，全面加强党的思想建设、组织建设、作风建设、制度建设、反腐倡廉建设和精神文明建设，各项工作取得显著成效，为深化救捞体制改革、推进"四个救捞"建设提供了强有力的政治保障。

（一）强化理论武装，进一步坚定理想信念

政治上的坚定来源于理论上的清醒。部救捞局党委始终把坚持理论武装作为党建工作的根本任务来抓，深入开展理论学习。以开展"三讲"教育、党的先进性教育、创先争优活动、群众路线教育实践活动、"三严三实"专题教育、"两学一做"学习教育等为抓手，认真组织全体党员干部特别是党员领导干部深入学习习近平新时代中国特色社会主义思想和十九大精神，坚持对马克思主义的信仰，坚定对社会主义和共产主义的信念，不断增强中国特色社会主义道路自信、理论自信、制度自信和文化自信，不忘入党初心，在党言党、在党忧党、在党为党，在工作和生活中自觉坚守共产党人的精神家园。一是组织好党组中心组学习，充分发挥了党组中心组学习的引领作用。制定了《关于进一步加强和改进部救捞

局党组中心组学习的实施办法》，完善了局党组中心组学习制度。在理论学习上，局党组坚持中心组学习制度，始终做到理论学习先学一步、学深一层，为支部和广大党员做出了表率。学习中，注重把理论学习与党性修养结合、与深化工作结合，引导中心组成员始终保持头脑的清醒、立场坚定，始终保持蓬勃朝气和昂扬锐气。二是抓好支部党员集中学习，充分发挥支部学习的辐射作用。机关各支部坚持党课教育制度，结合各支部实际，认真组织党员政治理论学习，上好党课，个人自学和集中研讨相结合，个人学习有思考、有对照、有提高，学习交流有内容、有互动、有深度。研读原著与实践思考相结合，既原原本本学理论，又带着问题学，做到学用结合、知行合一。三是抓好党员干部集中学习培训，突出了中层以上干部的重点。先后分期分批参加部机关组织的处级以上干部理论学习班、培训班，同时自行组织局机关开展党员培训活动，通过培训，提高理论修养，增强思想政治素质。近5年来，共组织党组中心组学习78次，班子成员、支部书记讲党课逾200人次，参加各类培训的党员干部超过300人次，党员干部撰写学习体会600余篇，全局理论学习实现了党员全覆盖。通过认真开展理论学习，强化理论武装，全体党员提高了思想政治素质，坚定了理想信念，增强了政治意识、大局意识、核心意识和看齐意识，思想上政治上组织上自觉与习近平同志为核心的党中央保持一致，向党中央看齐。

党员参观马克思诞辰200周年纪念展览

（二）强化组织建设，进一步提高党建水平

组织建设是党建工作的基础。自成立以来，部救捞局党委注重加强组织建设、打牢党建工作基础，不断增强各级党组织的凝聚力、战斗力，认真落实党建工作责任制，不断提高党建工作水平。

一是努力加强班子自身建设，打造坚强的领导集体。坚持健全局领导班子议事规则，组织修订了《交通运输部救助打捞局"三重一大"实施办法》，进一步完善了班子决策机制；

坚持领导班子定期务虚制度，进一步提升了班子谋全抓总、科学决策的水平；主动发扬"批评与自我批评"的优良传统，召开了高质量的领导班子民主生活会和党性分析会，进一步强化了班子成员的深度沟通；坚决贯彻落实民主集中制，坚持健全集体领导和班子成员分工负责制，严格执行议事规则和决策程序，带领班子成员工作互相补台、主动补位，注重调动和发挥领导班子副职的积极性，维护班子的团结和谐，营造了良好的政治生态，切实增强了领导班子的整体合力。二是努力加强支部建设，打造坚强的战斗堡垒。落实"支部建在处上"原则，调整了支部组织结构，在每个处室均设立党支部，结合处室领导调整，配强支部班子，处长任支部书记，结合本处工作实际开展支部活动，有效地履行了"一岗双责"责任。三是落实好党内各项组织生活制度，开展好党内组织生活。引导各支部严格落实"三会一课"制度，定期召开组织生活会、党性分析会、党日活动，扎实开展学习教育，不断加强党员的日常管理，严肃组织生活，规范组织关系转接，完成党员组织关系集中排查和党费核查等，党建基础得到了有力加强，党支部的凝聚力、向心力、战斗力进一步提高。四是积极推进党务公开，落实党内监督。制定了《部救捞局机关党务公开实施方案》，使党务公开成为部局机关党组织的一项基本制度，党务工作科学化、公开化程度显著增强，局机关党员群众对部局党组工作的满意度不断提高。五是做好组织发展工作，为党组织注入了新鲜血液。按照坚持标准、严格程序、保证质量、慎重发展、宁缺毋滥的原则，近5年发展新党员6名，均是机关的业务骨干，个人表现突出、群众基础良好。

（三）强化队伍建设，进一步增强干部素质

以选拔培养党和救捞事业发展需要的好干部为目标，紧密联系实际、聚焦主业、围绕中心，扎实组织开展干部工作，加强干部队伍建设，为救捞事业深化改革、创新发展提供了坚强的政治和组织保障。一是加强学习宣贯，在提高执行干部政策自觉性上下功夫。按照有关要求，认真组织开展了《条例》等干部政策的学习宣贯，使政策要求和制度规定入脑入心，从源头上预防选人用人上的不正之风。二是树立正确导向，在把牢方向上下功夫。将好干部标准等方向性、导向性要求与救捞实际相结合，使选人用人方针、标准、原则真正成为选准用好干部的有力武器。在此基础上，更加注重事业发展需求，更加注重干部培养实效，更加注重优化队伍结构。三是紧盯重要环节，在提高质量上下功夫。认真按照《条例》规定的资格条件和方法程序选任干部，努力将每一环节的工作用心用力、抓细抓实，坚持做到"六个从严"，即动议审查从严、资格审核从严、推荐考察从严、讨论决定从严、任前谈话从严、试用考核从严。四是多措并举，提升干部队伍整体素质。仅5年来，组织各类干部培训班7期，培训干部250人次，干部进一步更新知识、开阔视野，提高业务能力和综合管理水平。同时坚持以提高干部综合素质、丰富干部任职经历、培养复合型干部为目的，不断加大干部交流力度，加强培养锻炼，先后安排40余名干部在系统各单位之间进行了交流，帮助丰富任职经历，拓宽眼界和思路，接受磨砺和考验。

（四）强化廉政建设，进一步夯实"两个责任"

廉政建设始终是部救捞局党建工作的重点。尤其是近年来，部救捞局党委以贯彻落实中央八项规定精神和党风廉政建设责任制为重点，以加强廉政教育为抓手，深入开展了廉

政建设各项活动,并取得了显著成效。一是加强廉政教育,强化廉洁自律意识。以历次专题教育为契机,机关廉政教育课和党课教育等形式认真组织学习习近平新时代中国特色社会主义思想,学习《中国共产党廉洁自律准则》《中国共产党纪律处分条例》以及领导干部廉洁从政等一系列制度规定,明确规矩、掌握底线,增强了党员干部职工法治意识和底线思维。组织开展廉政警示教育活动,为机关干部敲响廉洁自律的警钟。二是强化"四个一双",落实主体责任。在党风廉政建设上,党政齐抓共管,落实一岗双责,把执行党风廉政建设责任制贯穿于救捞中心工作中,与业务工作同部署、同检查、同落实;拓展述职形式,落实"一述双报";完善考核内容,落实"一考双评";强化责任追究,落实"一案双查",对发生信访举报和存在违规违纪问题的单位和人员,要求既查处违规违纪人员自身的问题,倒查追究相关领导班子和领导干部失职、渎职责任。同时机关各支部党员签订了廉政责任书,定期开展廉政提醒谈话。三是深化"三转"要求,落实监督责任。督促指导局纪检组集中精力做好监督、查办案件,执纪问责。部局纪检监察工作注重开辟新的工作面,开展了重点领域的专项监督检查,加强跟踪、协调和指导,全面推进专项监督检查工作深入开展。补充完善了《交通运输部救助打捞局廉政风险防控手册》,设置前期预防、中期监控、后期处置的"三道防线"。细化了纪检组监督责任,聚焦反腐工作主业,突出监督执纪问责,形成监督有力、制约有效的监督责任落实体系。四是开展落实"两个责任"专项检查活动。局纪检组对"两个责任"落实情况开展专项检查,督促指导系统各单位建立健全廉政风险防控体系。专项检查明确了年初召开会议、逐一研究审定工作方案、加强日常督查、年末总结分析党风廉政建设各项任务完成情况等落实主体责任的四项"规定动作",以及领导班子成员履行"一岗双责"和开展监督检查的具体措施,确保党组主体责任和纪检组监督责任落到实处。

(五)强化文化建设,进一步提升精神文明水平

部救捞局党委高度重视文化建设和精神文明建设,不断强化顶层设计,组织制定了《交通运输部救助打捞局"十三五"时期精神文明建设实施意见》,进一步明确了今后一段时期的精神文明建设工作思路和工作要点。一是围绕"讲好救捞故事",精心策划了各类对外新闻宣传工作,配合中宣部和部政研室开展了救捞集中宣传活动,先后组织开展了纪念救捞创建65周年和救捞体制改革10周年系列宣传报道、"走进中国救捞人"、"两学一做"典型宣传报道和重大应急抢险任务宣传报道、解读救捞深化体制改革专题报道等活动,进一步鼓舞了救捞一线职工,展现了救捞系统的良好形象。二是稳步推进文化建设工作,在开展文化品牌建设工作的基础上,继续实施文化精品战略,以协助央视等机构完成电视剧《碧海雄心》和纪录片《蓝色使命》等影视作品的拍摄为重点,不断提升了救捞系统的社会美誉度和知名度。三是支持工会和共青团组织开展工作,组织举办了救捞系统职工综合技能比武大赛,在全系统搭建起了技术交流的平台,提高了系统各单位做好日常训练、苦练硬功的积极性,对职工素质能力的提升起到了积极的促进作用。

(六)强化群团工作,进一步推进机关和谐文化建设

以党建带群团组织建设,不断增强党群组织的工作活力和服务能力。一是进一步加强

对群团组织的思想政治教育，为工会干部、团员青年开展政治理论教育、专题讲座，组织开展了团员青年践行"三严三实"座谈会和"两学一做"读书知识竞赛，举办"救捞文化讲坛"、"救捞青年论坛"等活动。通过一系列教育活动，切实增强了工会干部、团员青年和广大职工贯彻党的基本路线的自觉性，引导广大职工和团员青年立足本职建功立业。二是切实关心关注职工生活，积极创造条件，为职工办好事、办实事，保障职工的合法权益。局工会组织慰问患病、节假日值班干部职工，帮助解决职工子女就学问题。三是开展职工喜闻乐见的文体娱乐活动，丰富了职工业余生活。

回顾总结近年来的工作，我们有以下深刻的体会：

一是把政治建设放在首要位置。党建工作根本在于坚定理想信念，必须加强政治理论学习，强化理论武装。坚定理想信念是每个共产党员的终身必修课，只有坚定理想信念，才能站稳政治立场，把握正确方向，以实际行动投身到民族复兴的伟大事业中。

二是必须落实全面从严治党的要求。办好中国的事情，关键在党。要严格党内政治生活，严肃党内政治纪律，维护党中央权威。共产党员特别是党员领导干部任何时候都要把纪律挺在前面，把"四个意识"内化于心、外化于行，坚守政治纪律、政治规矩，坚决同以习近平同志为核心的党中央保持一致，大力推进党中央和部党组工作部署在救捞工作中的落实。

三是必须围绕中心服务大局。部救捞局一切党建工作的出发点和落脚点必须围绕救捞中心工作。必须提升部救捞局作为救捞系统首脑机关和司令部的引领作用，坚持以人民为中心，忠诚履行各项救捞职责，为救捞事业改革发展筑牢坚实的思想防线。

四是必须以人为本体现人文关怀。党建工作，党员主体，要充分激发调动广大党员积极性、创造性，必须引导党员牢记使命，发奋工作，用自己的实际行动践行党的宗旨，在自己的岗位上为救捞事业的发展建功立业。

五是必须与时俱进开拓创新。要研究新形势、新任务下党建工作的新特点，在继承以往党建工作优良传统的基础上，在依法依规的前提下，以新的思维方式、新的科技手段，努力探讨党建工作的新方式，力求新的突破，取得新的实效，使党建工作焕发新的活力，不断提高党建工作质量。

在回顾总结工作的同时，我们也要时刻认识工作中的短板，那就是思想教育工作仍有待加强，从严治党理念仍有待完善，机关党建工作形式和内容仍有待创新，党风廉政建设监督机制仍有待健全。

当前，救捞事业的发展面临着前所未有的新形势、新情况，一是全面从严治党给我们提出了新要求，二是复杂的社会思潮给我们提出了新挑战，三是救捞改革发展的新任务给我们提出了新课题，这些新形势和新情况对党建工作提出了新挑战和新要求。

二、对今后党建工作的思考

党的十九大报告高举中国特色社会主义伟大旗帜，对推进新时代党的建设，推动全面从严治党向纵深发展也作出了一系列新部署，为我们继续贯彻全面从严治党方针，扎实做好机关党建工作，不断提高机关党建工作水平明确了努力方向，提供了基本遵循。

部救捞局党委按照党的十九大提出的新时代党的建设的总要求，将继续深入学习习近平

一、部直属机关各单位党组织的党建工作发展综述

新时代中国特色社会主义思想,坚持党要管党、从严治党,坚持解放思想、开拓创新,坚持围绕加快"四个救捞"建设的中心工作,落实全面从严治党要求,认真做好党建各项工作,抓班子、带队伍、强作风,充分发挥党委的政治核心作用、党支部的战斗堡垒作用和党员的先锋模范作用,为建设国际一流现代化专业救捞体系,全面提升救捞系统实力,实现"四个救捞"发展目标提供坚强有力的政治保障。

重点抓好以下几个方面的工作:

(一)持之以恒抓好政治建设,切实发挥党组织的政治核心作用

党的政治建设是党建工作的核心。加强机关党建工作必须坚持把党的政治建设摆在首位。一是思想上保持高度一致。确保机关全体党员特别是党员领导干部坚决维护习近平总书记核心地位,坚决维护党中央权威和集中统一领导,确保在思想上政治上行动上自觉与习近平同志为核心的党中央保持高度一致,牢固树立"四个意识"、坚定"四个自信"、做到"四个服从"。二是进一步严肃党内政治生活。要按照部党组的统一部署,定期开展党性分析活动,开好支部组织生活会,使部救捞局机关党内生活常态化制度化科学化,严肃党内生活。三是努力营造风清气正的良好政治生态。在部救捞局机关弘扬忠诚老实、公道正派、实事求是、清正廉洁的价值观,不断增强党支部和广大党员的党性和政治能力,在大是大非面前保持共产党员应有的政治定力。

(二)持之以恒抓好思想建设,着力发挥党组织的政治引领作用

思想建设是党建工作的首要任务,只有抓好思想教育,才能筑牢广大党员理想信念的根基。一是进一步完善理论学习制度,在严格落实党委中心组学习制度的基础上,丰富学习内容,强化理论深度,提高学习质量,牢固树立"四个意识",不断增强改造主观世界的自觉性和主动性,强化树立马克思主义世界观、人生观、价值观。二是突出重点,抓好党委中心组,发挥好中心组学习的龙头作用和表率作用,引领支部广大党员的学习。三是充分利用各种学习平台,不断丰富学习方式和学习内容,组织好学习培训,开展好微党课等活动,不断增强学习效果。四是学以致用,要把理论学习与工作思考相结合,用理论指导实践,在提高党性修养、坚定政治信念的同时,开阔视野,提升履职能力。

(三)持之以恒抓好组织建设,着力强化管党治党的责任担当

健全机关党的组织,夯实机关党建工作基础,落实好从严治党的要求。一是加强班子建设,增强班子凝聚力、战斗力。要认真贯彻民主集中制,严肃开展党内政治生活。严肃党内政治生活是从严治党的主要的政治基础,也是我们班子重要的政治责任。二是加强支部建设,充分发挥机关党支部的战斗堡垒作用。机关机构调整后,要组织好支部改选工作,保证支部工作健康有序开展。积极抓好支部活动,继续开展联学共建、品牌支部建设、主题党日等活动,使广大党员在活动中受教育、受鼓舞。三是健全机关党建工作机制。局党组变更党委后,要针对新形势制定新的党委工作规则,完善党委工作运行机制。四是建立机关党建工作责任制,推行机关党建工作目标管理责任制考核,落实机关党建工作的相关配套制度。要坚持把党建工作和中心工作一起谋划、一起部署、一起考核,在党建工作的

各个环节上真正下功夫,把领导班子、领导干部"一岗双责"的政治责任落到实处。

(四)持之以恒抓好队伍建设,提升干事创业的保障水平

习近平总书记在全国组织会议上指出,贯彻新时代党的组织路线,建设忠诚干净担当的高素质干部队伍是关键,重点是要做好干部培育、选拔、管理、使用工作。着力做好以下几个方面。一是建章立制,根据事业单位分类改革和救捞管理体制改革的推进情况,结合贯彻落实部事业单位领导人员管理暂行办法和部管干部选拔任用工作办法等相关制度,根据救捞实际,组织对干部工作相关制度进行修订,将近年来全系统在干部工作中的好经验固化下来,着力构建简便易行、有效管用的选人用人机制,为系统各单位做好干部工作提供明确规范,使全系统干部工作有规可依、有章可循。二是贯彻执行《条例》与相关意见,坚持"好干部"标准,认真做好干部选拔任用工作,将优秀人才充实到领导干部队伍中。选好配强各级领导班子成员,优化班子结构和功能,建设政治强、业务精、纪律严、作风正的坚强集体。三是以部党校作为救捞培训的主渠道,把握救捞改革发展对干部素质的新要求,开展按需培训、特色培训,进一步增强培训效果,并将岗位实践锻炼作为干部培养的重要手段,加大干部多岗位复合锻炼,重点开展以培养为主要目的的干部交流。四是强化干部管理,认真落实部党组《关于从严管理监督干部的意见》,把纪律规矩挺在前面,努力做到真管真严、敢管敢严、常管常严。发挥组织部门和纪检部门在干部选任中的把关作用,把监督贯穿于干部选任全过程。

(五)持之以恒抓好作风建设,着力建设风清气正的机关政治生态

巩固深化群众路线教育实践活动、"三严三实"专题教育和"两学一做"学习教育成果,认真开展"不忘初心,牢记使命"主题教育,持之以恒整治"四风",继续打好作风建设这场硬仗。一是认真组织学习《关于新形势下党内政治生活的若干准则》和《中国共产党党内监督条例》,使每个党员知标准,明底线。二是紧紧盯住作风领域出现的新变化、新问题,及时跟进相应的对策措施,始终保持对作风建设的高压态势,坚持抓常、抓细、抓长,常抓抓出习惯来,耐心抓抓出长效来,持续努力、久久为功。三是以严格落实中央八项规定精神为抓手,抓好作风教育,引导党员干部学规矩、知规矩、懂规矩、守规矩,切实增强守纪律讲规矩的自觉性和坚定性。四是健全干部管理制度体系,从严管理干部,对干部职工加强教育、积极引导,弘扬正风正气,抵制歪风邪气,为各类"好干部"营造良好的干事创业环境。

(六)持之以恒抓好廉政建设,着力构建拒腐防变的长效机制

一是扎实开展廉政教育,进一步强化党员干部的廉洁自律意识。突出畅通监督渠道,抓好教育和预防两个重点。结合救捞系统业务特点,针对中央、部党组的新要求新部署,把廉政教育延伸到各个业务领域、贯穿到各项工作流程中去,引导和帮助干部实现自我净化、自我完善、自我提高。二是认真贯彻落实党风廉政建设"两个责任",坚定不移地推进救捞系统党风廉政建设和反腐败工作。三是坚持关口前移,加强专项监督检查,严格监督,严肃执纪。进一步完善风险防控体系,在系统梳理权力运行的"关节点"、内部管理的"薄

弱点"和问题易发的"风险点"的基础上，完善已有的内部监控与外部监督、自律与他律结合的廉政风险防控体系。

（七）持之以恒抓好文化建设，着力增添救捞事业发展的正能量

认真贯彻落实《交通运输部救助打捞局"十三五"时期精神文明建设实施意见》，大力加强救捞文化建设，弘扬救捞精神，不断提高救捞系统精神文明建设水平，为救捞事业的发展提供精神动力。一是开展文化品牌创建活动，以基地和船舶为单位，培树救捞一线文化品牌，推进救捞文化建设整体水平。二是加强救捞新闻宣传工作，策划好重要时段、重要任务和重大抢险行动的新闻宣传活动，宣传救捞业绩，充分展示交通运输部负责任政府部门的形象，同时也为救捞发展营造有利的社会舆论环境。三是开展树典型、学先进活动，用身边的人、身边的事感染人、教育人。四是活跃机关群团工作，办好"救捞青年论坛"、"救捞文化讲坛"等活动，丰富团员青年和职工群众的文化生活，发挥好群团组织桥梁纽带作用和凝心聚力作用。

新的起点，新的使命，新的征程。让我们更加紧密团结在以习近平同志为核心的党中央周围，团结一心，共同奋斗，为交通强国和国际一流现代化专业救捞体系建设提供坚强政治保障！

抓改革　强管理　优服务　创一流

中国船级社党组

改革开放的40年是我们党不断加强自身建设的40年，是不断提高党的执政能力和领导水平的40年，是为把党建设成为始终走在时代前列、人民衷心拥护、勇于自我革命、经得起各种风浪考验、朝气蓬勃的马克思主义执政党而不断奋斗的40年，是不断推进党的建设新的伟大工程的40年。改革开放40年来，我们党的自身建设，包括政治建设、思想建设、组织建设、作风建设、纪律建设、制度建设和反腐败斗争等各个领域，都积累了许多丰富的值得总结的历史经验。

在此大背景下，40年来，中国船级社党建工作紧紧围绕服务经济建设和建设国际一流船级社的奋斗目标，坚持解放思想、实事求是、与时俱进，不断提高党建工作水平，为中国船级社由小到大、由弱到强提供坚强的政治思想和组织保证。

编辑出版的《船检人的旗帜——中国船级社十一五典型事迹选编》等丛书，下发全系统干部职工学习

一、部直属机关各单位党组织的党建工作发展综述

中国船级社建设发展的40年，是改革开放、锐意创新的40年，也是探索党建新路、积累党建新经验的40年。中国船级社40年的发展成就，体现了船级社党组（党委）围绕发展抓党建、抓好党建促发展的工作思路，体现了提高领导水平、创新党建工作机制的探索精神，体现了船级社各级党组织和广大党员执行能力建设和先进性建设的成果，体现了船级社各级党组织带领各方面力量推进跨越式发展的凝聚力和战斗力。

一、坚持党对改革领导，凝心聚力促发展

党的领导是中国船级社发展壮大的"关键密钥"。党中央举旗定向、英明领导，是船级社改革开放一路前行的"灯塔"；一代又一代船检人铁肩担当、接力探索，是中国船级社"突出重围"的"旗手"；广大党员带领群众风雨同舟、砥砺前行，是中国船级社这艘巨轮乘风破浪的"压舱石"。

40年来，中国船级社党组（党委）始终认为，党建抓的是人的思想政治工作，抓得好是船级社团结人、凝聚人、激励人的一个重要的现代管理手段，能够促进中国船级社长期稳定发展。

1.始终坚持用马克思主义中国化最新成果教育党员、培训干部，理论武装工作在改革创新中不断增强。40年来，中国船级社党组（党委）始终坚持正确的思想路线，党的理论每创新一步，理论武装工作就跟进一步，始终坚持用党的最新理论武装党员，指导实践、推动工作。深入开展学习实践毛泽东思想、邓小平理论、"三个代表"重要思想、"科学发展观"活动，积极推动"两学一做"学习教育常态化、制度化，认真学习习近平新时代中国特色社会主义思想，用习近平新时代中国特色社会主义思想武装党员，指导实践。

2.始终坚持加强党的执政能力建设，领导班子和干部队伍建设在改革创新中不断加强。中国船级社坚持党管干部的原则和干部"四化"方针，切实加强领导班子和干部队伍建设，通过制订各个时期干部教育培训规划，实施大规模干部培训、干部学历教育，大幅提高了干部队伍素质；从机制上激发干部队伍潜质，通过制定年轻干部培养选拔规划，不断优化干部队伍结构，使大批想干事、能干事、干成事的年轻干部得到锻炼成长，走上了重要领导岗位；通过开展作风建设，落实中央"八项规定"，着力改进干部作风，切实规范领导班子权力运行，从领导制度和工作机制上保证了科学执政、民主执政、依法执政，培养造就了一支总体上适应改革开放和经济建设的干部队伍，形成了一茬接一茬朝气蓬勃、奋发有为的领导干部层，有效提高了党的公信力，密切了党群关系。

3.始终坚持抓基层打基础，党的基层组织建设和党员队伍建设在改革创新中不断加强。40年来，中国船级社基层党组织的创造力、凝聚力和战斗力不断增强，战斗堡垒作用得到充分发挥。党员队伍素质不断提升，党员教育管理不断改进，党员作用发挥明显，为推动船级社的发展作出了重要贡献。近年来，中国船级社继续加强基层党组织阵地建设，加强党员管理，严格落实"三会一课"制度，紧跟事业发展需要，不断丰富党建活动载体，不断深入开展创建基层特色党支部活动，有效提升基层班子的战斗力和凝聚力，不断推进"两学一做"学习教育常态化制度化，深入开展"不忘初心、牢记使命"主题教育，强力推广"党建

+"模式,为中国船级社的改革发展提供了强劲支撑。

如今,全国文明单位、全国工人先锋号、全国青年文明号、全国五一劳动奖章、全国交通运输系统劳动模范、全国巾帼建功标兵、青年科技英才等一大批有影响力的先进集体和个人的先进事迹,充分展示了我社发挥船检主力军作用,锐意改革进取、奋力拼搏的精神风貌,增强了全体员工的自豪感和荣誉感,有力地提升了中国船级社的品牌形象和对外影响力,为建设国际一流船级社营造了良好的氛围。

党建强,发展强,筑牢党组织堡垒,增强党员干部活力、凝聚力,就是增强生产力。对任何一个单位而言,员工活力、凝聚力直接影响单位效益,正如习总书记指出的:"党建工作是企业核心竞争力的有机组成部分,是实现企业发展的关键因素。"

2016 年 7 月,"YUAN ZHEN HAI"(中文:远真海)号超大型矿砂船入级中国船级社(CCS)检验船队

对于国家发展来说,开放代表能够包容合作,互利共赢;对于船级社组织建设来说,开放代表不故步自封,与时俱进。中国船级社以"党建强"促"发展强"的成功经验表明了,党建与单位的发展是相互促进、相得益彰、共生共荣的关系。

二、坚持以客户利益为导向,积极拓展市场

中国船级社始终坚持"技术立社、诚信为本、与众不同、国际一流"的建社方针,准确把握发展的阶段性特征,确立了"安全、环保,为客户和社会创造价值"的服务宗旨和价值追求。在实践探索中,创新发展理念,完善发展思路,提升发展内涵,为事业持续快速健康发展指明了方向。据统计,1978 年船检局入级船舶为 510 艘、600 万总吨、857 万载重

一、部直属机关各单位党组织的党建工作发展综述

吨;到 1986 年底(中国船级社挂牌 1 周年)入级船舶为 1062 艘、1046 万总吨,到了改革开发的第 38 年(2016 年),中国船级社检验船队规模已超亿吨。

散货船建造检验

2008 年雷曼兄弟破产,全球金融危机爆发,中国船级社党组(党委)多次召开党委扩大会议,多次召开国内外宏观形势分析会,认真学习、领会党的最新方针政策,思考船级社下一步该如何发展。积极部署船级社的发展战略,让广大党员干部了解国内外动态及单位决策,统一思想、鼓舞士气,进一步激发广大干部员工的斗志和积极性,我们认识到,只要船级社的党员干部继续保持团结、奉献、公正、高效的船检精神和开拓创新的精神,就一定能够战胜困难,从而使船级社在金融危机爆发至今保持了平稳快速发展。

三、坚持调动一切积极因素,以人为本增效益

中国船级社始终着眼科学化、民主化和制度化,干部人事制度在改革创新中不断加强。在上级人事制度改革方针政策的指引下,中国船级社积极探索干部选拔任用工作的新途径、新形式。2003 年实施了"四项机制"改革,2012 年推行了干部公开选拔和竞争上岗,树立了"公开、平等、竞争、择优",依靠群众选贤任能的选用干部理念。通过长期探索和发展,中国船级社干部工作的科学化、民主化、制度化水平不断提高。

四、坚持抓住改革重点,体制机制更完善

改革开放后,为了适应我国造船、航运、外贸、保险等行业发展的需要,交通部在机构改革中,于 1978 年 3 月撤销船检港监局,恢复中华人民共和国船舶检验局,结束了自 1960 年以来船舶检验局与存着部门合署办公的历史。1985 年,船舶检验局申请加入国际船

级社协会受阻。为此,交通部于当年底发出《关于成立中国船级社的通知》,根据通知要求,中国船级社于1986年1月1日正式对外挂牌。1999年9月,交通部印发了《中华人民共和国船舶检验局与中国船级社实行政事分开的实施意见》,改变了船舶检验局与中国船级社局社合一的格局……

　　一系列的改革冲击着人们的观念,颠覆着人们的习惯认知。而改革开放的推进,在促进生产力发展的同时,也引起了经济生活、社会生活、工作方式和精神状态的一系列深刻变化。人们不再拘泥于那些不合时宜的观念、做法和体制,而是敢为人先、大胆探索、善于创造、勇于第一个"吃螃蟹",是不甘落后、奋勇争先、追求卓越的责任感和使命感,是"一万年太久,只争朝夕"的进取精神和竞争意识。

　　每当发展的关键点上,每当危机来临前,中国船级社总是提前策划党建活动,消除恐慌心理和消极等待心理,帮助船级社顺利度过难关,而不是在惶惶度日。可以说,是船级社的党组织力挽狂澜,才有了船级社的今天。

大型油轮建造检验

　　自2011年起,中国船级社连续六年新造船检验超1000万总吨,这不仅是中国造船和船检史上的光辉一页,也是中国交通运输业接轨国际、成功转型的崭新篇章。年度新造船检验超1000万总吨,这是过去只有少数西方发达国家船级社才有资格独享的好事,今天变为中国船级社的现实,这标志着CCS站在了国际一流船级社的新起点上。

　　改革最本质的要求是创新。改革旧体制旧机制,最终要落在创造新体制新机制上。我们有优秀传统文化资源的"古为今用",更有人类一切优秀文明成果的"洋为中用"。中国船级社党建工作的特点,在于把党建工作嵌入了现代管理制度之中,是"现代管理制度+党建+社会责任"。

40年来，中国船级社党建工作坚持解放思想、实事求是、创新进取的精神，始终把党建工作一般规律与中国船级社的工作实际紧密结合起来，在改革发展中积累了丰富的经验，为中国船检事业发展提供坚强的政治保证。弹指一挥间，40年过去了，改革创新精神激发了改革，改革创新精神也成就了改革。如今改革创新的成果已经深深熔铸在崛起的中国船级社的方方面面。今天，站在历史的新起点上，我们要坚定不移地坚持改革创新精神，让改革创新精神在全面深化改革的历史新征程中放射出更加耀眼的光芒。这是我们赢得辉煌未来的可靠保证。

乘改革开放东风前行　用党的建设工作掌舵

部规划研究院党委

交通运输部规划研究院（简称规划院）成立于改革开放 20 年的 1998 年。作为部直属单位，规划院直接服务国家和行业，是部的智囊团、现代交通运输业发展智库，责任重大，任务艰巨。建院 20 年来，在交通运输部党组及部直属机关党委的领导下，规划院党委始终把党的理论作为工作引领，用党建保障中心工作，发挥基层党组织战斗堡垒作用，为高质量、高效率完成党和国家交给的交通规划任务发挥了重要作用。

一、用党建激发职业自豪感，工作就是党的事业

1998 年，部规划院成立之时，正值我国交通基础设施大建设期，公路、港口、航道、安全等一系列国家层面的大型规划集中启动，而人手少、任务多、时间紧成为院工作常态。

首任院长庞俊达曾对院的规划工作进行过精彩总结：要当好智囊团，就要在行业内有话语权，有发声、有道理。一是离不开改革和创新，二是要把工作当作事业，而且是党的事业。规划不同于设计，设计可以模式化，但是规划不能，必须不断学习，拥有更宽视野，在新形势下，如何解决环境、土地、社会稳定等因素对交通发展的影响，离不开对政治理论、国家政策的不断把握和学习。

如何在高强度工作和日益变化的大环境中凝聚合力、激发职工斗志，全力扛起中国交通规划伟大事业这面大旗，规划院找到了自己的思路，握住了思想政治建设这只"定海神针"，始终紧跟党的步伐，以毛泽东思想、邓小平理论、"三个代表"重要思想、科学发展观、习近平新时代中国特色社会主义思想为指导，结合中心工作不断加强思想教育，通过举办党员专题培训班、开展主题教育活动、组织党务干部培训班等方式，不断提高党员干部党性修养，增强使命感和自豪感，逐步夯实党员领导干部思想的"路基"，让干部职工清楚地认识到要把党的事业作为自身的事业，把为人民谋福祉作为开展交通规划工作的宗旨。

在持续的思想政治教育引领下，规划院全体党员、干部职工激发出前所未有的热情，工作中不畏艰难、勇于奉献。在编制《国家高速公路网规划》和《国家公路网规划》过程中，原副院长关昌余带领课题组走遍全国所有地市州；在进行曹妃甸港的规划调研时，项目组每次都要蹚着齐腰的水到观测点进行观测；在编制《国家水上安全监管和救助系统布局规划》时，由于国内外都无先例和经验可循，全课题组成员在春节期间没有和家人一起过年，而是与同事们一起加班加点，保质保量完成了大纲编写任务。正是靠着党建工作的引领和党员干部坚定的理想信念，规划院在建院初期就形成了家国情怀、迎难而上的工作作风，并一直传承至今。20 年来，规划院人圆满完成促进行业改革、支持国家"三大战略"、服务民生助力经济稳增长、推进综合交通运输结构改革、助力扶贫攻坚、加强交通运输支持和保障建设等国家和部党组交给的各项任务。

一、部直属机关各单位党组织的党建工作发展综述

技术人员澜沧江畔调研

二、发挥战斗堡垒作用，让特色党建和业务深度融合

党的基层组织是确保党的路线方针政策和决策部署贯彻落实的基础。规划院党委始终以提升组织力为重点，在发挥党委引领和指导作用的同时，激发各党支部主观能动性，开展了各具特色的党建活动，增强了组织的凝聚力，把基层党组织建设成为坚强的战斗堡垒。

无论是对中央还是部党组，规划院把握的决策部署越来越明确，那就是做好党建。首要将院党建工作与中心工作相融合，做到互相促进，互相提高。规划院将这一思想落实在各项工作之中，鼓励党员在项目研究中带头攻关、创新突破，以点带面，带动研究工作水平全面提升。如党的第十九次代表大会召开后，院党委举办以"不忘初心牢记使命"为主题的学习宣传贯彻党的十九大精神交流会，各支部选派业务骨干作为交流代表，深入结合中心工作，分别围绕雄安新区交通运输体系建设、科学谋划交通强国建设、支撑"一带一路"境内交通基础设施建设等9个方面进行了交流，把十九大精神贯彻落实到推动国家重大战略、重大规划中去，畅想新时代现代化交通发展新思路，谋划交通强国宏伟蓝图，表达交通人不忘初心、牢记使命、共筑中国梦的坚定决心，激发勇于担当的责任。

各党支部深度结合业务特点，将党建工作与业务工作紧密融合。综合所党支部结合工作实际，探索形成"i党建"的支部工作法，总结出"坚持、综合、深刻、廉洁、制度、互动"的品牌理念，在"两学一做"学习教育常态化制度化部署动员会上，对雄安新区项目组颁发攻坚令旗，以表攻坚决心；公路所党支部通过联学共建，进行政策宣讲，交流学习经验；水运所党支部以项目组为单位进行集体研讨，将政治理论学习成果纳入研究报告之中；

环境资源所结合业务特点开展了"绿色+青春"特色党建活动,把业务学习、项目研究、群团文化和文体活动全部融入党建,紧紧围绕国家在生态环保和绿色交通领域的最新战略和政策,以及党的最新思想来讲绿色党课,既丰富了党建工作的内涵,又促进了中心工作;信息所党支部积极发挥业务优势,创新"互联网+"基层党组织新模式,利用党建工作管理系统举办党课学习、创建"信息所共享知识库"等。

在中巴经济走廊调研时与巴基斯坦公路局长签署技术文件

三、打开大门做党建,联学活动通有无

闭门党建不可取,只有打开大门学习其他先进党组织的做法才能不断进步。近年来,规划院组织了一系列支部间、行业内、行业间的联学活动,通过"引进来、走出去"的方式,达到了互学互帮互提升的效果。

像与部规划司党总支联合举办《国民经济和社会发展"十三五"规划纲要》专题讲座和"讲好身边故事展示党员风采"等主题活动,不仅加强了业务的交流沟通,也展现了交通规划人锐意进取、大胆探索的精神风采,引导广大党员以身边先进典型为榜样,积极践行交通运输核心价值体系,推动党组织的战斗堡垒作用和党员先锋模范作用充分发挥,不断提升中心工作质量和服务水平。

院党委选派优秀共产党员和优秀党务工作者代表,赴四川省阿坝州开展"践行优秀党员标准弘扬伟大长征精神"主题联学活动,与州公路运输管理处党支部、州公路管理局刷经寺分局党支部、汶川县交通运输局党支部开展了3场联学研讨会,不仅学习了民族地区与艰苦地区行业一线党员对党的事业无比忠诚的信念,更加促进了大家在工作中充分发挥好党员干部先锋模范作用的意识。

一、部直属机关各单位党组织的党建工作发展综述

中巴经济走廊调研（中巴国界红其拉甫口岸前）

四、让党建工作润物无声

党建工作的更高境界是不追求形式感，重在让党的思想和战略融于工作中的各个环节，逐步树立起党员领导干部正确的物质观、价值观、世界观，真正使交通规划做到从群众中来、到群众中去，急人民之所急、想人民之所想。体现规划院既是行业内的谋划者和策划者，又是执行者和见证者，引领全院党员干部一直以主人翁的姿态，把自己融入到发展交通运输事业的进程中，不唱高调，务实创新，服务政府，服务行业。

随着建设交通强国的战略，规划院将迎来更为艰巨的任务。首先要把党的大政方针贯彻到工作的每个环节。比如在编制规划时，前期的调研、中期的研究，以及后期的编写和调整，都要以党的思想、战略部署为指导，这样最后的成品，才能体现党的意志。其次需要党建工作来树立标杆和榜样——在行业内进一步树立起权威，打造工作品牌，培养知名专家，同时大力宣传这些党员骨干力量的先进事迹和专业精神，让每位党员自觉学习身边的榜样，对标先进，提升自己。

党建工作任重道远，提升永无止境。在与改革开放共成长的20年来，规划院党委深刻地认识到：

——坚持加强和改善党的领导，是发挥党委政治核心作用的根本前提。习总书记反复强调，"办好中国的事情，关键在党"。这是中国革命、建设和改革事业得出的一条基本论断。只有始终坚持和加强党的领导，才能从根本上保证院党委充分发挥好政治核心作用。

——坚决贯彻上级党组织部署，是提升为部服务为行业服务能力的重要保证。只有认真贯彻落实好党中央、部党组的有关精神和部署安排，党委服务中心、建设队伍的根本使

命才能得以贯穿始终，有效发挥协助和监督作用，促进院各项工作任务的完成，为加快发展现代交通运输业做出贡献。

——切实加强领导班子自身建设，是持续有效健康发展的"压舱石"。班子的作风，是单位整体作风的缩影，深远地影响单位整体作风的养成。只有着力建设一个政治坚定、团结坚强、清白干净、干事创业的领导班子，才能更好地端正方向、履行使命、保证发展。

——有效增强基层党组织活力，是加强基层党建工作的基本法则。党建工作重点在基层、着力点在基层。只有着眼于抓基层、打基础，增强党员队伍的生机活力，提高党支部建设水平，才能使基层党组织真正成为交通运输行业贯彻落实推进"四个全面"战略、实现"两个一百年"目标的组织者、推动者和实践者。

——大力推进全面从严治党，是促进党风廉政建设的重要基础。加强党风廉政建设，党员领导干部至关重要。只有切实增强党员领导干部党风廉政责任意识，班子主要负责同志作为"关键少数"中的"关键少数"起到带头示范作用，认真落实和履行"一岗双责"制度到位等，才能使党风廉政建设工作取得良好成效。

身处交通运输发展黄金时期，院党委一定按照习近平总书记对交通运输工作的重要指示精神，加强党的建设，把主体责任、监督责任承担起来，扛在肩上，落在实处，不断提高党的建设科学化水平；院各级党组织精诚团结、努力奋斗，不断开创党的建设和各项事业新局面；准确把握新形势、新要求，教育引导全院每一位党员每一名干部，用政治理论武装头脑，从思想上认同组织，在政治上依靠组织，在工作上服从组织，在感情上信赖组织，不断开创规划院党建工作新局面。院党委将深入贯彻习近平新时代中国特色社会主义思想，以踏石有印、抓铁留痕的精神，以求真务实、勇于奋进的工作作风，开启新征程，注重新作为，为加快推进交通强国建设进程和交通事业发展、早日实现"两个一百年"奋斗目标和中华民族伟大复兴的中国梦贡献力量！

一、部直属机关各单位党组织的党建工作发展综述

党旗高扬谱辉煌

部科学研究院党委

28年流金岁月，28年非凡历程。

1990年3月交通部科学研究院恢复运转，正式组建了交科院第一届党委会，在部党组和直属机关党委的领导下，对人事、党务、纪检、监察等方面，明确了工作职责，建立了相应工作程序，院党委开始对在京单位的党群工作实行直接领导。此后9年，交科院完成了8个所的党委换届工作，对10个所(院)领导班子进行了多次全面考核，充实调整领导干部近60人次，加强了各单位领导班子的建设。同时，在党务管理、党风廉政建设、思想政治工作、精神文明建设以及工会、共青团、妇女工作方面，也做了大量的组织、协调、指导、交流工作，党的工作全面展开。

青年辩论选拔赛

1999年12月28日，整合交通部科技信息研究所、交通标准计量研究所后，新组建的交通部科学研究院正式挂牌，2000年1月，院党委、纪委成立，重新划分和设置党总支、党支部，全院设置1个党总支，8个在职党员支部，3个离退休党员支部。2001年5月，根据院机构调整，全院设置9个在职党员支部和3个离退休党员支部。按照有关规定和部直属机关党委的要求，2014年10月17日，院党委、纪委进行了换届改选。全院共设置15个在职党员支部和4个离退休党员支部。

2017年10月，根据交通运输部新批复的院"三定"方案和新一轮中层干部调整情况，全院设置26个在职党员支部和3个离退休党员支部。

交科院党组织的28年历程，是与时俱进、开拓创新的28年，是为全院改革和发展事业作出重要贡献的28年。28年来，交科院各级党组织按照党中央和部党组的统一部署，在部直属机关党委的直接领导下，全面加强党的思想、组织、作风、制度、反腐倡廉建设和制度建设，全面提升党建工作的生命力、战斗力和推动力，为完成院中心工作、推动院改革发展提供了有力的政治保证。

28年来，交科院各级党组织和全院党员认真学习马克思列宁主义、毛泽东思想、邓小平理论、"三个代表"重要思想、科学发展观、习近平新时代中国特色社会主义思想，牢牢扭住思想政治工作这个"生命线"，接续推进、扎实开展"三讲"教育、"三个代表"教育活动、科学发展观教育实践活动、保持共产党员先进性教育活动，尤其是党的十八大以来，通过开展党的群众路线教育实践活动、"三严三实"专题教育、"两学一做"学习教育，推进"两学一做"学习教育常态化制度化，彰显了全面管党治党的决心，大大增强了交科院各级党组织的凝聚力、创造力和战斗力。始终坚持"围绕中心抓党建、抓好党建促发展"，坚持思想建党和制度治党相结合，突出抓好领导班子和干部队伍建设、基层组织和党员队伍建设、人才队伍建设，为交科院改革发展稳定提供了坚强的组织保证和人才支撑。高质量的专题党性分析会、专题民主生活会、专题组织生活会和民主评议党员，有效解决了领导班子、领导干部、党员在"四风"方面以及"三严三实"方面存在的突出问题；领导干部上党课、支部书记讲党课，党员上讲台，全体党员学习党章党规、系列讲话，通过思想的涤荡、灵魂的洗礼，党员干部理想信念进一步坚定，政治纪律和政治规矩意识进一步增强，"为民务实清廉"成为全院党员干部的价值追求，"忠诚干净担当"成为全院党员干部的行为准则，"四讲四有"成为全体党员的共同认知。在努力打造风清气正的政治生态下，一大批职工群众关切的突出问题得到较好解决，干事创业氛围不断浓厚。

改革开放40年特别是院恢复运转28年的工作实践中，交科院党委紧紧围绕部党组工作大局和院中心工作任务，牢牢把握党建服务中心、建设队伍这两大任务，以改革创新的精神，着力研究新情况、解决新问题，努力使院党建工作走在部属单位的前列，努力探索和把握科研院所党建工作的特点和规律，积累了许多宝贵的工作经验。

——找准定位，明确职能。交科院各级党组织始终坚持服务大局、围绕中心这个根本，切实履行协助和监督两大职能，把院党建工作自觉地放到本单位、本部门工作大局中去考虑、去谋划、去部署，为业务工作出策、鼓劲、加油，实现党建工作和业务工作两贴近、两促进，实现"融入中心抓党建、抓好党建促发展"，更好地发挥自身的作用，为院改革发展稳定提供坚强的政治保证和组织保证。

——紧跟时代，与时俱进。交科院各级党组织针对不同时期不同的工作侧重和工作任务，始终紧紧把握时代的脉搏，打破传统思维定式的束缚，坚持与时俱进，不断解放思想、更新观念，努力使院党建工作从封闭型思维转到开放型思维上来，树立继承创新的理念，在继承中创新，在创新中发展，不断开拓院党建工作新局面，不断实现院党建工作上新台阶。

一、部直属机关各单位党组织的党建工作发展综述

召开精神文明建设工作会

——加强教育，固本培元。加强对党员的教育，是做好交科院党建工作的根本，也是28年来交科院党建工作的一条成功经验。长期以来，交科院党委坚持用马克思主义中国化的最新成果武装党员干部，扎实推进中央部署的一系列活动，牢牢把握院党建工作的正确方向，使院各级党组织和党员干部的理想信念更加坚定、政治素质明显提高，为提升院党建工作水平奠定了坚实的思想基础。

——政治清醒，制度管党。持续探索和建立健全党内政治生活长效机制，强化"四个意识"、坚定"四个自信"。党的十八大以来，院党委狠抓党的制度建设，让思想建党与制度治党相互融合、相辅相成、相得益彰。围绕党风廉政建设责任制、主体责任和监督责任落实、基层党建工作考核等，先后出台20余项党建工作制度，不断推进党的建设制度创新，取得了一批制度成果和实践成果。

——创新方法，用好载体。在工作实践中，院各级党组织坚持全面推动载体创新，创造了许多行之有效的党建工作载体，如开展党员示范岗、党员示范团队评选和授牌，"两优一先"评选表彰，党员干部上讲台讲党课的活动，形式多样的廉政教育、革命传统教育、国情党史教育、时代精神教育等等，都发挥了积极作用，使院党建工作呈现出严肃的政治生活中有生动活泼的元素，在富有生气中更富有成效的良好局面。

——选贤任能，薪火相传。交科院党委在干部工作中坚持走群众路线，不断探索和创新选人用人机制，提高选人用人公信度和满意度。强化党组织的把关作用，严格执行"凡提四必"，做到干部档案"凡提必审"，个人有关事项报告"凡提必核"，纪检监察机关意见"凡提必听"，信访举报"凡提必查"，着力把"带病"的干部挡在门外，最大限度防止"带病提拔"问题的发生。通过系列举措，让政治坚定、对党忠诚、甘于奉献、积极作为的优秀干部脱颖而出，让党的事业薪火相传，让政治生态风清气正。

——多办实事，注重实效。坚持从解决改革和发展中存在的突出问题和群众关心的问

题入手,采取了一系列有针对性的措施,帮助各部门和干部职工解决了一些实际困难、破解了一些改革难题,清除了一批历史遗留问题,凝聚了人心、清除了障碍,收到了良好的效果。广大党员干部和职工群众不仅切身体会到了院党建工作带来的实际变化,也为做好院党建工作创造了良好的环境。

参观职工摄影展

——落实责任,齐抓共管。通过28年的努力,逐渐转变"抓业务工作是实、抓党建工作是虚"的思想,探索建立了院党委统一领导、党政齐抓共管、党委委员"一岗双责"、党委工作部门牵头抓总、各党支部具体落实的党建工作领导体制和工作格局。建立健全了党建工作目标责任制,进一步明确各责任主体的责任清单和负面清单,强化各责任主体抓党建的责任意识。同时,注意发挥工会、共青团、妇工委等群众组织的桥梁纽带作用,提升党建带群建的工作水平,形成了推进院党建工作的强大工作合力。

潮平两岸阔,风正一帆悬。发展春潮涌,党旗谱辉煌。一条条务实之策,一个个创新之举,正在全院各级党组织和党员、干部中认真实践。新时代,面临新任务新要求,站在新起点,交科院党委落实全面加强党的建设的要求,任务艰巨,使命光荣,有着崇严尚实传承的全院各级党组织和党员、干部必将乘着交通强国建设的东风,以更加振奋的精神、更加扎实的作风,开拓进取,阔步向前,不断开创院党建工作新局面,为建设交通强国作出新的更大贡献。

不断加强党的建设
用改革创新成果检验党组织战斗力

部公路科学研究院党委

改革开放40年来，公路院党委始终坚持和加强党的建设，始终坚持围绕科研中心业务、改革发展稳定大局、建设党员和人才队伍开展工作，为建设现代化公路交通事业当好科技先锋，在圆梦交通大国、踏上交通强国的新征程上，谱写了一曲浓墨重彩的篇章。

如今，公路院秉承"求是创新、力臻卓越"的院训，已发展为年经济规模超过26亿元、产学研用一体化的跨学科大型综合科研机构，并逐渐成长为技术创新基地、成果转化基地和人才培养基地。新时代新担当新作为，肩负公路科研"国家队"的领军重任，公路院正以不忘初心、砥砺奋进的责任感和使命感，不断为交通强国建设作出新的贡献。

一、聚焦公路交通科技创新"主战场"

创新是引领发展的第一动力。40年来，公路院党委坚持正确的政治方向，确保事业发展始终沿着中国特色社会主义道路前进。当改革开放的东风拂面而来，公路院党委眼光敏锐，准确捕捉到"科学春天的气息"，聚焦我国公路交通现代化建设"主战场"，抓住国家起步发展高速公路的重大机遇，精心筹划发展方略，科学布局学科建设，组织力量专注于科技攻关、成果推广和政策研究，为建设现代公路交通运输提供了有力的科技支撑，也为公路院插上了腾飞的翅膀。

20世纪80年代，公路院在道路、桥涵、经济、汽车性能与保修、材料五个学科基础上，不断完善学科和组织架构，陆续增加了筑路机械、科技情报、交通工程、环境工程、智能交通、物流工程、交通安全等学科，形成了以道路桥梁建养、智能安全运营、运输物流技术与汽车节能、环境保护为中心的学科布局。

改革开放之初，院桥梁专家曾威四赴欧美，自费出国考察，带回了珍贵资料，为公路交通试验场的建设作出了贡献。1986年，在交通部支持下，公路交通工程综合试验场开工建设，经过多次完善升级，现已发展成综合试验能力位居世界前列的公路交通综合试验场和多专业的实验基地。凭借5个国家级创新平台，4个国家级计量检测机构，6个行业重点实验室，公路院形成了独具特色的科研创新体系。

公路院党委认真贯彻"科技强交"战略，做到把准导向、准确研判、明确目标、强化保障，紧盯市场需求，发挥政策优势，不断提升科研创新能力。截至目前，全院已累计完成科研成果1762余项，获国家级奖70项，其中全国科学大会奖32项，国家科技进步二等奖及以上33项，国家发明奖3项；省部级二等奖以上成果420项；主持修订各类标准规范近700余项，获得各种工程奖项近百项。

黄镇东同志考察建成后的试验场

40年来，公路院引领技术革新潮流，为推动公路交通发展作出了巨大贡献。1984年，公路院提出"征收车辆购置附加费"的政策建议被国务院采纳。截至2015年，国家累计征收资金2.2万亿元，有力支撑了近30年我国公路建设的高速发展。20世纪90年代，针对道路普遍"老旧差"的问题，公路院研发出半刚性沥青路面技术成果，如今已广泛应用在国内90%以上的高速公路和80%以上的高等级公路上。1993年，公路院承担的京津塘高速公路项目建成通车，这是我国第一条利用世界银行贷款修建的高速公路；1997年，公路院承担的虎门大桥项目建成通车，这是我国第一座自主创新完成的大跨径悬索桥，带动了我国特大桥修建技术全面发展。

党的十八大以来，随着我国深入实施创新驱动发展战略，公路院又探索取得了多项科研成果，使中国技术成功走向了海外市场：2012年，"多功能路况快速检测系统"装备获得了国际认证；2015年，ETC全国联网有力支撑了公路智能化发展……这些成果的陆续输出与运用，进一步提升了我国公路科研机构的国际影响力。

科研成果只有更好地服务市场、服务社会、服务人民，才能真正体现出价值。公路院党委顺应科技体制改革大潮，加快推进成果转移转化，于1991年探索性成立了第一家科技公司"北京海伟交通科技开发公司"。1993年，根据国家"稳住一头，放开一片"的科技体制改革方针，公路院依托专业优势，陆续成立了产品开发、工程建设、设计咨询等多种类型的科技企业，院高新技术产业体系逐步培育形成。

为增强发展活力，激发内在动力，2003年以后，公路院实施了事企分类管理，通过院属公司实体化运作、明确经营责任人、强化绩效考核等一系列重大改革，推动了产业结构升级。2010年，公路院有效整合资源，组建了中路高科交通科技集团，下设17家各具特色的高新技术企业，搭建起全方位产业管理平台。放眼回眸，全院已经打造了一套科研与产业开发良性互动、有机衔接的产业发展体系，形成了科研支撑产业、产业反哺科研的良好局面。

一、部直属机关各单位党组织的党建工作发展综述

1996年，沈金安（左四）、李福普等首次在我国采用沥青材料铺筑机场道面并取得极大成功。该成果于2000年获国家科技进步二等奖

随着国家实施对外开放政策，面向世界的科技大门从此敞开，公路院人获知科研新趋势、新成果的心情愈发迫切。为此，公路院党委积极拓展对外交流空间，1979年至2004年期间，先后选派多名科技人员赴国外考察、培训、参加学术会议，并邀请外国专家来华讲学、咨询。中英、中澳、中加等合作项目的成功实施，开阔了科技人员视野，提升了科研成果质量。

2005年至2015年，公路院结合服务国家重大国际合作计划，先后与国际知名研究机构、企业和社会组织签订26个战略合作协议，构建了国际合作长效机制，并多次承办重要国际学术会议。截至目前，全院已在国际期刊上发表学术论文数百篇，10余名专家在国际组织担任职务。全方位、多层次的国际交流合作，不但提高了公路院科研水平，更提升了我国交通科技界的国际地位。

二、培育科研攻关"生力军"

创新之道，唯在得人。40年来，随着全面深化改革和社会主义现代化建设事业的深入发展，公路院党委始终坚持党管干部原则，与时俱进推进干部人事改革，构建科学有效的育人选人用人机制，大力引进、培育高层次科技人才，通过制定政策、创新机制、改善环境、提供服务，为人才提供了更多发展机遇和更大发展空间，努力造就了一支又红又专的干部人才队伍。

根据党的十二大确定的干部队伍"革命化、年轻化、知识化、专业化"的"四化"方针，公路院党委积极推进干部新老合作与交替，确保了干部队伍结构比例适当、党的路线贯彻执行稳定。党的十三大围绕经济体制改革对干部管理体制提出了新要求，院党委依据"扩大民主、完善考核、推进交流、加强监督"的方针，初步建立了符合科研单位特点、科学合理

的人事制度。进入 2000 年后，院党委按照中央精神持续推进干部人事工作制度化建设，完善了干部选拔任用程序，并加强了干部管理监督。党的十八大以来，中央在深化干部人事制度改革方面相继作出了部署要求，院党委着力推进制度化建设，逐步形成了相互配套、有机衔接、从严管理、监督有力的干部人事制度管理体系，为全院培育政治过硬、本领高强的科研攻关"生力军"夯实了基础。

在岗位培养上，从"八五"时期开始，将院重大科研项目都由中青年技术骨干担任课题组长或副组长，为科研人员提供锻炼能力、展现才华的机会。在素质提高上，通过硕士点、博士点、博士后工作站、中澳、中日、中英、中加、中荷国际合作机会，以及国内在职博士、硕士培养的平台，使科研人员的学历和能力得到进一步提高。

特别是在学术积淀上，公路院党委更是下大力气真抓实干：建立了科研创新和人才培养项目计划，加大经费投入和人才培养力度，增强自主科研开发能力；主办了《公路交通科技》，为研究人员发表成果、增进交流提供平台；成立了学术委员会、青年专家委员会，实施"公路院创新领军人才计划"，制定"首席研究员制度"，支持领军人才和青年骨干入选国家创新人才工程计划，推进智能交通和桥梁两个方向院士培养梯队建设；实施了青年科技人才培养行动方案，加大高端人才培养力度；启动了"墩苗工程"，为优秀年轻干部成长提供丰沃的"土壤"。

为加强干部队伍建设，公路院党委按照干部队伍"四化"方针，深化干部人事制度改革，推行竞争上岗，建立了干部能上能下、考核评价新机制。特别是党的十八大以来，为督促院属基层党组织精耕"责任田"，发挥战斗堡垒作用，院党委把党建工作考核作为贯彻党要管党、从严治党要求的重要抓手，持续推进党建工作考核常态化制度化，将年度考核结果作为干部考核的重要组成部分，实行结果运用"三挂钩"——与绩效工资挂钩、与干部选任挂钩、与评优评先挂钩，促进了基层党建工作规范化，推动了全面从严治党落实到基层党支部。

目前，公路院共有在职职工 2300 余人，其中工程院院士 1 人、博士生导师 12 人、博士 175 人、硕士 677 人、正高级职称 153 人、副高级职称 477 人，基本形成了以学科带头人为核心、中青年技术骨干为主体的科研团队；设有土木工程和交通运输工程两个国家一级学科硕士学位点，截至 2015 年年底，共培养硕士研究生 90 名。2002 年，公路院还设立了博士后科研工作站，先后共有 51 名博士进站。

"硬实力、软实力，归根到底要靠人才实力。"公路院党委以强化党管人才为统揽，以提高人才素质为核心，以优化人才结构为目标，通过不断完善人才管理培养机制，为打造交通运输行业顶级智库夯实了基础。

三、铸造党员先锋"大熔炉"

历史烛照时代，榜样传承精神。在建设物质文明的同时，公路院党委高度重视精神文明建设，涵养了兼具传统渊源和时代精神的公路院文化，营造了"尊重知识、尊重人才、尊重创新"的人文环境，强化了党员身份意识，带动了职工奋发有为，使这座科研院成为人人尽展其才的舞台，不断涌现出一个个团结奋进的集体。

公路院党委注重在为部服务、基础前沿与重大技术研发、科技成果转化及推广等方面，

一、部直属机关各单位党组织的党建工作发展综述

锤炼干部严实作风，着力打造党员先锋团队，发挥智库支撑作用。在部重点工作、国家科技计划项目推进、科研平台建设等工作中，关键岗位都是党员担纲。"项目攻关难，重担交党员"，近年来在自动驾驶、BIM、云大物移等前沿性技术开发与应用中，党员"讲方法不讲困难，讲奉献不讲条件"，展现了敢为人先的精气神。通过坚持在实践中发掘先进典型，持续开展创先争优活动，公路院先后获得了"全国五一劳动奖状""全国巾帼文明岗""全国科普工作先进集体"等38项省部级以上先进集体荣誉称号，并连续6年蝉联"全国文明单位"称号。

榜样的力量温暖人鼓舞人启迪人，激励着公路院人岗位建功。徐小岚、李爱民、李亚茹、曹东伟、李丁等25名同志获得国家级和省部级先进个人荣誉称号，周伟同志连任党的十六大、十七大代表，李亚茹同志连任党的十七大、十八大代表。自2015年以来，全院共有6人分获全国先进工作者、全国交通运输系统先进工作者、全国交通行业精神文明先进工作者、全国三八红旗手、全国对口支援新疆先进个人、全国交通运输行业文明职工标兵等称号，10多个党支部、近百名党员获交通运输系统"两优一先"表彰。这些先进典型既是有形的正能量，更是鲜活的价值观，在他们身上，既体现了坚定如一的理想信念，又展露出执着敬业的人格风骨，更蕴含着科技兴邦的家国情怀，从而汇聚起公路院实现新时代新担当新作为的磅礴力量。

2014年，杨传堂同志接见公路院劳模先进代表

不断汇集的正能量，发挥着聚变效应，不仅强化了干部职工爱岗、爱院的职业素养，更培育了服务国家、回报社会的责任意识。40年来，公路院党委始终注重在抢险救灾、扶贫攻坚、援藏援疆和重特大公路交通事故调查处理中锤炼党员干部：2008年汶川大地震爆

发后，迅速组织专家小组赶赴灾区，参与震后桥梁应急检查和抢通保通工作，被《人民日报》推出专题报道广为宣传；为落实中央援藏援疆工作部署，1998年以来，一批领导干部先后到西藏、新疆和四川阿坝挂职，10余位科研专家赴西部地区参与技术服务。何勇同志2014年被国务院授予"民族团结先进个人"荣誉称号，刘刚同志被授予"2015西藏自治区民族团结进步模范个人"荣誉称号。公路院人的恪尽职守、倾情奉献和不怕牺牲，印证着共产党员的初心与使命，彰显了"国家队"的责任与担当。

2008年，院领导在汶川地震后一线指挥保通工作

四、建好和谐发展"家"文化

归属感是每一位公路科技工作者，在艰苦条件下长期坚守事业的动力源泉。为了让广大干部职工人更定、心更安，长期以来，公路院党委坚持将群团工作纳入党建工作整体格局，以党建带团建，着力深化"家"文化建设，服务群众，凝聚人心。

建好"党员之家"——始终把党的政治建设摆在首位，通过深入开展"走出去"与"请进来"、新媒体与传统媒体、理论与实践"三个相结合"的学习教育活动，落实"三会一课"制度常态化，用党的创新理论成果武装了党员、干部的头脑，坚定不移把党中央和部党组各项决策部署落到实处；加强组织建设，成立了32个院直属基层党组织，其中包括3个党委，做到"项目到哪里、党小组设到哪里"，实现了基层党组织全覆盖；以"微+N"党建品牌为抓手，推进服务型基层党组织建设，为职工办实事、解难题。

建好"职工之家"——各分工会分别建立"职工小家"，设置了文体活动室、妈咪哺乳室和图书角，持续开办民族舞、书法等兴趣班；深化关爱帮扶活动，建立了特困职工档案，院领导与各级工会每逢重大节日全面走访慰问，送温暖到家门；发挥劳动人事争议协商调解委员会作用，保障职工合法权益。

建好"青年之家"——持续开展"爱悦读·为青春加油"青年读书活动，激发青年职工

"学知识、促交流、强素质"的内在动力；丰富青年志愿者服务形式，开展情暖老专家结对子、携手科普进校园等活动；成立"鹿鸣诗社"，以诗会友，重拾中华优秀传统文化精髓。

以搭建平台、完善机制、拓宽渠道、办好实事为切入点，公路院党委多层次开展理想信念教育，大力实施文化软实力工程，把"和谐公路院"建到了广大干部职工的心坎里，推动物质文明与精神文明并蒂花开，让大家创新有目标、工作有方向，全院上下洋溢着爱岗敬业、争创一流的正能量。老专家沙庆林院士曾深情地说："每当我在科研上取得突破的时候，每当我走在绵延平坦的公路上时，都感到自己的选择是正确的，是我报效国家的最好途径。"一代代的科技工作者，就是这样不断传承良好的职业道德、科学精神和优良作风，为新时代的担当作为不断注入丰富的内涵。

实践没有终点，改革未有穷期。40年风雨兼程，公路院人见证和参与了改革开放以来我国交通运输事业的伟大实践。作为改革发展的亲历者、改革成果的缔造者、改革深化的推动者，在为公路交通科技事业奉献智慧和力量中不断成长，在圆梦交通强国、奋斗小康路的进程中持续壮大！这是开拓进取的40年，这是求实创新的40年，更是豪情满怀的40年！

凡是过去，皆为序章。在铸就"交通强国"、实现"中国梦"的伟大征程中，惟改革者进，惟创新者强，惟改革创新者胜。目前，公路院党政合力，已经绘制了未来发展的宏伟蓝图，正加快实施创新驱动发展战略，努力建设基础技术研究型、应用技术开发型、成果转化枢纽型、技术政策与服务智库型的研究院，向着世界一流科研院的目标奋发前进、再创辉煌！

会当击水三千里

部水运科学研究院党委

1956年8月,在中央"向科学进军"的伟大号召下,交通部水运科学研究院应运而生。从此,新中国在水运科技领域,有了自己的"国家队"。1978年12月,改革开放一声春雷,响彻中华大地。在这股春潮里,海运率先复苏,沿海大开发、大开放如雨后春笋。伴随着世界水运大国的腾飞,水运院也踏上了快速发展的列车,从十数人到千余人,从临时板房到现代化科研条件,从4个专业到基本覆盖水运各个领域,从计划体制到全面服务行业……水运院旧貌换新颜,已发展成为我国最大的综合性水路交通运输科研机构,业务范围覆盖科学研究、咨询、工程、产品研发与装备制造、航运、交流培训等各个领域,完成各类科研项目8000多个,获国家级科技奖励29项,省部级科技奖励400项,专利和软件著作权332项;拥有工程咨询、安全评价、装卸工艺设计等20余项全国甲级或重点资质;拥有部长决策咨询组成员、专家委员会委员、新世纪百千万人才工程等一大批科技精英;拥有1个国家国际科技合作基地、2个行业重点实验室、1个占地15万平方米的大型综合试验基地和集科研开发、生产制造、设计、施工、销售于一体的产业化科研条件。

水运院老办公楼

一、部直属机关各单位党组织的党建工作发展综述

40年岁月如歌，春华秋实。总结水运院改革开放40年取得成绩的根本原因，最关键的就是一以贯之地抓好党的建设新的伟大工程。改革开放40年来，水运院党委紧紧围绕中央决策部署，在部党组、部直属机关党委的坚强领导下，全面加强党的政治建设、思想建设、组织建设、作风建设、纪律建设和制度建设，团结带领广大党员群众戮力同心、克难奋进，为全院各项事业取得长足进步提供了坚强保障，为交通运输科学发展提供了有力支撑。

回顾总结改革开放40年来党的建设，主要呈现如下显著的成绩和特点：

一、坚持不懈抓好党的政治建设，始终坚定正确的政治方向

政治建设是党的建设的统领。政治路线是政治建设的根本，"保证全党服从中央，坚持党中央权威和集中统一领导"，是党的政治建设的首要任务。党的十一届三中全会以来，我们党实现了工作重心的转移，逐步形成、确立了党在社会主义初级阶段的"一个中心、两个基本点"的基本路线。水运院各级党组织坚决贯彻党的十一届三中全会以来党的路线、方针、政策，严格遵守党的民主集中制原则，坚决捍卫党的政治纪律和政治规矩，坚决贯彻部党组各项决策部署，以支撑政府决策、服务行业发展为己任，始终做到中央大政方针强调什么、部党组决策部署安排什么，院重大项目安排、重点技术攻关的着力点就聚焦什么，确保全院事业纲举目张，用沉甸甸的科研成果践行着永恒不变的初心，践行着牢固的"四个意识"，践行着拥戴核心、维护核心、紧跟核心、在思想上政治上行动上与党中央保持高度一致的强烈思想自觉和行动自觉。

李小鹏同志参观水运院展台

改革开放始，万事从头越。肩负科技振兴水运的历史使命，水运院党委解放思想，勇挑重担，带领职工不断创造我国水运科技事业的多项第一。成功研制了我国首台40吨岸边集装箱起重机、CSD-I型船用全波段单边带接收机，承担了"蛇口港码头装卸工艺方案和总

体布置"等第一批非政府下达的横向科研项目,吸粮机、链斗卸船机、浮船式起重机、集装箱正面吊运机、钢制干货集装箱、抓斗装卸桥、内河浅吃水大径深比推轮、3.5万吨级浅吃水经济型散货船等一大批重大装备竞相涌现,分节驳顶推技术、集装箱运输技术、散粮运输技术、溢油防污技术、缓解港口严重压船压港技术等先进技术成功开发,在填补国内空白的同时也为我国水运事业的腾飞插上了科技的翅膀。从运输系统工程到运输经济,从危险货物运输到港口装卸工艺和工程技术装备,从自动控制技术到通信工程、计算机应用工程,从环境工程到安全工程,从海运强国、绿色港口、智能航运等一个个崭新概念的提出到付诸实施,水运院在水运科技各个领域全面推进、硕果累累。

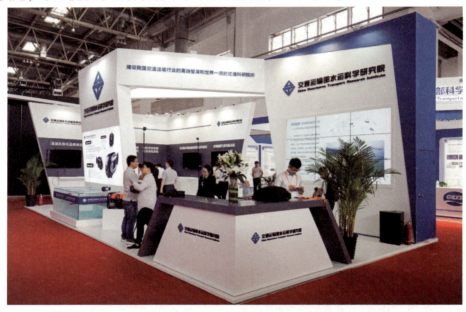

2018年,第十四届国际交通技术与设备展览会暨改革开放四十周年交通发展成就展览水运院展台

进入21世纪,特别是十八大以来,新一轮科技革命迅猛发展,交通运输进入转型升级、提质增效、建设交通强国的新阶段。水运院继续精准发力,紧紧围绕"四个交通"发展战略,牢牢抓住水运经济、安全应急、环保节能、现代物流、智慧水运"五大领域",大力推进科技创新和成果转化,组织或深度参与了综合运输体系建设、港口转型升级、内河健康发展、多式联运、交通强国-水运篇等水运领域几乎所有的宏观战略与政策研究,"国家队"作用发挥更加明显。

二、坚持不懈加强党的思想建设,推动全院党员干部理想信念始终坚定

"思想建设是党的基础性建设"。改革开放40年来,水运院党委始终高度重视党的思想理论建设,把经常性教育和集中性教育结合起来,紧跟理论创新的步伐不断推进理论武装工作。根据形势和任务的需要,各级党组织先后组织开展了大规模的思想政治理论学习活动,组织全院党员干部围绕党的十一届三中全会精神、《关于建国以来党的若干历史问题的决议》、建设有中国特色社会主义理论、邓小平理论、"三个代表"重要思想、科学发展观、习近平新时代中国特色社会主义思想等党的理论创新成果进行了系统学习,组织全院党员

干部对党的各次代表大会重要文件、核心精神和修改通过的党章以及历次全会通过的重大决策和重要文件等进行了深入学习。

2018年,水运院党务干部培训班

近年来特别是党的十八大以来,院党委以中心组学习为龙头,以深入开展党的群众路线教育实践活动、"三严三实"专题教育、"两学一做"学习教育等重大学习教育安排为契机,教育引导广大党员、干部坚持用马克思主义中国化最新成果武装头脑、凝心聚魂。重点围绕党的十八大、十九大和习近平新时代中国特色社会主义思想等,院党委以身作则、以上率下,通过讲党课、办学堂、积极参加和组织各类学习培训等形式,教育引导党员干部坚定理想信念。学习教育中,注重政治理论学习与形势政策理解掌握相结合、参加外部培训与自主举办培训相结合、内部学习与借助外脑相结合、典型引领与学身边人身边事相结合,同时发挥科研单位优势,创新学习方法,扩大学习范围,拓展学习平台,开办了水科学堂、水科讲堂,组织进行"无领导小组讨论"、网络讨论等,确保思想教育入脑入心、学用结合。十八大以来,院党委中心组每年组织学习研讨10次左右,党员、干部讲党课每年超过100人次,每年有200余人次的党员、干部参加各类培训。通过深入的思想教育,广大党员干部的党性修养不断提高,理想信念更加坚定。

三、坚持不懈加强党的组织建设,不断夯实改革发展的组织保证

"党的力量来自组织,组织能使力量倍增。"改革开放以来,伴随着事业的快速发展,针对院各级各类组织机构调整频繁、党员人数迅速增加,院党委着力落实管党治党责任,不断强化组织建设,及时建立健全基层党组织,配齐、配强党务干部并按期换届,确保党组织全覆盖。院基层党组织从改革开放初的几个增加到了20个,其中党委2个、党支部18个;党员数从几十人增长到480余名。持续组织开展党员组织关系集中排查,确保全院党员的基础信息清、底数明。坚持以整风的精神组织召开党员领导干部民主生活会、专题组织生活会、"三会一课"、主题党日活动、党员谈心等,党内组织生活得到规范,并逐步制度化、常态化。近年来,还组织开展了党费收缴专项检查、基层党组织述职评议考核工作,

创新开展了"庆贺党员政治生日"、"联学联建"、"特色支部建设"等系列活动，有力增强了党内政治生活的政治性、时代性、原则性、战斗性。

"六五"国家科技攻关展上水运院的成果

干部队伍建设是组织建设的重要方面。改革开放以来，从领导职务终身制的废除到干部队伍革命化、年轻化、知识化、专业化"四化"方针的提出，从《党政领导干部选拔任用工作暂行条例》和《深化干部人事制度改革纲要》等干部人事制度改革的基础性制度文件出台，到十八大之后提出的"好干部"标准、严管厚爱相结合、"四必"制度、激励干部新时代新担当新作为等等，水运院党委始终坚持正确的用人导向，不断健全中层领导干部选拔机制，制订实施后备干部管理办法，大力推行干部竞争上岗、挂职锻炼等制度，选拔培养了一大批优秀的青年干部，中层干部知识结构和年龄结构不断改善，干部能上能下、竞争有序、注重实绩的良好机制不断巩固，同时也为党和国家事业的发展培养了一批优秀干部和人才。

四、坚持不懈加强党风廉政建设，营造风清气正的良好发展环境

邓小平曾经指出："我们要反对腐败，搞廉洁政治。不是搞一天两天、一月两月，整个改革开放过程中都要反对腐败。我们前进的步伐会更稳健，更扎实，更快。"改革开放以来，水运院一直坚定不移正风反腐，旗帜鲜明地同各种不良作风和不廉洁行为作坚决斗争，形成了一套相对科学和符合实际的战略方针和工作格局、领导体制和工作机制。如坚持落实"标本兼治、综合治理、惩防并举、注重预防"的十六字方针，按照中央要求建立了教育、制度、监督并重的惩治和预防腐败体系；建立了党委统一领导、党政齐抓共管、纪委组织协调、部门各负其责、依靠职工群众支持和参与的反腐败领导体制和工作机制；积极推进党风廉政建设制度创新，制定了以党风廉政建设责任制为代表的一系列规章制度，等等。40年来，全院没有发生特别严重的腐败问题。

党的十八大以来，在习近平新时代中国特色社会主义思想的指引下，水运院党委及各

级党组织坚决贯彻落实党中央全面从严治党要求，切实落实"两个责任"，不断完善"四个一双"工作机制，把纪律和规矩挺在前面，推动管党治党由"宽松软"走向"严紧硬"。设立纪检监察审计专门机构，坚持把反腐倡廉建设与党建工作同部署、同落实、同检查、同考核，每年逐级签订党风廉政建设责任书、开展廉政约谈，做到压力层层传递、任务层层分解、责任层层落实；针对权力运行的"关节点"、内部管理的"薄弱点"，系统梳理了4个重点领域83个廉洁从业风险点及防控措施，初步建立了廉政风险防控体系。深入开展党风廉政宣传教育和廉政文化建设，建立常态预警与专项预警相结合的工作机制，坚持用身边事教育身边人，持续开展廉政教育月活动，节假日重要节点预警提醒，抓早抓常；坚持抓反腐从严，加大违纪查处力度，处分和处理了院党委委员、中层领导干部和普通干部职工12人次；坚持抓作风从严，从党委委员和领导干部做起，以上率下，严格落实中央八项规定精神，开展办公用房、公务用车、公务接待等多个专项整治，认真完成中央巡视整改及部巡视、审计、财经纪律检查、八项规定精神督查等发现问题的整改工作，全院党员干部职工的纪律规矩意识明显增强；注重强化基层调研，党员干部按"严"和"实"的要求，查问题改作风，全院学风研风文风会风和工作作风持续改进、不断好转。平均每年解决10个左右职工群众关切的热点难点问题。通过不懈努力，强化了不敢腐的震慑、扎牢了不能腐的笼子、增强了不想腐的自觉，使全院政治生态日益山清水秀。

五、坚持不懈加强党的制度建设，不断提升党的建设规范化科学化水平

用制度来管党治党是改革开放以后中国共产党党的建设的鲜明特色。改革开放40年来，水运院党委坚持抓制度建党，通过制度机制的完善堵塞漏洞、强化管理，着力扎紧制度的笼子，不断提升党建科学化水平，基本形成了系统完备、科学合理、管用有效的党建工作制度体系。特别是近年来，按照全面从严治党的总要求，水运院围绕落实主体责任、党内民主、干部调整、组织生活等重点领域和薄弱环节，相继制、修订了院《党委"三重一大"议事规则》《中层干部轮岗和竞聘上岗暂行办法》《落实各级领导班子党风廉政建设主体责任的规定》《院务公开实施办法》《党政公文处理办法》等20余项制度，制度规范性、可操作性不断增强。在加强制度建设的同时，注重强化制度执行，通过将党建工作纳入全面质量管理体系，制定"党建工作任务指导书"，建立党建工作程序，切实保障了各项制度得到有效落实。

改革开放40年来党的建设的实践，给了我们很多深刻的体会和启示。一是要始终做到把思想政治建设放在首位，突出思想教育和理论武装，用马克思主义最新成果指导水运院发展实践；二是要始终做到坚持全面从严治党，抓好严明纪律这个关键，履行好党风廉政建设主体责任和监督责任，坚定不移贯彻党中央和部党组的大政方针、决策部署，强化责任担当，发挥好党委的政治核心作用和监督保证作用；三是要始终做到把推动发展作为党委工作的第一要务，用好组织生活这个经常性手段，调动和发挥广大干部职工积极性、创造性，团结一心、共谋发展；四是要始终做到重视队伍建设，抓好选人用人这个导向，打造坚强有力的基层党组织，发挥好基层党组织的战斗堡垒作用和党员的先锋模范作用。

总之，没有40年党的领导的坚强有力，就不可能有改革开放40年的丰硕成果。没有40年党的建设的一以贯之，就不可能有改革开放的顺利推进。当前，中国特色社会主义进入新时代，交通强国建设迈入新征程。水运院将大力弘扬、持续坚持改革开放以来党的建设的好经验、好做法，深入贯彻党的十九大精神，以习近平新时代中国特色社会主义思想为指导，在部党组、部直属机关党委的领导下，大力推进全面从严治党向纵深发展，全面加强党的政治建设、思想建设、组织建设、作风建设、纪律建设，把制度建设贯穿其中，着力提高党的建设质量，着力提升基层党组织的组织力，以更大的胸怀、智慧和魄力，更解放的思想、理念和方法，锐意改革、戮力创新，为加快建设我国交通运输行业高端智库和世界一流科研机构，为开启交通强国建设新征程提供坚强保障。

一、部直属机关各单位党组织的党建工作发展综述

改革开放交通先行　党建引领教育培训

部管理干部学院党委

今年,我们迎来了改革开放40年。这40年,是交通运输管理干部学院在部党组、部直属机关党委的坚强领导下,高举中国特色社会主义伟大旗帜,以马克思列宁主义、毛泽东思想、邓小平理论、"三个代表"重要思想、科学发展观、习近平新时代中国特色社会主义思想为指导,开拓进取、砥砺奋进的40年。

建院之初学院印章

40年来,学院党委带领全院广大教职员工,以锐意进取的勇气,蓬勃向上的朝气,协力追求事业发展,奋力促进党建发展,努力服务行业发展,在建设高水平干部学院(党校)、服务交通运输事业发展的征程中,写下了浓墨重彩的一笔。

不忘初心勇攀登

40年来,学院党委牢记"党校姓党、学院姓党"这一初心,切实履行管党治党、办学治院的主体责任,充分发挥把方向、管大局、作决策、促发展的领导核心作用,深入推进党的政治建设、思想建设、组织建设、作风建设、纪律建设、制度建设,深入推进反腐败斗争,团结带领全院党员群众在干部教育培训事业中不断探索,奋力前行。

(一)政治建设引领方向

40年来,学院党委旗帜鲜明讲政治,以党的崇高政治理想、高尚政治追求、纯洁政治品质、严明政治纪律作为引领干部教育培训工作的根本指针,充分发挥党校"宣传马克思主

义、交流党的工作经验、培训党的干部"的阵地作用,在坚定交通运输系统广大党员干部对社会主义和共产主义的政治信仰,提升正确执行党的路线方针政策的坚定性和自觉性方面,发挥了重要作用。

早期培训班合影

党的十八大以来,学院党委更加深刻地认识到,学院是党的干部学院,是代表部党组开展交通运输行业干部教育培训的主基地,是意识形态工作的重要阵地,始终把加强党对学院的领导,牢牢把握正确的办学方向,作为党委的一项重要政治责任。一是高举党的旗帜。旗帜鲜明地讲党性、讲政治,恪守"三个坚持"。第一,坚持党校姓党、学院姓党。在办学导向上,确保一切办学活动都严守党的政治纪律和政治规矩。在办学思路上,充分体现党的意志,反映党组的要求。在办学内容上,突出党的理论教育、党性修养,高标准地落实理论教育和党性教育在党校教学安排中不低于总课时70%、党性教育课不低于总课时20%的总体要求。第二,坚持服务大局。学院培训工作始终面向交通运输行业,围绕部党组中心工作来开展,充分发挥干部培训主渠道、理论武装主阵地、党性修养大熔炉的作用。坚持用党的理论和各类业务知识,用改革开放的生动实践和新鲜经验培训干部。第三,坚持从严治院。严以治教,突出加强对教师和班主任的教育管理,强化思想素质、政治纪律和言行规范,以良好的作风体现干院、党校形象。严以治学,对学员深入开展中央八项规定精神教育,严格学员管理和纪律约束,推动形成良好的学风校风。二是加强意识形态阵地管理。一方面,完善机制。制定《关于加强意识形态工作的管理办法》,明确意识形态工作的责任机制和主要工作,定期听取各部门关于意识形态和思想政治工作的情况汇报,了解和分析教职员工的思想状况。另一方面,综合施策。举办形势报告、专题讲座,开展世情国情党情教育,坚持把讲政治放在培训工作的首位,确保一切教学活动都严守党的政治纪律和政治规矩,不出现意识形态上的偏差。对授课教师要求做到"学术探讨无禁区,课堂讲授有纪律"。加强对学院网站、期刊、研讨会、报告会的管理,不给错误思想和言论提供传播空间和渠道。

党的十九大胜利召开后,学院党委进一步加强党的政治建设,号召全院党员干部,不断提高政治站位,带头做到坚决维护习近平总书记的核心地位,坚决维护党中央的权威和集中统一领导,深入开展大学习大调研,强化理论武装,强化学以致用,进一步强化"四个意识",坚定"四个自信",为建设高水平干部学院(党校),服务建设交通强国战略不懈奋斗。

政治建设的不断加强,为学院事业发展引领了正确方向,在服务建设交通强国战略,实现中华民族伟大复兴的中国梦的进程中,矢志不渝,坚定前行。

(二)思想建设凝心聚力

根据中央和部党组的部署安排,严肃认真做好党内历次教育活动,将全院党员的思想统一到党中央和部党组的决策部署上来,保证了党的先进性、纯洁性。

20世纪80年代至90年代末,按照党中央和部党组统一部署,重点开展了整党运动和"讲学习、讲政治、讲正气"的"三讲"教育等集中教育活动。在认真学习相关文件,提高思想认识的基础上,把理论学习与批评与自我批评的传统作风相结合,对全院党员领导干部进行了深刻的思想政治教育,大大提升了党员干部队伍素质,为学院事业发展创造了良好条件。

步入新世纪,先后开展了保持共产党员先进性教育活动、科学发展观学习实践活动和创先争优活动,使广大党员干部对"三个代表"重要思想、科学发展观和保持共产党员先进性等理论和活动的认识更加深刻,践行更加坚定,进一步促进了学院事业科学发展,在全院范围内营造了和谐向上的良好氛围。

党的十八大以来,学院党委坚持把思想建设、理论武装摆在突出位置,深入开展思想教育,努力提高广大党员、干部的党员意识和政治修养。一是开展集中教育。按照中央和部党组部署,先后组织开展了党的群众路线、"三严三实"和"两学一做"等专题的集中教育与主题实践,取得了明显效果。在"两学一做"学习教育中,党委班子成员、支部书记、党员讲党课共计136次,收到党员感言和学习体会165篇,集中展示了"学"的成效。院党委切实担负起教育全体党员的责任,每年安排3至4次集中教育,邀请专家讲解党章党规党纪,邀请革命后代讲授老一辈革命家的理想信念、优良家风。开展"弘扬社会主义核心价值观、劳模精神进党校进干院"活动,邀请全国交通运输系统先进典型包起帆、王淑芳、陈维等同志来院介绍先进事迹,邀请东海救助局英雄群体讲述救捞人"把生的希望留给别人,把死的危险留给自己"的生动故事,邀请长航系统先进集体和个人讲述其平凡而感人的事迹,在广大党员和职工中引起了强烈反响。坚持每年召开庆"七一"大会,开展"两优一先"评选表彰活动,通过重温入党誓词、重读入党志愿书、优秀党员事迹宣讲等形式,让全体党员集体过政治生日,激励大家不忘初心、牢记使命,增强党性意识和创先争优的强烈责任感。作为集中教育的延伸,学院还将"两优一先"先进事迹通过校园网、职工微信群广为宣传,扩大学习教育效应。二是加强日常教育。坚持党委中心组学习制度,为建设学习型组织、带动学院广大党员学习起到了示范作用。各党支部充分发挥主体作用,把思想教育融在日常、抓在经常，逐步形成了常态化学习机制。各支部积极创新学习方式，有的支部组织党员诵读、手抄党章、开展党的知识竞赛，有些支部组织微党课，让每位党员都上台讲感言、谈体会。为支持各支部开展"两学一做"学习教育，学院党委组建了以党校教师为主的宣讲组，深入党支部巡回宣讲。院党委还主持编辑了《习近平总书记关于党的干部教育培训重要讲话摘编》，指导各支部、各部门学以致用。

党的十九大胜利召开后，迅速在全院范围内掀起了学习习近平新时代中国特色社会主义思想和党的十九大精神的热潮，成立了习近平新时代中国特色社会主义思想研究中心，组建了十九大精神宣讲团，邀请十九大代表王淑芳、蒙曼作报告、召开多次座谈会，开展"不忘初心，牢记使命"知识竞赛、"学用新思想笔谈千字文"征文活动等，引导全院党员群众深入学习习近平新时代中国特色社会主义思想和党的十九大精神。

常抓不懈的思想建设，统一了思想，凝聚了共识，形成了合力，在学院事业蒸蒸日上的发展中，发挥了重要作用。

第七次党代会

（三）组织建设奠定基础

学院改革开放40年的党建史，就是一部把党员组织起来、把群众组织起来共同奋斗的历史，就是一部重视组织、善于运用组织力量的历史。学院党委深刻认识到，党的基层组织建设是保持党的先进性、提高党的执政能力的重要基础，因此，必须要高度重视基层组织建设，不断推进党建工作规范化，创新党建工作方法，充分发挥党支部的战斗堡垒作用和党员的先锋模范作用，使每一个党支部都全面进步全面过硬，使每一名党员都牢记党的宗旨、挺起精神脊梁，自觉做中国特色社会主义的坚定拥护者、忠实捍卫者和模范实践者。

党的十八大以来，学院党委更加重视党的基层组织建设。一是规范党支部建设。每次新聘期干部选任工作一完成，就及时组织开展党支部换届工作。以强化政治素质和提升党务工作能力为重点，组织开展支部书记培训。建立支部书记季度例会制度，加强支部工作的研究、交流、部署和检查推动。印发了《交通运输部管理干部学院党支部工作规范》，为支部工作提供了有力指导，提升了学院各支部组织生活的规范化水平。制定了《交通运输部管理干部学院基层支部工作考核暂行办法》，对各支部书记履行党建工作情况进行全面考核，加大党建工作在年终绩效考核中的比重。组织完成党员组织关系集中排查和党费收缴清理集中整治工作。规范和完善党员档案管理。二是创新党建工作方法。积极推进"一个支部一套做法，一个支部一个品牌"创建活动，每个支部都建立了具有特色的党建品牌。机关支部根据业务特点响亮提出"敏锐前哨，高效中枢"的创建要求，培训部门支部以"三亮、三比、三评"和"做十好党员"为载体，鼓励党员创先争优，后勤以及学员服务部门支部开展"规范服务排头兵"，"后勤不后，保障有力"等品牌创建，还有的支部把干部教育培训结构化研讨方式和信息化技术运用到支部学习讨论中，有效提高了党员参与学习教育的积极性。机关、培训以及后勤服务部门的党员在工作时佩戴党徽和"党员示范岗"标牌，达到了"党员牌子挂起来、党员形象树起来、党员责任扛起来"的良好效果。落实党建工作责任制，开展党支部书记抓党建工作述职评议考核，促进支部工作扎实有效。

坚强有力的组织建设，为学院事业健康发展提供了坚实基础和强大动力。

（四）作风建设营造氛围

学院党委始终高度重视作风建设，坚持以上率下落到实处，形成良好风尚，在学院砥砺前行的40年中，始终坚持领导干部自我净化完善、当好模范表率。学院党委带领全院党员干部，深刻把握履职之要、务实创业之举、打牢正己之基，在振奋精神、勇于担当上带好头，在开拓进取、注重实绩上带好头，在严格自律、清正廉洁上带好头，在全院范围内营造了风清气正的良好氛围。

同时，学院党委牢牢把握"作风建设的核心问题是保持党同人民群众的血肉联系"的要义，将保持党同人民群众的血肉联系，增强群众观念和群众感情作为一项重要工作，常抓不懈。在学院各项政策制度制定的过程中，坚持深入调查研究，反复征求意见，广泛宣传、发动、引导群众积极关心、支持、参与、推动学院改革发展。

党的十八大以来，始终坚持求真务实，力戒形式主义。着力改进文风、会风。厉行勤俭节约、反对铺张浪费。严格执行财经制度和经济工作纪律。在学院培训教育业务快速增长的情况下，"三公"经费支出逐年递减。坚持批评与自我批评，进一步提高民主生活会质量。不断改进作风，深入调查研究，密切联系群众，坚持院领导接待日制度，虚心听取群众意见，诚心接受群众监督，积极落实整改。同时，严格落实"八项规定"和"六项禁令"，制定落实八项规定精神实施细则，防止"四风"反弹回潮。

作风建设的扎实推进，为学院事业发展营造了风清气正的良好氛围。

（五）纪律建设保障发展

学院党委注重纪律建设，不折不扣落实党中央和部党组各项纪律要求，带领全院党员干部严守政治纪律和政治规矩，在思想上、政治上、行动上始终同党中央保持高度一致；严守组织纪律，增强组织观念，严格执行各项组织制度；着力增强党员、干部的纪律意识和纪律定力。

早期团委活动

同时,学院党委十分注重提高纪律的执行力,强化纪律执行,坚持纪律面前无特权、遵守纪律无例外,把执行纪律抓细、抓实,维护纪律严肃性,让党员干部知敬畏、存戒惧、守底线,习惯在受监督和约束的环境中工作生活,有力保障了学院的稳定发展。

党的十八大以来,学院党委按照中央和部党组要求,把党的纪律建设作为全面从严治党的治本之策,摆在更加突出的位置,把防线设置在纪律上,突出纪在法前、纪严于法,学习宣传贯彻《中国共产党纪律处分条例》《中国共产党党内监督条例》《中国共产党问责条例》等党内法规,以问责倒逼责任落实,使各党支部成为纪律建设的领导者、执行者和推动者,在严明纪律、教育管理党员中发挥了重要作用。

严明的纪律,锻造了一支师德高尚、业务精湛、充满活力的师资队伍,一支理念先进、方法科学、廉洁高效的管理队伍,一支默默奉献、服务热情、保障有力的后勤服务队伍,有力支撑了学院各项事业的持续发展。

(六)制度建设理顺机制

40年来,学院党委切实抓好党的制度建设,在抓常、抓细、抓长上下功夫。一是认真贯彻落实党中央和部党组制定的各项制度,制定相应配套制度,做到执行不折不扣,落实分毫不差,实现制度治党、依规治党,努力提升全面从严治党水平。二是在建章立制上始终坚持与时俱进,以更大的决心、更大的勇气、更大的气力,深入推进规章制度立、改、废工作,不断推进制度创新。

党的十八大以来,按照党中央和部党组要求,结合学院实际,制定了《中共交通运输部管理干部学院委员会工作规则》《中共交通运输部管理干部学院纪律检查委员会工作规则》《交通运输部管理干部学院贯彻落实"三重一大"决策制度实施办法》《党支部工作规范》《领导干部密切联系群众制度》《基层支部工作考核暂行办法》《贯彻落实<党政机关厉行节约反

对浪费条例>实施办法》《领导干部请假报告制度》《理论学习中心组学习制度》《从严管理监督干部实施办法》等多项规章制度，并强调制度执行的刚性约束，实现了制度建设与学习制度、严格执行制度和自觉维护制度的有机结合。

制度的不断完善、创新，使学院党的建设更加坚强有力，事业发展更加平稳。

(七)反腐倡廉从严治党

学院党委深刻认识党风廉政建设和反腐败斗争的极端重要性，以锲而不舍的态度和钉钉子精神，步步为营、稳扎稳打、多管齐下、综合施策，认真落实党要管党、从严治党要求，强化对权力运行的监督，加强反腐倡廉教育和党纪国法教育，推动全面从严治党向纵深发展。

党的十八大以来，学院党委坚持将全面从严治党要求落实到每个支部、党员，进一步推进廉政建设，深入落实"两个责任"，制定实施《中共交通运输部管理干部学院委员会关于履行全面从严治党主体责任和监督责任实施办法》，认真落实党要管党、从严治党要求，深入推进党风廉政建设和反腐败工作，形成组织领导、思想教育、监督预防和执纪问责同向发力的工作格局。

党委扛起主体责任。认真落实党风廉政建设责任制，按年度制定党风廉政建设和反腐败工作主要任务和分工。坚持开展警示教育、正反面典型宣传，开办廉政电子月刊，对党员干部进行经常性廉洁自律教育。逢年过节、重要节点，都要进行警示提醒。坚持党风廉政建设谈话制度，对新聘任干部进行廉政谈话，与领导干部、党员分别签订《党风廉政责任书》《廉洁自律承诺书》，推动压力传导、责任落实。扎实推进惩治和预防腐败体系建设，完善规章制度，先后制定了《从严管理监督干部实施办法》《进一步规范公务接待规定》等党风廉政建设制度。建立和完善学院廉政风险防控体系，制定了《内控工作手册》《廉洁风险防控手册》，实现对重点领域、重点部位和关键环节的常态化监督，对体系运行情况进行定期检查分析。高度重视巡视反馈意见，制定整改措施，全力以赴抓好落实。严格执行中央八项规定精神，对公务用车、办公用房进行专项整治。

纪委履行监督责任。着力加强纪检队伍建设，支持纪委实现"三转"。坚持纪在法前、纪严于法，探索实践监督执纪"四种形态"。加强监督力度，规范权力运行，对监督中发现的问题下达《监督意见书》，并督促工作整改。加大纪律审查力度，严肃查处挪用公款以及违规滥发钱款等违法违纪案件，并在全院通报，始终保持反腐败高压态势。加强廉洁文化建设，开办"清风干院"电子期刊，通过微信平台推送党规党纪、警示案例，向干部家属寄送"廉政家书"，培育清风正气。

反腐倡廉建设的深入有效开展，在全院范围内形成了重拳反腐，制度防腐，思想拒腐的良好工作机制和氛围，将全面从严治党进一步向纵深推进，为建设高水平干部学院(党校)的新征程奠定了良好基础。

牢记使命续新篇

习近平总书记在党的十九大报告中向世界庄严宣告，中国特色社会主义进入了新时代，新时代中国特色社会主义思想是全党全国人民为实现中华民族伟大复兴而奋斗的行动指南。

学院党委将在部党组、部直属机关党委的坚强领导下,坚持和加强党的全面领导,坚持党要管党,全面从严治党。以党的政治建设为统领,加强思想建设、组织建设、作风建设、纪律建设,把制度建设贯穿其中,深入推进反腐败斗争,不断提高党建工作水平,团结带领全院党员群众,凝心聚力,埋头苦干,为建设交通强国不懈努力。

政治建设为统领,以习近平新时代中国特色社会主义思想为指导,全面贯彻党的十九大精神,坚决维护习近平总书记的核心地位,坚决维护党中央的权威和集中统一领导,牢固树立"四个意识",坚定"四个自信",在思想政治行动上同以习近平同志为核心的党中央保持高度一致。

思想建设聚人心,强化理论武装,深入推进对党的十九大精神和习近平新时代中国特色社会主义思想的学习贯彻,深入推进"两学一做"学习教育常态化制度化,在全院党员中深入开展"不忘初心牢记使命"主题教育,将思想和力量凝聚到建设交通强国、实现中华民族伟大复兴的中国梦上来。

组织建设筑堡垒,提升党支部组织力,充分发挥战斗堡垒作用,实现党支部直接教育党员、管理党员、监督党员和组织群众、宣传群众、凝聚群众、服务群众的重要作用,把党的路线方针政策落实到每一名党员。

作风建设树形象,把增强"四个意识",坚定"四个自信",强化"两个维护"作为政治灵魂,积极转变思想作风;把"五大理念"作为创新驱动,积极转变工作作风;把"政治文化"作为精神追求,积极转变生活作风。

纪律建设强管理,高度重视并牢牢抓住加强党的纪律建设不放松,始终把纪律挺在管党治党最前沿,切实做到有纪必依、执纪必严、违纪必究。

制度建设贯穿始终,要充分认识加强制度建设的重要性,学好制度、用好制度,进一步规范工作行为,改进工作作风,提高工作效率,不断提升学院党建工作科学化水平,推动全面从严治党向纵深发展。

反腐倡廉驰而不息,进一步制约和监督权力,进一步整合监督力量,把事前、事中、事后监督有机结合,形成规范权力运行的监督体系,确保权力行使到哪里,监督就跟进到哪里。

学院党委将带领全院党员群众更加紧密地团结在以习近平同志为核心的党中央周围,按照部党组的决策部署,以高度的使命感和责任感,切实把思想和行动统一到交通强国建设上来,加强师资力量建设,强化内部管理,改善办学条件,努力实现培训组织科学化、队伍建设专业化、内部管理规范化、办学条件现代化,不断提高干部教育培训质量和水平,为建设交通强国做出新的更大贡献。

不忘初心　牢记使命　恪尽职守
见证与记录交通运输改革开放辉煌业绩

中国交通报社党委

习近平总书记在党的新闻舆论工作座谈会上指出:"党的新闻舆论工作是党的一项重要工作,是治国理政、定国安邦的大事;做好党的新闻舆论工作,事关旗帜和道路,事关贯彻落实党的理论和路线方针政策,事关顺利推进党和国家各项事业,事关全党全国人民凝聚力和向心力,事关党和国家的前途命运。"中国交通报社作为唯一覆盖交通运输全行业的主流媒体,承担着行业新闻舆论工作的重要责任。改革开放40年来,在部党组、部直属机关党委的领导下,报社党委坚持党管媒体,与时俱进办报,发挥行业新闻的主渠道作用,为交通运输的改革发展营造良好的舆论支撑。

一、改革开放催生了《中国交通报》

中国交通报社诞生于改革开放初期,1984年4月,面对交通运输改革发展的新形势、新任务,交通部党组果断决策,创办一张覆盖全行业的报纸——《中国交通报》。自此,《中国交通报》人以植根行业、报效行业的使命与情怀,见证与记录我国改革开放以来交通运输事业高潮迭起的辉煌。传播部党组声音,反映基层动态,解读政策法规,剖析热点难点,发布权威信息,引导舆论走向,传播交通文化,凝聚行业力量,在交通运输发展中发挥了激浊扬清、引领方向的作用,真实展现了交通运输改革发展的历史轨迹。1998年抗洪救灾、2003年抗击非典、2008年奋战冰雪灾害和汶川地震、2013年芦山地震等方面的报道,既记载了交通人危难时刻挺身而出的壮举,也展现了《中国交通报》人不怕牺牲、连续奋战的昂扬状态;"有路大家行车、有水大家行船"、五纵七横国道主干线、7918国家高速公路网、农村公路建设、治理超限运输、丝绸之路经济带、长江经济带的宣传报道,见证了《中国交通报》人紧扣时代脉搏的新闻敏感和专业水准;英模人物杨怀远、包起帆、陈德华、李素丽、许振超、陈刚毅、孔祥瑞和先进集体"华铜海"轮的报道,见证了《中国交通报》人见贤思齐、弘扬社会主义核心价值观的思想道德情操;从"中国要不要修高速公路"大讨论到"收费公路政策如何完善"的反复论证,在我国高速公路从零到十万公里的跨越中,几代《中国交通报》人以改革开放的视野坚守理性,传播真知,为社会和行业的可持续发展鸣锣开道,摇旗呐喊。

从周一刊四版黑白铅字印刷,发展到现在的周五刊八版电子化彩印,从一张报纸发展到纸媒、新闻网、微博、微信、手机客户端等组成的全媒体传播矩阵,《中国交通报》人围绕中心更自觉,贴近基层更紧密,服务交通更有力,应急报道更迅捷,传递交通好声音、讲述交通好故事、弘扬交通正能量,为交通运输行业科学发展营造了良好的舆论氛围。

2008年5月,报社记者在汶川地震现场采访

自创刊以来,《中国交通报》的新闻报道得到了同行的高度认可,作品多次获得全国新闻界最高奖中国新闻奖、全国行业报最高奖中国产经新闻奖,在国家新闻出版主管部门组织的历次报纸编校质量抽查中,一直名列前茅。2015年《中国交通报》荣获新闻出版广电总局评选的"百强报刊"荣誉称号。2017年《中国交通报》十九大新闻宣传报道因成绩突出、富有行业特点受到中国记协通报表扬。杨传堂书记、李小鹏部长等部领导先后多次对《中国交通报》刊发的新闻报道作出重要批示。

党的十八大以来,报社党委紧紧围绕党中央和部党组决策部署,坚持党管媒体,坚持政治家办报,矢志不渝担当部党组"喉舌",坚守行业新闻舆论主渠道主阵地,不忘初心、牢记使命,团结带领广大党员群众同心协力、攻坚克难,深化改革,推动转型融合发展,各项事业发展取得了新成绩,为交通强国建设提供了强大的舆论支撑。

二、始终坚持用马克思主义中国化最新成果武装头脑,带好队伍,凝聚力量

习近平总书记强调,理想信念是共产党人的精神之"钙",必须加强思想政治建设,解决好世界观、人生观、价值观这个"总开关"问题。报社党委坚持把思想政治建设摆在党的建设首要位置,切实把广大党员干部思想统一到中央决策部署上来。

以领导干部为重点抓好党委理论学习中心组学习。党的十八大以来,报社党委进一步加强理论武装,不断推进中心组学习制度化、规范化,认真贯彻落实《中国共产党党委(党组)理论学习中心组学习规则》和《中共交通运输部党组贯彻落实〈中国共产党党委(党组)理论学习中心组学习规则〉实施办法》精神,修订《中共中国交通报社党委理论学习中心组学习规定》,规范了学习内容、学习方式和学习管理,严格了学习要求。党委书记亲自主持制订学习计划,精心安排学习内容,坚持集体学习每年不少于8次,并根据学习内容扩大参加人员,充分发挥了示范引领作用,形成了良好的学习氛围。

中心组学习坚持理论性、突出针对性、讲求实效性，坚持读原著、学原文、悟原理，在真学、真信、真用、真行上下功夫。坚持问题导向，聚焦理想信念、党性修养、宗旨意识、精神状态等方面存在的突出问题，真正把自己摆进去，把学习科学理论与解决自身存在的思想实际问题结合起来，把好世界观、人生观、价值观这个"总开关"；聚焦改革发展的重大问题、干部职工反映强烈的突出问题、党的建设面临的紧迫问题，把理论学习成果转化为谋划工作的具体思路、破解难题的措施办法、推动发展的实际成效。

党的十九大召开后，按照部党组的统一部署，报社党委及时组织收听收看十九大有关报道，认真制定学习宣传贯彻党的十九大精神实施方案，报社党委理论学习中心组及时传达相关会议精神，集中学习了十九大报告、习近平新时代中国特色社会主义思想和全国两会精神，邀请交通运输专家解读交通强国战略，邀请中央党校教授以《深入学习贯彻十九大和十九届三中全会精神》为题进行讲座，组织处以上干部和党务干部参加上级举办的专题培训。通过学习，广大党员干部进一步增强了"四个意识"，坚定了"四个自信"。

加强基层组织建设，充分发挥支部的战斗堡垒作用和党员的先锋模范作用。习近平总书记强调：贯彻党要管党、从严治党方针，必须扎实做好抓基层、打基础的工作，使每个基层党组织都成为坚强战斗堡垒。报社党委始终把抓基层、打基础工作放在突出位置，从严格党的组织生活制度入手，不断规范"三会一课"、谈心谈话、民主评议党员等制度，突出政治学习和理想信念教育，突出党性锻炼，突出思想交流，提高党员队伍素质。

采编中心是中国交通报社主要采编业务部门，最能体现报社职能特点。由该部门党员组成的中国交通报社第一党支部，从2015年11月开始，开通"报交通、我先行"微信公众号，创新党支部建设和党员管理，将大家碎片化的时间充分利用起来，让交流无处不在。新闻工作者由于职业特点，常常奔波在采访的路上，每次集体学习他们都坚持形成图片和文字记录，精选一部分在"报交通、我先行"微信公众号上发布，不仅进一步巩固学习成果，也方便请假的同志及时"补课"。2017年，第一党支部在"报交通、我先行"微信公众号上开辟《微党课》，让党史党建知识润物无声地入脑入心。

常态化的政治学习和制度化的业务交流，一直是第一党支部的特色。记者"双11"采访感悟、"东方之星"轮翻沉事件应急报道小结、50个常见差错案例分享、全国两会报道经验分享、高速公路蛋炒饭评论大赛组织思路探讨、中蒙俄国际道路货运试运行活动采访经验交流、2017年春运报道新气象分析、《五大发展、先行有为》策划总结，大家在交流中互学互鉴。第一党支部注重将党建工作与新闻采编以及报社中心工作相结合，注重线上线下互动，以便大家增进相互之间的了解，互相借鉴，在工作方法上取长补短。

坚持"三力三为"组织生活工作法，锻炼出一支忠诚干净担当的新闻采编队伍。"三力三为"：即严在经常，通过日积月累的理论学习，培育思维力，明辨是非，在引领导向上有作为；严在落实，通过实事求是的研讨实践，提升行动力，服务大局，在鼓舞士气上有作为；严在细微，通过无所不在的零距离交流增强凝聚力，联结内外，在成风化人上有作为。通过支部活动的推动，使支部党员的专业素养和工作能力跟上时代节拍，担负起时代赋予我们的使命。

第一党支部以"报交通、我先行"为载体，切实发挥组织生活的政治功能、教育功能和解决问题的功能，使基层党支部成为塑造人、引领人、凝聚人的家园，成为充满思维力、行动力、凝聚力的战斗堡垒。实践证明，创新党建工作，不一定要做出惊天动地的事情，一些看似小小的改变，只要符合时代特点，也会激发基层党建工作的活力。

持续深入加强作风建设，打造良好政治生态。作风建设永远在路上，中国交通报社党委认真落实中央八项规定及实施细则和部党组实施细则精神，持之以恒正风肃纪。充分认识"四风"问题的长期性、顽固性和反复性，切实增强政治意识和纪律观念，做到查找问题真实客观，报告问题不遮不掩，整改问题扎实深入。严格执行调研、接待、差旅、办公用房、公务用车和会议、文件等制度规定。针对"四风"问题10种新的表现形式，进一步查摆出报社作风建设存在的5个方面的突出问题，认真分析原因，制定整改措施并认真整改。

坚持抓好提示和警示。坚持在干部职务变动、岗位调整和重要节点，通过个别谈话、短信提醒和集中教育方式进行廉政预警，对各部门主要负责人履行"一岗双责"和强化监督提出要求。把记者站纳入警示范围，重要节点廉政提醒和相关要求及时传达到记者站，平时也加强对记者站负责人的纪律教育。

加大违纪违规问题查处力度。党的十八大以来，处置问题线索、直接查办和配合部直属机关党委查办违纪问题7件，共有2人受到党纪处分和组织处理，10人受到组织处理，其中，中层干部9人、一般干部3人。

三、始终牢记职责和使命，切实发挥行业新闻舆论主渠道主阵地作用，当好部党组的"喉舌""耳目"

坚持正确的政治方向、舆论导向和价值取向，切实贯穿到新闻采、写、编、发各个环节，全面落实到每一篇新闻报道、每一个版面页面、每一帧画面镜头，更好地弘扬主旋律、传播正能量、凝聚精气神。落实对报纸和网站内容把关流程，严明政治纪律。纸媒和新媒体从编辑到主编、主任、值班编委，设置多级内容把关岗位，明确岗位职责，对内容、文字、标题、导向等进行交叉把关，确保内容质量和导向正确。报社党委围绕部党组中心工作、服务交通运输行业发展大局，聚焦交通改革发展主战场，努力做到融入、紧跟、到位，用党组声音引领行业舆论走向。

胸怀大局、把握大势、着眼大事，体现新闻报道的权威性、指导性、主动性。党的十八大以来，报社围绕交通运输重大发展战略，宣传报道部党组在秉承"五大发展"理念，坚持以提高交通运输发展质量和效益，提高行业综合治理能力和水平，紧扣稳增长、促改革、调结构、惠民生、防风险，深入推进综合交通运输管理体制改革，消除体制机制障碍，激发发展动力和活力等方面的重大举措，聚焦"一带一路"建设、京津冀协同发展、长江经济带三大战略等重大任务，开展大型综合深度采访报道，集中展示了交通运输在服务国家重大发展战略、改善民生等方面发挥的基础支撑和先行官作用，提升了行业形象，彰显了行业实力。

精心策划、精耕主题，彰显不同领域的专业性。不断加强宣传策划，开展系列重大主题宣传，反映行业改革发展实践和精神风貌，对公路、水路、海事、救捞等领域进行全方位深入报道，对铁路、民航、邮政领域进行精准的深入报道，彰显出作为交通运输专业报刊的能力和水平。近年来，报社策划报道了同心共筑小康路、川青藏公路通车60周年、走读长江感知脉动、中国动脉发力先行、"小康路·交通情"、"我的公交我的城"等产生广泛

一、部直属机关各单位党组织的党建工作发展综述

社会影响的主题。围绕全行业在"四个交通"建设,特别是在高速公路建设、国省干线改造、干线公路养护管理、农村公路发展及交通扶贫、ETC全国联网、公交都市创建、综合客运枢纽和货运枢纽(物流园区)建设、农村客运发展、内河水运发展、水运结构调整示范项目建设、交通运输科技创新、节能减排和绿色交通建设、海事"三化"建设、海上搜救工作和行业干部职工队伍建设等方面所取得的成就,组织开展系列主题宣传报道。受部委托开展中国—亚欧博览会交通运输峰会、丝绸之路交通文化之旅、节能减排宣传周、"一带一路"陆路口岸万里行等重大活动,在行业内外产生了广泛影响,既有力推动了行业内互学互鉴,又在全社会有力宣传了交通运输改革发展取得的巨大成就,有力促进了交通运输改革发展深入推进。

直击热点,发挥社会舆论的引导性。主动回应社会热点,为行业发声,对一些长期以来不敢说、不好说、不愿说的话题进行了集中解读,先后就收费公路、综合交通运输体系建设、出租车管理、治理超限超载等问题组织了系列重大策划宣传。配合部里进行了《收费公路管理条例》修订、深化出租车改革两场舆论战,推出系列评论,策划组织专家观点、政策解读等,仅深化出租车改革就刊发30多个版面的解读文章,并全方位利用网站、微博、微信等新媒体平台引导社会舆论,为广大群众了解交通改革举措、服务民生、服务经济社会发展提供良好的传播媒介,有效发挥了舆论引导的能力和作用。其中出租车行业管理改革特别是"网约车"的报道及舆情处理受到中宣部新闻局"新闻阅评"的高度评价。报社在两会期间对重大问题的报道受到中国记协的高度评价和表扬。

2013年4月,报社记者在芦山地震现场采访

快速反应,凸显媒体报道的及时性。报社充分发挥专业的新闻报道能力和新媒体的传播技术优势。在重大突发事件上快速反应,有力应对。2013年"4.20"芦山地震、2014年马航航班失联事件、2015年"东方之星"轮翻沉事件、天津港区"8.12"爆炸事故发生后,报社均应急快速反应,派记者奔赴一线,依托交通运输系统独家的信息资源,通过报纸、网络、

微博、微信等新媒体平台，第一时间发出大量独家报道和权威信息，在重大突发事件报道上体现了准确、快速、独家、深度、立体等特点，并成功拓展了新媒体平台。中国交通新闻网、报社"两微一端"的传播力陡增。

　　坚持"三贴近"和"走转改"，提升行业媒体的服务性。报社党委把"走转改"活动成果制度化、常态化，俯下身、沉下心、赴一线、动真情、察实情、说实话，以微观视角展示宏大主题，以鲜活实践阐释中央决策，努力推出有思想、有温度、有品质的作品，增强报道的吸引力和感染力，全方位服务基层、服务全行业。近年来，报社领导加强改进工作作风，注重深入一线调研采访，以普通编辑的角度采写文章。持续加大走基层采访力度，每年策划组织记者奔赴边远交通运输一线进行采访，用真心、真情宣传报道交通运输系统基层工作者，得到地方交通运输主管部门和基层单位的大力支持和高度认可。

报道平民英雄吴斌，获中国新闻奖

一、部直属机关各单位党组织的党建工作发展综述

除了采访报道外，报社策划组织开展系列宣传基层典型、弘扬行业正能量的主题活动。受部委托，连续举办了四届"感动交通十大年度人物"推选活动，推出了众多感动交通的先进个人和集体，对行业中涌现出的一大批先进典型进行深入宣传报道，重点宣传报道了吴斌、高发明、王高乐、方秋子、王淑芳、徐前凯等一批在社会、行业中具有重大影响的先进人物，挖掘、讲述他们感人至深、催人奋进的先进事迹，生动地展现了交通运输行业践行社会主义核心价值观的丰硕成果，有力地弘扬了交通精神，成为行业重要品牌。报社组织的这些活动和全方位报道，多层面地展现了交通人的精神风貌。通过讲好交通故事，树立起行业道德的"风向标"，在全社会塑造出交通运输行业好形象。

四、始终坚持深化改革，开拓创新，推进报社转型融合发展

报社从没停止过改革的步伐，特别是党的十八大以来，全力做好规章制度的废改立工作，不断调整完善采编力量配置和机构设置，不断加强新媒体建设、推进融合发展，不断拓展业务板块、扩充机构、充实人员，转型发展初见成效。

完成从事业到企业的身份转变，推进公司制改造。根据中央对深化非时政类报刊出版单位体制改革的统一部署，以及部党组对转企改制工作的具体要求，中国交通报社于2012年3月上报《中国交通报社转制工作实施方案》，2012年7月16日，实施方案获得非时政类报刊出版体制改革工作联席会议办公室批复。从2012年开始，历经4年，先后完成了方案上报、清产核资、全员接转社保、注销事业法人身份、产权登记、企业章程审核、企业法人登记注册等工作，于2015年12月22日在北京市工商局完成企业法人注册，正式领取企业法人执照，标志着中国交通报社正式从事业单位转变为企业。2018年全力推进公司制改造，完成了改制方案的制定和报批，年底前可完成相关工作，正式转为公司制文化企业。

深化改革，推动报社科学可持续发展。在转企改制过程中，报社针对媒体发展的演变趋势，结合实际，主动创新应变。

完善企业制度建设。报社转企后全面启动了建章立制工作，对接现代传媒企业制度要求，对以往的管理文件进行全方位清理，对不符合国家和部有关规定的管理办法予以废止，陆续修订印发了一系列规章制度和管理办法，涉及采编业务、报纸发行、广告经营、员工考核、记者站管理、财务管理、社属公司管理、办公用房管理、员工福利管理、廉洁规定等，为报社进一步发展打牢了基础。

创新发行模式。面对日益严峻的生存环境，报社坚持内容为王，从时、度、效着力，不断提升新闻宣传策划水平，推出更多有思想、有温度、有品质的作品，不断增强报纸读者群的黏性；主动适应现代传播和阅读习惯，采取"纸媒+手机客户端"的融合发行模式，用优质的新闻产品供给催生更多的订阅需求；积极拓展在铁路、民航、邮政系统中的覆盖面，开设了铁路、民航、邮政专版，提升"大交通"的文化认同和融合。

推广战略合作。报社认真贯彻落实《中共交通运输部党组关于加强交通运输行业宣传思想文化工作的意见》《交通运输部关于进一步加强交通运输新闻宣传工作的意见》，积极与省级交通运输主管部门、科研院所、高等院校、重点企业等开展战略合作，目前已经与30多家单位签订了战略合作协议。

全力打造新媒体。报社顺应媒体融合发展的大趋势，组建了新媒体中心，在交通运输

部和财政部支持下建成了全媒体采编播发系统和全媒体运营管理系统,并获得王选新闻科学技术一等奖,奠定了新媒体业务发展的技术基础。目前报社初步建成了由微博、微信公众号、舆情监测系统、手机报客户端等组成的新媒体矩阵,实现重大报道活动均采用全媒体方式,用文字、图片、视频等方式进行立体传播,扩大了影响力和传播力。

探索新的经营渠道。报社在巩固报纸发行广告宣传收入的同时,积极探索新的经营渠道,2014年参股国高网路宇信息有限公司运营中国高速公路交通广播项目,2016年参股北京交科工程公司进军公路监理领域,参股北京中交智库科技有限公司,2018年参股中科国富(北京)研究院有限公司,参股中国交通通信信息中心信安公司,参股中际安通物流科技有限公司。近几年策划组织了由交通运输部主办的"感动交通十大年度人物"评选宣传等系列重大主题活动;2016年报社和广东省交通运输厅、番禺区人民政府共同主办了"2016年中国(小谷围)'互联网+'交通运输创新创业大赛",取得社会效益与经济效益的双丰收。

杨传堂同志与报社老同志座谈

回顾报社发展历程,我们更加深刻地认识到:实现中国交通报社可持续发展,要始终坚持把思想政治建设放在首位,突出思想教育和理论武装,深入学习习近平新时代中国特色社会主义思想,用马克思主义最新成果指导改革发展实践;要始终坚持全面从严治党,坚定不移贯彻党中央和部党组的大政方针、决策部署,强化责任担当,发挥好党委的政治核心作用和监督保证作用;要始终坚持把推动发展作为党委工作的第一要务,用好组织生活这个经常性手段,调动和发挥广大干部职工积极性、创造性、团结一心、共谋发展;要始终坚持重视队伍建设,打造坚强有力的基层党组织,发挥好基层党组织的战斗堡垒作用和党员的先锋模范作用。

在今后的发展中，报社力争在功能定位、媒介平台建设、体制机制改革、收入结构调整、人才队伍建设等五个方面实现"五个转变"。一是实现由行业报向综合交通运输全领域综合信息服务商的转变；二是实现由单一纸媒向全媒体矩阵的转变；三是实现由传统事业单位管理向现代传媒企业管理的转变；四是实现由单一依赖报纸收入到经营业务多元化的转变；五是实现由单一功能人才向复合型人才的转变。力争把中国交通报社打造成形态多样、手段先进、具有强大传播力和竞争力的新型行业主流媒体平台。

不忘初心　躬耕改革　立足交通　服务交通

人民交通出版社党委

1978年12月18日，党的十一届三中全会隆重召开，作出把党和国家工作重心转移到经济建设上来、实行改革开放的历史性决策。这是一次伟大的转折，改革开放把中国带入了一个崭新的时代。40年来，中国前进的每一步，无不得益于迎难而上、不懈改革。从思想观念的破冰到利益格局的再造、从发展方式的重塑到制度文明的涵养，是改革的春风唤醒了古老国度，带来了万紫千红。

明者因时而变，知者随事而制。40年来，人民交通出版社党委在部党组、部直属机关党委的领导下，顺应时代要求，带领全社党员职工与改革开放同步伐、齐奋进，以"立足交通、服务交通、服务社会"为使命，弘扬"助千万交通人成长，伴数亿出行者愉悦"的精神，走出了一条独具特色的自我发展之路，用智慧与心血、胆识与魄力，在共和国交通运输事业波澜壮阔的改革发展历程中，留下了深深的痕迹，打造出了令人瞩目的出版成就，培塑了特色鲜明的出版品牌。

一、坚定不移，把握改革的正确方向

20世纪70年代中后期，伴随着改革开放的号角吹响，中国进入了现代化建设的历史时期，出版社一扫"文革"时期出版事业停滞、低迷的状态，开始复苏重振，积极投身到中国这场前所未有的伟大变革中来。社党委牢牢把握正确的政治方向，带领出版社奋勇争先，沿着改革的轨道大踏步前进。20世纪80年代，按照交通部指示，出版社积极推进工资改革，试行工资总额与经济效益挂钩，率先试行事业单位企业化工资管理制度，成为第一家实行事业单位企业化管理的中央国家机关部属出版社。90年代，随着中国特色社会主义市场经济理论研究的深入和由计划经济体制向市场经济体制的转变，出版社再领风气之先，率先实行了经营宏观调控与部门目标经营责任相结合的管理机制，建立职工浮动工资及岗位津贴制，使编辑收益与工作绩效密切挂钩，极大地调动了职工的积极性，促进了出版社进入良性循环，为今后的发展奠定了坚实的基础，赢得了更大的发展空间。这一时期，还进行了图书发行体制改革，加强社自办发行业务，1985年成立了第一家自办发行网点——杭州交通书店，并在随后的近10年中，迅速发展壮大至近50家自办发行网点。这些网点至今仍然是社销售渠道的骨干，也成为出版社在激烈的市场竞争中的独特优势。

进入21世纪，伴随着中国交通事业大发展和文化体制改革大背景下出版业的深刻变革，社党委紧扣时代跳动的脉搏，再次作出了积极参与到中国社会经济大转变中去的重要决策，自此出版社步入了快速发展时期，实现了跨越式发展。2010年，按照国家文化体制改革工作要求，出版社顺利完成了转制工作。随后又进行了一系列企业运行制度的制订、修订和完善，完成企业运行机制转换，走出一条精细化管理的内涵式发展之路。2013年，

一、部直属机关各单位党组织的党建工作发展综述

出版社在完成转企基础上,以现有符合境内上市条件的绝大部分出版业务、资产,联合中国科技产业投资管理有限公司共同发起设立人民交通出版社股份有限公司(以下简称"股份公司")。2014年4月16日,股份有限公司正式注册成立,2014年6月18日正式挂牌,母子公司架构完成,建立了以股东大会、董事会、监事会和高管层"三会一层"为主体的公司治理结构,形成决策、经营、监督三位一体,互相协调、互相制约的经营管理体制与机制,成为中央各部门各单位中首家完成股份制改造的单体出版社。随后,又积极推动内部机制转换,理顺部门职责,优化内设机构,调整机构职能,基本建立了现代企业制度。2018年,出版社按照中央文化企业公司制改制要求,作为中央文化企业公司制改制试点单位进行国有独资的有限公司的改制工作,改制后的出版社,真正成为自主经营、自负盈亏、自担风险、自我约束、自我发展的独立市场主体,对交通运输发展的文化服务保障能力全面提升。

交通运输部党组非常重视出版社的改革发展工作。杨传堂部长、李盛霖部长、刘小明副部长等部领导多次到出版社了解、解决困难,调研和指导工作,把方向谋大局,切实发挥党在出版社改革工作中的领导作用,扎实推进改革各项任务落地见效。

二、夯实基础,全力推动从严治党向纵深发展

出版社始终坚持党的领导,坚持党管意识形态、党管媒体、党管干部。历次改革中,逐渐建立了具有文化特色、符合交通特征的国有现代企业制度,以制度化的形式把党的领导嵌入公司治理各环节,理顺了党组织和企业其他治理主体的关系,实现产权清晰、权责明确、政企分开、管理科学,党组织在公司治理中的法定地位更加巩固、更加科学,形成各司其职、各负其责、协调运转、有效制衡的公司法人治理结构和灵活高效的市场化经营机制。

交通运输部党组书记杨传堂到出版社进行调研,现场指导督导社党委中心组学习

党的十八大作出了全面从严治党的重大战略部署，社党委全力落实全面从严治党要求，坚持把思想建设摆在首要位置，自觉坚持以习近平新时代中国特色社会主义思想为指导，深入推进学习型党组织建设，以党委中心组学习为龙头，以中层以上领导干部为重点，以党支部组织学习为基础，坚持请进来、走出去，广泛开展学习、交流、研讨等活动，围绕中央精神、习近平新时代中国特色社会主义思想和部党组决策部署认真开展党的群众路线教育实践活动、"三严三实"专题教育、"两学一做"学习教育，推进"两学一做"学习教育常态化制度化，落实"三会一课"等组织生活制度，严格党员领导干部民主生活会、双重组织生活，实行基层党组织党性分析、党员评议制度。党员干部在认认真真学、原原本本学、融会贯通学的基础上，入脑入心、真学真懂、真信真用，确保了在思想上政治上行动上同以习近平同志为核心的党中央保持高度一致，坚决维护习近平总书记党中央的核心、全党的核心地位，坚决维护党中央权威和集中统一领导。

社党委不断适应新形势迎接新挑战，加强自身建设，进一步提升党建工作科学化水平，做到组织落实、干部到位、职责明确、监督严格。充分发挥企业党组织领导核心作用，加强党委领导班子建设，按照出版企业特点，完善党建工作机制，创新基层党建工作，深入开展党风廉政建设，以提升组织力为重点，突出基层党组织的政治功能，抓好党组织建设和党建工作制度建设。股份公司成立后，在同步设立股份公司党委、纪委的基础上，根据党员人数和办公地点变化，以方便支部开展工作为目的，及时调整支部的组成部门，实现了党支部全覆盖。全力做好深化改革、现代企业制度建立过程中的思想动员和组织保障工作，实现了平稳过渡。近年来，社党委不断加强对支部党建工作的分类指导，实施党建品牌创建，推进党建工作信息化建设，强化党建工作考核，开展联学共建，加大对困难党员困难职工的慰问帮扶力度，进一步实现了支部建设标准化规范化。

三、凝心聚力，围绕主业树品牌求发展

改革开放以来，在部党组和直属机关党委的正确领导下，社党建工作紧紧围绕生产经营中心工作，以深化企业改革、破解发展难题、增强持续发展能力为重点，找准定位、发挥优势、认真履职，切实发挥党委的政治核心作用和党支部的战斗堡垒作用，不断增强凝聚力和战斗力，为各项事业的发展提供了坚强政治保证。

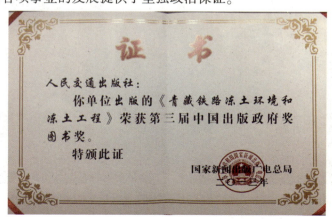

出版社图书荣获出版行业最高奖项：中国出版政府奖

一、部直属机关各单位党组织的党建工作发展综述

改革开放伊始，经过十余年务本求实的奋斗，出版社于20世纪90年代初开创了交通出版事业的崭新局面，推出了一大批为交通建设服务、为科技服务、为培养人才服务的优秀图书。此后，社党委班子始终根据图书市场的变化和出版产业的调整，不断加大内部改革力度，向管理要效益，向结构调整要效益，力争实现从粗放经营模式到集约经营模式、从品种扩张型增长到效益优先型增长、从以产品为导向的经营理念到以服务为导向的经营理念转变。社党委制定了"立足专业特色，打造出版品牌"的定位方针，以党员干部为主力，带领全社职工树立品牌意识，实施品牌工程，强化专业特色和专业能力，出版《青藏铁路冻土环境和冻土工程》《安全驾驶从这里开始》等一大批图书荣获中国出版政府奖等国家级奖项，入选国家重点出版规划、国家出版基金项目、丝路书香工程重点翻译资助项目等，"走出国门"，形成了面向交通大通道与枢纽建设的"大土木板块"，面向载运工具制造与维修使用的"大机械板块"，面向信息化条件交通运输生产与服务的"泛管理板块"，以及以交通运输文化建设图书贯穿其中的出版格局，建立起一支包括院士和交通运输行业知名学者、专家、教授在内的高素质作者队伍，构筑了覆盖全国范围的立体化销售网络，传承交通文化、传播交通知识、宣传交通政策、培育交通人才、展示交通成就，为交通运输发展提供了有力的技术支撑，为交通运输事业默默做出自己独特的奉献。

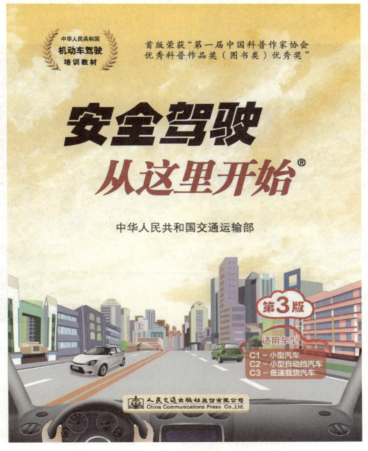

出版社出版的优秀图书

21世纪初,出版社抓住信息技术和网络技术快速发展的趋势,率先开展数字出版业务,坚持依靠改革创新和技术进步为发展提供动力。以数字产品开发为核心,以平台建设为目标,提供专业精准的知识服务,努力探索盈利模式,孵化培育了中国航海知识服务平台、交通运输标准在线、交通运输专业知识库、高等教育桥梁工程课群数字化教学资源库、注考网、车学堂、爱自驾等一大批平台和数字产品。作为首批国家数字出版转型示范单位,近年来出版社共15个项目获得文化产业发展专项资金、国有资本经营预算等国家财政资金支持,"道路运输从业人员安全教育培训数字化平台"等多个项目入选国家新闻出版广电总局改革发展项目库。被习近平、温家宝等国家领导人作为国礼赠送给剑桥大学等国外图书馆的中华数字文苑,其中就有交通出版社的电子书。

2013年以来,出版社实施多元化发展战略,全力进军影视传媒领域,遴选优质项目,打造精品力作,先后播出了4集纪录片《中国港口》、36集电视连续剧《碧海雄心》。反映救捞题材的电影《紧急救援》、电视剧《人生若如初见》即将开机;国家重大革命题材立项的电视剧《宋氏三姐妹》、电视剧《中华密探》等储备项目剧本创作即将完成。《碧海雄心》《紧急救援》叠加宣传"扛道义、济沧海"的中国救捞精神,讴歌我国"以人为本、生命至上"的执政理念,高度契合习近平总书记提出的"坚持思想精深、艺术精湛、制作精良相统一,不断推出讴歌党、讴歌祖国、讴歌人民、讴歌英雄的精品力作"的指示精神,用精品影视剧的独特方式讲好交通故事,向全社会展示有血有肉的交通"先行官"形象。

《碧海雄心》电视剧首播发布会

十八大以后,社党委认真贯彻落实习近平总书记系列重要讲话精神,特别是在党的新闻舆论工作座谈会上的讲话精神。深刻理解在新的时代条件下党的新闻舆论工作"高举旗帜、引领导向、围绕中心、服务大局、团结人民、鼓舞士气、成风化人、凝心聚力、澄清谬误、明辨是非、联结中外、沟通世界"的职责和使命,坚持两个效益并重、社会效益优先的原则,紧紧围绕生产经营中心,开展党建工作。以构建"全媒体"业务领域为目标,充分发挥党组织和党员的骨干作用,有效促进了党建工作与生产经营工作的深度融合。

一、部直属机关各单位党组织的党建工作发展综述

刘小明同志接见出版社为第一出品单位的我国首部海上救援题材电影《紧急救援》主创团队

四、求真务实，把党风廉政建设责任落到实处

党的十八大以来，经过中央巡视组延伸巡视、交通运输部巡视组巡视，审计署多次延伸审计，以及部的多个专项组检查，出版社均未发现大的违纪违规问题，这是出版社党风廉政建设和反腐败工作取得的显著成效。长期以来，出版社纪委突出重点改进监督执纪方式，把纪律和规矩挺在前面，坚持标本兼治、综合治理、惩防并举、注重预防的方针，全面把握和正确运用好"四种形态"，严格实行"一案双查"，确保党风廉政建设责任落到实处。健全完善考核机制，把纪委（纪检组织）履行监督责任纳入基层党建工作绩效考核，把主体责任意识教育作为干部教育、党员培训和基层党组织书记轮训的重要内容，作为党员领导干部特别是党组织书记的必修课，切实增强各级党组织和党员领导干部履职尽责意识，自觉担负起管好党员、清正廉洁的首要责任。持续用力推动落实部党组部署的各项整治任务，持之以恒贯彻执行中央八项规定精神，从具体问题抓起，一步一个脚印向前推进，进一步规范出国（境）、出差、会议、接待、培训等公务活动，持续杜绝公款买送节礼，坚决纠正党员干部违规收送礼品、礼金等问题，用改革的方法破解作风顽症，坚决防止"四风"问题反弹回潮。

实行社属单位领导班子主要负责人向社党委集中述廉制度，着力形成责任分工到位、上下有机联动的责任传导机制。社属各单位纪检组织全面履行党章赋予的职责，突出主责攻主业，既督促协助同级党组织履行好主体责任，又锁定监督、执纪、问责专项职能，进一步完善党委（党总支）统一领导、党政齐抓共管、纪委组织协调、部门各负其责，依靠群众支持和参与的党风廉政建设领导体制和工作机制。初步形成既具有交通运输特色，又具有出版社特点的惩防体系基本框架。

近几年，贯彻落实中央和部党组关于巡视工作相关规定，建立社纪检巡察工作制度，推动各级党委和纪检组织落实党风廉政建设主体责任和监督责任。积极探索和创新纪检巡察工作组织形式和方式方法，抓好常规巡察和专项巡察，完善纪检巡察工作体制机制，推动正风肃纪和惩治腐败工作取得新成效。

创业的艰辛在改革开放40年过程中形成了"激情、创新、跨越"的硕果，在新时代的浪潮中冲击着最强音，显得愈发内涵深刻、意蕴深远。今天的交通出版社正自强不息、开拓开放、兢兢业业，不忘初心、牢记使命，脚踏实地行进在发展的大道上。作为交通运输部直属单位，交通出版社充分发挥自身在宣传交通运输发展与改革成就、支持现代交通运输业加快发展中的独特作用，每年都出版一批公益宣传类和配合交通运输部党组中心工作的图书，并向行业赠送。同时，每年还向社会捐赠大量图书与资金，用实际行动回馈社会，感谢读者。改革开放以来，交通出版社连续几届被中宣部和新闻出版总署授予"全国良好出版社"称号，被新闻出版总署评为"讲信誉、重服务"出版社，在2009年新闻出版总署组织的首届经营性出版单位等级评估中，被评为科技类一级出版社，并被授予"全国百佳图书出版单位"荣誉称号。2016年荣获"2014—2015年度全国交通运输行业文明单位"称号，2017年被中央精神文明指导委员会授予"全国文明单位"荣誉。

新时代新征程呼唤新担当新作为。面向改革开放新的历史征程，人民交通出版社全体职工将在社党委的带领下，继续深入学习贯彻习近平新时代中国特色社会主义思想，进一步增强"四个意识"、坚定"四个自信"，提高用习近平新时代中国特色社会主义思想指导出版事业发展的主动性和创造性，以弘扬交通精神、繁荣社会主义文化为主攻方向，将自身的发展与服务交通强国建设紧密结合起来，传承文化品牌，以创新引领未来，努力把交通出版社打造为中国文化产业的百年老店。

韩敏总编辑参加2016 BMW儿童交通安全训练营开营仪式

服务交通运输　推动交通运输通信信息发展
为谱写新时代交通强国信息化篇章
提供坚强政治保证

中国交通通信信息中心党委

40年前，党中央发出"解放思想，实事求是，团结一致向前看"的号召，从此"发展"成为我们党执政兴国的第一要务，"改革"成为当代中国的最强音。

2018年是改革开放40周年。40年来，我们党带领全国人民坚持艰苦奋斗，顽强拼搏，极大解放和发展社会生产力，用勤劳和智慧书写了国家和民族发展的壮丽史诗，使我们比历史上任何时期都更接近中华民族伟大复兴的宏伟目标，为我们更有信心、更有能力实现这个目标奠定了坚实的基础。中国交通通信信息中心就是在改革春风的吹拂下，伴随着交通运输行业大发展，一路成长起来。1979年改革开放刚刚开始，中国作为创始国参加了国际海事卫星组织，北京船舶通信导航公司代表中国政府加入国际海事卫星组织，1989年成立中国交通通信中心，与北京船舶通信导航公司"两块牌子，一套人马"，2010年更名为中国交通通信信息中心（以下简称"中心"），2017年北京船舶通信导航有限公司更名为交通运输通信信息集团有限公司。我们始终耕耘在交通运输通信信息的最前沿，秉承着"交通更智慧、人民更满意"的发展目标，构建起"一群星、一张卡、一张网、一套图、一个大数据中心"的天地一体全方位交通运输信息化体系，使信息化逐步成为推动交通运输发展的主要力量。从1979到2018，中心经过近40年的奋斗，公路水路交通基础设施、营运车辆和业务等运输行业基础数据库群基本形成，全国道路运政管理信息系统、全国交通运输行政执法综合管理信息系统、水路运输和建设综合系统等重要业务领域的信息化应用取得重大进展，综合运输、现代物流、城市客运等领域的智能化应用取得新突破，信息服务便捷化程度显著提升。打造了海事卫星、北斗导航卫星、遥感卫星等一系列卫星应用示范工程，全国超500万辆货车信息及动态数据纳入信息化平台智慧管理；建设了全国高速公路信息通信网，覆盖全国29个省（区、市），总长1.92万公里，遍及141个地级城市，交通专用信息高速通道已经形成；推广普及交通一卡通实现互联互通，实现全国210个地级以上城市互联互通，极大方便了人民群众便捷、绿色、高效出行。

中心近40年来的发展是在交通运输部党组的坚强领导下，紧紧依靠我们各级党的基层组织和全体党员干部职工，紧紧围绕中心工作，服务交通运输发展大局，建设过硬信息化专业队伍，抢抓信息化改革发展机遇，为交通运输通信信息事业快速发展提供了坚强的政治保证和组织保障。

1989年，正在建设的中国交通通信中心主楼的院子

锤炼党性，"四个意识"不断增强

中心党委始终把旗帜鲜明讲政治作为根本要求，坚持将政治建设摆在首位，领导班子带头树牢"四个意识"，增强"四个自信"，恪守"四个服从"，在应对改革开放发展环境中，始终把稳政治方向、提高政治站位、增强政治能力、强化政治引领，带领全体干部职工始终与党中央保持高度一致。

40年来，中心作为交通运输部直属事业单位，始终牢记党赋予的政治责任和政治使命，坚决做到听党话、跟党走，坚决在思想上政治上行动上同党中央保持高度一致，全心全意在交通运输通信和信息化领域精耕细作，推动事业朝着正确的发展方向不断迈进。

党的十八大以来，我们贯彻党中央关于全面从严治党的新部署、新要求，筑牢坚持党的领导这个根本，夯实加强基层党的建设这个基石，教育引导全体党员干部职工增强"四个意识"，在政治立场、政治方向、政治原则、政治道路上同以习近平同志为核心的党中央保持高度一致。

坚持把政治建设放在党委领导班子建设首位。领导班子自觉尊崇党章、模范遵守党章、忠诚捍卫党章，学习党章是中心组学习和领导干部讲党课的经常性内容，班子成员把党章作为"手边书"，经常用以对照、检视言行。严肃党内政治生活，严格执行新形势下党内政治生活若干准则，班子成员认真落实双重组织生活，带头开展民主生活会、组织生活会和民主评议党员工作，自觉以普通党员身份参加所属党支部、党小组"三会一课"，以实际行动巩固发展良好的政治生态。严守政治纪律和政治规矩，对部党组的决策部署做到坚决执行、不打折扣，认真落实民主集中制，实现班子议事规范化、决策民主化、监督经常化。弘扬积极健康的政治文化，制定了《严肃党的纪律三项规定》，确立了讲政治、讲大局、讲纪律的共识，并通过正面引导和警示教育相结合，典型示范和文化育人相协同的方式，弘扬主旋律、倡导正能量。

理论武装，思想"总开关"越扭越紧

十八大以来，先后扎实开展了党的群众路线教育实践活动、"三严三实"专题教育、"两学一做"学习教育，推进"两学一做"学习教育常态化制度化等工作，持续深入地学习党章党规和习近平总书记系列重要讲话精神，用中国特色社会主义理论武装党员干部职工，实现了党员学习全员覆盖、中层以上领导干部全部轮训。

党的群众路线教育实践活动中，紧扣"为民务实清廉"的主题，以"除四风，强服务，以信息化、智能化引领行业信息化发展，为建设群众满意交通提供坚强支撑"为目标，以中心领导班子及成员、处级党员领导干部为重点，按照"照镜子、正衣冠、洗洗澡、治治病"的总要求，坚持边学边查边改，确保教育实践活动善事始终、善做善成，取得了推动事业发展的实效，确保中心深化改革顺利完成。

"三严三实"专题教育中，通过党委书记、中心主任讲党课、支部书记讲党课、学习大讨论等教育活动形式，把中央精神传达到位、讲解清楚、领会透彻。深入开展"践行三严三实，创建先锋工程"主题实践活动，引导他们主动把自己摆进去、把职责摆进去、把思想和工作摆进去，激发了践行"三严三实"的思想自觉和行动自觉。

在"两学一做"学习教育中聚焦党章党规党纪、习近平总书记系列重要讲话精神，围绕部党组决策部署，多角度深层次开展党史、社情和交通运输形势教育，组织专题辅导、轮训班、学习讨论等，引导党员干部职工立足本职、主动思考，提高运用理论成果指导实践的能力，进一步坚定了理想信念，补足精神之钙，从而凝聚了推进"四个交通"发展和"打造综合交通信息港，缔结现代物流产业链"的共识。

党的十九大召开后，我们提出在学懂弄通做实党的十九大精神上走在前列的目标，精心制定学习方案，推动学习贯彻工作往实里走、往深里走、往心里走。组织干部大会传达会议精神，组织全体干部职工收看直播，组织中心组专题学习进行交流研讨，班子成员坚持先学一步、深悟一层，逐字逐句研读党的十九大报告、新党章等，引导带动党员干部职工把握精神实质、科学体系、丰富内涵。结合事业发展，本着学深悟透、融会贯通、笃行实用的目标，中心组分别以"全面从严治党""谋划交通强国建设""自觉用习近平新时代中国特色社会主义思想武装头脑"为主题进行学习研讨，专题围绕"习近平网络强国战略重要思想""习近平全面从严治党向纵深发展重要思想"进行了学习交流，全体中层以上干部都提交了学习心得。我们还先后组织2轮140余人次参加部党校轮训班，实现了京内外支部书记、中层干部全覆盖，推动各支部和群团组织学习研讨70余次，迅速掀起了班子成员带头宣讲、十九大代表示范宣讲、支部书记自觉宣讲、党员主动宣讲的学习热潮。

强基固本，抓基层打基础作用凸显

中心党委把抓好党建作为首要责任、最大政绩，把党建工作着力点落在基层，把全面从严治党责任压实到基层，不断强化基层党支部的政治功能，通过推动组织生活常态化制度化，支部工作规范化标准化，努力提升组织力。

扎实做好换届选举工作，召开中国交通通信信息中心党委第一次党代会，严格按照党章的规定，做好党代会各项工作：集体研究重大事项，按规定请示报告；总结"两委"工作，广泛征求意见，真实反映职工心声；严肃候选人推荐程序和代表选举程序，严把政治标准关、考察审核关。党代会极大提振了干部职工奋力先行的信心，使全体党员普遍进行了一次党性锻炼，过了一次严肃的政治生活。做好支部调整和换届工作，支部书记全部由部门党员正职担任，增设支部副书记兼纪检委员，基本实现了党政班子一体化、党的组织全覆盖、党建业务相融合，支部凝聚力、战斗力明显增强，领导力、号召力不断提升。

规范支部组织生活，开展基层组织建设年活动，严格执行"三会一课"制度，设定组织活动日，督促规范使用"三个手册"，用好部党建工作管理系统，建立了支部活动情况及时报送机制。为党支部配发学习资料、辅导书籍和党旗，为党员配发党员手册和党员徽章，增设了党员活动场地，建立了党建书苑，督促党员增强组织性、纪律性，要求社会化用工党员均按要求参加组织生活。推动支部工作扎实规范，督促各党总支、党支部书记自觉做到党建和业务工作同计划同部署同落实，督促支部做好党员民主评议、党性分析、党员发展、党员管理、组织关系接转、党费收缴使用管理、"两优一先"推选等工作，专兼职党务干部工作能力明显提升。

2016年，中国共产党中国交通通信信息中心第一次党代会

压紧压实主体责任，指导支部积极发挥作用，主动针对本部门本单位党员思想实际和党建薄弱环节开展工作，履行好宣传党的主张、贯彻党的决定、推动事业发展的职责。充分运用微信群、公众号等现代信息技术手段丰富学习形式、延伸学习主阵地。积极开展微党课学习活动，普通党员上讲台，变"我去听"为"我来讲"。

建立"听查促"督导机制，采取定期听取汇报、专项查看台账、重点督促落实相配套的督导方式，督促支部履行党建责任。严肃追责问效，将支部书记履职情况纳入年度考核，对未按时限完成"七一"党性分析等重点工作的支部和未尽督导职责部门进行通报批评、书面检查、限期整改，有效强化了支委履责意识。

建设队伍，激励新时代新担当新作为

中心党委牢牢把握基层党的建设"围绕中心、服务发展、建设队伍"的核心任务，推动实施素质能力提升工程，一方面选好用好中层干部，另一方面优化人才结构和培养机制，朝着建设高素质、专业化人才队伍不断努力。

坚持"好干部"标准，选贤任能，通过公开公正的选拔竞聘机制，把政治强、专业精、敢担当、作风正的好干部选出来，确保选拔出来的领导干部政治上坚强过硬，能力上适应中心改革发展需要，素质上能够发挥中流砥柱作用。严格干部管理，进一步规范个人有关事项报告，严格因私出国（境）审批手续，严格执行出差审批和请休假制度。加强监督，开展干部考核和巡察工作，通过考察反馈、提醒谈话、约谈批评等方式从严管理干部，持续释放敢管敢严、常管常严、真管真严的刚性信号，形成了干部巡察、届中考核常态化制度化等工作机制。加大干部培训力度，不断提升干部素质和能力。

优化人才发展环境，为各类人才搭建想干事、会干事、干成事的舞台，倡导"是金子就要闪光"的理念，创新人才引进和培养机制，加大高层次、复合型、紧缺型人才的引进力度，不断优化人才队伍结构。2010年以来，硕士学位人员由47人增长到245人；博士学位人员由4人增长到45人；在站博士后研究人员13人；副高级职称人员由61人增长到134人；正高级职称人员由4人增长到21人；享受政府特殊津贴的在职人员4人；留学归国人员80人。努力构建全员培训体系，实现了职工培训全覆盖。依托重大工程建设项目和重点科研项目及课题，以国家工程实验室、博士后科研工作站为基地，着力培养学术带头人和专业技术领军人才。

发挥先进典型示范作用，近年来，涌现出以"党的十九大代表""全国三八红旗手标兵"王淑芳、"全国五一劳动奖章"获得者刘建、"交通青年科技英才"孙腾达为代表的先进典型，他们都在本职岗位上发挥着示范引领、成风化人、凝心聚力的作用。聚焦事业发展最基层的前沿阵地，建立全国首个三八红旗手标兵工作室——"王淑芳工作室"，汇编《我们的王淑芳》事迹册，宣传弘扬发展"王淑芳"精神，提出"土典型"培育计划，努力挖掘职工身边的榜样，将在急难险重工作中作出突出贡献同志们的事迹汇编成《我们的兄弟》，发扬普通职工身上的优秀特质，让榜样能够看得见、够得着，鼓舞了更多干部职工积极投身交通强国建设，展现新担当、谋求新作为，形成各级各类先进典型"群星闪耀"的良好局面。

正风肃纪，为事业健康快速发展保驾护航

狠抓党员领导干部这个关键少数，通过高标准、严要求地开展专题教育，领导班子以上率下，坚持问题导向与融入日常相结合，狠刹"四风"，根除"不严不实"问题。构建中心特色的反腐败工作格局，健全教育监督相结合、预警防控相配套、惩处问责相协同的机制，中心纪委发扬铁肩扛责、铁面监督、铁腕执纪、铁拳惩腐的"四铁"精神，敢于亮剑，驰而不息地推进作风建设，形成持续有力的震慑。

严格落实中央八项规定精神，制定《关于贯彻落实中央八项规定精神实施办法》，定期开展中央八项规定精神落实情况专项检查，开展重点时期、重要节点廉洁提醒。针对市场经营活动的特点，制定修订严肃财经纪律、公务接待、财务报销等方面制度规定，初步形

成全方位全覆盖的作风建设制度体系。

着力改进作风,通过定期召开党性分析会、民主生活会、组织生活会,党委班子带头、党员领导干部扎实开展批评和自我批评,坚持把问题摆到桌面、把意见提在当面,做到查找问题求实、分析问题求实、解决问题求实,始终保持凝心聚力、团结一致。班子成员带头查摆"四风"新问题及具体表现,并要求全体中层干部加以警醒。民主生活会前班子成员均召开征求意见座谈会,广泛听取意见建议,并作为普通党员参加了党支部的组织生活会,当面听取意见;在班子成员带动下,各部门各单位领导干部经常深入基层、联系群众,通过专题调研、谈心谈话等形式与普通职工交心,听取职工对中心事业发展的意见建议,了解职工思想状况和工作状态。

2017年,王淑芳同志和部领导参加党的十九大

坚持抓早抓小、防微杜渐,纪委主动履责,组织签订党风廉政责任书、廉政约谈提醒活动,开展《六项纪律承诺书》签字背书活动,建立《廉政合同》签署备案制度,积极探索基本建设项目重点环节现场监督新形势,建立人事管理"一套图"、财务管控"一平台"、基建防控"一张单"、合同备案"一个库"的防控体系,实现了"三转"要求下的有效监督。注意掌握党员干部职工的思想动态、工作状态,对发现的苗头性倾向性问题早提醒、早纠正、早查处,增强广大党员干部职工廉洁自律意识。通过开展主题警示教育月活动,观看警示教育片、参观廉政教育基地等形式,划清红线底线,教育党员不越规、不逾矩,近年来中心实现了党员零违纪。开展"纪律规矩年"等专项活动,进一步强化纪律和规矩意识,特别是严明政治纪律和政治规矩,从职能处室作风入手,施行"阳光考勤"管理,严肃考勤纪律,强化了干部职工的纪律意识,守纪律、讲规矩已经成为行动自觉。

文化凝聚,建设职工精神家园

注重群众性精神文明创建和单位文化建设,在落细落小落实社会主义核心价值观和行业核心价值体系上下功夫，支持工青妇组织开展工作，不断增强群团工作的政治性、先进性、群众性，使广大干部职工群众保持奋发有为的工作状态。

积极探索精神文明建设和文化建设新途径，总结和展示中心文化建设最新成果，1998年至今，连续20年保持"中央国家机关文明单位"荣誉称号；2008年至2014年，连续6年保持"首都文明单位"荣誉称号；2014年至今，连续4年保持"首都文明单位标兵"荣誉称号；2008至今，连续10年保持"全国文明单位"荣誉称号。开展文明示范窗口建设，明确建设规范，推动窗口单位打造各具特色的文明窗口。开展文明办公室建设，营造争创文明、展现文明的良好氛围。

发挥群团组织桥梁纽带作用，建成全国模范职工之家。广泛开展建言献策活动，中心职工围绕交通强国建设提出的"推进普通货运车辆异地检验检测"的建议，列入了部年度民生实事。依托每年召开的职代会，畅通职工意见表达渠道，汇集职工意志，保障职工权力，凝聚职工思想，维护职工利益，职工代表提出的多项提案对中心事业发展起到了强大助推作用。每逢元旦春节，开展送温暖和走访慰问，为困难职工送去组织关怀。关注职工健康，每年组织开展体检，组织健步走、乒乓球、羽毛球、瑜伽等活动，倡导"快乐工作、健康生活"理念。鼓励职工积极参加每年无偿献血、"一元捐"活动和"恒爱"编织等公益活动，以实际行动践行社会主义核心价值观。每年开展"三八"节系列妇女活动，设立女职工委员会，建立职工哺乳室，尊重和维护女职工权益。

推动青年成长成才，全力支持共青团组织开展工作，开展青年素质提升工程，组织读书会、学习会、"走出去、长见识、提素质"等活动，搭建青年学习实践锻炼的平台。团委多次组织外出调研活动，分别赴上海、广州、武汉，深入海事、救捞、航保、长航等行业单位和华为、京东、三峡集团等相关企业开展学习交流。组建青年志愿者服务队，开展志愿服务主题讲座，举办爱心义卖活动，引导广大青年树立"帮助别人，快乐自己"的理念，鼓励中心青年立足交通、立足中心，弘扬志愿精神。每年开展"五四"活动，组织多次单身联谊、参观博物馆、观看励志影片等活动，丰富青年文化生活，激发青年青春活力，一批有理想、有本领、有担当的交通运输通信信息人正在茁壮成长。

新时代召唤新作为，新担当不负新使命，新征程谱写新篇章，我们艰苦奋斗、奋勇拼搏地走过了改革开放近40年的历程，成绩属于过去，光荣属于历史。新时代，在推动交通强国建设的宏伟实践中，中国交通通信信息中心党委将团结带领全体党员干部职工，以习近平新时代中国特色社会主义思想为指引，不忘初心、牢记使命，抢抓机遇、砥砺前行，努力开创交通运输智能信息化新局面，为交通强国建设谱写绚丽的信息化篇章。

艰苦奋斗　改革创新
以一流党建创一流业绩

部职业资格中心党委

40年前,一篇《实践是检验真理的唯一标准》开启了一个时代思想解放的闸门,也拉开了中国改革开放的序幕。在邓小平同志大力倡导和全力推进下,以党的十一届三中全会为标志,中国开启了改革开放的历史征程。从农村到城市,从试点到推广,深刻改变了中国,也深刻影响了世界。40年众志成城,40年砥砺奋进,40年春风化雨,中国人民用双手书写了国家和民族发展的壮丽史诗。

交通运输部职业资格中心成立于2005年9月,承担交通运输行业职业资格制度建设、管理的职责,组织开展交通运输从业人员的职业资格评价工作;2016年1月成建制接收交通国际合作事务中心后,承担部外事综合服务的职责,为部参与全球交通运输治理和交通运输开放发展提供智力支撑、技术支持和服务保障。成立13年来,职业资格中心党委(以下简称中心党委)始终把艰苦奋斗、改革创新作为共产党人对初心和使命的执着坚守,凝练为中心每名共产党员的精神特质,以起点高弥补起步晚,以发展快抹平时间差,走出了一条超常规、跨越式的创新路,著作了一部勇奋斗、敢担当的创业史。

一、总结职业资格中心加强党建工作的主要成效

交通运输职业资格和国家交流合作工作专业性技术性强,关系交通运输行业发展和从业人员切身利益,是一项复杂的多学科集成的系统工程。成立以来,中心党委认真履行党建主体责任,强化做好党建工作的政治担当,坚持全面从严治党,突出问题导向,以党建工作为统领,为中心各项事业发展提供了坚强的政治保证。

创业维艰、奋斗以成。中心成立初期,面对一穷二白、新人新事和职业资格清理规范的不利局面,中心党委着力发挥基层党组织的战斗堡垒作用,增强党员干部的凝聚力和战斗力,倡导"大局、法治、服务、质量、效率、节约"六大意识,把"老实做人,踏实做事,经得起历史检验"作为中心核心价值观,坚持"打基础、树形象,带队伍、干事业,求生存、谋发展",打造了一支想干事、能干事、干成事、不出事的党员队伍,让创新伴随着创业的全过程,开创了交通运输职业资格事业跨越式发展的生动局面。

凡属过往,皆为序章。走进新时代,中心党委坚持以习近平新时代中国特色社会主义思想为指导,深入学习贯彻党的十九大、十九届二中、三中全会精神和习近平新时代中国特色社会主义思想特别是关于交通运输工作的重要指示精神,坚决维护习近平总书记的核心地位、坚决维护党中央权威和集中统一领导,坚持正确政治方向,严守党的政治纪律和政治规矩,严肃党内政治生活,不折不扣贯彻落实党中央决策部署,扎实推进"两学一做"

一、部直属机关各单位党组织的党建工作发展综述

学习教育常态化制度化，党员干部的"四个意识"明显增强，"四个自信"更加坚定。同时，围绕服务交通强国建设新征程，努力发挥党建工作"服务中心，建设队伍"的作用，把职业资格工作往"实"里做，把国际合作工作往"新"里做，把中心自身建设往"强"里做，着力为交通强国建设新征程提供高素质人力资源保障和高质量国际合作服务。

多年来，中心党委先后被评为全国创先争优先进基层党组织、中央国家机关文明单位、中央国家机关"创建文明机关，争做人民满意公务员"活动先进集体和多次交通运输部直属机关先进基层党组织等荣誉称号；中心"'党史之窗'以史铸魂"讲解活动被评为第二届中央国家机关优秀学习品牌。每一项荣誉都是中心践行改革开放精神的历史见证，浸染着团队勇于创新、追求卓越的执着，也是中心党建工作真抓实干、卓有成效的具体体现。

"党史之窗"学习

二、梳理职业资格中心加强党建工作的主要做法

实践中，中心党委牢固树立抓好党建就是最大政绩的理念，充分发挥党建工作的统领和示范作用，在抓党建、促工作方面探索了路子，积累了好的做法。

（一）学习传导动力，加强学习型党组织建设

中心党委始终坚持把学习贯彻习近平新时代中国特色社会主义思想，特别是习近平总书记对交通运输工作的指示批示作为学习型党组织建设的重要内容。一是以讲促学。充分利用中心 2010 年创建的"党史之窗"，把习近平新时代中国特色社会主义思想、党章党规、法律法规细分成 25 个专题，定期在每双周周五午饭前 30 分钟讲解。每年党委书记第一讲，党委委员随后讲，8 个党支部依次讲，全体党员参加，有主持、有点评、有提问、有评比。目前，"党史之窗"已成为党员干部自觉学习贯彻习近平新时代中国特色社会主义思想和党的十九大精神的重要平台，更被评为"第二届中央国家机关优秀学习品牌"。二是以考促学。

203

坚持每季度组织一次学习习近平新时代中国特色社会主义思想、党章党规或法律法规知识效果闭卷考试，党员们交叉阅卷，支部书记复核，党委同志总核，党员个人考试成绩和支部排名在内网公布，对考试成绩前3名的党员个人和支部集体予以通报表扬，有效形成了比学赶超的良好氛围。三是以赛促学。聚焦"七一"等重要时点，举行党章党史类知识竞赛，对取得好成绩的支部和党员予以奖励，以竞赛的形式促进各支部开展如火如荼的学习，取得了良好的效果。

进行党员学习效果测试

（二）先进引领示范，加强战斗堡垒型党组织建设

基层党组织是联系群众的桥梁和纽带，是党在社会基层组织中的战斗堡垒，是党的全部工作和战斗力的基础。中心党委始终坚持履行主体责任，压实工作责任，努力建设战斗堡垒型基层党组织。一抓"关键少数"的示范作用。中心党委委员、党支部书记坚持先学一步、先做一点，带头讲党课，在重点难点工作中走在前、作表率，一级做给一级看、一级带着一级干。每月每个支部推出"两学一做"学习教育中的先进典型，在月度会上通报表扬，让干部职工切身感受到"合格的共产党员"就在身边。每半年评选出3名党员之星，通报先进事迹，教育引导全体党员做到"五个带头""四讲四有"和"四个合格"。二抓党支部的主体作用。制定出台了加强党支部建设的意见，把"两学一做"学习教育常态化制度化落实在支部的日常工作中，严格党内政治生活，规范"三会一课"制度，强化党员日常教育管理。三是抓长效机制的保障作用。将"两学一做"学习教育常态化制度化10项活动的时间固化下来，形成党建活动"十固定"长效机制，活动情况及时记录在部的党建信息网上，便于大家记得住、好执行、易督导。

（三）党建带动业务，加强创业创新型党组织建设

中心党委始终坚持党建工作和业务工作两手抓、两手硬、两促进，不断推进党建工作围绕中心、融入日常，激发了党员干部创业创新的动力。一是抓党建业务"同一步"。坚持

党建工作和业务工作同等重视、同时布置、同时考核。每年与党员干部签订工作目标责任书、党风廉政建设责任书和保密责任书，量化责任目标，强化考核结果的使用，纳入绩效管理。二是抓创新党建工作载体。"两学一做"学习教育活动开展以来，中心党委和部有关司局成立多个联学攻关小组，确定多个"两学一做"品牌攻关项目，挂图作战，明确每个项目的分管领导、责任人、责任目标和完成时限。联学公关活动，变职业资格专门机构"单打"为联合业务司局"团体打"，实现了优势互补、资源共享、合作共赢。新修订的《国家职业分类大典》中交通运输职业共有104个，占全国1481个职业的7%；新公布的《国家职业资格目录》中涉及我部的职业资格有14项，占全国140项职业资格的10%，均位居国务院各部门的前列。三是抓破解改革发展难题。党员干部敢吹"集合号"、争做"小郎中"，在工作中更深入基层、更主动谋划、更抓紧落实、更积极补台，不断破解改革发展难题，确保了重点工作的完成。2018年协调财政部和国家发改委批复了注册土木工程师（道路工程）等2项职业资格考试的收费立项，这也是注册土木工程师（道路工程）执业资格制度2007年2月建立以来的历史性突破。

（四）筑牢思想防线，加强廉洁型党组织建设

中心党委通过经常性开展廉政教育、警示教育、廉政预警等，筑牢党风廉政建设的思想防线，加强廉洁型党组织建设。一是抓组织领导。及时传达学习党中央、中纪委、部党组和驻部纪检组关于党风廉政建设的重要文件及领导讲话精神；坚持党员干部签订党风廉政建设承诺书制度，强化党内监督、群众监督和自我约束，绷紧廉洁自律高压线。二是抓专题教育。坚持廉政教育和意识形态月月讲、月月看。每月月度会通报劳务费等上交情况，强调廉政要求，专门拿出半小时左右时间收看《拒腐防变每月一课》。三是抓责任风险。紧盯重要时间节点，以年终岁末为重要时段，以元旦、春节、端午节、中秋节、国庆节等为重要节点，通报违反中央八项规定精神典型问题，以案说纪，提示和警醒全体党员干部。四是抓廉政文化。以廉政教育月、主题党日活动、学习廉政知识手边书等为主要内容，开展清风筑廉系列活动。

三、探索进一步加强党建的工作设想

做好新时代的党建工作，必须认真贯彻落实习近平总书记对推进中央和国家机关党的政治建设作出的重要指示精神，始终以党的政治建设为统领，把坚决维护党中央权威、自觉在思想上政治上行动上同以习近平同志为核心的党中央保持高度一致作为根本政治要求贯穿党建工作始终，为中心改革发展稳定各项事业提供强有力的思想政治保障。

（一）不断加强党建制度的顶层设计

一是加强党建工作制度的健全完善，要涵盖党建工作各个方面，覆盖党建工作的每个环节，包含党员和党组织活动的各个领域，做到哪里有党员和党的组织，哪里就有党建工作制度。二是及时梳理党建工作制度，逐步实现党建工作制度体系化流程化，努力使党建工作制度不留有机可乘的漏洞和自由裁量的空间，不断提高党建工作系统化水平。三是及时总结提炼党建工作的经验、特点，把各类党建成果和措施经验化模式化，打造党建工作

标准、树立党建工作标杆。四是支持引导党支部探索创新,把新经验、好做法进行总结提炼并加以推广,形成特色突出、特点鲜明,具有职业资格中心自身特点的党建工作新局面。

(二)不断加强党建工作的互联互通

一是整体谋篇,制定职业资格中心党建工作发展规划纲要,突出系统性和整体性,明确党建工作的主要目标、工作重点、推进措施。二是着眼全局,构建"大党建"的工作格局,自觉将基层党建工作放在交通运输改革发展大局中谋划定位,强化党建基本要素、建设内容和工作方法之间的互联互通。三是互联互通,不断加强中心党委和各支部之间的有机衔接,凝聚系统化推进党建工作的整体合力,充分发挥党支部教育管理党员的主体作用,让党支部在服务中心工作中唱主角,成为团结群众的核心、教育党员的学校、攻坚克难的堡垒。

(三)不断加强党建工作的改革创新

发展是最好的坚持,创新是最好的继承。要突破党建工作主要靠经验、靠传统、靠教育的旧套路,坚持继承与创新相结合。一是始终保持创新意识。改革创新是时代的显著特征,是党最宝贵的精神财富。基层党组织只有不断自我完善、自我革新,创造性开展工作,才能永葆生机和活力。二是准确把握新时期新形势下党建工作的特点和规律,针对当前社会经济利益多样化、社会生活方式多样化、社会组织形式多样化等新情况和由此带来的新问题加强调查研究,及时掌握广大党员干部工作、生活和学习状况,总结探索新形势下党建工作的新举措、新思路、新经验。三是改变旧时被动抓党建的习惯做法,充分发挥主观能动性,注重形式创新的同时,还要注重内容创新,在"三会一课"的基础上,多召开务虚会和座谈会,多谈心交流,为大家创造更多的交流平台和建言献策的机会。

(四)不断加强党建与业务工作的深度融合

党的建设工作与其所领导事业之间的良性互动,是我们党的宝贵历史经验,从来党的建设都不能自说自话、自娱自乐,都是与党领导的伟大事业紧密联系在一起的。一是继续坚持党务业务不分家,实行"双目标考核"。中心党委要把党建工作与业务工作目标同定,任务同下,工作同步,考核同行,统一纳入管理。二是继续坚持党务业务相结合,实行"双目标管理"。中心党委要按照部党组统一部署,制定和完善有关规章制度,对党支部和党员实行双目标管理,重点要围绕政治建设、思想建设、组织建设、作风建设、反腐倡廉建设五大板块,逐项逐条细化,促进中心党建工作更加规范。三是坚持从实际出发,准确把握交通强国建设的新形势新任务,科学分析不同支部特色和不同业务特点,个性化党建工作的具体要求,精心设计活动形式和载体,确保党建工作引领各项业务不断前进。

在2018年的新年贺词中,习近平总书记说"我们要以庆祝改革开放40周年为契机,逢山开路,遇水架桥,将改革进行到底"。中心党委将始终以习近平新时代中国特色社会主义思想武装头脑、指导实践、推动工作,团结带领党员干部兢兢业业、苦干实干、不务虚功,努力实现新时代新担当新作为,以一流党建创一流业绩,以一流的业绩回报部党组的信任和重托。

一、部直属机关各单位党组织的党建工作发展综述

继往开来　再攀高峰

部路网监测与应急处置中心党委

路网中心党委自2015年8月成立以来，在部党组和部直属机关党委的坚强领导下，深入学习贯彻党的十八届历次中央全会精神、十九大精神和习近平新时代中国特色社会主义思想，以落实全面从严治党要求为主线，不断加强思想、组织、作风、制度、廉政建设，努力做到走在前、做表率，不断提高建设队伍水平，党组织的凝聚力和战斗力进一步加强，为中心工作的持续健康发展提供了坚强政治保证、思想保证和组织保证。

2012年7月18日，冯正霖同志、徐祖远同志出席中心挂牌仪式

一、全面落实从严治党党建工作成就突出

（一）思想认识进一步提高

中心党委发挥示范带头作用，中心六个党支部积极参与，采取中心组学习、集体学习、个人自学等方式，带领中心干部职工深入学习贯彻习近平新时代中国特色社会主义思想和十九大精神，传达学习《习近平总书记在纪念马克思诞辰200周年大会上的重要讲话精神的通知》和中办国办《关于进一步激励广大干部新时代新担当新作为的意见》等文件内容；认

真组织全体中层干部参加部组织的处级以上干部十九大精神轮训班，切实做到学深悟透；坚持用习近平新时代中国特色社会主义思想武装干部头脑，增强对党忠诚、为党分忧、为党尽职、为民造福的政治担当。中心党委全面加强党的建设的思想认识和自觉性有了进一步提升，2018年上半年在中心所属公司成立了国道网公司党支部和行云数聚公司党支部两个党支部，实现了中心内部党组织全覆盖。

（二）党性修养进一步增强

严格规范组织生活，每年"七一"前后组织中心党委及各支部召开专题党性分析，推动解决一些党员干部存在的不思进取、不接地气、不抓落实、不敢担当方面的问题；高质量组织召开年度中心党委民主生活会和各支部组织生活会，充分运用批评和自我批评的武器，深入查摆问题，并制定了整改方案，认真加以整改。把推进"两学一做"学习教育常态化制度化等作为全面从严治党的重要载体，依托党委中心组学习、党支部"三会一课"等基本制度，推动中心党委、各支部和党员干部党性修养进一步加强，努力打造一支党性纯、作风正、守纪律、讲规矩、能担当、有作为的共产党员队伍。

（三）作风建设进一步提升

认真组织学习习近平总书记关于纠正"四风"、加强作风建设的相关重要批示精神和部党组《关于贯彻落实中央八项规定精神的实施细则》等内容，严防"四风"隐形变异，不断把螺丝拧得更紧、工作做得更实，2018年制定出台中心《关于违规公款吃喝等五个方面突出问题专项治理工作方案》，开展专项治理工作，打造风清气正的干事创业环境。按照部党组的统一部署，及时启动大学习大调研工作，充分发挥各支部的主观能动性，多种方式促"学"，脚踏实地去"做"，深入一线了解群众需求。要求中心广大党员干部，特别是党员领导干部秉承全心全意为人民服务的宗旨，认真对照"四讲四有"要求，向"两优一先"等先进典型学习，切实提升服务群众的能力和水平。

（四）履职尽责能力进一步加强

中心党委带领党员干部不断加强路网运行监测、应急处置、出行服务、路况检测、造价管理、ETC安全稳定运行等中心重点工作，开展日常值班值守，顺利完成了节假日，尤其是春运和全国两会等重点时段路网运行保障工作，成功保障了上海合作组织成员国峰会等重大活动期间的路网正常运行。特别是在人力资源缺乏、建设场地和资金没有落实等重重压力之下，中心党委充分发挥政治核心作用，集中力量、周密部署、积极争取上级单位支持，带领中心党员干部艰苦完成了技术规程编制、ETC系统升级改造、运营公司组建、系统调试测试等一系列工作，经过170多个日夜的连续奋战，成功具备了全国收费公路通行费增值税电子发票统一开具条件，完成了国务院和部党组安排的任务，中心的履职尽责能力得到进一步加强。

二、紧密结合实际打造路网中心特色亮点

（一）强化党内监督，加强干部队伍建设

2017年，中心在部党组正确领导和部人教司的大力支持下，严格标准、健全制度、规范程序，贯彻落实选人用人新要求，新选拔任用了10名处级干部。中心坚持"凡提四必"和"三个不上会""两个不得""五个不准"的要求，严格把关干部选任过程，充分发挥群众监督作用，主动接受群众监督。同时，中心党委加强新选拔干部培训，着力提升干部能力素养，于2017年5月下旬赴部党校举办了新任职处级干部专题培训班，请中央党校杨信礼教授围绕"提高领导干部战略思维能力与统筹协调能力"进行了专题授课。此外，中心党委委员还多次与新选拔干部谈心谈话进行指导，帮助新选任处级干部更好适应岗位的需要。

（二）强化工作机制，严格履行党风廉政建设"两个责任"

根据中央八项规定精神、习近平总书记关于纠正"四风"、加强作风建设的相关重要批示以及部《关于贯彻落实中央八项规定精神的实施细则》等要求，结合中心实际，着手制定路网中心关于贯彻落实中央八项规定精神的实施细则。重新修订了《廉政风险防控手册》，结合代部履行职能的增加和各项重点业务事项廉政风险防控面对的新形势，对路网中心招投标管理、项目建设、技术服务等34项重点事项、180个廉政风险防控点进行重新梳理和完善。进一步明确不同岗位、不同层级的廉政风险及防控措施，强化内部监督，并认真执行落实，严格把控廉政风险，中心纪委发挥监督作用，对招投标工作严格审核把关，确保合法合规。

（三）中心党委带头，创新开展党课教育

以中心领导带头讲党课、各支部书记分别讲党课的方式，创新形式为党员职工讲党课，强化学习效果。2017年8月4日上午，中心党委书记李作敏同志，以"弘扬两路精神认真履职尽责全心全意服务公众安全便携出行"为主题，结合7月26日—31日带队赴G109青藏公路调研的亲身体会为全体党员上了一次生动的党课。青藏公路养护工人"顽强拼搏、甘当路石"的精神触动并鼓舞着每一名党员同志，在中心爬坡过坎的关键时期，这堂及时的党课对于号召广大党员干部凝心聚力，团结一致，攻坚克难，夺取"营改增"等工作的阶段性胜利，起到了极大的推动作用。党课内容真挚生动，效果显著，被部直属机关党委选作"精品党课"并向中央国家机关工委予以推荐，同时被《中国交通报》予以宣传报道，取得了良好的社会反响。中心党委委员、纪委书记孔凡国副主任以《立足本职岗位　发挥先锋作用》为题，讲授了作为一个普通党员如何按照"四讲四有"的合格党员标准，党员领导干部如何按照"信念坚定、为民服务、勤政务实、敢于担当、清正廉洁"的好干部标准，严格规范自己的言行，立足本职岗位，充分发挥党员的先锋模范作用。同时，结合身边的违纪案例，带领党员同志们共同学习了《中国共产党纪律处分条例》，深入浅出的讲解，让广大党员干部受益匪浅。中心四个支部书记分别以《全面从严治党的重要抓手——加强和规范党内政治生活、加强党内监督》《从中国共产党的奋斗历程中深刻理解"四不"问题》《井冈山精神永放光芒》《牢筑思想防线　深化反腐倡廉建设》为题，结合工作实际为支部党员上党课，党课生动易懂，广大党员热情参与，成效显著。

（四）推进"两学一做"学习教育常态化制度化成效显著

中心党委紧扣业务抓党建，抓好党建促发展，以业务工作成效检验党建工作实效，通过党建系列活动的开展，推动路网趋势研判、应急处置、出行服务、路况检测、造价管理等中心重点工作取得了一定成绩。一是路网运行保障工作顺利完成。完成节假日期间小型客车免费通行工作，成功保障了重大活动期间的路网正常运行。二是应急保障更加有力。2017年累计处置重大自然灾害、恶劣天气以及重大交通事故、涉桥涉隧事件近40起，完成了四川茂县特别重大山体滑坡、四川九寨沟7.0级地震等突发事件的应急处置工作，完成首次人体捐献器官公路运输协调保障任务以及汛期公路灾害防范、抢通保通保畅等。三是出行信息服务效果更为凸显。"中国路网"品牌建设初见成效，组建中国公路出行信息服务联盟，建立全国路网出行服务产品指标体系等。四是保障联网系统安全稳定运营，推动全网安全能力和防护水平提升，确保系统安全。五是组织实施2017年度国省干线公路网监测项目，积极开展"国家公路网综合养护管理系统项目"建设，公路造价管理方面取得重大突破。六是积极推进技术创新。初步搭建大数据计算分析实验平台，开展行业标准编制，全力推进三部委课题的收官等，并着力加强网络安全保障工作。

更为值得一提的是，中心党委克服时间紧、任务重、涉及面广的困难，紧密安排、周密布置、倒排工期、督促落实、责任到人，带领相关部门人员团结协作、夜以继日，全力推进收费公路通行费增值税发票开具工作，并取得了阶段性成果。该项工作是交通运输行业贯彻落实党中央、国务院部署，深入推进"营改增"试点的重要内容，李克强总理在2017年7月国务院常务会议上明确要求进一步减税清费，2017年年底前实现收费公路通行费增值税电子发票开具。杨传堂书记、李小鹏部长、戴东昌副部长多次做出批示和主持召开专题工作会要求务必做好此项工作。2017年，在中心党委的号召和带领下，中心广大党员干部，尤其是具体承担收费公路通行费增值税电子普通发票开具工作的一线团队——第四支部的党员同志们，攻坚克难，全力以赴，自从接受任务以来，团队人员几乎没有休过周末，加班到凌晨是家常便饭。中秋、国庆小长假，也是短暂休整后继续加班作战。遇到家中老人、孩子生病，有的甚至是重病，也不能抽出更多时间去照顾，甚至顾不上去医院探望，还有的同志自己身体不适，却一直扛着不去医院检查治疗，生怕工作有一丝一毫的延误。正是这个团队不辞辛劳、夙兴夜寐，克服了重重困难，把国务院既定的2017年年底前实现统一开具高速公路通行费增值税电子发票作为最高目标，才能够在经历5个多月的艰苦奋斗后，不负国务院、部党组重托，于2018年1月1日零时实现全国通行费电子发票开具系统正式上线，圆满完成任务，得到了部领导的高度肯定。

三、牢固树立"四个意识"脚踏实地干事创业

下一阶段，中心党委领导班子的努力方向是：

（一）继续加强理论学习

继续深入学习贯彻习近平新时代中国特色社会主义思想和党的十九大精神，不忘初心、牢记使命，坚持用习近平新时代中国特色社会主义思想武装头脑，把新《党章》《准则》《条例》《习近平谈治国理政》等作为党委中心组和领导干部日常学习材料，突出学原著、学理论体系、学重要讲话，不断提升党性修养、政治觉悟和思想理论水平。始终做到"两个坚决维护"，牢固树立"四个意识"，坚定"四个自信"，以对党忠诚、为党分忧、为党尽职、为民造福的政治担当，满怀激情地投入新时代中国特色社会主义伟大实践，投入路网运行事业，

一、部直属机关各单位党组织的党建工作发展综述

推进全国收费公路通行费电子发票平台系统顺利上线的幕后工作人员

（二）继续加强党的建设，进一步强化党性修养

进一步强化责任意识，坚持学做结合、知行合一，认真履职尽责，积极破解业务工作中的难题，在保证ETC联网安全平稳运行的同时积极拓展ETC用户规模，提高路网监测、应急处置、出行服务、路况监测和造价管理等方面的工作质量和服务能力。积极完善激励和容错纠错机制，逐步培养选拔求真务实、敢闯敢试、担当有为的"实干家"，促进中心形成敢于担当、善于担当的氛围，人人争先创优、砥砺前行。加强党风廉政建设和反腐败斗争，形成风清气正的良好环境。

（三）继续深入调查研究，进一步提升服务水平

将践行群众路线作为基本的思想方法和工作方法，继续开展大学习大调研，积极创造条件，鼓励干部职工通过基层锻炼、联学共建、对口帮扶、专题调研等多种方式，深入实际、深入基层、深入群众，充分掌握实际情况，有针对性地提出对策措施。进一步深入各类主管部门、企业调研，把基层调研成果运用到中心建设上来，指导中心政策制度等更接地气，满足部省两级的需求，切实体现出"服务型中心"的定位，全面提升路网运行监测、应急处置、出行服务、路况检测、造价管理、ETC联网安全稳定运行、增值税发票开具等重点工作能力，更好地服务政府决策、服务行业发展、服务人民群众出行。

（四）继续加强干部队伍建设，进一步提升履职能力

进一步加强对中心干部职工的培养力度，建立更加科学合理的体制机制。带领中心班子积极探索研究既符合国家和部各项规定、又适应中心事业发展实情、更呼应干部职工需要的激励保障机制，大力倡导"想干事、能干事、会干事、干成事、不出事"的干事创业氛

围。努力为中心干部职工的成长提供更加优质的平台，形成更加明晰的人才培养机制，制定职工培训年度计划，继续加大培训力度，积极推荐职工参加部、行业内单位举办的各项业务培训，努力建设一支政治强、业务精、作风优、工作实、行为廉的干部队伍。同时按照中央编办和部赋予中心的职责，做好各处室职责梳理，优化各处室岗位设置，做好组织分工，形成事事有人做、人人有事做的合理工作局面，更好地贯彻中心党委决策、推进中心发展。

2017年1月，李作敏主任出席中国交通广播河北FM101.2开通仪式

中心党委将继续深入学习习近平新时代中国特色社会主义思想和党的十九大精神，持续加强党的建设，着力提高党性修养，牢固树立政治意识、大局意识、核心意识、看齐意识，自觉在思想上政治上行动上同以习近平同志为核心的党中央保持高度一致，激励中心党员干部新时代新担当新作为，不忘初心，牢记使命，迎难而上，攻坚克难，有力推动中心工作见成效、上台阶，为交通强国建设作出新的更大的贡献。

二、"我与改革共成长"征文优秀文稿

改革开放：春风化雨伴我同行

部救捞局　马　鑫

2018年是中国改革开放40周年。1978年党的十一届三中全会决定实施改革开放。从此，中国开启了改革开放的历史征程。从农村到城市，从试点到推广，从经济体制改革到全面深化改革，40年众志成城，40年砥砺奋进，40年春风化雨，中国发生了翻天覆地的变化。40年历史变迁如洪流滚滚而过，我们的家庭、事业、生活裹挟其中，或主动或被动地发生了深度变化。

我出生在1982年，是伴随着改革开放的步伐成长起来的一代。从小到大，我真切地感受着生活方方面面发生的巨大变化，特别是交通运输的快速发展给生活带来的诸多变化，作为交通人感到无比自豪。

选择越来越多。自行车、摩托车、汽车、火车、飞机……交通工具多种多样，人们的选择越来越多。改革开放初期，中国是自行车大国。记得小时候，爸爸妈妈上班都是骑着自行车，马路不宽，一辆辆的自行车穿梭往复。爸爸出差都是坐长途汽车或者绿皮火车。小学毕业的时候，我有了自己的自行车，特别的开心。高中的时候，家里买了摩托车，感觉特别牛。大学的时候，离开家乡，坐的火车都是直达快车。大学毕业，我到北京工作，出差第一次坐飞机，新鲜又兴奋。后来，出现了电动自行车、电动汽车，既快速又环保。再后来，发展了动车、高铁、城铁，既舒适又快捷。现在又有了共享单车、共享汽车、网约车等等，交通的形式也越来越多，极大地便利了人们的生活。

速度越来越快。我的家乡是河北沧州，一个离北京200公里的地级市。1986年，父母第一次带我到北京，坐上哐当哐当的绿皮火车，晃晃悠悠4个小时到达北京。2000年，我到长沙上大学，沧州到长沙近1400公里的路程，直达快车要花上21个小时，从北京坐特快，也要15个小时。2004年，我大学毕业到北京工作，终于离家近了，那时候高速公路已经很发达了，除了坐火车，还可以选择坐大巴，时间差不多，都是3个小时左右。高铁开通之后，火车的速度越来越快，从北京到沧州，只需要50分钟，到长沙6个半小时，极大地缩短了路上的时间，人们有了更多的时间去和家人相聚、朋友相约。

品质越来越高。交通服务水平的不断提高，人们的出行体验越来越好，是人民生活品质提升的一大体现。从小时候热闹嘈杂的长途汽车到长大后干净舒适的高速大巴，从以前拥挤狭窄的省道国道到后来平整宽阔的高速公路，从原来简陋杂乱的绿皮火车到现在清新有序的高速火车，出行的体验有了质的改变，生活的品质成倍的提升。大学时，在硬邦邦的座位上坐21个小时，过道拥挤、移动困难，每次都坚持着熬过一天一夜。毕业十年再次回校，在明净的高铁车厢里，在软软的靠背座椅上，看看书、聊聊天、欣赏一下沿途风景，时间过得飞快，还没感到时间的流逝，就已到达目的地。

改革开放40年来，国民经济的发展水平越来越高，人民的生活水平也越来越高。我们的工作、家庭和生活都变得越来越好。我从懵懂无知的孩童，长大成为努力奋斗的大学生，又从进入社会莽莽撞撞的新人，经过历练，成为懂得自我反省自我改进的一名共产党员。很幸运，生在和平年代，享受生活的安定；很幸运，伴着改革开放成长，共享发展的红利；很幸运，成为一名交通人，深刻体会了交通运输的快速发展。更加幸运的是，在中国特色社会主义进入新时代，在开启交通强国建设新征程之时，自己可以作为交通人，参与其中，贡献自己的一点绵薄之力。

二、"我与改革共成长"征文优秀文稿

改革开放,伴我一路成长

部救捞局　张立山

今年,改革开放已经迎来了第四十个年头。这期间,我们国家发生了翻天覆地的变化,取得了举世瞩目的成就。风雨四十载,开拓四十载,在中国共产党的领导下,我国人民凭着一股逢山开路、遇水架桥的闯劲,凭着一股滴水穿石的韧劲,成功走出一条中国特色社会主义道路。我们遇到过困难,遇到过挑战,但我们不懈奋斗、锐意进取,用勤劳、智慧和汗水推动了当代中国波澜壮阔、创意万千的历史性发展,迎来民族复兴的光明前景。

作为一个90后,我也是改革开放推动中国发展的有力见证者。1997年的香港回归、2003年"神五"首次载人航天遨游太空、2008年北京奥运会成功举办,中国成为世界第二大经济体等等,中国的现代化建设如火如荼、硕果累累。谈起改革开放,我可能并不能像父辈那般对改革开放有一个最为切身完整的感受,但我是个喜欢听故事的人,从小就喜欢听母亲给我讲她以前的故事。妈妈是一个地地道道的农民,从她的故事中,我也能够很真实地感受到改革开放40年来,中国社会的巨大变化;从记事起20多年的切身体会中,我也见证了改革开放带来的辉煌成就。我可以自豪地说,我的成长伴随着改革开放的进程,我与改革开放共成长。

生活在改革开放的农村里,我茁壮成长

作为一个土生土长的农家孩子,我能深深地感受到改革开放给我的生活带来的影响。不同于父辈的人民公社制度,我赶上了农村家庭承包责任制的大好时代。家里的生活不像父母小时候那般艰苦,我可以吃上自己家收获的水稻和葡萄,享受着党中央国务院"多予、少取、放活"的方针,在"三农"和"精准扶贫"等重大举措下,我一步步茁壮成长。记忆最深的是,小的时候家里种植水稻,由于气候条件的干燥,收成一度达到低谷。这时,政府快速调节农村产业链,在整个镇内提出种植葡萄的想法。想法一经提出,立刻得到广大农民群众的积极响应。在国家的大力扶持下,我们镇走上了一条科学种植玫瑰香葡萄的道路,更是在2008年北京奥运会期间被选为特供葡萄的水果基地,整个乡镇的人民生活水平有了大幅度的提升,我的家庭也向着小康生活迈出了一大步。可以说,正是因为改革开放,才让我们整个乡镇焕发出了如今这般蓬勃的朝气,相信在国家不断深化改革的大力推动下,我们的生活会越来越好,社会主义新农村会绽放出更灿烂的光芒。

学习在改革开放的课堂上,我硕果累累

对于教育改革,作为一名读书20载、刚刚步入工作岗位的资深学子我有着最为直观的感受。还记得小的时候,刚刚上小学一年级,母亲就对我说:"孩子,你现在是赶上好时候

了，只要你有能力读下去，我和你父亲一定会把你供出去，决不让你留下终身遗憾。"我在学业上能有如今的成就，不仅仅是因为我个人喜爱学习，更多的原因是改革开放不光提高了人民的生活水平，更是解放了我们整个家庭的思想。自我记事以来，我没有如父母那般，受到老一辈种田观念的影响。我从小就被教育，要好好学习，做一个有担当，有理想，对整个社会都有用的人，可以说，改革开放给我的学习生涯埋下了最为理想的种子。20 年的读书生涯，我经历了 2006 年《中华人民共和国义务教育法》的颁布，我国开始实现城乡义务教育统一的"两免一补"政策，从此保证了真正的九年免费义务教育制度的实施，九年高水平的义务教育让我以优异的成绩考上了我们区最好的高中，并于 2010 年考入了大连海事大学。改革开放的影响不仅仅局限于九年义务教育，身处大学课堂，我能够享受到学校雄厚的师资力量，先进的教学仪器，科学的教学理念，这一切都折射出教育改革带给我们的巨大影响。在大学里，我们可以在食堂吃上既美味又有营养的餐食，在学校最具文化氛围的罗马柱前放声朗读，坐在多媒体教室里欣赏老师们极具创意的教学 PPT，坐在航海模拟器里亲身体验船舶驾驶的奇妙。可以说我们这一代是幸福的，见证了母校从海运学院发展成为国家双一流建设高校这一重要的历史节点，我们是可以乘着改革开放的风帆出发远航的幸福一代。我赶上了时代的潮流，在大学里，不仅成为一名学生干部，更是作为团支部干部光荣地加入了中国共产党，更是在党的培养下，以学院唯一一名省优秀毕业生的身份完成了我的研究生学业。我可以自豪地说，我的教育成长离不开改革开放。

工作在改革开放的救捞系统中，我勤奋上进

经历了七年的救助与打捞工程专业学习，我于 2017 年 10 月正式入职交通运输部救助打捞局。今天，我对救捞系统已经有了一个十分深刻的了解，可以说，救捞系统发展至今，改革开放功不可没。2003 年救捞体制后，中国救捞更有了飞速发展，救捞系统现已建成并投入使用救捞基地和救助码头 25 个，各型救助打捞船舶 200 余艘，救助飞行器 20 架，形成了"救助队伍、打捞队伍、飞行队伍"三位一体的队伍建制，"以人命救助为核心，人命、环境、财产救助"三位一体的救助职责，"空中立体救助、水面快速反应、水下抢险打捞"三位一体的救助功能，在我国沿海初步建立了重点海域覆盖、高海况运行、配置科学、反应迅速、处置高效的海空立体救助网络。时代在前进，救捞在强大，救捞体制改革作为救捞发展史上的一个里程碑，开启了救捞发展的新纪元。在积极探索独具特色的中国救捞发展之路的全新实践中，广大救捞人弘扬"把生的希望送给别人，把死的危险留给自己"救捞精神，坚决履行抢险救捞的神圣职责，为经济社会发展和构建和谐社会保驾护航而努力。从"汶川地震大救援""世越号沉船打捞"，到"泰国普吉岛落水人员搜救"，救捞人都肩负起"做新时代尖兵，做海洋守护神"的责任担当。

作为一名入职刚满一年的救捞人，我对救捞系统改革后的整体实力是有着真切体会的。在半年多的实习生活中，我经历了两起重要的打捞救助任务，先后在"华天龙""南天龙"等先进的打捞工程船上开展过工作，我深深地震撼于我国救捞事业的发展。改革开放带给救捞系统的不仅仅是设备上的更新，更加重要的是我国的救捞专业技术和人才正在迅速崛起，从工作中的点滴我能感受到现场工作人员如火般炙热的工作热情和遇事时举重若轻的冷静。我始终牢记使命，不忘初心，带着一颗虚心积极的心态去努力学习科学知识，不断丰富自

己，已经对海上打捞工程有了十分深刻的认识，并且已经能够独立完成一些现场的工程师任务。放眼未来，救捞改革工作任重而道远。在未来的道路上，我将继承前辈们的愿望，强化自己的工作本领，传承救捞红色基因。

作为一名新时代的救捞人，我有着新时代最为火热的激情和精力。我将与救捞系统体制改革共成长，为建设国际一流现代化救捞体系不懈努力，为建设交通强国贡献出自己的一份力量。

改革开放四十年　敢教日月换新天

部规划院　张利国

神女应无恙，当惊世界殊。改革开放四十年来，春风化雨，改变了中国，影响并惠及了世界。四十年来，中国共产党领导下的中国大地发生了翻天覆地的变化，中国速度让世界发出惊叹之声。人民生活水平不断提高，经济总量跃居世界第二位，科技教育快速发展，国际影响力不断增强。每个人都在享受着改革开放带来的红利，感受着祖国一天天的变化，来自农村的我对这一切有着更深的体会。

大概是1992年的盛夏夜晚，那年我3岁，忽然惊醒的我发现妈妈不在身边，自己睡在堂姐的家里。堂姐告诉我，妈妈和家里的大人们都在村子里的麦场里打麦子。那时候村子穷，基本上都是用镰刀割麦子，然后堆在生产队的堆场里，由生产队统一安排各家使用生产队里的打麦机。整个队里也就一台打麦机，我们家轮到了晚上使用，妈妈只好把我放在堂姐家里。记得那时候我哭个不停，非要堂姐带我去麦场里，也使得妈妈不得不一边照看我一边干活，着实辛苦。后来慢慢长大，发现家里总有两个大大的陶瓷缸，一个用来放小麦，一个用来放玉米。每年收获后，除了上交的公粮，余下的都会存起来作为剩下一年的口粮。村里的俗话，不愁隔夜粮。家中长辈们从贫困中养成了存积物品的习惯，天天见到粮食心里才会踏实。很多年，一到季节，家里那些小蛾子恨不得排着队来偷吃粮食。妈妈呢，仍是仔细地洗淘，就这样家里吃了很多经年的有机陈粮。终于千禧年后，慢慢放弃了穷困中积攒出的习惯，主要是家里再也不需要存粮食了。

日子一天天的变化，家里的电视从黑白变成了彩色，又装上了有线电视网络，买了笔记本电脑和平板，人手一台智能手机，每天可以上网了解国内外新闻。开上了小汽车，爸爸去市里做工再也不用经受风吹日晒、寒风刺骨。耕种70%的生产作业活动都实现了机械化，繁重的体力劳作得到了极大的缓解。村里的乡亲都入了新农合，爷爷奶奶领上了养老金。2018年2月，《农村人居环境整治三年行动方案》发布实施，贯彻落实习近平新时代中国特色社会主义思想，建设美丽宜居的村庄。村里环境得到了极大的改善，堆积成山的垃圾不见了，水塘里的污水开始变清，村子旁边的小河又恢复了生机。自小离家在外读书的我更是感受到中国大地日新月异的变化。往日动辄十几小时站票往来故乡和求学的城市之间，今日随时可以坐上时速350公里的高铁回家看看，再乘绿皮火车已经成为怀旧之旅。便捷的网购、支付宝和共享单车成为新时期中国新发明。各类演出、展览层出不穷，传统文化得到传承与发展，余音绕梁，不绝于耳。"体育大国"慢慢向"体育强国"转变，全民健身的理念深入人心。短短几十年，物质生活和精神生活真是得到了充分的满足。

是祖国给我们这代年轻人创造了一个个契机，创造了更多的就业、创业和学习机会。作为一名从事交通环保专业的技术人员，幸运的生在这个时代。十九大报告中，习近平总书记对生态文明建设进行了深刻论述，指出建设生态文明是中华民族永续发展的千年大计，必须树立和践行绿水青山就是金山银山的理念，建设美丽中国。环渤海区域、长江经济带、珠三角、北部湾，港口、船舶、航道、交通运输，中国大地上的交通建设正在全方位走向绿色、低碳、节能、高效。作为一名交通环保行业的技术工作者，一定学好本领，践行生态文明建设理念，立志服务政府，服务行业，做现代交通运输业发展的智库，为交通强国建设添砖加瓦。

今天，改革从城市到农村、从东部到西部、从经济领域到其他各个领域全面展开，逐步深化，中国社会正在发生全方位历史性的转变。如今，在习近平新时代中国特色社会主义思想的指引下，我们正在全面建成小康社会的康庄大道上稳步前行。一路与党同行，撸起袖子加油干，实现中华民族伟大复兴的中国梦就在眼前。

新疆交通与改革开放共发展

公路科学研究院智能交通研究中心　合尼古力·吾买尔

1978年中国走向改革开放，在中国共产党的正确领导下，全国各族人民凭着一股滴水穿石的韧劲，逢山开路、遇水搭桥的闯劲，成功走出了一条中国特色社会主义道路。

改革开放的40年，全国各地发生了翻天覆地的变化，我国经济社会实现了前所未有的快速发展，综合经济实力明显增强；改革开放的40年，我国农业基础设施建设和综合生产能力不断加强，交通运输取得突破性进展；改革开放的40年，我国教育、科技、医疗卫生和商务等事业迅速发展，7亿多人成功脱贫，掀开了实现中华民族伟大复兴的新篇章；改革开放的40年，为我国建成科技强国、质量强国、航天强国、网络强国、交通强国、数字中国和智慧社会，提供了"弯道超车"的有力支撑！

我生在新疆南疆，是新疆交通职业教育第一线一名兢兢业业的少数民族人民教师。如今，我乘着交通运输部"西部之光访问学者"和自治区交通运输厅高层次人才培养计划等改革开放的好政策，来到交通运输部公路科学研究院智能交通研究中心，开展为期一年的挂职工作。

改革开放的40年，是新疆砥砺奋进的40年，也是新疆交通跟随着改革开放稳步发展的40年。在这段历史岁月中，全疆各族人民的工作、学习和生活环境瞬息万变，真正的见证了改革开放的巨大成果。

40年来，国家和自治区领导充分发挥新疆在我国与中亚区域经济合作中的重要地位，利用好国际和国内的发展环境，加大对外开放力度，不断推进丝绸之路经济带核心区建设。尤其是党的十八大以来，新疆大力推进交通基础设施建设，取得了显著成效。目前，全疆路网总里程达到18.6万公里，其中1024个乡（镇）的12.28万公里农村公路通达，通畅率为99.51%。从1998年吐乌大高等级公路建成通车后，新疆高速公路从无到有，从起步到稳步发展，从跨越式发展再到创新突破。乌奎高速公路由原来的双向四车道改扩建成双向八车道，大幅提高道路通行能力，有效带动天山北坡经济带的进一步发展。出疆大通道北新G7高速路在2017年全线贯通通车，两地里程缩短1300多公里，有了更加便捷的出疆公路大通道。新疆现有13条国家高速公路3条地方高速公路建成通车，高速公路由"十一五"末的843公里跃升到现在的4316公里，全疆基本实现各地州市高速公路连接。

随着改革开放的持续深化，以乌鲁木齐为中心，"一带一路"沿线的核心位置的城市交通快速发展迎来了新的机遇。在一个个交通基础设施项目的推动下，乌鲁木齐变成了新疆"区域性交通枢纽中心"的重要交通门户。"一带一路"的交通中心形成了连通城际、全国乃至欧亚的"大交通"。到"十三五"末期，乌鲁木齐将基本形成"三环十五射"骨干路网，城市交通网络体系将不断完善。目前，乌鲁木齐国际机场连接着包括港澳台在内的54个国内大中城市和27个国外城市，从乌鲁木齐国际机场飞到中亚各国首都，距离大多在1500公里范围，比到北京的距离还近。以 2018 年为节点，乌鲁木齐建成了首条地铁线，构建了快速换乘的城市交通系统。以连通北疆路网的城北主干道，再加上高铁、地铁交叉的城市交通，城际路网的建设日趋完善。新疆交通的发展虽然相比南方地区还有不小的差距，但从发展成就来看，它真切地反映出我国实行改革开放所取得的成就。

其实，新疆40年来取得的成就举不胜举，难以用语言一一表达。这些年来，我从南疆的小镇到乌鲁木齐，从我的学生生涯到工作和成家，随着个人事业不断发展，我亲眼所见、亲身所感新疆的发展和巨大变化，每次看到或感受到改革开放带来的成果，我都会为家乡所取得的巨大成就而自豪。今年是改革开放40周年，我坚信，在习近平新时代中国特色社会主义思想的指引下，改革开放再出发，一定会实现"两个一百年"的奋斗目标，一定会实现中华民族伟大复兴的中国梦！我坚信，随着改革开放成果不断惠及民众，"维护稳定、长治久安"的新疆工作总目标也一定会实现！

改革开放四十年赋

人民交通出版社股份有限公司　杨　荀

　　势因时变,世乱乎则人心思治;斗转星移,寒尽兮而国运逢春。中共三中全会,永载人类文明史;公元一九七八,掀开中华新篇章。改革犹春潮带雨,润泽故国神州;开放似清风入怀,激发龙的传人。隆隆春雷,震荡五千年华夏;浩浩巨舰,扬起九万里帆樯。

　　跨越新的世纪,欣见神州活力大增;走过四十春秋,喜看华夏业绩辉煌。发展突飞猛进,恰似雨后春笋发;面貌焕然巨变,真如风吹月清朗。除禁锢、政治开明,国民观念嬗变;拆藩篱、社会开放,时代精神更新。"效益就是生命"为社会理念;"发展高于一切"成时代绝响。企业改制,破除铁饭碗陈念;双选用人,摒弃终身制弊端。亿万人才脱颖而出,用武之地阔大;大众创新敢为人先,发挥空间宽广。经济发展走上快车道;综合国力进入先行榜。强基固本,增加农业发展后劲;革故鼎新,免除农民国税皇粮。改革惠民,物质生活日益丰富;成果共享,衣食住行趋新求洋。农村城市化,迈向美富新强;城镇现代化,日益繁盛荣昌。春天故事万人传诵;中国道路日益宽广。

　　赖往时之基,科技发展迅猛异常,立前人肩头,研发创新能力更强。新的突破,遍布各个领域;高端技术,领跑大国之间。造天眼,尽探九天奥秘;登月球,安家宇宙空间。北斗导航,不再由强盗定向;南海造岛,震慑了环伺虎狼。卫星密布天宇,飞船载人航天,航母远洋遨游,蛟龙深海探险。高速铁路网,拉近世界距离;和谐快捷车,驰骋四面八方。中医研究,厚积薄发;文学创作,本土味饴。一鸣而惊人;再鸣兮成双。折服金发碧眼傲态;连获姗姗迟来诺奖。亲诚惠容,赢得四海宾朋;一带一路,惠及沿线友邦。建设命运共同体,勇负大国新担当。互利共赢成举世价值,中国方案受万国激赏。

　　改革进入深水区,须知任重道远,勇者堪当;开放面临新考验,犹需审时度势,把准航向。欣迎习习春风到;喜见融融杲日升。两届盛会,举起自信旗帜;一代新人,引领中国远航。"百年"目标,点燃民族期盼;"小康"愿景,刷新世代梦想。贵乎不忘初心;犹能牢记使命。力担民族振兴责任;为谋人民福祉着想。借用改革伟力强国而富民兮、实现全民小康;遏阻利益集团损公而害民矣、谋饱一己私囊。铁腕反腐,老虎苍蝇一起打,国家民族才有希望;改革强军,陆海空天齐作为,和平崛起更具保障。坚持四个自信,走咱通途正道;建设五大文明,立我富国强邦。

　　总结成败得失,险滩兮信能穿越;保持清醒头脑,暗礁兮方可避让。确立进取意识兮撸起袖子大干;幸福靠劳动获取,奋斗才能实现梦想。改变两极分化兮,缩小贫富差距;精扶贫促进共富,先富带动显效难彰。弘扬优秀传统文化,重铸中华民族精神。绿水青山就是金山银山;心明眼亮方能永不迷航。摒弃"一切向钱看",遏止道德滑坡;坚持"核心价值观",激发精神力量。锦绣宏伟"中国梦",凝聚全国亿万人心;顶天立地"中国魂",引领民族前进方向。深化改革,广引源头活水来;扩大开放,巧借天下助力张。挟五洲风雷兮,看我炎黄矣走向世界;凭千年自信兮乎,他日中华哉傲立穹苍!

见证路网建设与汽车工业互促进共发展

交通运输部路网监测与应急处置中心　郑宗杰

1978年,以党的十一届三中全会为标志,中国开启了改革开放的历史征程。在改革开放两年后,我出生了。我的父母长期从事车辆研究和教学工作,从小到大,看图的画册是汽车和零部件图纸,认字儿的图书是各种汽车手册,连我学画画儿的纸都是背面布满发动机各项指标演算的草纸,玩具更是各种比例的小汽车模型。家里到现在还珍藏着1980年汇编的《国外汽车车型与商标》、1984年出版的《国外汽车工程技术汇编》上下册。这是我小时候最爱一页页翻来翻去的"大砖头",喜欢看里面的发动机功率、最高时速、风阻系数各项指标;喜欢看书前铜版纸印刷的车标和外形图片;喜欢看附录中各个国家的汽车厂商和生产的各种车型……

而在那个年代,大马路上都是国外进口汽车,从小轿车到大客车,从出租车到大货车……国产汽车少之又少。在家属大院,我常问爸爸妈妈和他们的同事,你们研究的那些国外小汽车,动不动发动机就是V6结构功率200千瓦,最高时速大都是超过200多公里,而我们自己什么时候能生产这些高性能的发动机和车辆呢?

他们耐心向我解释了很多理由,其中一个原因对我一直印象深刻:国外有一种公路,叫作高速公路,能让车在上面撒欢儿的跑,而我们国家一条高速公路都没有,普通国省干线公路的技术等级也很低,即使生产出来了,车也没地方跑啊。

长大后,机缘巧合,学了公路交通专业,毕业后又投身交通运输行业。在与改革开放同成长、共进步过程中,见证了我国公路交通的飞速发展:基础设施从我国第一条高速公路的建成和通车到不断刷新世界纪录的长大桥隧建设;管理手段从人工调度到数字化管理到智能化分析研判;信息化应用从单一路段不停车收费到全联网收费到智能车路协同再到自动驾驶。伴随着公路的发展,公路交通也承载着越来越多的百姓出行需求和美好生活愿景,公众对出行品质要求从"走得了、走得安全"发展到"走得便捷、走得舒服"。经过改革开放前三十年的快速发展,一张布局合理、层次分明、感知协调、衔接顺畅的公路网络基本形成,我国公路事业发展迈上新台阶;而在第四个十年中,公路行业发展的重点也从追求路网规模扩张,转向路网运行服务质量与水平的不断提升。而我的交通工具,也由童年的三轮车换成了功率80千瓦仪表盘、最高时速220公里的小轿车。无论是成网的高速公路还是通达美丽乡村的农村公路,每年超过2万公里的行驶里程见证着公路交通建设成绩,也见证着交通运输大发展带来的国家经济繁荣和百姓幸福生活。

时光荏苒,现在我又追随求学时的梦想,成为一名光荣的路网工作者。在日常值班值守中,大屏幕展现的高速公路视频图像,电脑中跳跃出来的路网运行分析大数据,这是行业发展带来的管理效率提升;在突发事件处置中,一道道高效的路网调度指令,一批批飞速运送的救援物资,一支支抢险队伍用现代化机械在救援现场与时间赛跑,这是应急能力建设带来的处置能力和救援水平提升；在公众信息发布中，路网运行分析结果、公路阻断信息、绕行路线图、通行建议……瞬时传递到出行者的手机中、车载终端中，这是"以人民为中心"理念的践行和高水平服务能力的体现。

党的十八大以来，中国取得了改革开放和社会主义现代化建设的历史性成就。不仅仅是公路交通行业，在纪录片《厉害了我的国》中，港珠澳大桥、海上工程、大飞机、高铁……凝聚了交通人建设成就的一项项伟大工程翩然出镜，讲述了中国交通的感人故事，传承了交通建设者的奋斗历程，凝聚了交通人智慧的结晶，揭示了交通人的伟大梦想，为这部恢弘的史诗大作进行美丽的诠释和注脚。在这部纪录片中，我们看到了交通行业辉煌的建设成果，共同目睹了我国交通基础设施建设的伟大成就，共同见证了改革开放以来中国的发展和成就。而我们，作为470万公里公路网和13万公里高速公路的守护者、长大桥隧建设的推动者、公路设施创新的实践者、行业伟大工程的创造者，将在改革开放的精神引领下，激发和创造出更大的精神财富和物质财富。

伟大的梦想驱动人类的前行和发展。"进入新时代，实现伟大梦想，必须进行伟大斗争、建设伟大工程、推进伟大事业"。交通强国的号角已经吹响，而今后更伟大的理想、更伟大的梦想、更伟大的实践、更伟大的创新，还需要在改革开放的历程中，不断去构筑、去实现，继续勇闯关山，取得更大的成绩，向我们的祖国，向行业服务对象——人民群众交出一份精彩的答卷。

汽车工业和交通行业分别代表了一个国家的工业发展水平和工程技术能力。当前国产汽车产量、性能、可靠性不断提升，离不开我国交通运输行业的发展。而另一方面，公路交通基础设施建设和各项政策措施等软环境建设，又为汽车工业和周边产业发展带来积极的促进作用。我的爱车，产自1978年11月邓小平同志批准成立的我国第一家中外合资轿车企业，也是第一个中外合资轿车品牌。在伴随改革开放超过四分之一历程，历经超过二十万公里的前行步伐，到了更新时候了。看了那么多的国产车型，对比了那么多的参数，已经眼花缭乱。小时候的疑问早已没有了，但是，换哪一辆呢？

三、部直属机关各单位党组织有特色的党建工作实践成果展示

打造"固定学习日"学习品牌
强化思想理论武装　筑牢事业发展之基

国家铁路局直属机关党委

习近平总书记指出,信念的坚定来自理论的自觉,党员、干部学习不仅仅是自己的事情,更关乎党和国家事业发展。国家铁路局党组始终坚持把抓好党员干部的理论学习摆在突出位置,坚持以习近平新时代中国特色社会主义思想为指导,以党的政治建设为统领,以坚定理想信念宗旨为根基,结合实际,坚持问题导向,努力打造"固定学习日"等党建平台,不断强化党员干部思想理论武装,推动党的建设不断取得新成效,有力促进行政履职工作和铁路改革发展。

一、建立"固定学习日"的背景

局党组在工作实践中认识到,加强党的建设,必须以思想建设为先导,教育引导广大党员干部牢记党的宗旨,坚持用习近平新时代中国特色社会主义思想武装头脑,凝心聚魂,挺起共产党人的精神脊梁,解决好世界观、人生观、价值观这个"总开关"问题。作为塑造灵魂、固本培元、补钙壮骨的长期性工程,思想建设如何融入日常、抓出成效,一直是困扰各级党组织的难题。一是思想认识方面。有的同志认为,思想政治建设是软任务、虚工作,见效慢,成果显现不明显,存在抓不抓无所谓的思想。部分党员干部对理论学习缺乏积极性和主动性,对党的思想理论、方针政策掌握理解不到位、不深入,对干部队伍建设形成了制约影响。二是学习机制方面。理论学习作为思想政治建设的重要载体,长期以来没有固定的学习时间,缺乏刚性要求,学习机制不健全。有的同志反映,党员干部学习教育存在"说起来重要,忙起来次要"现象,由于铁路行业监管履职任务重,理论学习常常给行政履职工作"让路",学习时间得不到保证,学习质量和效果就上不来。三是学习方式方面。长期以来,沿用念文件、读报纸等单一形式,党员思想教育从理论到理论,照本宣科,形式乏味。党支部学习没有统一安排,学习内容碎片化、片面化、滞后化。四是学习考核方面。对于理论学习和政治思想提高情况的检查和监督缺乏定量和定性的规定,使理论学习难以量化把握,存在理论学习情况、水平和干部考察脱节现象。

为解决上述问题,局党组研究决定,加强理论学习,固定学习时间。根据铁路系统的工作性质,每周一上午,全局均安排大交班,总结上周工作,研究本周安排,人员基本都在单位。鉴于这种工作特点,局党组认为,建立"固定学习日"制度,每个月第一个周一,全局安排半天时间进行政治理论学习,从2017年1月开始实施。

二、着力打造学习品牌

按照局党组的部署安排,局党建工作领导小组办公室认真研究,细化"固定学习日"的各项制度措施,在学习品牌打造上持续用力。

1. 领导干部示范带动。贯彻落实《中国共产党党委(党组)理论学习中心组学习规则》,制定实施具体办法。局党组、局属单位分党组(党委)理论学习中心组带头落实"固定学习日"制度,党组(分党组、党委)成员以身作则,率先垂范,按照学习安排,定期定时、保质保量完成学习任务,为全局党员干部开展理论学习起到了良好的表率作用。2017年,局党组理论学习中心组共集中学习28次,专题交流研讨9次。同时,局党组成员、局属单位分党组(党委)成员坚持每月以普通党员身份参加1次党支部的理论学习,以普通党员身份把自己摆进去,带头撰写学习笔记,带头交流学习体会,带头讲党课。2017年,局党组书记带头,为全局党员干部讲党课5次。

2. 理论学习全员覆盖。两级党组(分党组、党委)中心组、所有党支部在"固定学习日"安排集中学习,统一时间、统一内容、统一要求,做到全员覆盖,非党员均参加所在部门或处室的理论学习,不让一个人在思想上掉队。2017年全局共开展固定学习日学习12次,安排学习习近平总书记重要讲话和重要指示批示38次,学习了《习近平总书记重要讲话文章选编》《习近平谈治国理政》《习近平的七年知青岁月》《知之深爱之切》《摆脱贫困》《之江新语》《全面从严治党面对面》等7本书籍的内容,学习了《党章》《关于新形势下党内政治生活的若干准则》等党内法规和党中央重要文件14件。

坚持"三会一课"制度,党组织负责同志带头讲党课

3. 精心安排学习内容。由局党建工作领导小组办公室负责,收集、梳理、汇总当月习近平总书记的重要讲话精神、党中央重要会议和重要文件精神,根据党中央的决策部署,结合阶段重点工作任务,研究提出次月"固定学习日"的建议计划。经局党建工作领导小组确定后,在月底前印发,一并发送学习资料。实践证明,按照党组中心组、局属各单位分党组(党委)、各党支部三个层面,分别制定不同的学习内容,既增强了党员教育的针对性,适应了不同层次党员干部理论学习的需要,也为广大党员干部开展自学提供了参考和指导。各党支部根据学习计划,安排党小组轮流主持学习。主持学习的党小组提前准备,对学习

内容先学先悟，广泛搜集相关文章、图片、视频等资料。学习过程中，采取个人领学、学习主题PPT、播放中央媒体专题报道或解读短视频、微党课等多种形式，学习质量和效果明显提升。

4.编印学习参考资料。为了更好地推动党员干部学习贯彻习近平新时代中国特色社会主义思想和党的十九大精神，成立学习宣传党的十九大精神工作小组，抽调4名同志负责编印系列辅导材料，将党的十九大报告要点、党的十九大报告关于人民的论述、党的十九大报告关于全面从严治党论述和中央纪委工作报告、《人民日报》和新华社的相关社论评论文章等，分专题进行梳理、摘编，印发全局，帮助全局工作人员深刻理解习近平新时代中国特色社会主义思想的历史脉络、理性光辉和人格光芒，深刻理解习近平总书记的高尚政治品格、真挚为民情怀和崇高精神风范。目前，已编印完成《习近平新时代中国特色社会主义思想关于"人民"的论述》《习近平新时代中国特色社会主义思想关于交通强国的论述》《习近平新时代中国特色社会主义思想关于共青团和青年工作的论述》《河北日报有关习近平总书记的通讯报道》《福建日报有关习近平总书记的通讯报道》《浙江日报有关习近平总书记的通讯报道》等14本学习参考资料。

5.专题研讨突出质量。2017年，组织全体党员参加的学习交流4次，人人撰写心得体会。坚持党组织书记阅批学习体会制度，突出层层把关，保证研讨质量，形成了有特色的专题学习交流机制。局党组书记阅批了党组成员、各地区局副局级以上领导干部以及局机关、局属事业单位正处职以上领导干部学习体会276份；局党组成员阅批了分管部门和联系单位其他党员干部的学习体会1100份；各单位各部门党组织书记阅批学习体会1156份，对质量不过关者，要求重写。实施阅批把关制度，保证了学习体会材料的质量。

6.注重抓好统筹结合。一是与推进"两学一做"学习教育常态化制度化结合起来，把党章党规和系列讲话作为"固定学习日"学习的主要内容。二是与"三会一课"制度结合起来，除了政治理论学习的内容外，各党支部根据自身工作实际，留出时间召开党员大会研究议题、召开党小组会研究落实，并把党课安排其中。2017年，全局各级党组织共安排党课400余次，覆盖了全部党支部。授课人员有分党组（党委）主要负责同志，有党支部书记、支部委员，也有普通党员。

7.强化学习考核评议。全局将开展党员思想教育的情况作为党建考核的基础性、经常性内容，定期进行检查考核。不定期对机关各部门和事业单位党员干部进行政治理论知识随机抽测。对于"固定学习日"组织不力的、学习笔记质量不高的、学习台账记录不规范的、政治理论知识测验成绩不高的、党员干部学习体会质量不好的党支部，严肃批评、追责问责。加强考评结果运用，把考核结果作为评价基层党组织建设情况的重要依据、作为党组织负责人履行党建主体责任的重要依据、作为对党员开展民主评议的重要依据，与党组织评优评先和党员干部提拔晋升挂钩。

8.营造浓厚学习氛围。建立党员学习园地，在每个办公室设置书写板，由党员自己动手，摘抄党的基本基础理论知识、党中央的最新要求、习近平总书记重要论述，根据学习安排进行更新，做到随新随换、随写随学，理论学习时刻在身边。局机关各党支部设立党员教育室，悬挂党旗，张贴入党誓词，展示党员的权利、义务以及廉洁自律准则等内容，营造浓厚的学习氛围。

三、取得的主要成效

通过一年多的实践,"固定学习日"制度保证了全局政治理论学习的及时性、有效性,为加强党的思想建设找到了一个有力抓手,各级党组织和广大党员、干部思想政治素质进一步提高。

一是"四个意识"更加牢固。5年来,以习近平同志为核心的党中央大手笔谋划国内国际工作大局,大气魄治党治国治军,大力度推进改革发展稳定,党和国家事业取得了历史性成就、发生了历史性变革。实践证明,党和国家事业发生历史性变革,根本在于以习近平同志为核心的党中央坚强领导。广大党员干部深刻认识到,以习近平同志为核心的新一届中央领导集体是深受全党全国各族人民拥护和信赖的领导集体,习近平总书记是全党拥护、人民爱戴、当之无愧的党的领袖。必须牢固树立"四个意识",坚定"四个自信",坚决维护习近平总书记核心地位、维护党中央权威和集中统一领导。

二是指导思想更加坚定。广大党员干部深刻认识到,习近平新时代中国特色社会主义思想,是我们党必须长期坚持的指导思想,是博大精深、系统完备、逻辑严密、内在统一的科学体系,核心要义就是坚持和发展中国特色社会主义,具体体现在从理论和实践结合上,系统回答了新时代坚持和发展什么样的中国特色社会主义、怎样坚持和发展中国特色社会主义,坚持以人民为中心,坚持理论联系实际,阐述揭示了中国特色社会主义建设内在规律,凝聚了习近平总书记深邃的政治智慧和独特的理论创造,为我们建设中国特色社会主义现代化强国指明了奋斗方向、提供了根本遵循。

三是从严治党更加自觉。党的十八大以来,面对党内存在的突出问题,以习近平同志为核心的党中央,果断作出全面从严治党战略部署,以顽强的意志品质、空前的力度,严明政治纪律和政治规矩,坚决改变管党治党宽松软的状况,持续落实中央八项规定精神,坚定不移"打虎""拍蝇""猎狐",严肃查处腐败分子,消除党内重大政治隐患。全局广大党员干部坚决拥护党中央的决定,更加深刻认识到,全面从严治党永远在路上,必须深刻认识"四大考验"的长期性复杂性、"四种危险"的尖锐性严峻性,坚持问题导向、保持战略定力,发扬钉钉子精神,推动全面从严治党向纵深发展。

四是宗旨意识更加强烈。人民群众是历史的创造者,是决定党和国家前途命运的根本力量。广大党员干部深刻认识到,推进党的建设新的伟大工程,必须坚持人民主体地位,坚持立党为公、执政为民,始终与人民同呼吸、共命运、心连心,始终保持党同人民群众的血肉联系,把人民对美好生活的向往作为奋斗目标,把广大人民群众对铁路运输的需求作为努力方向。牢固树立全心全意为人民服务的宗旨意识,坚持"人民铁路为人民",不断改进作风,深入企业基层、深入站车工厂,了解基层情况、解决现场问题,督促企业改进服务质量,让人民群众在铁路发展中有更多获得感、幸福感、安全感。

事业发展没有止境,学习就没有止境。习近平总书记强调,要坚持学习、学习再学习。面对新时代的新征程,我们要进行伟大斗争、建设伟大工程、推进伟大事业、实现伟大梦想,必须不断加强党员干部的"精神之钙",筑牢思想之魂。国家铁路局将以深化"固定学习日"学习品牌建设为重要抓手,坚持以党的政治建设为统领,落实新时代党的建设总要求,推动全面从严治党向纵深发展,不断提高党的建设质量,为全局各项工作不断开创新局面、推动铁路高质量发展,加快建设交通强国铁路篇,提供强有力的政治思想和组织保证。

立足四个注重 着眼四个打造
开创机关党建工作新局面

国家邮政局机关党委

一、注重清清爽爽、打造政治生态

认真贯彻《关于新形势下党内政治生活的若干准则》，研究制定《严格落实"三会一课"制度的措施》《严格落实党员领导干部双重组织生活制度的措施》，印发《关于严格规范党内和日常工作生活中称呼的通知》，明确党员干部在党内和日常工作生活中一律互称同志，从规范称呼做起，发扬党内民主，形成"清清爽爽的同志关系，规规矩矩的上下级关系"。严格落实民主生活会、组织生活会制度，深入开展批评与自我批评。各级党组织深入开展学党章、用党章、遵党章活动，组织开展形式多样的主题党日活动，扎实开展民主评议党员工作，不断规范党内政治生活，营造良好的政治生态。

群众路线教育实践活动党组中心组集体研讨会

二、注重红色基因、打造过硬队伍

这是邮政管理部门队伍建设的一条十分重要的经验。2007年，国家邮政局刚刚重组，面对环境的变化、角色的转换，不少党员领导干部感到迷茫和困惑，甚至产生了"到底能坚持多久"的悲观情绪，在这种困难局面下，局党组毅然决定组织机关各司室负责同志以及省级邮政管理部门"一把手"上井冈山，从井冈山精神中汲取行业改革发展前行不竭动力，一举实现了对邮政管理队伍的思想大整顿,克服了"信念危机",为邮政体制改革开好局、起好步产生深刻的影响。之后,又先后组织到延安、西柏坡等红色教育基地接受革命传统教育,锻造艰苦创业的精神之魂。2012年,国务院决定设置市(地)一级邮政管理局,这是邮政业改革中的又一次重大机遇,在这关键节点,局党组在井冈山和北京组织4期全国市(地)局局长任职培训班,培训既有革命传统和理想信念教育,也有邮政管理业务授课,使即将奔赴基层邮政管理第一线的同志们,以井冈山精神为动力,坚定信念,努力开创基层邮政管理工作新局面。通过不断聚力凝魂,打下了邮政管理系统党员领导干部矢志抓改革的信念之基。

组织党务干部赴井冈山开展革命传统教育,重走挑粮小道的情形

三、注重日常经常、打造党建规范

认真开展支部工作法总结推广工作,制定和落实机关基层党建工作季度通报制度。制定印发《关于进一步落实"三会一课"的措施》,配套制作《党组会议记录本》《党委会议记录本》《党支部会议记录本》《党员学习记录本》等9类记录本,从规范会议记录严起促进党内政治生活经常化。印发《关于进一步严格党费收缴管理使用的措施》,配套制作《党员须知》手册,创建"党小组长收缴、党支部汇总、机关党委审核、机关财务入账"的党费收缴新模式,实现党费收缴、管理、使用规范化。

四、注重聚力树形、打造行业文明

成立邮政行业精神文明建设指导委员会,制定精神文明建设的指导意见,引领行业文化和精神文明建设方向。联合团中央、交通运输部组织开展快递行业"青年文明号"创建活动,成功组织3届"中国梦·邮政情"寻找最美快递员评选活动,举办3届快递行业"黑马杯"篮球邀请赛,并逐步打造成为邮政行业文明创建优秀品牌。认真践行社会主义核心价值

三、部直属机关各单位党组织有特色的党建工作实践成果展示

观,大力弘扬邮政行业"诚信、服务、规范、共享"的核心价值理念,大力宣扬尼玛拉木、王顺友、艾克帕尔·伊敏、其美多吉、马朝立等先进典型事迹,展示了行业良好风貌。

国家邮政局精神文明建设指导委员会指导举办的
寻找最美快递员活动,在人民大会堂举行颁奖典礼

扎实开展"五讲四好三服务"
努力建设放心省心舒心模范机关

部办公厅党总支

党的基层组织是党的全部工作和战斗力的基础。交通运输部办公厅党总支坚决贯彻落实新时代党的建设总要求,以党的政治建设为统领,结合推进"两学一做"学习教育常态化制度化,以提升党组织组织力为重点,全面加强基层党组织建设,在实践中逐步发展形成以"五讲四好三服务"为工作载体,以努力建设让部党组放心、让司局省心、让基层舒心的模范机关为主要内容,以发挥好党总支战斗堡垒作用为根本着力点,注重开展支部工作法,努力在新时代开启新征程、续写新篇章。

一、基本内涵

——"五讲"(讲政治、讲大局、讲作风、讲奉献、讲操守)紧扣"学"的内容。坚持把党的政治建设放在首位,通过认真学习领会习近平新时代中国特色社会主义思想,特别是学深悟透习近平总书记"5.8"重要讲话精神,进一步坚定理想信念,提高政治觉悟,牢固树立"四个意识",坚定"四个自信",坚决做到"两个维护",始终在政治立场、政治方向、政治原则、政治道路上同党中央保持高度一致。

——"四好"(参谋助手好、综合协调好、督促检查好、服务保障好)紧扣"做"的标准。立足交通运输改革发展新形势新任务,切实发挥办公厅在服务协调推进"五位一体"总体布局和"四个全面"战略布局、加快推进交通强国建设中的枢纽作用,全力推动党中央、国务院各项决策部署在交通运输部系统落地生根、开花结果。

——"三服务"(服务大局、服务基层、服务群众)紧扣"改"的要求。坚持"以人民为中心"发展思想,忠实履行办公厅四项基本职能,牢固树立"服务创造价值"理念,建立完善及时发现和解决问题的有效机制,增强自我净化、自我完善、自我革新、自我提高的能力,积极回应群众期盼关切,不断提升服务能力和水平。

二、创建措施

(一)培树一个党建学习品牌,让"五讲四好三服务"成为全体党员共同价值追求

坚持不懈用党的最新理论成果武装头脑、指导实践、推动工作。一是锤炼忠诚品格。认真组织学习领会习近平总书记关于办公厅(室)工作和交通运输工作的重要论述,重点把"坚持绝对忠诚的政治品格"作为办公厅工作的灵魂和厅内政治建设的首要任务,确保在政

治上走在前、做表率。二是领导示范引领。部党组书记杨传堂同志以普通党员身份同所在党小组党员一起学习交流，厅主要负责同志定期结合工作实际给全厅党员干部讲党史、上党课，厅领导班子采取个人自学、分头领学、集中研讨等方法带头学思践悟。三是创新方法形式。采取"请进来、走上台"方式开展集体学习，先后邀请国家统计局、北京大学、中国人民大学专家学者作专题讲座10余场，全厅先后有30余人次走上讲台，交流学习党的十九大精神、《习近平谈治国理政》心得体会。

办公厅党总支开展"党员干部上讲台"系列学习交流活动

（二）严肃党内组织生活，在党性锤炼中不断夯实"五讲四好三服务"根基

加强党员教育管理监督，强化"五讲四好三服务"的自觉，确保基层党组织战斗堡垒作用得以充分发挥。一是坚持组织生活制度。认真执行"三会一课"、民主生活会和组织生活会、谈心谈话、民主评议党员、请示报告等制度，厅领导班子成员主动赴所在或联系党支部、党小组开展现场指导。二是提高组织生活质量。坚持目标导向和问题导向，同志之间开展经常化的批评与自我批评，鼓励不同意见的相互碰撞、相互交锋，开展积极健康的思想斗争。三是丰富组织生活方式。开展"聚焦十三五，当好先行官"和"加强党建引领，助力扶贫攻坚"主题联学，与基层交通干部共同深入学习理论、调研难点问题、研究思路举措；厅领导带队到机关司局面对面听取对政务运行和服务保障的意见建议，积极研究协调解决，及时逐项进行反馈。

（三）建立一本目标任务台账，将"五讲四好三服务"具体到事落实到人

将"五讲四好三服务"与年度目标重点任务有机结合，实行项目化管理，做到党建、业务、队伍工作同部署、同落实、同检查、同考核。建立目标任务台账，实现任务进度及时提醒、工作进展实时网络反馈、工作推进全程记录，确保任务到人、责任到人、督办到人。年底结合民主测评党员进行评价打分，使每个党员在全面履职中感受"五讲"的价值、对标"四好"的要求、收获"三服务"的成就。

（四）完善一套制度标准体系，让"五讲四好三服务"成为业绩持续提升的长效保障

对标中办、国办，将"五讲四好三服务"的要求制度化、标准化。组织制修订厅党总支工作规则、从严管理干部实施细则、党小组工作规则、办公厅干部"十不准"以及会议、文件、督查、信息公开、人大建议政协提案办理、信访等 30 多项管理办法和操作规程。在此基础上，组织编撰《办公厅（室）政务运行手册》，从工作闭环角度，对目标确定、决策、执行、监督评价等各个工作环节进行制度规范和案例展示，形成一整套标准化、规范化的制度标准体系。

（五）开展一轮岗位技能练兵，在实践中展现"五讲四好三服务"成果

按照政治过硬和本领高强的要求，努力提升每个党员岗位业务技能。围绕全面提升办文办会办事水平，开展主题演讲、公文竞赛、跟班学习等岗位技能练兵活动，组织参加部内部外各类专业培训，推荐优秀党员干部赴中央纪委机关、国办、财政部交流锻炼，在实践中磨砺工作作风，提升岗位技能，打造高素质专业化的党员干部队伍。

三、主要成效

（一）党性观念进一步强化，思想觉悟不断提高

立足"五讲四好三服务"载体，全厅党员干部大力弘扬理论联系实际的优良学风，认真学习领会习近平新时代中国特色社会主义思想的丰富内涵和精髓要义，切实提高了思想理论水平和政治政策水平，进一步夯实了忠诚核心、拥戴核心、维护核心的政治根基。

（二）组织生活进一步规范，队伍建设稳步推进

全厅党员干部结合"五讲四好三服务"有关要求，认真开好"三会一课"，开展积极健康的批评与自我批评，做到既坚持真理、坚持原则，又相互支持、相互帮助，党内政治生活的政治性、时代性、原则性、战斗性进一步增强。

（三）工作作风进一步优化，政务运行更加高效

以"五讲四好三服务"为抓手，全厅党员干部把工作重点进一步聚焦到服务部党组决策和提高机关运转效能上，埋头苦干、默默奉献的作风得到进一步弘扬，服务大局、攻坚克难的能力得到进一步增强，政务运行的质量和效率得到进一步提升。

"五讲四好三服务"党建载体创建以来，办公厅各项工作都取得了明显进步。厅党总支荣获中央国家机关先进基层党组织称号，年度党建考核成绩在部直属机关连续多年名列前茅，涌现出一批部优秀共产党员、优秀党务工作者、青年五四奖章获得者。提案办理工作荣获政协十二届全国委员会提案先进承办单位称号，信访工作荣获全国信访系统先进集体称号，政务公开工作在国办第三方评估中获得优秀等次，政务信息、机要保密、机关文印、文件交换等工作多次被上级主管部门评为先进。

创新形式载体
打造"知行合一,严实求是"党建品牌

部政策研究室党支部

作为部党组的"参谋部、智囊团、思想库、宣传队",政策研究室党支部认真学习贯彻党的十九大精神,围绕服务部党组中心工作、服务行业发展,创新形式载体,强化文化滋养和作风建设,践行"求是"精神,不断夯实党支部建设基础。同时,立足工作职责,主动作为、勇于担当,实现政策理论有提升、改革有突破、文稿有创新、宣传有亮点、信用有成效,打造了"知行合一,严实求是"党建品牌。

一、打造"三型支部"

"知行合一,严实求是"党建品牌传承"知是行的主意,行是知的工夫;知是行之始,行是知之成"的中华民族优秀传统文化和哲学理论精髓。政研室党支部带领全室党员干部以"学"促"知"、以"知"导"行"、以"行"验"知",实现"知""行"共进。

一是打造书香型党支部。建立"纸墨书香"图书角,开展了"书香政研"主题阅读活动,定期举办读书交流会,打磨室内同志"腹有诗书气自华"的底气,努力打造充满书卷气的"书香政研"。引导党员干部博览群书,开阔视野,并学有所专,形成全室好读书、读好书的良好风尚,培养观全局、谋大势、议国是的格局和能力。

二是打造智慧型党支部。深入推进"两学一做"学习教育常态化制度化,组织党员干部认真学习掌握马克思主义基本理论,学习习近平新时代中国特色社会主义思想,提升自我净化、自我完善、自我革新、自我提高能力。学习用新的理念、新的方法、新的思路寻求解决实际问题的具体方法,用新思想指引新征程。将"智"与"治"紧密结合,多出经世致用的"好折子",做好服务部党组决策的"最强大脑",当好智囊团、参谋部,为奋力推进交通强国建设给出新方案。

三是打造担当型党支部。引导党员干部树立"敢想、敢干、敢探索"的思想认识,牢固树立正确政绩观,弘扬新时代新担当新作为,扭住关键,精准发力,勇挑重担、啃硬骨头。增强工作的前瞻性和创造性,落实责任担当,把知责之明转化成履责之行,在政治理论研究、重要文稿保障、全面深化改革、重大政策储备等重点工作中不断取得创新性成果。着力打造"勇担当善作为"党员干部队伍,在交通运输事业发展的宽广舞台上展示人生价值,在报效祖国、服务人民的事业中有所作为。

二、做实"四个平台"

实践发展永无止境,认识真理永无止境,理论创新永无止境。党支部始终专注于做好智囊团、参谋部、思想库、宣传队,深刻领会习近平中国特色社会主义思想的丰富内涵,抓住精髓要义,保持和发扬与时俱进的理论品格,勇于推进实践基础上的理论创新,把思想化为行动的导航仪、路线图、方法论。

一是做实学习习近平新时代中国特色社会主义思想平台。定期收集、更新习近平总书记系列重要讲话,特别是对交通运输系列重要论述,坚持以习近平新时代中国特色社会主义思想武装头脑、指导实践。认真组织学习《习近平谈治国理政》第二卷,做到联系实际学、带着问题学、不断跟进学,领会掌握精神、内容和要求,做到学而信、学而思、学而行。出版《"四好农村路"理论与实践》,编辑印发《习近平总书记重要论述摘编》《以习近平新时代中国特色社会主义思想为指引奋力开启建设交通强国新征程》。整理编撰成部党校培训教材,在全行业发挥学习引领作用,实现真学、真懂、真信、真用。

二是做实"知行讲坛"能力提升平台。定期开办"知行讲坛",多次邀请行业内外专家讲课,以创新的思想、前沿的学术、多元的文化和广博的知识武装党员头脑。坚持以知促行、学以致用,开展与业务司局的联合攻关,召开专家座谈会、务虚会等,攻克改革发展中的焦点、难点问题,促进党员提升履职能力,发挥好部党组决策的参谋、助手作用。

三是做实"双问"建言献策平台。充分发挥智囊作用,在部政府网站上开设"问计于民、问计于网"栏目频道,向全社会征集对行业政策制定的意见和建议。定期分类、汇总、分析,形成研究报告供党组决策参考,将"以人民为中心"的发展理念落到实处。第1期以"深化供给侧结构性改革,推进'放管服'改革,降低物流成本"为主题,形成了多方面意见建议,提供给部党组做决策参考。第2期"我心目中的交通强国"主题已经启动,进入意见征集程序。

"不忘初心 牢记历史 传承信仰的力量"主题党日活动(卢沟桥)

四是做实"焦蕴平"文稿品牌平台。在《中国交通报》开辟专栏,组织党员干部撰写"焦蕴平"系列评论员文章,多维度、多层面为全行业、全社会解读交通运输改革发展的思想、理念、思路、决策,精准发声,扩大影响,以文辅政。《加快把交通运输高质量发展指标体系建起来》《快递企业做大盘子更要做好"面子"》等多篇文章得到部党组的好评和行业的认可。

三、做精"四项活动"

有效的载体是实现目标的重要手段。政研室党支部坚持在活化党建活动载体上下功夫，通过做精"四项"活动，筑牢党员干部"立足岗位奉献、当岗位先锋"的思想自觉和行动自觉，进一步增强"四个意识"，坚定理想信念、保持对党忠诚、树立清风正气、勇于担当作为，充分发挥先锋模范作用。

一是把党课宣讲活动做精。每年制订主题党课宣讲计划，定期组织室领导结合学习贯彻十九大精神、交通强国建设、供给侧结构性改革、新闻舆论宣传等重点工作为支部全体党员做党课宣讲，真正把党课打造为宣传党的主张、贯彻党组决定、凝聚共识、推动改革发展的有力抓手。支部始终坚持创新党课宣讲的形式，连续两年同首发集团京沈分公司党委、北京交委路政局怀柔公路分局等基层党组织开展了"共话交通情"党课宣讲活动，提高了党课吸引力感染力。

二是把联学共建活动做精。先后与烟台救捞局、港珠澳大桥海事处、离退休干部局等党组织开展了联学共建活动。签订联学协议，建立联动机制，通过"联合学""联动学""联通学"，联系工作实际，加强沟通，促进合作，汇聚合力，真正把学习成果转化为推动行业发展的实际行动，共同为交通运输事业发展贡献智慧与力量。

三是把组织生活日做精。严格执行新形势下党内政治生活的若干准则，制订落实工作方案，通过党课、主题党日、务虚会等多种形式，定期开展组织生活日活动，增强党内政治生活的政治性、时代性、原则性、战斗性。落实领导干部参加双重组织生活规定，部长李小鹏同志、副部长刘小明同志都作为普通党员参加过党支部的组织生活日活动。

四是把党建课题研究做精。立足行业改革发展实际，以解决行业重大问题为突破口，开展党建课题研究和政策储备研究，形成一批具有宏观性、战略性、前瞻性的党建研究成果和行业政策储备，为部党组科学决策服务。重点研究了党建工作在政策研究中的作用、社会主义核心价值观、落实意识形态责任制等课题，连续三年获得中央国家机关工委优秀党建课题研究成果奖。

砥节砺行良法善治
——以党建引领交通运输法治政府部门建设

部法制司党支部

一、党的领导为法治政府建设指明方向

我国法治建设事业的航船是在党的领导下乘风破浪、不断前进的。党的十一届三中全会提出了"有法可依、有法必依、执法必严、违法必究"的方针，为改革开放和社会主义现代化建设奠定了法治基础。党的十五大报告将"依法治国"确立为治理国家的基本方略。1999年，"中华人民共和国实行依法治国，建设社会主义法治国家"写入宪法。法治政府建设作为法治国家建设的重要组成部分，在党的领导下取得了重大成就。党的十八大报告将"法治政府基本建成"确立为2020年全面建成小康社会的重要目标之一。十八届三中全会《决定》提出了"建设法治政府和服务型政府"的任务。十八届四中全会《决定》对"深入推进依法行政，加快建设法治政府"作了全面部署，准确回答了建设什么样的法治政府、怎样建设法治政府这一依法治国的重大问题。十八届五中全会审议通过的《中共中央关于制定国民经济和社会发展第十三个五年规划的建议》提出，加强法治政府建设，依法设定权力、行使权力、制约权力、监督权力，依法调控和治理经济，推行综合执法，实现政府活动全面纳入法治轨道。2015年12月，中共中央、国务院印发的《法治政府建设实施纲要（2015~2020年）》，是第一次以"中发"文件形式颁布的有关法治政府建设的文件。这是对党的十八大以来法治政府建设目标任务的具体落实，是与"十三五"规划相配套的法治建设规划，为新形势下深入推进依法行政、加快建设法治政府指明了方向。

二、深入推进交通运输法治政府部门建设

为全面贯彻落实党中央、国务院关于依法治国、建设法治政府的重大决策部署，法制司党支部推动部印发了《关于加快推进交通运输法治政府部门建设的意见》，正式向全社会全行业提出"交通运输法治政府部门建设"的概念。

"法治政府部门建设"是交通运输部贯彻落实法治政府建设要求，推进和深化交通运输行业依法行政工作，全面提升本行业依法行政工作能力和水平的一项重要理论创新。"交通运输法治政府部门建设"作为法治政府建设的一项重要内容，涵盖了交通运输行业法治工作的方方面面。其主要内涵和要求是：围绕法治政府建设目标，以法治考评为主要抓手，把法治要求贯穿到交通运输规划、建设、管理、运营服务、安全生产的各个领域，为交通运输改革发展提供法治引领和保障。争取到2020年，基本建成职能科学、权责法定、执法严明、公开公正、廉洁高效、守法诚信的交通运输法治政府部门，推进交通运输治理体系和

治理能力现代化。交通运输法律规范体系、法治实施体系、法治监督体系、法治保障体系基本形成；运用法治思维和法治方式深化改革、推动发展、化解矛盾、维护稳定的各级交通运输部门领导班子，职能科学、权责法定、运行规范的各级交通运输行政机关，严格规范公正文明执法且保障有力的交通运输执法队伍基本建成。

交通运输法治政府部门建设目标的提出与实现，对交通运输法治工作者提出了很高的素质要求。主要包括：

（一）要具备较高的法治意识

思想是行动的先导。为强化交通运输法治政府部门建设的思想引领和组织领导，明确将对交通运输各级领导干部和公务员的法治思维培育和法治意识培养，作为一项重点任务。从党建工作强化法治思维和法治意识的角度来看，由于各级交通运输管理部门的领导干部和公务员大多数都是共产党员，按照党中央关于加强党内法规学习宣传的工作要求，交通运输系统各级党组织都应该积极运用"三会一课"、专题培训会、专家讲座等形式，定期不定期在全体党员干部中全面系统地开展党内法规的学习宣传工作，不断增强全体党员干部的党规党纪意识，为其法治意识的提高打下坚实的基础。

（二）要具备规范执法的能力

交通运输作为国民经济的重要组成部分，对广大人民群众的日常生活有着广泛而深刻的影响。各级交通运输管理部门的权力不可谓不大，因此其违纪违法滥用权力的行为对社会和行业的影响也极为恶劣。全面推进交通运输法治政府部门建设，就必然要求交通运输法治工作者在强化法治意识的基础上，具备与处理复杂执法事务相匹配的法治工作的能力。党的十八大以来，党中央国务院提出了全面依法治国和全面从严治党的重要决策部署。交通运输法治工作者不仅应该积极参与相关理论知识的学习，更应该积极参与到深化法治建设和党建工作中去，通过相关工作实践，不断强化自身从事法治工作的能力和水平。交通运输法治工作者应当坚持依纪依法用权，学会在法律和制度的"笼子"里用权，并积极发挥自身专业和工作特长，引导和规范其他岗位的人员规范公正文明执法。

（三）要学会在阳光下用权

交通运输法治政府部门建设将"强化对行政权力的制约和监督"作为的一项重要任务，其目的就是要全面贯彻落实党中央国务院关于全面依法治国、建设法治政府的重要决策部署，就是要在全行业进一步强化"阳光是最好的防腐剂"意识，进一步保障广大人民群众、各类市场主体依法依规进行监督的权利，保障行业内外各类监督机制能够更加充分有效地发挥作用，积极营造风清气正的行业氛围。交通运输法治工作者对全面深化交通运输法治政府部门建设负有重要使命，不仅要通过自身的依纪依法履职，保障和维护广大人民群众、各类市场主体的合法权益，而且其自身也要更加习惯于在无所不在的监督下工作，以身作则做行业的法治先行者。党的十八大以来，我们党大刀阔斧地推进反腐败工作，对一批严重损害党和国家形象、党和人民利益的党政领导干部进行了严肃查处。交通运输法治工作者大多也具备共产党员的身份，党风廉政工作的开展，对促进其形成"在阳光下用权"的意识与强化其"在阳光下用权"的能力,都有极为重要的意义。

由此来看,加强党建工作对于提升交通运输法治工作者的法治意识,强化其规范用权的能力,促进其"在阳光下用权",都有着重要的意义。而这些素质的培养,也是交通运输行业全面深化法治政府部门建设的基础和保障。

三、党建品牌引领交通运输法治政府部门建设

交通运输法治政府部门建设目标的提出,对交通运输法治工作者提出了较高的素质要求。为确保这一建设目标的实现,司党支部从党支部自身做起,从支部党员干部抓起,提出打造"砥节砺行良法善治"的党建品牌,通过党建品牌建设来凝聚人心、汇聚士气,为交通运输法治政府部门建设提供引领与保障。"砥节砺行"意为要求法制司党支部全体党员干部以党章党规和习近平新时代中国特色社会主义思想为指引,强化党性修养,牢固树立政治意识、大局意识、核心意识、看齐意识,争做"讲政治、有信念,讲规矩、有纪律,讲道德、有品行,讲奉献、有作为"的合格党员。"良法善治"源自党的十八届四中全会提出的"法律是治国之重器,良法是善治之前提",指法制司党支部围绕中心、服务大局,全面深化交通运输法治政府部门建设,不断推进交通运输治理体系和治理能力现代化,为交通运输改革发展稳定提供法治引领和保障。

四、党建引领交通运输法治政府部门建设的具体实践与成效

(一)砥节,在"学"上下功夫

"知为行之始,学为用之先。"习近平同志指出,事业发展没有止境,学习就没有止境。学习好工作思路才清晰,学习好才能服务好,学习好才能创新发展。司党支部在推进交通运输法治政府部门建设的过程中,注重通过强化学习不断提高党员干部的思想政治素质,坚定远大理想信念,确保党员干部队伍的纯洁性和先进性。

一是在学习内容上,注重提高党员干部的政治素质。近年来,司党支部深入开展"党的群众路线教育实践活动"、"三严三实"专题教育、"两学一做"学习教育以及推进"两学一做"常态化制度化等专题活动,认真组织全司党员干部系统学习中国特色社会主义理论体系,重点学习党章党规和习近平新时代中国特色社会主义思想以及党和国家领导人对交通运输行业的指示精神。准确把握不同时段、不同重点的学习要求,把理论学习与法制司中心工作结合起来,有效提高了党员干部的思想政治素质和政策理论水平。二是在学习形式上,强调搭建平台创新学习形式。司党支部以"三会一课"制度为基本抓手,每月至少召开一次支委会和各党小组会,每季度至少召开一次党员大会,坚持支部书记讲党课,开展支部委员讲党课,制定学习计划,建立学习档案,确保学习成效。建立法制司党建工作微信群,定期发布学习内容,深入推进"互联网+党建"。打造"法治交通讲坛",邀请基层和行业先进人物典型现身说法,使全司党员干部"学"有典型,见贤思齐。三是在学习效果上突出学有所用学有成绩。据统计,近三年来,司党支部共组织党员干部集中理论学习五十余次,学习理论文章和经典文献百余篇,参加学习的党员干部累计一千余人次,发表思想政治研究论文九篇,其中两篇获得了中央国家机关党的建设研究会二等奖,一篇获得交通运

三、部直属机关各单位党组织有特色的党建工作实践成果展示

输部机关调研选题一等奖。

党支部主题党日活动

(二)砺行,在"做"上下功夫

"为学之实,固在践履。"提高党员干部的党性修养不能"光说不练",法制司党支部在提高党员干部思想政治素质的过程中,强调基础在学,关键在做,大力弘扬理论联系实际的优良学风,坚持学用结合、以知促行、知行统一,把学习成效体现到促进推动中心工作上,使思想真正有所提高,使工作切实得到改进和加强。

一是总结"五化"支部工作法,突出领导干部"做"的表率。司党支部在推进学习教育活动的过程中抓住党员领导干部这一"关键少数",以"组织关系明确化、组织生活制度化、组织活动常态化、组织决议严肃化、组织监督体系化"的支部工作法,充分发挥领导干部表率作用,推动基层党组织政治生活经常化、制度化、正规化,进一步增强了党支部的凝聚力与战斗力,为党员领导干部参加双重组织生活提供了"样本"和"参照"。二是建立健全党支部工作制度,让"做"有准则依据。司党支部坚持将支部建设作为最重要的建设,不断查漏补缺,夯实工作制度基础。制定出台《法制司党支部"三会一课"制度实施细则》《法制司党支部学习制度》,实现了学习教育的常态化制度化,真正做到融入日常,抓在经常。制定出台《法制司党支部加强党风廉政建设细则》,进一步规范全司党员干部的言行,使全司党员干部"行有依据,做有准则"。三是坚持深入基层一线,使"做"更接地气。司党支部在工作繁重,人手紧缺的情况下,积极响应中央号召,选派业务精干的党员干部到四川巴中、江西安远挂职锻炼,增强了解决实际问题和驾驭复杂局面的能力。每年分批次与交通运输系统基层党组织、一线职工开展"五个一"联学,让党员干部做到"开展一次主题调研,进行一次业务交流,参与一次一线执法,上一次基层党课,受一次红色教育。"每年选派青年干部参加中央国家机关工委"根在基层"实践活动,到条件艰苦的基层、交通建设的一线驻

地调研体验，让青年干部们真正做到静下心实践，沉下身锻炼。近三年来，司党支部委员把握问题导向，共带队深入基层调研80余次，累计200余天，通过带着问题去基层找答案，把基层的问题带回来想办法，形成了机关接地气、基层装天线的良性互动关系，不断提高了科学决策的能力和水平。

（三）良法，在"立"上下功夫

法律是治国之重器，良法是善治之前提。法制司党支部在推进交通运输法治政府部门建设的过程中，坚持立法先行，不断加强党对立法工作的领导，牢牢把握提高立法质量这个关键，立良善之法，立管用之法，有效发挥立法的引领和推动作用。

一是加强和改进党对立法工作的领导。进一步健全完善交通运输立法决策程序，切实加强了部党组对立法工作的领导。法制司党支部在组织起草交通运输法规草案时，始终牢固树立党的意识，始终坚持以中国特色社会主义理论体系为指导，始终坚持把交通运输立法工作放到党的全局工作中来思考、谋划，在坚持正确政治方向的同时，注重通过法定程序，及时把党在交通运输领域的路线、方针、政策、主张上升为国家意志，成为全社会成员一体遵循的行为规范和活动准则。二是深入推进科学立法、民主立法。深入贯彻党的十八届四中全会和新修订的《立法法》要求，修订部令《交通运输法规制定程序规定》，进一步规范交通运输法规草案的立项、起草、调研、审核、评估机制，进一步强化立法征求意见机制、公众参与立法机制、专家论证机制，坚持以立法尊重和体现客观规律为核心，以立法为了人民、依靠人民为核心。近年来，推动国家颁布实施了《航道法》《国内水路运输管理条例》，积极推进了《海上交通安全法》《收费公路管理条例》《快递条例》等制修订进程，发布交通运输行业急需的部颁规章186件，废止规章70件。三是不断健全完善综合交通运输法规体系。立足交通运输涵盖铁路、民航、邮政的大交通格局，制定出台《关于完善综合交通运输法规体系的实施意见》，确定了以《综合交通运输促进法》《铁路法》《公路法》《航运法》《民用航空法》《邮政法》等为代表的六大法规系统，科学搭建了综合交通运输法规体系框架，充分发挥立法在交通运输改革发展黄金期的引领与规范作用。

（四）善治，在"建"上下功夫

"徒法不足以自行。"法律的生命在于实施，法制司党支部在推进交通运输法治政府部门建设的过程中，注重完善顶层设计，推进依法行政，提高执法能力，通过简政放权、放管结合、优化服务，不断优化交通运输行政效能，有效激发交通运输市场活力。

一是明确任务、细化措施，进一步完善建设的顶层设计。推动交通运输部成立法治政府部门建设领导小组，切实加强部党组在法治建设中的领导核心作用。印发《关于贯彻实施<法治政府建设实施纲要（2015~2020年）>的通知》和分工方案任务分解表，确定了九大方面74项工作任务，并细化成450余项具体措施，交通运输法治政府部门建设顶层设计基本完成。二是全面推进依法行政，进一步提升交通运输行政执法能力。研究制定《交通运输行政执法程序规定》，完善了行政执法程序，提高了执法规范化水平。印发《关于推行法律顾问制度和公职律师制度的实施意见》，充分发挥法律顾问、公职律师在交通运输行业改革发展稳定工作中的服务与保障作用。交通运输基层执法队伍职业化建设、基层执法站所规范化建设、基础管理制度规范化建设("三基三化"建设)取得丰硕成果。三是持续深化"放管服"改革,进一步优化交通运输行政效能。深入推进行政审批事项取消下放工作,2013年以来,交通运输部取消下放部级层面行政审批事项40项,中央指定地方实施审批事项10项,将16项工商登记前置审批改为后置。制定《交通运输部权力和责任清单》,有效提升了交通运输治理能力和水平。出台《关于深化交通运输行政审批制度改革加强事中事后监管的意见》推行"双随机一公开"监管模式,有效加强了交通运输领域事中事后监管。

五、有关启示

法制司党支部以党建引领交通运输法治政府部门建设的生动实践,是基层党组织以党建载体推动工作大发展、上台阶的有力证明。党在国家政治生活中处于总揽全局、协调各方的领导核心地位。党组织的核心领导作用、战斗堡垒作用和共产党员的先锋模范作用,党所拥有的政治优势、组织优势、思想理论优势和密切联系群众的作风优势,决定了只有在党的领导下依法治国、法治政府建设才能顺利推进。坚持党对法治政府建设的领导,党政主要负责人不仅自身要带头遵守宪法法律、带头依法办事,而且要抓好领导班子和干部队伍法治素养与能力的培养提高。要把坚持不坚持依法行政、愿意不愿意依法办事、善于不善于运用法律手段做好工作,作为评判行政机关工作人员特别是领导干部工作水平高低、工作实绩大小的重要标准,使法治政府建设真正成为一项硬要求和硬约束。全面推进依法治国、建设法治政府部门的新形势新任务,要求不断提高党领导法治建设的水平,既要确保党在宪法法律范围内活动,又要依据党内法规管党治党,充分发挥各级政府及其部门中的党组织和党员干部在法治政府建设中的模范带头作用。各级行政机关中的党组织要领导和监督本单位模范遵守宪法法律,坚决查处执法犯法、违法用权、贪赃枉法等行为。

激励党员干部新时代新担当新作为
进一步提升工作质量效率工作法

部综合规划司党总支

为深入学习贯彻习近平新时代中国特色社会主义思想和党的十九大精神，落实中共中央办公厅《关于进一步激励广大干部新时代新担当新作为的意见》精神，进一步提升交通运输规划工作质量和效率，综合规划司结合党支部工作实际，特提出一个使命、两个抓手、三个一流、四种精神和五项目标任务管理机制的工作法（简称"一二三四五"工作法），以进一步提升全司党员干部担当作为的能力和水平。

一、践行"核心指引、发展先行"的司使命

综合规划司全体党员干部要坚决维护习近平总书记权威和核心地位，坚决维护以习近平同志为核心的党中央权威和集中统一领导，以习近平新时代中国特色社会主义思想为指导，对党忠诚，勇于担当，求真务实，创先争优，满怀激情地投入新时代交通强国伟大实践。

党总支赴天津大沽口炮台遗址博物馆开展主题党日活动

二、坚持党建和业务"两手抓、两促进"

没有脱离政治的业务，也没有脱离业务的政治。综合规划司要坚持以党建引领和指导业务工作，以业务为载体推进党建工作。要以习近平新时代中国特色社会主义思想武装头

脑，切实做好交通运输规划工作，进一步发挥综合规划业务工作在服务国家战略、推进交通强国建设等方面的先行引领作用。要扎实开展"不忘初心、牢记使命"主题教育，深入开展"四比十化"活动，推进"两学一做"学习教育常态化制度化，实现党建与业务"两手抓""两促进"。

三、确保质量一流、效率一流、作风一流

以质量好、效率高、作风硬为目标，以做精做细做实为原则，进一步增强责任心、事业心、使命感。要发扬"工匠精神"，下足"绣花功夫"，确保质量一流。要坚持案无积卷、事不过夜、首问负责、真抓实干，确保效率一流。要主动担责、担难、担险，做到率先、争先、领先，确保作风一流。要以一流的作风推进一流的效率，以一流的效率保障一流的质量，将一流的质量作为衡量作风、效率是否一流的标准。

四、弘扬忠诚、廉正、求是、奋进的综合规划司精神

要忠诚。忠于党，忠于人民，忠于交通运输事业，不忘初心，牢记使命，做习近平新时代中国特色社会主义思想的坚定信仰者和忠实实践者。

要廉正。以德为先，以纪为纲，修身慎行，敬廉崇俭，公道正派，执政为民。

要求是。坚持理论联系实际，坚持一切从实际出发，有"功成不必在我"的境界和"功成必定有我"的担当，遵循规律，实事求是，一张蓝图绘到底。

要奋进。以作为交通运输人为荣，以交通运输事业为荣，以交通运输规划工作为荣，团结协作，砥砺奋进，为推进交通强国建设和实现中华民族伟大复兴的中国梦而不懈奋斗。

五、实行清单制和全链条管理

进一步优化综合规划部门职能，深化"放管服"改革，明确责任，优化流程，建立健全综合规划工作职责清单、任务清单、责任清单、问题清单等四个清单，以及全链条管理一条主线的"4+1"目标任务管理督查机制，并抓好贯彻落实，实现有权必有责、有责要担当、用权需谨慎、失责必追究。切实贯彻实施部激励和容错纠错机制，夯实进一步激励党员干部新时代新担当新作为措施。

"三个融入"破解高速公路服务区服务难题

部公路局党支部

近年来,公路局党支部坚持按照部党组"以'三严三实'作风筑富民惠民之路,在全面建成小康之路上当好先行"的要求,将"严实筑路、服务基层"品牌创建融入公路交通发展主战场,推进党建工作与公路交通改革发展相融相促,切实发挥党支部的战斗堡垒作用和党员的先锋模范作用,在全面落实"四个全面"战略布局和扎实推进交通强国建设中,走出了一条探索之路、实践之路。

党小组开展理论学习

一、坚持把品牌创建融入学习教育,提升党员干部综合素质

一是强化学习组织。结合工作实际,公路局党支部每年坚持制订学习教育实施方案,对支部学习、班子学习、党小组学习都进行了详细部署。以教育引导党员干部强化政治意识、大局意识、核心意识、看齐意识,时刻向党中央看齐,时刻与党中央保持一致,建设思想过硬、作风优良的党员干部队伍为核心目标,提出"五学四化"学习法推进学习教育。二是丰富学习形式。定期组织开展党课教育和基层联学,要求局班子和支部成员每季度都要讲一次党课,积极拓展渠道,争取与基层单位支部、其他部委相关支部、部内兄弟司局支部等开展基层联学。增加完善了"3个1"学习活动,即每月开展一次微党课、一次学习心得分享会、一次做法交流会,增加了党员参加学习教育的积极性。三是创新学习载体。结合支部特色,组织开展长征专题、中共党史、"十三五"规划、公路事权改革、营改增、智

三、部直属机关各单位党组织有特色的党建工作实践成果展示

慧公路等特色专题学习,开展"做一天养路工"、"迎七一·我向党来说句话"等主题党日活动。结合学习总书记讲话精神,组织党员撰写学习心得和感言,在集体学习会议上,由每个党员诵读个人感言,抒发拥护党、热爱党、跟党走的信心和决心。同时,通过局微信工作群评选优秀感言,受到全局党员干部的热烈欢迎和积极参与。四是强化学习研讨。结合学习习近平总书记系列讲话,针对行业发展难题开展研讨;围绕公路交通发展难题,邀请行业内外专家献策,组织开展集体学习研讨。既深化了对习近平新时代中国特色社会主义思想的认识,也增强了通过学习习近平新时代中国特色社会主义思想化解行业难题的能力。

与基层道班开展支部联学,慰问一线养路工

二、坚持把品牌创建融入制度建设,牢固支部建设制度支撑

一是强化组织制度执行。坚持民主集中制,定期召开民主生活会、组织生活会、党性分析会,深入开展批评与自我批评,局班子成员联系自身的思想、工作、作风实际,对照"两学一做"学习教育有关要求,总结成绩、剖析问题,并提出整改措施,扎实开展整改提高,增强党支部的战斗力和凝聚力。二是强化廉政制度建设。修改完善局"党风廉政制度",提出公路局干部"十不准"要求,明确工作、生活、言行禁区;落实廉政风险点管理措施,重点对公路从业单位资质管理、路网改造资金分配、建设项目初步设计审查等重点岗位人员进行廉政教育,规范工作流程,实行集体决策,推进网上审批和网上公示;强化廉政教育,及时组织传达学习中纪委全会精神和国务院廉政会议精神,结合春节、端午节、中秋节等重大节假日,组织观看廉政专题片、反面典型警示等,开展廉政预警和警示教育,提升拒腐防变意识和全员廉政意识,时时事事警钟长鸣,确保"干成事"、"不出事"。三是强化内部制度建设。对原有《工作制度》进行了大范围的修改,大幅增加了党的建设和廉政建设条款,细化了50条党风廉政建设纪律要求,落实"两个责任";增加依法行政、科学决策、队伍建设内容,强化安全生产责任和民主科学决策,以及监督制约机制;针对15个廉

政风险点，制订设计、施工、监理企业 3 类资质管理行业审查规则，出台资金拨付、评奖评优管理办法和国家重点公路工程项目初步设计咨询项目全面实行公开招标制度，扎紧了制度的笼子。

三、坚持把品牌创建融入文化建设，推动党建工作创新实践

一是及时掌握思想动态。落实部直属机关党委《交通运输部直属机关党内谈心谈话制度》要求，局党支部领导和局班子成员不定期与局内党员干部开展谈心交流活动，及时掌握干部思想动态，科学引导，确保全体党员干部在思想上、行动上与部党组要求保持一致。二是建立文化园地。对局会议室进行专门改造，建立文化墙和荣誉墙，建设图书学习室，巩固学习阵地。加大党建宣传力度和文化建设，充分利用部内网局机关网页，建设公路文化园地，弘扬社会主义核心价值观。三是选树优秀党员标杆。根据党员日常表现，对照党章标准，选树 2~3 名优秀党员标兵，组织开展向身边的优秀党员看齐活动。按照部直属机关党委部署，扎实开展讲好交通故事、展示党的风采活动，通过身边的榜样，树立正气、弘扬正能量，增强党组织吸引力、凝聚力。

四、坚持把品牌创建融入中心工作，努力实现两手抓两手硬

知者行之始，行者知之成，局党支部把党建工作融入中心工作放在突出位置，围绕贯彻落实中央路线方针政策，研究提出了多项制度办法并在全国公路行业推广，使党建工作在行业管理工作中焕发出勃勃生机。一是把学习贯彻习近平新时代中国特色社会主义思想与推动公路交通发展紧密融合。局党支部坚持将以习近平同志为核心的党中央治国理政的新理念、新思想、新战略转化为全局党员干部学做融合的生动实践。贯彻习近平总书记关于推进全面小康社会建设、推进扶贫开发和实施精准扶贫的指示，推进农村公路建设。贯彻习总书记建好、管好、护好、运营好农村公路的指示精神，大力推进"四好农村路"建设。贯彻党中央国务院供给侧结构性改革和促进物流业降本增效的指示精神，全面提升路网管理和服务水平。局党支部把握我国交通运输发展阶段性转变工作趋势，积极适应群众出行多元化需求和供给侧改革要求，将公路养护、管理、服务摆在更加重要的位置，作为公路交通转方式、调结构的主攻方向。按照中央精神，调整工作思路，转变发展理念，将公路交通发展方式从规模速度增长型转向质量效率增长型，从增量扩能为主转向提升服务、做优增量并举的轨道。进一步提升建设理念，贯彻公路工程全寿命周期成本理念，在考虑公路建设、养护、运营、管理等成本效益的同时，更加注重安全、绿色、服务等社会效益，更加注重公路的功能性和出行者需求。转变管理理念，由传统管理者转向公路交通服务提供者，从提供交通基础设施服务延伸到配套服务、在途服务。二是把落实新发展理念与工作实践紧密结合。系统开展了公路养护管理转型发展研究，提出了公路交通转型升级提质增效的解决方案和工作思路，形成了推进公路建管养运协调发展的顶层设计；系统提出了公路建设、养护和管理中贯彻绿色、节能、环保理念的思路，成为新时期公路建设管理的新理念。局党支部通过党建工作指导工作实践，研究出台了一系列制度和办法，指导开展了绿色公路、钢结构桥梁、BIM 技术应用试点工作，有力推动了新理念在全国公路行业的贯彻落实。三是把党的宗旨融入为民服务生动实践。局党支部按照以人为本的要求，强化

三、部直属机关各单位党组织有特色的党建工作实践成果展示

服务意识、提升服务能力,把以人为本和民生优先的要求贯彻到建管养全过程,有序推进公路建设,合理安排公路养护,提升路网管理和服务水平,方便人民群众安全便捷出行。大力推进未贯通路段建设,完善路网,提高路网贯通性;加强路网升级改造,提升路网通达性和通畅性。推进公路安全生命防护工程、危桥改造工程和地质灾害防治工程建设,确保公路设施安全和公众出行安全。继续实施绿色农产品免费通行政策,继续完善节假日小客车免费通行服务项目,开展高速公路服务区文明服务创建,增设普通公路服务区、停车区,深化服务内涵,扩大服务范围。推进路网监测体系建设,加强出行信息服务能力建设,利用互联网、高速公路交通广播等向司乘人员提供出行服务信息,鼓励并规范社会化市场化主体开展车载导航服务等,全面提升公路行业窗口服务水平和服务质量。

国道108线北京段改造工程

勇担责 善作为
奋力谱写交通强国水运新篇章

部水运局党总支

习近平总书记强调,中国特色社会主义进入新时代,我们党一定要有新气象新作为。党的十八大以来,水运局党总支坚持提高政治站位,牢固树立"四个意识"、始终坚定"四个自信",牢记交通强国、水运报国的初心和使命,以"守纪律讲规矩、勇担责善作为"为特色载体,奋力推进党建和业务工作融合开展,较好发挥了部党组决策的参谋者、部署的执行者和行业发展的推动者的作用,得到了部党组的充分肯定。

党员走进华为 助力科技创新

一、建载体,主体责任扛在肩

2015年,以李天碧同志为班长的新一届水运局党总支牢固树立"抓好党建是本职,不抓党建是失职,抓不好党建是不称职"的工作理念,结合水运局工作实际建立完善了以党总支、党支部、党小组为核心的三级党建工作格局,形成了落实全面从严治党长效工作机制。在"三严三实"专题教育期间,为适应全面从严治党新要求、抢抓水运发展新机遇、进一步改进党风政风，水运局党总支组织党员干部深入研究、广泛探讨、不断完善，提炼形成了"守纪律讲规矩，勇担责善作为"党建载体，并使之成为水运局党总支全面从严治党的重要抓手。

建设"守纪律讲规矩，勇担责善作为"特色党建载体，就是要以局党总支委员带头，带领广大党员干部通过学习党章党规、习近平新时代中国特色社会主义思想和十九大精神，增强"四个意识"，明确党的纪律规矩是什么、全面从严治党怎么做、攻坚克难如何干、履职尽责怎么办，全力打造政治可靠、清正廉洁、担当作为的党员干部队伍。同时，聚焦"四讲四有"合格共产党员标准，聚焦水路运输、水运工程建设、港口航道行业管理等核心业务领域，改革创新、攻坚克难，推动水运高质量发展。

在此载体下，局党总支加强了综合党支部、运输党支部、建设党支部等3个党支部建设，选拔政治过硬、业务精湛、口碑优良的处级领导干部担任支部书记、党小组长，为优秀干部成长提供舞台；加强党总支班子建设，将优秀青年干部、女干部吸收到党总支中来，形成了层次分明、结构合理、战斗力强的班子，有效激发了广大党员干部干事创业、勇于争先的内在活力，形成了讲纪律守规矩，勇担责善作为的良好氛围。

二、讲政治，表率模范做在先

水运局党总支围绕载体抓党建，始终把党的政治建设摆在首位，旗帜鲜明讲政治，毫不动摇地把党的政治纪律和政治规矩挺在前，切实在政治立场、政治方向、政治原则、政治道路上同以习近平同志为核心的党中央保持高度一致。

根据中央和部党组的统一部署，水运局党总支先后组织开展了党的群众路线教育实践活动、"三严三实"专题教育、"两学一做"学习教育以及学习教育常态化制度化等工作，全局党员干部通过总支扩大学、支部集体学、党员各自学等方式，深入学原文、读原著、悟原理，努力在深入学习贯彻习近平新时代中国特色社会主义思想方面作先进。通过严格执行新形势下党内政治生活若干准则，认真落实"三会一课"制度，高质量开好"七一"党性分析会和年度民主生活会，切实把思想和行动统一到党中央的要求上来，在始终同党中央保持高度一致上当先进。通过学习贯彻习近平总书记在深入推动长江经济带发展座谈会上的重要讲话精神，大力推进水运行业供给侧结构性改革，科学谋划好交通强国水运篇，加快推进水运高质量发展，在坚决贯彻落实党中央各项决策部署上当先进。通过"守纪律讲规矩，勇担责善作为"党建载体建设，广大党员干部干事创业热情得到了极大激发，把水运局建设成为让党中央放心、让人民群众满意的模范机关已经成为行动自觉和思想自觉。

2016年1月28日，部党组书记杨传堂在出席水运局领导班子"三严三实"专题民主生活会时寄语水运局班子，要立足新起点，团结和带领全局广大干部职工，振奋精神，奋力拼搏，创造出新的更大的成绩。2018年1月30日，杨传堂书记莅临指导2017年度水运局领导班子民主生活会，并在随后召开的局党总支全体党员大会上指出，水运局领导班子讲政治、讲规矩、顾大局、敢担当，较好发挥了部党组决策的参谋者、部署的执行者和行业发展的推动者的作用。

三、勇担责，攻坚克难冲在前

我们党是实现中华民族伟大历史复兴中国梦的坚强领导核心，党的建设必须围绕中心、服务大局。为更好适应新时代水运改革发展的新形势、新要求，总支充分发挥基层党组织战斗堡垒作用和党员干部先锋模范作用，注重把党员干部派到重大改革的前沿、攻坚克难的现场、开拓创新的一线去摔打磨练、展现作为，在推动重难点工作开展的同时培养、考验干部。

坚持刀刃向内，水运放管服改革取得突破。局党总支班子坚持提高政治站位，坚持问题导向，带头自我革命，先后下放行政审批事项近10项，建立健全水路运输、建设领域失信黑名单以及守信红名单制度，研究提出10项海运试点政策作为第四批改革试点经验在全国推广，真正做到简政放权一步到位、放管结合工作到位、优化服务永无止境，确保改革放得下、接得住、管得好。

敢于动真碰硬，水运业发展环境显著改善。局党总支班子，坚决维护国家利益，在基础设施条件不完善、安全无保障的情况下，坚决禁止40万吨级超大型铁矿石船靠泊我国港口，通过协调推动完善布局规划、修订标准规范、新建改造码头设施等措施实现了40万吨级超大型矿石船有序安全靠泊；坚决保护航道不可再生资源，依法做好长江、珠江干线航道通航条件影响评价工作，坚定制止影响国家重大战略实施、危及行业可持续发展的过度开发行为；坚持精减中央定价的港口经营服务性收费项目、督促港口企业调减市场自主定价的港口作业包干费等多项降费措施，配合开展港口经营领域反垄断调查，每年减少企业成本约44.6亿元。

勇于开拓进取，坚决打好污染防治攻坚战。扎实开展内河船型标准化工作，深入推进绿色港口、绿色航道建设，积极推进水运行业清洁能源利用，党员领导干部带头上门协调，推动解决LNG加注站的建设和运行管理问题，积极争取电价扶持政策，促进岸电市场化可持续运营，目前，全国已建岸电2000余套、覆盖泊位2400多个，工作得到了有关方面和部领导的充分肯定。积极推进港口船舶污染防治工作，有关建议被采纳到《水污染防治法》修订当中。

何建中副部长在参加水运局2018年"七一"专题党性分析会时指出，水运局任务重但风气好，管理有章法，在今后的工作中要继续把握全局、谋划战略、突出重点、攻破难点、扎实推进，更有作为。

四、善作为，高质量发展见成效

习近平总书记强调，进行伟大斗争、建设伟大工程、推进伟大事业、实现伟大梦想，要靠干部担当作为。水运局党总支坚持严管和厚爱结合、激励和约束并重，开展领导干部执政能力建设试点，着力增强领导干部八种本领，旗帜鲜明为敢于担当、踏实做事、不谋私利的干部撑腰鼓劲，极大激发了广大党员干部想作为、敢作为、善作为的内生动力。

善作善为，服务国家战略见成效。水运局党总支坚持把服务国家重大战略成效作为检验党员干部"四个意识"的重要尺子，局综合党支部牵头，对标《交通强国战略实施纲要》系统谋划交通强国水运篇，研究提出了2035年、2050年水运改革发展的战略目标及初步思路；组织起草并向国务院报送促进邮轮经济发展的意见，研究推进国船国造，加快推进邮轮产业布局。建设党支部牵头，全力服务长江经济带建设，引江济淮航运工程开工、长江南京以下12.5米深水航道二期工程提前半年交工试运行，武汉至安庆6米水深航道等一批

三、部直属机关各单位党组织有特色的党建工作实践成果展示

工程建设工作加快推进,并在长江口深水航道试运行大型邮轮和大型集装箱船超宽安全交会,取得良好的经济社会效益。局运输党支部牵头研究制订了《交通运输部支持21世纪海上丝绸之路建设实施方案》框架稿,举行中欧、中美、中韩、中加海运会谈和续签中利(利比里亚)海运协定事务级会谈,落实中巴(拿马)海运协定,全力服务国家"一带一路"建设。

主动作为,供给侧结构性改革结硕果。局党总支坚决贯彻党中央、国务院和部党组部署,深入开展水运行业供给侧结构性改革,以开展"大学习、大调研"活动为契机,先后深入环渤海地区以及江苏、安徽、广东等地开展运输结构调整调查研究,大力促进沿海港口集装箱铁水联运发展和内河港口多式联运发展,全国首艘江海直达散货船、集装箱船完成首航并投入运营。"京津冀"交通一体化重点港口工程建设顺利推进,LNG、煤炭以及东北地区秋粮等重点物资水路运输保障有力,珠江水运绿色发展行动方案印发,长江中游荆江河段航道整治工程等项目竣工验收,较好地服务了长江船舶大型化发展,提高了航道通过能力和效率。

积极作为,法律规章体系更健全。水运局党总支坚持依法行政、坚持依法治水,奋力推进水运治理体系和治理能力现代化。近年来,在部党组的坚强领导下,局党总支班子特别是以解曼莹同志为代表的一批党员领导干部,立足行业发展长远考虑,着力推进水运法规体系建设,不计个人得失,不辞奔波劳苦,积极配合部法制司和全国人大、国务院法制办、各相关部委,奋力推进《中华人民共和国航道法》等法律制订工作,并取得了历史性突破,在健全法规体系的同时,树立了巾帼不让须眉的良好形象。2016年,解曼莹同志荣获"中央国家机关最受欢迎的法治人物"荣誉称号。

通过开展"守纪律讲规矩、勇担责善作为"党建特色载体建设,水运党总支全体党员干部精神面貌焕然一新,凝心聚力、干事创业的激情空前高涨,有力地将水运改革发展向纵深推进,水运服务国家战略和自身服务保障能力水平明显提高,水运绿色发展、安全发展和行业管理治理能力不断提升,以党建强业务、以业务促党建工作取得了显著成效。

伟大事业必须有党的坚强领导。当前,我国水运行业发展正处于从水运大国向水运强国迈进的关键历史时期。局党总支将坚持以习近平新时代中国特色社会主义思想为指导,认真落实交通运输部党组的各项决策部署,充分用好"守纪律讲规矩,勇担责善作为"党建载体,团结带领广大党员干部以饱满的热情、高昂的斗志、永不松懈的劲头,奋力推进水运行业供给侧结构性改革、科学谋划交通强国水运篇,以实际行动展现共产党员勇担当、善作为的良好品质,为全面建成小康社会,实现两个一百年奋斗目标做出应有贡献。

"真情像梅花开过"
——"感谢感恩感动"恳谈会侧记

部安全与质量监督管理司党支部

2015年4月24日上午,部机关759会议室里弥漫着异样温暖的气氛。我在这个楼层里工作近20年,也曾在此会议室作为办公室时工作过几年,而此时的感觉是从未有过的。真诚的语言,真挚的情感,真心的掌声,深深打动着在场的所有人。以至于墙上新布置的红蓝相间的安质文化展板上,同志们撰写的目标宗旨的字迹,竟然在我的泪光里模糊起来。窗外的风也似乎低下声音,倾听这些比春花更美丽动人的述说。

召开"感谢感恩感动"恳谈会

他,讲述了小时候常听到曾经当兵的父亲的亲历故事。在20世纪70年代抗美援越的战役中,在1967年的除夕,战士们在煮饺子迎新年时,遇到敌机的轰炸,战斗结束时,饺

三、部直属机关各单位党组织有特色的党建工作实践成果展示

子煮成了面片汤。战友牺牲了。他们就将面片汤安放在逝者的棺木前，共同渡过那样一个远离家人和祖国的夜晚……他坚持以尽量平和的声音说，那些逝者当时都是不到二十岁的孩子啊，他们甚至都不曾恋爱过……无数革命先烈献出自己的生命才换来今天的和平。感谢他们和他们的家人付出的一切。人只要还活着，就已经是一种幸福。

她，也回忆起她的父亲，一名平凡的小学乡村教师，当校车遇事故翻倒时，父亲不顾自己身受重伤，全力救出生命垂危的孩子们……她哽咽着说："父亲在我心中播下了爱的种子，我也会将这份无私助人的精神，在我的未成年的孩子心灵上播洒。"

他，讲述了参加工作不久，在鸭绿江入海口施工休息时，游泳误入激流，被副工长搭救的故事……三十多年过去了，他已满头白发。但那天中午发生的事情，仍旧能非常清晰地讲述。他说，副工长给了我生命，无论何时，身居何位，都感恩他、怀念他……

他，是交流的同志，过了"五一节"就要回原单位。他说，没想到这个会开得这样真实，没想到有这样一个集体的成员会如此坦露自己的心怀。于是，他讲到因为家境困难，没有一分钱供他上大学时，是乡亲们凑了钱让他上学，让他从海岛农村走到城市，并成长为可以为交通事业做些事情的一员。

他，作为年轻人，讲述了工作中一次失误，将发文的时间写错了年份。在他深感自责和恐惧时，处室领导给了他怎样的安慰和鼓励。

他，作为一名曾经的处长，因去年机构改革变成现在的普通干部。讲述了如何在同志们的关心和理解、支持中调整心态，融入到这个崭新的充满爱的集体的历程。

他，以一则名为"不要认为与我没关系"的短文与大家分享了那个"所有人都休戚相关，关爱彼此，关心彼此，才能获得成功"的道理。

她，年过不惑而风姿绰约的女子，回忆了与婆婆的感人故事。她说，心怀善念一切都会好，心怀感恩人生才有价值。我们只要向好的方面想一个人，想一件事，世界就会变得美好。

他，满含深情地朗读了写给女儿成人礼的一封信，字里行间充满对女儿未来的美好祝愿。然后，他说，在感谢父母、同事的同时，我也感谢孩子。是她的存在，让我的生活有了意义。

她，是这个会议的动议者，她是心地善良、柔软的女儿、妻子和母亲。她听着同志们的讲述，早已红了眼圈。她笑着说，我们都是暖壶，外冷内热。她说因为长期从事技术工作，养成了不苟言笑的作风，甚至让人感觉是个严厉的人。但今天，她坦白自己的内在与大家一样，是性情中人。她回顾了自己的成长经历，每一步都充满了感恩和感动，尤其是感谢一年来在新司局的工作中，得到大家的全力支持……

他，没出现在会场，却是收到感谢最多的人。他的道德情操、政治觉悟，他的敬业精神和业务能力，他对交通的爱，为交通安全发展做出的贡献，对同志们的关心和支持……而此时，他正在参加部里的一次重要会议；而今天，距离他60岁的生日只差1天。就要退休的他，正认真出席可能是他职业生涯的最后一次会议，他会不会感受到，在这里，我们对他的深深敬意和浓浓谢意！

还有她，他，她，他……多少往事在这里再现，多年沉寂的心湖被唤醒。领导的一次慰问，部工会对职工子女上学入托的支持，家人的一句知心话语，误会之后的豁然醒悟……

259

泪水一再流下，掌声多次响起。原来，很多感动就来自平凡的小事，原来，触动人心的细节会让人记得这样清晰，原来，每个人心里都有本初的良善，原来，隔阂心灵并产生误解的只因一张面具。今天，我们有缘在一起，畅谈工作、生活中的点点滴滴，让春光灿烂，令春风化雨。

我突然想到，感恩的过程即是一种报恩。在有机会讲出这些藏在心底多年的情意后，心灵一下柔软起来，麻木的神经也因获得滋养而又鲜活如初，整个会议室充满祥和和喜悦，大家脸上展现出友爱和勃勃生机。

会议将近结束时，发言更加热烈，我多年以来初次被这么长时间和这样强烈的情绪感染着。感动让我无法再倾听那些具体的细节。心中却反复响起一首熟悉的老歌的旋律：

真情，像草原辽阔，层层风雨不能阻隔。总有云开日出时候，万丈阳光照耀你我……

真情，像梅花开过，冷冷冰雪不能淹没。就在最冷枝头绽放，看见春天走向你我……

两个半小时的时间太短啊，还有许多同志没有表达生命里最深的谢意。但他们并没有遗憾，他们知道这种形式的会议是司里借助上级党委开展"三严三实活动"及机关工会组织"家风家训征集活动"的契机，进行的一次创新和尝试。因为真正实现了真诚基础上的"恳"谈，形成深入交流、相互理解信任又鞭策鼓励的空前效果，提升了全司的凝聚力。这种形式必将会坚持下去，成为司里文化活动的重要载体。

打通科技改革政策"最后一公里"

部科技司党支部

一、基本情况

党的十八大以来，中央科技改革不断深入推进，密集出台了多项科技改革政策措施。但行业有关单位特别是部属科研单位反映，中央科技政策在具体操作中还存在最后"一公里"问题，特别是工资总额限制，出现了优秀人员集中流失现象，严重制约了单位发展。科技司党支部按照"两学一做"学习教育"基础在学，关键在做"的要求，切实改进作风，在部领导亲自指导和带领下，广泛深入基层开展调研，认真学习政策，加强组织协调，在2个月的时间里，研究出台了《交通运输部促进科技成果转化暂行办法》（以下简称《暂行办法》），提出以科技成果转化为牵引，将部属科研单位和科技人员普遍关注的科技成果转化收益分配、科技人员兼职兼薪和离岗创业、绩效工资改革等政策落到实处，打通了政策最后一公里，使得中央有关政策措施在行业管理中得到了体现与落实，实现了以科技创新为核心推动行业全面创新的目的。同时，《暂行办法》出台后，庞松司长先后在交通科技处长培训班上，和带队到部水科院、部交科院、部规划院、部公路院等单位进行深入宣贯解答，督促部属单位出台细化政策措施，推动政策进一步落实细化。

组织党员干部参观廉政漫画展

二、基本思路

我们主要把握了以下推进工作思路。一是体现"四个意识"。文件要充分体现中央政策要求,与中央保持高度一致,尽可能将中央有关政策实化、细化,让科研人员有获得感,充分体现科技改革"放管服"的要求。二是坚持问题导向。文件要针对部属单位面临的突出难题,在科技成果转化收益、人员兼职兼薪、科技人员离岗创业、绩效工资改革等方面,提出明确具有操作性的政策措施,使文件更具针对性、实效性。三是力求全面系统。文件要依据中央、国务院及有关主管部门出台的相关政策文件,同时参考借鉴兄弟部门和省级地方党委政府出台的文件,力争将核心政策内容在一个文件中尽可能予以全面系统阐述。四是推动宣贯落实。文件出台后,通过部微信平台、中国交通报、科技日报等进行了深度报道。同时,组织政策宣贯,让部属单位吃透理解文件内涵,为各单位出台细化政策提供了指导。

邀请先进人物林鸣讲座

三、主要做法

文件快速出台实施,主要采取了以下有效措施。

一是领导亲自指导,做到方向明确。2017年初,在李小鹏部长听取2017年科技工作思路汇报时,科技司将调研了解到的部属科研单位面临的突出难题,进行了专门汇报。小鹏部长听了汇报后高度重视,明确要求各单位要增强"四个意识",要向中央看齐、向中央科技改革政策看齐,在全国科技创新大会召开一周年即2017年5月底前必须出台细化措施,让行业科技人员有获得感。小鹏部长的指示为交通科技发展指明了方向,坚定了推进改革的决心。建波同志多次召开会议研究文件起草工作,并将其作为2017年上半年的重点事项加以推进落实。

二是全面研究文件,做到政策清晰。在半年多的时间内,科技司紧密跟踪中央、相关部门以及地方有关科技改革细化政策出台情况,收集汇编了9项国家法律与政策、15项有关部门政策和50项地方法规与政策,基本上形成了较为全面和系统的政策文件汇编材料。由专人进行全面深入学习研究,并在学习研究的基础上,通过司支部党课平台,开展了《促进科技成果转化法》及相关政策的学习交流,达到了全面系统掌握有关改革政策的目的。该党课也被部直属机关党委评为优秀党课课件。

三是成立工作机制,做到沟通顺畅。按照部领导指示要求,成立了由科技司领导牵头,财审司、人教司、国际司及部属有关单位领导参加的文件起草工作组;为推进工作,科技司领导多次牵头召开文件起草工作研讨会,就文件起草工作及科技改革有关政策如何在行业管理中落实等,搭建了部属单位与部内主管司局现场研讨交流的平台,通过顺畅的沟通交流,凝聚了加快文件出台的重要性、紧迫性、必要性的广泛共识。同时,在文件征求意见过程中,司领导亲自带队与部总师和相关司局领导沟通协调意见。正是前期良好的沟通协调,在部务会议上该文件在不到10分钟的时间内即通过了审议,充分体现了对该文件的广泛共识。

组织党员干部与离退休老干部开展联学

四是加强跟踪指导,做到了政策落实。《暂行办法》出台后,为使政策落实不走样、不变形、不缩水,在调研了解部属单位落实中存在有关问题的基础上,研究形成了政策宣贯讲稿,庞松司长先后在交通科技处长培训班上向行业科技人员和科技管理工作者对《暂行办法》进行了解读,并带队到部水科院、部交科院、部规划院、部公路院、大连海大等单位进行了深入宣贯解读,并与科技人员进行了交流解答。建波同志先后带队先后到部交科院、部水科院,调研科技成果转化政策落实情况,要求两单位要把政策用活、用足、用实。同时,科技司要求部属有关单位要结合各自实际,于2017年7月1日前加快建立健全科技成果转化工作相关机制制度、出台科技人员兼职管理办法和离岗创业管理办法等细化政策措施，并报部备案。各单位均按照要求出台了符合各单位实际的相关细化政策，使得中央科技改革放管服措施在交通运输行业得到了切实落实。

四、成效与启示

该文件的出台实施，交通运输行业特别是部属单位广大科技人员备受鼓舞，给予了广泛关注和赞赏，普遍认为文件是部党组在深入调查研究的基础上出台的一部含金量非常高、非常接地气的好文件，充分体现了部党组对科技创新工作的高度重视和对科研人员的深切关怀，具有十分重要的现实意义和深远影响。一是文件站位高。体现贯彻中央创新发展理念、落实《促进科技成果转化法》、深化科技体制改革、推进科技支撑供给侧结构性改革的关键举措，有效回应了"中央要求什么"的问题；二是文件发力准。抓住了交通运输科技创新的"牛鼻子"，对于加快推进"四个交通"建设特别是"智慧交通"建设、促进交通运输提质增效转型升级具有十分重要的意义，有力回答了"交通创新发展关键靠什么"的问题；三是文件接地气，坚持问题导向，就科研院所和科技人员普遍关注、长期困惑、需求迫切的成果转化收益分配、人员兼职兼薪、离岗创业等政策进行实化、细化，提出了明确的、操作性很强的措施，指明了"最后一公里"的方向，有情回应了"科研单位和科研人员要什么和怎么做"的问题，让广大科研人员有了很强的"获得感"乃至"自豪感"，必将极大调动科研人员的积极性、主动性和创造性，真正敞开怀抱迎接又一个科技创新的春天。

三、部直属机关各单位党组织有特色的党建工作实践成果展示

忠诚担当奉献　服务外交大局

部国际合作司党支部

在保障首届"一带一路"国际合作高峰论坛与筹备"加快设施联通"平行主题会议过程中,国际合作司党支部坚决贯彻落实习近平新时代中国特色社会主义思想和中央决策部署,充分发挥党支部的战斗堡垒作用和党员的先锋模范作用,忠诚担当,服务大局,无私奉献,忘我工作,为会议取得圆满成功做出了突出贡献。

主办"一带一路"国际合作高峰论坛"加快设施联通"平行主题会议

一是勇于担当。首届"一带一路"国际合作高峰论坛规模大、级别高,筹备工作没有先例可循。在筹备"加快设施联通"平行主题会议过程中,国际司全体党员干部勇于担当,不畏困难和挑战,在实践中学习,在困难中摸索,在挑战中提高,扎实做好成果设计、新闻宣传、总结报告、双边活动、应急值守、礼宾接待等多个环节的工作,确保了整个活动的顺利举行。

二是高度负责。高峰论坛的各项支持、配合、协调工作和平行主题会议举办工作时间紧、任务重、要求高,国际司的党员干部们充分发挥高度负责精神,经常加班加点到深夜,有的强忍自己身体的病痛,有的无暇照顾家中年迈的老人和年幼的孩子,有的深埋亲人离世的悲痛,不畏辛劳,夜以继日,废寝忘食,舍小家、顾大家,以高度的政治责任感和良

好的专业素质，圆满完成了各项工作任务。

三是精心筹划。司党支部多次召开会议，进行工作部署。国际司多次参加论坛筹备工作会议，积极发挥统筹协调作用，周密筹划安排，充分利用外事工作经验，在反复研究的基础上，多次开展专项办公和演练，做好十余场双边会谈的保障工作，不断完善和优化平行主题会议的组织方案，使会议达到了最佳效果。

四是细致工作。"加快设施联通"平行主题会议时间紧、环节多，与会外宾人数众多，礼宾接待任务重、要求高。对此，国际司以全面梳理信息为基础、以联络员精准对接为保障、以会议的成果成效为目标，制订"量体裁衣"的接待安排，特别是针对与会嘉宾人数超出预期、嘉宾发言要求积极踊跃的情况，及时调整会议整体设计和会场布置方案，确保参会和发言等信息准确及时、时间安排等各项要求落实到位。

首届"一带一路"国际合作高峰论坛已圆满结束，为持续发挥交通运输的基础支撑和"先行官"作用，扎实推进"一带一路"交通建设，国际司党支部将以习近平新时代中国特色社会主义思想为指引，深入学习贯彻党的十九大精神，持续推进"两学一做"学习教育常态化制度化，不忘初心，牢记使命，继续发扬全司党员干部"特别能吃苦、特别能奉献、特别能战斗、特别能拼搏"的精神，深化"忠诚担当，服务大局"党建品牌创建工作，进一步扩大和深化对外交流合作，努力为服务"一带一路"和交通强国建设作出新的更大贡献。

充分发挥堡垒作用　持续强化政治建警

部公安局党支部

公安机关是一支党领导下的纪律部队，坚持政治建警的根本方针，是公安队伍第一位的政治要求。公安局党支部立足队伍特点，充分发挥党支部战斗堡垒作用，不断强化政治建警、从严治警，以党建带队建、党务促警务、党风正警风，全面打造"坚定团结班子、奋发有为集体、忠诚干净队伍"，努力为服务水运经济发展和交通强国建设提供强有力的思想和组织保障。

一、着力提高政治站位，全面深化对加强政治建警重要性的认识

2017年5月19日，习近平总书记对公安机关提出了"对党忠诚、服务人民、执法公正、纪律严明"的"四句话、十六字"总要求，科学指明了党在新形势下建警治警的指导思想、基本原则和目标方向。公安机关是人民民主专政的重要工具，是党和人民手中的"刀把子"，担负着捍卫以习近平同志为核心的党中央安全、捍卫中国共产党长期执政地位、捍卫中国特色社会主义制度的重大政治责任。这样的性质特点和职能定位，决定了公安机关首先是政治机关，政治性是第一属性，讲政治是第一要求。部公安局是交通公安机关的领导指挥机关，对加强新时代交通公安机关政治建设、确保交通公安队伍绝对忠诚绝对纯洁绝对可靠负有重要责任，必须提高政治站位，突出"公安姓党"，持续加强政治建警，在努力做到"一个带头、三个表率"和建设模范机关上有更高的标准、更严的要求。

青干班开班仪式

（一）始终把忠诚核心、拥戴核心、维护核心、捍卫核心作为根本政治要求。一个国家、一个政党，领导核心至关重要。党的十八大以来，以习近平同志为核心的党中央以巨大的政治勇气和强烈的责任担当，统筹推进"五位一体"总体布局、协调推进"四个全面"战略布局，在改革发展稳定、内政外交国防、治党治国治军等方面取得了一系列重大历史性成就。在这个波澜壮阔的发展历程中，习近平总书记展现出坚如磐石的政治定力、宽广的政治视野、博大的政治胸怀、超凡的政治智慧和卓越的治党治国治军才能，赢得了全党全军全国各族人民的衷心拥戴，习近平总书记作为全党核心、国家领袖、军队统帅，是党、国家和军队之大幸，是人民之大幸。公安局党支部全体党员干警要在思想上高度信赖核心、衷心拥戴核心，进一步增强"四个意识"、坚定"四个自信"；在政治上绝对忠诚核心、坚决维护核心，坚定自觉地维护以习近平同志为核心的党中央权威和集中统一领导，坚决贯彻落实中央和部党组决策部署；要在行动上始终紧跟核心、坚决捍卫核心，确保以习近平同志为核心的党中央安全和国家政治安全。

组织党员干警江海行

（二）始终把毫不动摇地坚持党对交通公安工作的绝对领导、全面领导作为根本政治原则。坚持党对交通公安工作的绝对领导、全面领导，是交通公安机关政治建设的根本政治原则，是交通公安事业发展前进的根本保证。公安局党支部全体党员干部要坚决贯彻党的基本理论、基本路线、基本方略，切实做到个人服从组织、少数服从多数、下级服从上级、全党服从中央，毫不动摇地坚持民主集中制，任何时候都不能违背中央精神，严格执行请示报告制度。要严守党的政治纪律和政治规矩，保持纪律严明的作风形象，坚决杜绝结党营私、拉小圈子，坚决杜绝乱发议论、妄议中央，坚决杜绝信念丧失、求神拜佛，严格遵循党章党纪党规和警纪警规。要着力提升政治素质和政治能力，确保正确的政治方向，观察分析形势把握好政治因素，在筹划推动交通公安工作中提高政治站位，处理解决问题防范好政治风险，切实把党的路线方针政策和决策部署要求落实到工作的方方面面。

三、部直属机关各单位党组织有特色的党建工作实践成果展示

组织召开党员干警陈玉斌英模称号追授大会

（三）始终把为水运经济发展和交通强国建设提供优质服务保障作为自身初心使命。交通公安机关自20世纪50年代建立以来，就将"忠诚事业、服务发展"作为基本的价值追求，无论是中华人民共和国成立之初防范敌对势力对港航运输的阴谋破坏，还是改革开放后服务水运经济的发展建设，这支队伍赖以建立和存在的基础始终没有变过。进入新世纪以来，交通公安坚持"融于交通、服务交通"的职责定位，持续深入开展了服务型交通公安机关创建活动，工作重点和工作措施进一步明确，专业化、行业化特点更加突出，将新的历史时期党和国家对交通公安工作的要求转化成为严格规范公正文明执法。公安机关每一项工作中都渗透着政治，没有脱离政治的业务，也没有脱离业务的政治，必须正确处理好讲政治和抓业务的关系。加强交通公安机关政治建设，最根本的落脚点就是要不忘初心、牢记使命，为水运交通发展和交通强国建设提供优质服务保障，不断深化服务型交通公安机关建设。按照新修订的《服务型交通公安机关建设标准》，切实履行好打击敌人、惩治犯罪、保护人民、服务交通的重要职责；以坚决维护政权安全和平安交通为重要任务，打好交通运输行业反恐维稳的主动仗；紧紧围绕港航企事业单位和人民群众反映强烈的突出治安问题，深入开展对各类违法犯罪的打击整治，持续深化对交通港航领域各类安全隐患的排查治理，不断创新完善立体化、信息化港航社会治安防控体系，切实当好推进平安交通建设的生力军、保障人民生命财产安全的守护神，同时要加强预防和化解港航社会矛盾机制建设，广泛采取一系列便民利企的服务举措，不断提升交通港航企业和职工群众的安全感和满意度。

二、努力做到"四个坚持"，不断提高公安局党支部政治建设的实效性

（一）坚持用最新理论成果武装头脑。一是紧跟形势发展和交通公安实际，及时组织学习习近平新时代中国特色社会主义思想，特别是关于交通运输和公安工作的重要指示批示

精神，教育全体党员民警旗帜鲜明讲政治，坚定自觉维护习近平同志为核心的党中央权威和集中统一领导，忠诚履行维护港航社会稳定的职责使命；二是认真研究制订理论学习计划、方案，按月安排学习任务，增强思想政治理论学习的系统化、科学化，不断强化党员干部理想信念教育，努力以理论上的清醒确保政治上的坚定；三是创新学习平台，在组织党员个人自学、支部集中研讨、撰写心得体会等传统方式基础上，采取专题建立"筑牢忠诚警魂、服务交通发展"党建学习群，定期整理更新发布党建理论知识库，通过微信平台知识测试等方式开展学习，提高学习效率，增强学习效果。

送学上门——张学贤

（二）坚持思想教育全员普及全程覆盖。一是健全党建工作责任机制，立足机关全体干部均是正式党员的实际，明确党支部主体责任、支部书记第一责任、班子成员一岗双责、支部委员和党小组长各负其责，将干部思想政治教育与党员教育全面衔接，做到一人不漏，全员开展；二是局领导结合理论学习和公安业务工作带头讲党课，先学一步、学深一层，带动全体党员参与交流研讨，组织轮流做好专题发言，每名党员每年至少专题交流两次；三是认真落实"三会一课"制度，每月第一周常态化开展党组织活动日，民主生活会、七一专题党性分析和组织生活会准备充分、直面问题、动真碰硬、狠抓整改、落实到位，切实起到锤炼党性、改进工作的实际效果；四是实现了党员干部思想动态分析常态化、制度化，通过各种方式强化对思想情况了解，积极采取有针对性的应对措施，努力将苗头性、倾向性问题化解于萌芽状态。

（三）坚持正面引领和反面警示相结合。一是部署开展系统内先进典型学习活动，召开陈玉斌同志"全国公安系统二级英雄模范"称号追授大会，邀请赴京受到表彰的交通公安英模代表做专题报告，号召全体民警向英雄模范学习，用"身边人"和"身边事"教育引导党员

三、部直属机关各单位党组织有特色的党建工作实践成果展示

干部筑牢忠诚警魂;二是立足公安队伍表彰奖励工作特点,通过召开广州港公安局专案组记集体一等功表彰大会,对G20、"一带一路"安保一线的集体和个人进行战时记功和表彰,组织开展"我心中的警察英雄"和"全国公安百佳刑警"等宣传和推广,用好记功表彰措施,宣传先进事迹,激励党员干部干事创业,奋发有为;三是深入开展坚决彻底干净肃清周永康流毒影响学习教育,进一步深化"三清(讲清问题、划清界限、肃清影响)"工作,教育党员干部始终保持高度的政治敏感性和政治鉴别力,不断强化忠诚履职的思想自觉和行动自觉;四是推进警示教育常态化制度化,每年制订印发支部廉政工作要点,组织全体党员签订廉政承诺书,利用节假日等节点廉政提醒,观看系列廉政警示教育片,定期参观廉政教育基地,教育引导党员干部筑牢思想防线,严守纪律底线,坚守清正廉洁。

组织五四青年活动

(四)坚持以政治建设成果推动公安工作。一是通过部署开展"迎接十九大,忠诚保平安"等主题教育实践活动,以熔铸忠诚警魂为根本,以激励警心斗志为动力,以提升能力素质为依托,以严明纪律作风为保障,教育引导交通公安民警忠诚履行职责使命,迎接党的十九大胜利召开;二是党员领导干部在实际工作中始终走在前、做表率,将忠诚履职体现在日常工作,带头加班加点工作,克服困难认真完成值班任务,局领导平均每人每年值班(带班)90余天,其他党员人均值班30天以上;三是坚决贯彻落实中央和部党组决策部署,推动港航公安管理体制改革方案出台和落地实施,及时研究制订队伍管理、反恐维稳、消防监督和执法规范化制度规范,圆满完成党的十九大、青岛上合峰会、"一带一路"国际合作高峰论坛、博鳌亚洲论坛等重大活动安保任务,确保了港航系统政治治安稳定和辖区安全。

伴随新时代交通强国建设和全国公安改革的深入推进,公安局党支部将立足公安机关

作为党和人民"刀把子"的根本政治属性,旗帜鲜明讲政治,提高政治站位,强化政治素质,增强政治意识,通过深化"四个坚持",持续加强政治建警,筑牢忠诚警魂,重点是把加强机关党的政治建设、贯彻部党组关于新时代新担当新作为要求、中央国家机关"一带头、三表率"创建和"不忘初心、牢记使命"主题教育等紧密联系起来,努力将公安局机关建设为"坚定团结班子、奋发有为集体、忠诚干净队伍",锐意进取、担当作为,为水运经济发展和交通强国建设做出更大贡献。

组织党员重温入党誓词,参观九一八纪念馆

全面贯彻落实新时代党的建设总要求
推动形成离退休干部党建工作新局面

部离退休干部局党委

离退休干部局党委在部党组和直属机关党委的坚强领导下,坚决贯彻落实党中央决策部署,围绕大局、真抓实干,推动离退休干部党建工作取得了显著成绩,积累了宝贵经验,也形成了独具特色的党建工作品牌。

一、开展支部联学活动

为进一步贯彻落实中办发3号文件和国工发9号文件精神,推动离退休干部基层党组织建设纳入机关党建工作整体规划同研究、同部署,自2017年起,在部党组的高度重视和直属机关党委的支持指导下,局党委创新组织开展离退休干部党支部与部机关司局党组织联学活动,受到老同志和在职党员干部的充分肯定和一致好评。

离退休干部党支部与部机关各司局党组织开展形式多样的联学活动

在部党组的高度重视下,2018年联学活动得以常态化、品牌化、制度化,先后有10个司局党组织与离退休干部党支部开展"不忘初心、牢记使命"主题联学。通过联学,既使老同志及时深入了解交通发展的最新成就，跟上时代发展脉搏，又使在职年轻同志走近老同志，了解交通发展历程，传承艰苦奋斗、顽强拼搏、无私奉献的交通精神。

二、开设离退休干部大讲堂

为进一步完善和落实离退休干部政治待遇，在坚持每年向离退休干部通报交通运输事业发展情况的基础上，应老同志需求建议，局党委于2017年初开设了部机关离退休干部大讲堂，邀请部领导、专家学者围绕交通运输改革发展、国际国内热点问题为老同志作专题讲座，受到老同志的一致肯定和热烈欢迎。离退休干部大讲堂坚持每季度举办1次，目前共举办了6期。

部领导为部机关离退休干部作讲座

三、组织开展正能量系列活动

局党委积极推动新形势下离退休干部工作转型发展，向中心聚焦、为大局聚力，将工作重点转移到最能为交通运输大局提供服务、最能体现离退休干部特点和优势的领域，围绕大局组织开展了增添正能量系列活动。例如，2017年组织开展了以"畅谈十八大以来变化、展望十九大胜利召开"为主题的正能量活动和"建言十九大"专题调研；2018年围绕"不忘初心、牢记使命"主题教育和纪念改革开放40周年组织开展了"不忘初心，我的入党故事"主题征文活动和纪念改革开放40周年系列活动，推动正能量系列活动与离退休干部党建工作深度融合发展。

四、组建"非建制性"党组织

本着有利于教育管理、有利于发挥作用、有利于参加活动的原则，局党委按照"一方隶属、多重管理"的形式，积极在老年大学教学班次、候鸟式养老体验活动中探索成立"非建制性"党组织。2017年，在部机关候鸟式养老体验活动中成立临时党支部；2018年，在部机关老年大学各教学班次中成立临时党组织，同时，在老年大学中开设党建课程，并作为全体学员的必修课。

通过灵活设置离退休干部"非建制性"党组织，进一步增强了基层党组织的凝聚力，形成"哪里有党员，哪里就有党组织"的党建工作格局。

三、部直属机关各单位党组织有特色的党建工作实践成果展示

2018 年，参加候鸟式养老体验活动的老同志组织开展支部党日活动

五、共建共享帮扶机制

局党委积极探索支部共建共享帮扶机制。通过开展结对帮扶、志愿服务等形式，关注高龄、离休和生活有特殊困难的老同志，使党员同志充分感受到党组织的关怀和温暖，不断提升党组织的凝聚力和向心力。同时，积极落实青年"双周"志愿服务，支持局机关团支部和青年干部发挥生力军的引领带动作用，对生活困难、独居等党员群众积极开展志愿帮扶工作，受到老同志的一致认可与好评。

六、总结推广支部工作法

多年来，局党委积极选树党建工作品牌，打造党建亮点工程，在实践中不断总结提炼推广支部工作法，探索形成了黄寺第一党支部"六引导"支部工作法、羊坊店党支部"四结合"支部学习工作法、团结湖党支部"互联网+党建"支部工作法、局机关党支部"用心用情增添正能量"支部工作法等。其中，黄寺第一党支部 2014 年被授予"全国离退休干部先进集体"荣誉称号，"六引导"工作法 2015 年由中央国家机关工委组织现场观摩会，2016 年获得中央国家机关工委表彰推广，2017 年获得部表彰优秀党建品牌；羊坊店党支部"四结合"支部工作法，2016 年获部直属机关党委表彰推广，2018 年获得交通运输部系统先进基层党组织，进一步发挥了支部组织、引导、凝聚老同志的战斗堡垒作用。

七、设立"用心用情增添正能量"党建品牌微信群

局党委结合工作实际，创建"用心用情增添正能量"党建品牌载体微信群，每位在职职工轮流值日，分享学习话题和工作内容，有效克服了局工作人员地点分散的实际困难，形成了"互联网+党建"的有效模式，凝聚了人心，强化了用心用情意识，提高了用心用情能力，促进了用心用情行动。党建品牌微信群目前已成为每位职工学习工作的重要组成部分。

与此同时，局制定印发了"强作风建设、创一流机关"专项活动方案，突出问题导向，以"比学习、比纪律、比团结协作、比敬业担当"为切入点，改进工作作风，提高工作效率。坚持以党小组为单位每月开展职工政治学习和业务培训，不断提高工作人员的能力素质和业务水平。

"三抓两促进"支部工作法

中国海上搜救中心党支部

中国海上搜救中心现有干部职工22人,其中党员21人。中国海上搜救中心党支部高度重视党建工作,紧紧围绕中心工作,积极探索加强党建工作的新思路、新方法、新途径,基本形成"三抓两促进"的支部工作法,为推动和促进中心工作成效发挥了重要作用。

一、基本内涵

"三抓两促进"是搜救中心党支部根据应急工作特点,总结提炼出的着眼于锤炼特别能吃苦、特别能战斗的工作作风,提升"招之能来、来之能战、战之能胜"应急处置能力和打造"忠诚、干净、担当"党员干部队伍的重要抓手。通过抓学习教育、着力加强组织建设和作风建设,促进搜救中心党建工作规范化、制度化,促进业务工作健康发展。

党支部与东海救助局厦门基地开展联学共建

二、主要做法

(一)抓学习教育,筑牢思想基础

搜救中心党支部坚持把学习教育摆在首要位置,坚持学习教育有重点、重质量、讲实效,每年都制定详细的学习教育计划,探索创新学习教育的方式方法,引导党员干部充"电"、补"钙"。

三、部直属机关各单位党组织有特色的党建工作实践成果展示

一是领导率先以带促学。搜救中心党支部书记、副书记以上率下，带头讲党课，带头开展专题学习，带头参加党小组活动，带头交流学习体会，并紧密联系工作实际谋发展、出思路，带动党员干部自觉主动加强学习，提高党性修养，提升政策理论水平。

二是结对共建以联促学。围绕"发挥基层党组织保障作用服务海上搜救事业发展"主题，搜救中心党支部与东海救助局厦门基地党总支签署了联学共建协议，制定了联学共建计划。2年来先后进行了4次面对面交流，通过联合开展党建课题研究、定期交流学习体会、互派人员讲授党课、建立信息交流通报机制等，实现了决策层与执行端、中枢神经与神经末梢的有序互动，切实形成互帮互助、互学互促，共同提高的良好局面。

三是坚守制度以规促学。搜救中心党支部认真落实基层党组织"三会一课"制度，严格程序、保证质量，定立规矩、明确责任，使党内组织生活正常化、规范化。2016年以来，党支部组织召开支部大会7次，支委会及扩大会14次、组织生活会4次、党小组会26次，集中讲授党课3次，撰写个人学习体会60余篇。

（二）抓组织建设，筑牢战斗堡垒

海上搜救中心是交通运输行业的形象窗口，是党联系群众、服务群众的桥梁和纽带。中心党支部始终把落实责任、带好队伍、提升能力摆在突出位置，引导党员干部立足岗位做贡献，筑牢坚强战斗堡垒。在抓好"三会一课"等规定动作基础上，重点抓好两方面工作：

一是打造特色党建品牌。人命大于天！海上搜救工作直接关系人民群众生命财产安全。搜救中心党支部着力打造"惠海泽航、人本至善"党建品牌，引导党员干部时刻牢记部党组关于"前锋""后卫""形象代言人"的职能定位，把实现好、维护好、发展好广大人民群众的根本利益摆在突出位置，把"以最满意的搜救效果回馈最关切的社会期待"作为行为准则，把巩固"全心全意为人民服务"宗旨意识与党建品牌创建活动有机结合，贯穿到海上搜救工作的全过程，勇于担当、甘于奉献，全力保障人民群众生命财产安全，为国家三大战略实施和"四个交通"建设提供可靠的海上应急保障。

二是全面落实重点工作。深入开展了"灯下黑"问题专项整治，对党员学习教育、严格组织生活、支部书记履职、专项检查及重点整治等情况，逐条逐项进行梳理检查，并研究制订了整改措施，明确了整改时限。深入开展了党员组织关系集中排查，对存在的个别问题及时通过电询等途径进行核实，并将核实排查出的信息补充完善到党员档案。认真落实党费收缴情况检查的有关要求，通过核对原单位出具的工资条、党费缴纳证明等，对党员缴纳党费的计算基数、比例核定和缴纳情况进行重点核查。

（三）抓作风建设，筑牢思想防线

搜救中心党支部认真落实全面从严治党主体责任，始终保持作风建设高压态势，扎实推进党风廉政建设深入开展，筑牢党员干部拒腐防变的思想道德防线，提升党支部的免疫力。

一是明确党风廉政建设责任。把主体责任扛在肩上，狠抓党风廉政建设"不松手"。搜救中心领导班子根据工作分工，对职责范围内的党风廉政建设负主要领导责任，切实做到"一岗双责"，促进主体责任落实常态化。利用每日应急值守交接班这个平台，主要领导天

天讲党风，日日谈廉政，将廉政教育和提醒打造成党员干部的"必修课"。

二是警钟长鸣不放松。坚持廉政教育常态化，组织党员干部到中央国家机关廉政教育基地参观、观看党风廉政教育片以及群众路线教育专题片等，引导党员干部牢固树立正确的世界观、人生观、价值观和正确的权利观、利益观，牢记党纪政纪，争作为民务实清廉的践行者；同时紧抓元旦、春节、中秋等重要时间节点，提前进行廉政教育，早打招呼，让党员干部明白什么该做，什么不该做，增强拒腐防变能力。

三是锤炼严谨务实工作作风。全面贯彻部党组《关于落实中央八项规定精神的实施意见》，引导党员干部自觉规范做人做事行为准则，积极培育优秀品质，保持良好精神风貌，将"严"和"实"的工作作风贯彻落实到日常应急值守和险情处置过程中，时刻保持"如临深渊、如履薄冰"的精神状态，时刻保持常备不懈、全力以赴、稳扎稳打的工作作风。同时紧密结合应急工作实际，找准切入点、着力点和创新点，主动摒弃不适宜的习惯和经验，与时俱进开展程序再造；主动适应新形势、新任务，提出新建议，解决新问题。

（四）促进党建工作规范化、制度化

搜救中心党支部通过狠抓学习教育、组织建设和作风建设，不断开辟党建新途径、新方法，实现基层党组织建设的加强、改进和创新，有力促进党建工作的规范化、制度化。

一是组织建设规范化。始终把坚持"三会一课"和民主生活会、组织生活会制度，作为加强规范党内政治生活的重要载体，作为增强党支部战斗力的有力举措。支部书记积极履行"一把手"职责，把党组织建设纳入年度重点工作，同步部署、同步调度、同步考核，不定期研究重大事项，确保每季度至少召开1次党员大会，每月至少召开1次支委会、党小组会，每季度至少上1次党课，按时召开民主生活会。

二是内部管理制度化。通过梳理完善内部管理制度，着力构建规范、有序的内部管理机制，实现以制度管人管事，以制度规范行为，有效推动从严管党治党要求落到实处。目前，已梳理制度文件93个，其中新建修订制度38个，同时规范支部工作手册和党员手册的使用管理，强化党建工作管理系统的培训和使用，建立党建动态管理机制；在中国交通报连续刊发了重生——获救人员回访录系列文章12篇，积极讲好海上搜救故事，有效展现海上搜救行业共产党员风采。

（五）促进业务工作健康发展

搜救中心党支部坚持"围绕中心抓党建，抓好党建促发展"的目标要求，充分发挥党支部战斗堡垒作用和党员先锋模范作用，勇挑重担，敢于担当，呈现出党建和业务融合互动、互促互进的良好局面，实现了海上搜救事业健康发展。

一是有效落实应急值守职责。海上搜救事关人民群众生命财产安全，是最大的民生工程。搜救中心党员干部强化责任意识、担当意识，锤炼了特别能吃苦、特别能战斗的工作作风，提升了"招之能来、来之能战、战之能胜"的应急处置能力，努力克服应急值守时间长、双语切换、生物钟紊乱等困难和不利因素，恪尽职守，勤勉工作，24小时、365天坚守值班岗位，不厌其烦核实报警，连续加班加点工作，废寝忘食，以实际行动践行党的宗旨，保障了人民群众生命财产安全。

二是妥善处置各类突发事件。搜救中心党支部主动服务部党组"四个交通"发展战略，2016年1~10月份，共组织协调搜救行动1635次，成功救助遇险人员11915人、船舶1137艘，平均每天救起39人。全力做好"川广元客1008"轮翻沉、河北"7.19"重大洪水灾害、G20安保、防御尼伯特、莫兰蒂超强台风等重特大突发事件的应急处置工作，为交通运输行业安全有序发展保驾护航。在"川广元客1008"轮翻沉事件中，搜救中心党支部号召全体党员干部立足大局，勇于担当，全力投入应急处置工作中，一名党员就是一面旗帜。党支部领导班子身先士卒，24小时坚守值班一线指导应急处置工作；全体党员干部尽职履责，不怕苦、不怕累，轮流值班备班带班，及时传达领导指示批示精神，密切跟踪应急物资装备调配情况，准确及时报送信息，特别是及时协调陕西省、四川省交通运输部门开辟绿色通道，提供专项监护，确保了应急装备第一时间抵达现场，以实际行动立起合格党员标尺，确保突发事件处置有力、有序、有效。

三、工作启示

海上搜救工作，责任重大，使命光荣。搜救中心党支部依托"三抓两促进"党支部工作法，夯实了党支部的党建基础，统一了党员干部的思想认识，凝聚了共识，把党员干部紧紧团结在党支部周围，构筑了坚强的战斗堡垒。同时通过调动党员干部积极性、主动性，提升做好海上搜救工作的责任感、使命感，解决了党建工作和业务工作"两张皮"的问题，有效实现了党建工作与业务工作的融合发展、良好互动，有力促进海上搜救事业健康开展。

深入践行"后勤精神"和"工作理念"
不断提升保障能力和服务水平

部机关服务中心党委

近年来,服务中心党委在中心内部强化服务意识,着力营造健康向上的后勤文化,做实文明建设,为后勤工作提供精神动力和思想支撑,培育"爱岗敬业、务实创新、团结协作、廉洁奉献"的后勤精神和"重落实、讲规范、抓细节、求高效、创一流服务"的工作理念,动员广大干部职工努力践行,用心服务,不断提升干部职工的精神境界和职业道德素养。

后勤宣传栏(2018年第3期)

坚持开展多种形式的学习教育活动,推进中心文化建设。注重先进典型的培树工作,充分运用《后勤板报》、《后勤信息》和工作微信群等平台宣传身边的好人好事,教育引导干部职工,努力营造创先争优的良好氛围,使自觉践行"后勤精神"和"工作理念",追求良好的职业道德和做人品行在中心形成普遍共识。连续开展了"弘扬后勤精神、践行核心价值体系"、"深入学习贯彻中心规章制度活动"、"劳动最美,服务光荣——说说身边感动我的人和事"等主题活动,2016年结合"两学一做"学习教育,组织开展了"讲好后勤故事,展示党的风

三、部直属机关各单位党组织有特色的党建工作实践成果展示

采,保障交通发展"主题演讲活动,2016年"精细管理、服务到家"党建服务品牌被评为中央国家机关工委展示品牌,部机关食堂被评为北京市餐饮服务食品安全等级A级单位,并获得北京市全民健康生活方式行动示范食堂荣誉称号。人防办被评为"中央国家机关人防工作目标管理和责任制考核先进单位",绿化办被评为"首都绿化美化先进集体"。

为进一步做好新形势下机关后勤保障工作,持续提高服务标准、质量和水平,服务中心党委以提高后勤保障能力和服务水平为主题,连续多年组织开展了"制度建设年"(2013年)、"深化制度建设年"(2014年)、"强化制度落实年"(2015年)、"服务创新年"(2016年)、"精细化服务年"(2018年)等系列活动,旨在按照部党组指示要求,进一步转变思想观念、增强服务意识、改进工作作风、提升能力水平,努力使机关后勤工作具有新起色、新变化、新成效。

后勤宣传栏(2018年第3期)

夯实基层党建工作
为海事改革发展提供坚强政治保障

部海事局直属机关党委

部海事局直属机关党委成立于 2005 年 5 月，下设 21 个党支部，有党员 130 人。近十多年来，尤其是在 2013 年海事核编转制以来，局直属机关党委在部直属机关党委、局党组的正确领导下，紧紧围绕服务中心、建设队伍两大任务，以开展学习实践科学发展观、创先争优、"三严三实"专题教育、"两学一做"学习教育及常态化制度化等教育活动为抓手，全面加强政治、思想、组织、作风、廉政建设，不断完善党建工作制度，持续提升海事机关党建工作科学化、规范化水平，为服务部海事局发挥海事系统首脑机关作用、助推海事"三化"建设提供了坚强的政治保障。

工作调研

一、探索抓党建工作的思路

（一）坚持目标导向

一直以来，部海事局党组高度重视机关党建工作，认真贯彻落实全面从严治党的各项要求,始终突出重点,明确工作目标,充分发挥党建的政治保障作用。

一是在加强党员思想政治建设上求实效,通过开展政治学习、不定期开展谈心谈话等方式,引导党员进一步增强"四个意识",切实把思想和行动统一到以习近平同志为核心的党中央的部署精神上来,确保政治合格。

二是在推动改革发展上求实效,紧紧围绕水上交通安全监管中心工作,团结和激励机关党员敢于担当,主动作为,不断提升监管能力和服务水平,为深入推进海事改革发展、转型升级提供坚强的政治保障,确保有效履职。

三是在建设一流海事队伍上求实效,以立足岗位作贡献为基本标准,有效搭建务实管用的教育平台,打造忠诚、干净、担当的党员队伍,确保素质精良。

四是在转变工作作风上求实效,严格党内政治生活和党内基本生活制度,从严管理党员,切实解决理想信念动摇、党员意识淡化、宗旨观念淡薄等问题,持之以恒纠正"四风",营造干事创业的良好政治生态,确保作风过硬。

(二)实施清单管理

落实全面从严治党的要求,强化工作责任,细化目标任务,逐渐形成了"三张清单抓党建"的工作思路,围绕机关党建重点工作任务,梳理出责任清单、任务清单、问题清单,推进党建工作任务的有效落实。

一是制定"责任清单",进一步明确局机关党委、职能部门、党支部、党务干部等各个党建责任主体的责任内容,解决党建工作"谁来抓,抓什么"的责任落实问题。

二是结合阶段性工作安排,下发党建"任务清单",既能将年度重点工作合理分解推进,也利于将最新工作要求及时部署,将责任转化为具体的工作任务,解决党建工作"抓重点,怎么抓"的任务落实问题。

三是制定"问题清单",结合支部年度考核情况,将考核存在的问题以清单的方式书面反馈,并跟踪落实整改,解决党建工作"抓整改,促提高"的制度落实问题。

三张"清单"的管理方式让责任细化为看得见、摸得着的硬指标,方便支部和党员抓落实、促整改。

二、完善抓党建工作的体系

(一)强化党建领导体系

一是坚持党建工作与业务工作同研究、同部署、同落实、同考核,局党组要求各支部在月度工作例会上同时汇报支部党建工作和"一岗双责"工作落实情况;二是发挥海事系统"条块结合"的优势,在海事内网开辟党建相关专栏,交流抓党建工作的先进经验,每年组织召开海事系统党建工作座谈会,共同研究解决海事党建工作的困难问题,实行纵向互动,横向联动;三是发挥党建带工建、团建的工作机制,支持和推动工会、团委按照各自职能开展工作,开展联学共建、技能比武等活动,以群团工作活跃和促进党建工作。

(二)完善党建制度体系

按照"支部建在处上"的思路,各处处长兼任支部书记,增进党建工作与业务工作相互融合、相互促进。完善局党组理论学习中心组学习制度,建立学习定期通报制度,实施党委委员联系支部工作制度、加强和改进思想交流工作办法、党员"党费日"等制度,形成了较为完善的党建工作制度体系。按照"量化指标、日常考核、年底结算"的原则,完善党建述职评议考核制度,建立了党建工作季度报告和通报机制,及时表彰先进,鼓励后进。注重考核结果的运用,考核结果和评先评优挂钩,年底考核先进的支部才能进入评先评优的候选名单,考核排名靠后的支部,由局直属机关党委书记专门约谈,对于连续两年考核较差的支部,对支部书记进行组织调整。

支部党员参加军事训练,锤炼工作作风

(三)实施党建督导体系

立足扎实管用有效,建立实施三级督导机制,一是局党组"督"重点。局党组每季度听取一次局机关党委关于机关党建工作开展情况的汇报,局党组书记进行点评,并对下一步工作提出要求。二是机关党委"督"支部。根据阶段工作任务部署情况,局机关党委认真抓督导工作,组织安排不定期督导、"晒支部工作"、加大日常联络、开展专项约谈等方式,全面了解机关各支部的工作动态,通过末位约谈、重点帮扶等方式督促相对后进的支部,及时提出有针对性的指导改进意见。三是支部"督"党员。各党支部通过确定学习讨论主题、指定重点学习篇章、撰写心得体会、在海事内网专栏和党建网展示交流,督促党员抓好学习和有关任务的落实。

三、创新抓党建工作的载体

(一)抓日常工作载体

以"三会一课"为具体抓手,进一步夯实工作基础。一是严肃党内政治生活,深入推进基层组织政治生活规范工程,重点包括"三会一课"制度、组织生活会、党性分析会、领导干部双重组织生活等制度,在开展品牌支部建设、联学共建等方面加强有针对性的指导。二是积极开展支部组织生活日活动,总结提炼支部工作特色,形成支部工作法,不断完善运行机制;指导推动各支部找准切入点与着力点,推动党建工作与业务工作深度融合。三是强化党员服务与管理,从思想、工作、生活上关心党员,在党员发展、转正、提拔等特殊时刻安排谈话,注意了解机关党员的想法和需求,努力帮助解决实际困难,提升党员的归属感和组织的凝聚力。

广州海事局举行迎亚运安保工作誓师大会

(二)抓党员教育载体

深入开展创先争优、"三严三实""两学一做"以及"两学一做"常态化制度化工作,指导督促各支部创新学习形式,引导党员增强参加学习教育的主动性、自觉性。一是开设支部"微党课",各党支部结合业务工作特点,采取党员自选主题、轮流主讲领学的方式开展支部学习,营造人人讲、共同学的良好氛围,大大提升了讲党课活动的操作性和吸引力。二是建立各类"掌上课堂""指尖讲堂",局党组建立了微信学习交流群,局机关党委建立微信"党员之家",各党支部纷纷建立微信、QQ学习交流平台,及时推送党的理论文章和灵活生动的学习素材,方便机关党员利用"碎片"时间开展政治学习,各类"移动课堂"成了党员政治学习随身的"充电宝"。三是坚持以"考"促"学",组织党员开展党章党规知识、十八大、十九大精神知识点测试,以"考"摸清底数,发现薄弱环节,督促党员"知不足"而持续努力。四是举办"深入学习党的十八大精神""新时期如何当好支部书记"等学习交流活动,引导支部书记深入思考支部工作,积极创新思路方法,不断夯实支部工作基础,推动提升局机关党建工作整体水平。五是组织党员集中"充电",每年组织机关全体党员、党务干部分批开展主题轮训,丰富党员干部的理论基础,增强"四个意识"。

"两学一做"学习教育中,部海事局组织机关党员开展党章党规知识竞赛

(三)抓先锋工程载体

围绕党员先锋模范作用的发挥,积极搭建各类先锋工程载体,一是开展"践行一句话"活动。每位党员年初围绕个人岗位工作职责,对标典型先进,结合自身思想、学习、工作、作风实际,找准自身优势和努力方向,提出"一句话"或"一条座右铭"并努力践行,将实践效果作为年底党员评议的重要内容,进一步增强党员意识和责任意识。二是组织开展建言献策活动。发动党员从本部门、本岗位实际出发,认真思考分析,积极参与"我为交通发展献计策""海事三化金点子征集"等活动,提出改进工作、提质增效的意见建议。三是引导党员立足岗位作贡献。围绕加强水上交通安全监管、放管服改革、推进海事国际合作等重点工作方面,以及在参与海上应急抢险、重大活动安保、防台抗洪、南海巡航等急难险重任务中,成立临时党支部,动员党员立足岗位,勇于担当,冲锋在前,激励其增强党员意识,充分发挥共产党员先锋模范作用,服务各项重大任务圆满完成。

(四)抓群团工作载体

认真贯彻落实党中央和部党组关于加强和改进群团工作的部署要求,强化"党建带工建、带团建"作用,争取良好条件,支持群团组织依法独立开展工作。一是抓好职工关怀与服务。完善职工慰问、送温暖的长效机制,开展春节、"三八""六一""七一"等节日慰问和职工生日、生育、生病住院等关怀慰问工作。二是丰富职工文化生活。大力倡导"快乐工作、健康生活"理念,组织职工参加工间操、健步走、走廊运动会等各项活动,营造健康向上、生动活泼、和谐奋进的机关文化氛围。三是本着"立足机关、辐射系统"的原则,搭建群团工作各类平台。近年来,举办了直属海事系统航标技能比武、PSC检查技能比武、船舶防污染与应急技能竞赛等20余项重大活动,有效促进了海事系统职工队伍整体素质和能力全面提升；深入开展"职工之家""职工小家"创建活动，推动改善职工工作、生活环境，提升海事基层干部职工的归属感；组织开展劳模先进创新工作室的创建工作，为职工成才搭建平台；做好劳模先进的培养和选树工作，成功推荐部海事局李恩洪、广东海事局成宝刚等一批同志获得"全国五一劳动奖章"称号。

2008年，海事职工组织开展文艺演出活动

四、突出抓工作的重点

（一）强化理论武装

近年来，组织党员深入学习贯彻党的十七大、十八大、十九大精神，学习贯彻习近平新时代中国特色社会主义思想，学习《关于新形势下党内政治生活的若干准则》《中国共产党党内监督条例》等党章党规知识。引导支部党员进一步坚定理想信念，补足精神之钙，拧紧"总开关"，确保在思想上政治上行动上与以习近平同志为核心的党中央保持高度一致。

（二）强化作风建设

按照海事"三化"建设的要求，以抓作风建设为切入点，每年组织党员干部开展准军事化训练。通过开展军训，增强了党员组织纪律观念，强化了党员服从意识、规矩意识和执行意识。目前，准军事化训练取得显著成效，无论是从推进海事改革发展各项重点任务，还是机关党员干部的日常行为规范来看，海事党员队伍的精神面貌均发生了较大转变，得到了传堂书记、小鹏部长的充分肯定。

（三）强化典型宣传培树

一是组织深入学习廖俊波、黄大年等典型的先进事迹，学习直属海事系统各类典型的先进事迹，使广大党员感受身边先进典型的精神力量，增强忠诚干净担当的进取意识。二是每年"七一"前夕组织开展"两优一先"评选表彰活动,发动各党支部开展身边各类先进典型的推荐和评选工作,及时通过内外网、微信公众号等平台,宣传各类典型的先进事迹。三是深入开展创先争优工作载体创建工作,海事创先争优工作得到了时任中组部部长李源潮同志的高度评价。通过培树先进、争创先进、表彰先进,弘扬了正气,鼓舞了士气,凝聚了力量。

山东海事局成山头交管中心获全国青年文明号

(四)强化党员领导干部带头

局机关党员领导干部充分发挥"关键少数"的作用,在落实党建工作、推进学习教育等工作中坚持以上率下、率先垂范。一是带头抓学习,带头开展学习讨论,带头开展谈心谈话,带头开展批评与自我批评,带头查问题、抓整改,积极当"学"的模范、"做"的表率。局党组中心组平均每年开展集中学习9.7次。二是带头讲党课,党组主要负责同志每年七一为局机关党员干部讲迎"七一"专题党课;其他班子成员、各支部书记借助支部"微课堂"平台,主动为本支部党员讲党课。三是带头执行中央八项规定精神,带头执行出差报告等各项制度,密切联系群众,持续改进作风,严格要求自己和分管部门的干部职工。四是带头抓问题落实整改,对领导干部民主生活会上查摆出的问题紧抓不放,对基层职工反映强烈的突出问题、影响改革发展难啃的"硬骨头"集中攻坚、一抓到底。

(五)强化服务有效履职

每年围绕不同主题,组织各党支部利用出差、调研、开会等时机,与海事基层单位党组织开展"联学"活动,共同探讨、解决海事业务工作中遇到的困难问题,进一步激发支部工作活力。尤其是近三年来,如人教处党支部与天津局北疆海事处开展联学活动,共同研究基层海事机构改革的具体问题，推进改革正确有力实施。船员处党支部就船员培训、船员任解职资历管理、船员证书无纸化等工作与基层单位党组织开展联学，成功打造"船员口袋工程"。航保处党支部与基层航保单位开展联学活动，推进惠民工程建设，向社会用户提供 AIS 信息服务。征稽处党支部与广东海事局征稽处等党支部开展联学活动，提出便利缴费的改革思路，成功促成了部海事局与中国银联公司的战略合作，大大节约了企业办事的成本，提高了效率。近三年来，共开展了 50 余次联学活动，为破解难题、推动工作起到了明显的推动作用。

（六）强化党建课题研究

注重成果转化应用，提升党建科学化水平。近几年来，针对海事体制变化，先后组织开展了《提高海事机关党建工作科学化水平研究》、《基层党建工作信息化建设研究》等多项课题研究，研究成果获全国党建研究会二等奖 2 个、三等奖 1 个，获中央国家机关党建研究会一等奖 2 个、二等奖 4 个。探索建立了"研究—运用—提高"的研究成果转化机制，其中，在开展《基层党建工作信息化建设研究》等课题的基础上，建设了直属海事系统党建网，成为加强海事党建信息化建设的主阵地；在《基层组织工作条例》相关问题课题研究成果的基础上，局党组研究出台了《进一步加强海事机关党建工作的指导意见》，成为部局机关指导直属海事系统党建工作的重要依据。

部海事局危防宣传党支部与河北海事局宣传处党支部、危防处党支部开展联学共建活动

五、党建工作为海事改革发展提供有力保障

（一）抓党建工作的意识明显增强

通过明确了党建任务，完善制度机制，各支部书记主动抓党建的意识明显增强，对自

身党建责任是什么、怎么履行、怎么提升的认识更加清晰,机关党员普遍提高了对参加党内政治生活、严格履行党员义务等方面的认识,支部之间抓工作的不平衡得到很大程度上的解决,基层党建工作活力大大提升,有效促进了海事中心工作开展。

(二)完成重点工作任务更加有效

近几年来,一是配合国家外交大局,完成南沙渚碧、华阳、赤瓜、永暑、美济等5座灯塔建成和启用工作,开展西沙岛礁扫测并为三沙市政府提供海图,组织实施南海巡航,在服务海洋强国战略中主动发挥海事作用。二是对接服务京津冀一体化战略,出台《关于深化津冀海事监管一体化的意见》,优化津冀海域管理机制,统筹监管资源利用,推动锚地、航道资源共享。三是主动服务自贸区建设,创新自贸区船舶登记制度,吸引中资方便旗船舶回国登记,逐步壮大五星旗船队。四是主动服务北斗战略,成功推动北斗纳入国际航标协会的e航海战略体系,北斗与GPS和伽利略共同成为e航海战略中确定的全球卫星导航定位手段。五是圆满完成重点时段、重点水域的水上安保任务,落实海域管控责任,为杭州互联网大会、厦门金砖峰会、青岛上合峰会等营造安全水上环境;强化港珠澳大桥等重大涉水工程安全监管,确保工程安全顺利施工。六是参与"马航370"失联客机搜寻、亚丁湾护航等重大应急任务,关键时刻展现了海事担当。

湛江海事局巡逻艇为美国军舰出港时清道护航的情景

(三)推进简政放权更加有效

我们已按照部的统一部署,累计取消下放行政审批26项,占取消下放前全部行政许可事项的62%。取消船舶港务费等行政事业性收费19项,年均为企业减负约50亿元。取消船舶进出港签证,年均为1300万艘次船舶节约了时间和经济成本。强化船旗国、港口国监督管理，中国船旗保持各大备忘录组织白名单。通过取消和下放行政审批项目，减少了中间流转环节，大大缩短了行政审批办结时间，提升了办理效率，进一步激发了市场活力，为航运企业营造了更为宽松的航运发展环境，市场主体得到了"松绑"、"减负"。

下一步，部海事局将认真学习贯彻习近平新时代中国特色社会主义思想和党的十九大精神，认真落实新时代党的建设总要求，以党的政治建设为统领，深入推进"两学一做"常态化制度化，组织开展"不忘初心、牢记使命"主题教育，全面加强思想政治、思想、组织、作风和纪律建设，逐步提升机关党建工作科学化、规范化水平，为加快推进海事治理体系和治理能力现代化、服务交通强国建设提供坚强政治保证。

"亮身份、明承诺、做表率"主题实践活动

部救助打捞局党委

为深入推进部救捞局机关"两学一做"学习教育常态化制度化建设,加强机关党建工作,充分发挥基层党组织的战斗堡垒作用和党员的先锋模范作用,按照《部救捞局机关"两学一做"学习教育常态化制度化实施方案》要求,部救捞局党委在部局机关开展了"亮身份、明承诺、做表率"主题实践活动,丰富了党建工作抓手,有效地加强了局机关党的建设。

一、基本情况

部救捞局是救捞系统的领导机关,现有职工82人,其中党员66人;根据机关处室分工,设党支部9个(另代管海工公司支部党员23人)。按照部党组深化救捞系统管理体制改革的要求,部救捞局定位重在对救捞系统的宏观管理和统一领导。作为救捞系统的司令部,如何围绕中心工作发挥党建的引领作用,尤其是要调动机关每位党员的积极性,使部局机关工作形成合力,不断提升管理水平和服务能力,关系到救捞改革发展事业的成败。为此,部救捞局党委决定在机关开展"亮身份、明承诺、做表率"主题实践活动。

2016年七一,组织机关党员干部在毛主席纪念堂重温入党誓词

二、基本思路

"亮身份、明承诺、做表率"主题实践活动作为部救捞局机关全面加强党建、推进"两学一做"常态化制度化的重要载体,坚持以问题为导向,结合部局机关作为救捞系统首脑机关的特性,有针对性的解决目前机关存在的"党员意识淡化""大局意识薄弱""服务意识不强""机关作风不实"等四大问题。

一是着力解决"党员意识淡化"问题。部局少数党员仍然存在党的意识淡化的问题,主要体现在宗旨意识不牢,党员表率作用不突出。活动的出发点就是坚定机关广大党员干部的理想信念,首先从思想上做一名"合格党员",在行动上杜绝在党不言党、不爱党、不护党、不为党,组织纪律散漫,不按规定参加党的组织生活等行为的产生,以身作则,充当表率。

部救捞局党委和部直属机关党委联合举办"讲救助故事　展党的风采"救捞代表进党校主题展示活动

二是着力解决"大局意识薄弱"问题。部局作为救捞系统的首脑机关和领导机关,肩负着代表部党组带领救捞广大干部职工发展救捞事业的艰巨使命。这就需要部局机关党员干部既要有和党中央和部党组保持一致的看齐意识,又要有宏观思考问题和解决问题的方式方法。活动开展的着眼点,就是要在思想上增强部局机关党员干部的大局意识,结合本部门实际工作,推动部局机关职能转变,不断提升宏观管理的能力和水平,从而切实担负起救捞发展的历史使命。

三是着力解决"服务意识不强"问题。部救捞局不仅是整个系统的领导机关,同时也直接面对着基层各单位,这就需要机关广大党员干部心系基层、情系群众。活动开展的落脚点就是使党员干部牢固树立服务基层的理念,在本职岗位以实际行动更好地为基层单位办实事、干好事、解难事,密切上下关系,提高部局的威信,从而不断推动救捞系统治理体系和治理能力建设。

组织党员干部在白求恩纪念馆开展主题党日活动

四是着力解决"机关作风不实"问题。习近平总书记多次强调"作风建设永远在路上"。经过学习实践教育活动和"两学一做"学习教育之后,部局机关作风转变明显,但离部党组的要求还有一定距离,仍然存在一些党员精神不振、工作消极懈怠,不作为、不会为、不善为,逃避责任的行为。活动开展的目的就是不断扎实推进机关作风建设,持之以恒纠正"四风",消除不严不实的问题,进一步打造绿色健康的政治生态。

三、主要做法

(一)党员全部覆盖

此次主题活动覆盖部局机关全体党员。为吸引党员干部积极参与到活动中来,部局党委统一制作党员承诺牌,承诺牌分为两面,一面为入党誓词,一面为党员承诺。承诺内容为:坚定信念,不忘初心;恪尽职守,敢于担当;勤奋工作,求实创新;从严要求,廉洁自律;团结协作,当好表率。

党员承诺牌摆在每个党员办公桌外侧醒目位置,入党誓词一面向内,承诺一面向外。寓意为牢记誓词,塑造灵魂,树立形象,践行承诺。每个党支部根据本支部办公室的实际情况统一摆放,力求整齐、鲜明。

党员承诺牌作为主题实践活动的重要形式,教育引导党员在任何岗位、任何地方、任何时候、任何情况下都铭记党员身份,积极为党工作,立足岗位、履职尽责。

(二)支部落实责任

为防止活动流于形式,要求各支部书记明确责任,亲自抓落实,确保活动有实效。其中各支部每季度对党员承诺落实情况进行一次督察,检查党员承诺的具体落实情况,并及时记入支部工作台账;支部书记每季度根据督察情况进行一次讲评,总结好的工作经验做法,分析存在的问题,找出解决问题的措施;支部每年年底对本支部党员践行承诺情况进行总结,并提交总结报告。

(三)党委全程督导

部局党委将定期对各支部开展情况进行通报,并有针对性地进行检查和督导。党员践行承诺情况,将和党内评优与机关年度考核相结合,作为评优依据并纳入职工年度考核内容。各支部党员践行承诺情况要在本处室内公开,征求群众意见,接受群众的监督。

四、成效启示

部救捞局机关"亮身份、明承诺、做表率"主题实践活动开展以来,部局机关广大党员思想上高度重视,行动上积极参与,将其作为自身政治生活中的一件大事,"四个意识"不断加强,"四个自信"进一步坚定,机关作风转变明显。不少党员坦言,自从在工作中亮明身份之后,感觉肩上的担子更重了,时刻接受党组织和群众监督的意识更强了。各支部书记一致认为,活动的开展不仅使支部建设有了抓手,同时提升了支部的凝聚力和战斗力;群众普遍反映,亮出党员身份使大家真真切切感受到了共产党员的先锋模范作用,大家干事创业的劲头更足了。下一步,部救捞局党委将按照部党组和部直属机关党委要求,不断丰富"亮身份、明承诺、做表率"主题实践活动的形式和内容,以长效机制确保活动取得实效,推动部救捞局机关"两学一做"学习教育常态化制度化建设引向深入,为建设一流部局机关提供坚强的政治保障。

淬炼"红柳精神"　打造海上堡垒

中国船级社党组

胜利油田海工基地位于桩西，距青岛480余公里，这里是中国船级社（以下简称CCS）青岛分社海工处验船师们工作的地方。桩西盐碱遍地、冬冷夏热、环境恶劣、人烟稀少，只有一种叫做红柳的植物在生长。

红柳耐旱、耐热、耐盐碱，不畏艰难，坚忍不拔，深受同样身处盐碱地的海工验船师们的喜爱。他们敬佩红柳、学习红柳、超越红柳，自觉以"红柳精神"激励和鞭策自己，努力将"红柳精神"打造成为海工处党支部的精神之魂和基层党建工作品牌。

在"红柳精神"的激励下，"吃苦奉献的奋斗精神、勇于担当的责任意识、精湛专业的技术能力、优质服务的工作态度"已经成为海工处党员群体的真实写照。

过去的20年里，海工处高质量完成了100多座新建固定平台的建造检验、80余条海底管道、海底电缆的铺设检验，以及10多座移动平台的建造检验，其中包括国内建造的最大、技术含量最高的固定平台南海深水荔湾项目和获得国家优质工程银质奖的埕北1A、埕北1C平台，为胜利油田建设，为我国海上油气开发作出了应有的贡献。

一、"红柳精神"扎根桩西——顽强拼搏脱颖出

胜利油田海工基地开发之初，基础弱、条件差，在长达七、八年的时间里，验船师们就住在临时工房或大铁罐里，直到2001年才建成几间平房，虽说条件有所改善，但夜晚老鼠钻进被窝里、长蛇盘于床下的事情还是经常发生。

与生活条件相比，工作条件更为艰苦。海工建造多是露天作业，现场检验饱经日晒风吹不说，施工工人可以"三班倒"；而单兵作战的验船师却要一个人坚守一个项目到底，自项目开工后就常常是没日没夜地加班赶进度，一年到头难得休个完整的节假日和周末。

海工检验还要经常出海作业，短则一两个星期，长则两三个月，不但要经受浪打船摇，而且长期漂泊海上，手机无信号，四面大海头顶天，日复一日，生活的枯燥单调不言而喻，就连给家里打个报平安的电话都成了奢望。

选择基层不易，扎根海工更难。但海工处党支部验船师们把"红柳精神"体现出来的吃苦奉献、勇于担当、技术精湛、优质服务的元素精炼浓缩为"奉献、坚持、吃苦、敬业"八个字，时刻践行：连续79天未下海上安装平台，是青岛分社海洋工程处验船师王兆骞创造的纪录；一年出差驻厂检验306天，这是该处上有年迈父母下有妻儿的验船师任强创造的纪录；党员验船师卢海在孩子不满半岁时就奔赴外地参加半潜平台的建造入级检验，半潜平台作为深海石油开发的利器一直以来都以建造检验技术难度大著称，CCS在这方面的经验与国外先进船级社相比仍有差距，卢海同志克服困难，刻苦钻研，不断总结积累，保证了项目的顺利进展和安全质量……

三、部直属机关各单位党组织有特色的党建工作实践成果展示

"有技术问题询问CCS",这已然成为业主和施工单位耳熟能详的一句话。20年来,在检验项目现场,验船师们不怕苦,不怕累,与油田工人们"同吃同住同劳动",与工程技术人员一道协商解决技术问题,保证了检验到位、服务到位,实现了20年间无一起验船师检验责任的质量事故。在西方发达国家船级社虎视眈眈的海工检验市场里,青岛分社海工处硬是靠便捷的服务、技术的扶持、诚信的努力,使得CCS品牌在与国外各大船级社的竞争中脱颖而出,为CCS赢得了胜利油田海工业务90%以上的检验市场份额。

二、"红柳精神"诠释奉献——恪尽职守保安全

安全无小事,责任大于天。安全是船级社工作永恒的主题。海工处坚持"严"字当头,时时处处把"严格"两字贯穿到验船师检验工作的方方面面,验船师以身作则,使年轻验船师从入社之初就打上严格的烙印,融化到思维中,体现在行动上。

根据国家经贸委、安监总局和CCS相关的建造和检验规范,青岛分社海工处负责对胜利油田海洋采油厂所属的中心一号、中心二号等100多座海上固定平台进行在役检验工作。为确保在役平台的安全质量,海工处的验船师们认真摸排平台情况,科学制定检验计划,严谨开展检验工作,努力消除安全隐患,将现场检验工作落实到每一个环节、每一道工序;主动加强与业主的交流沟通,及时向业主通报平台检验中发现的问题,并依据问题的性质、严重性要求业主制定具体的整改计划并督促整改,对整改的结果验船师再次进行复验,确保以最终的安全质量状况决定是否签发证书或报告。

技术人员现场检验

针对检验业务范围内老旧平台较多的特点,加大风险防控。根据船籍港在山东地区的移动平台老龄化程度较严重、部分移动平台船龄超过25年并可能存在较大安全风险的现状,认真研究应对措施,制定行动方案,通过走访平台公司,与对方主要领导就老旧平台安全风险适宜进行座谈、沟通,提出老旧平台可能存在的安全风险,要求业主高度重视并制定老旧平台的风险评估计划。在完成平台风险评估后,及时督促其整改落实,从而使老龄平台的质量状况得到了较好的控制,未发生重大的海损事故。

面对海工领域诸多的新领域、新技术、新产品，海工处验船师们直面困难，勇于挑战。

中海油青岛海工基地建成投产，海工处争取到了四个 200 英尺移动平台和旅大 LD Ⅱ 三个上部组块共七个工程的建造检验项目。为做好检验工作，海工处先后派出多人次到外地学习此种平台的建造方法和质量控制中的细节、注意事项，在人员和技术上做好充分准备；项目开工后，验船师们与业主项目组、海工项目组三方合署办公，及时沟通解决项目建造过程中遇到的问题，确保了项目的顺利进行。

埕岛西 B 平台(DPB)是美国能源公司 EDC 与中国石化的合作开发项目，现场业主代表是 EDC 聘用的国际石油工程职业管理团队，具有丰富的海洋石油工程建造项目管理经验。海工处验船师们自进驻现场后，认真工作，严格把关，按照设计及技术标准的要求开展工作，发现并解决了现场许多技术问题，得到了业主的肯定。如该项目 B 平台要与已建的 A 平台(DPA)对接，对接后要将 A 平台上的修井模块轨道延伸到 B 平台上，因此对对接精度要求非常高，一旦达不到精度要求，将无法实现后期修井模块轨道的延伸铺设，也就无法对新建平台的井口进行修井作业，那将给项目造成巨大损失。项目建造方没有类似的工程经验，验船师在项目的开始阶段即提醒其给予关注，指导其制定了详细的技术方案及控制节点，并在整个建造过程中严格控制有关节点和技术参数，从而使该项目海上就位、安装顺利达到设计要求。

三、"红柳精神"彰显特色——基层党建活力现

80 多个分支机构，覆盖国内外主要港口；服务网络遍布亚洲、欧洲、美洲、非洲、大洋洲，各基层单位业务种类、员工结构、当地的文化氛围等都不尽相同，这是中国船级社独具特色的社情。根据这一实际，中国船级社党组提出，基层党建工作必须重心下沉、因地制宜，积极探索、寻求特色，鼓励和支持基层党支部广泛开展特色支部创建活动。

特色党支部建设点燃了海工处党支部的党建热情。他们提出了"创建先进基层党组织，争做优秀共产党员"的创建目标，明确了发挥党支部战斗堡垒作用和党员先锋模范作用的"带头学习提高，争当勤学标兵；带头创造佳绩，争当敬业模范；带头遵纪守法，争当自律表率；带头开拓进取，在行动上创先争优""四带头"具体要求，全面梳理了在服务意识和服务质量上存在的问题并采取积极措施认真加以改进，积极践行"两学一做"，研究确定了以"是否完成好本职工作、是否提升了服务意识和质量水平"为活动载体。

海工处支部党员干部主动亮身份、做模范，当好排头兵。现任海工处处长、党支部书记高学廷，大学毕业后即走进桩西海工检验一线；作为党支部书记和处室领导，比普通验船师多了一份责任、多了一份付出；10 多年来的法定节假日，他一直坚守在检验一线，为了节日安全，在万家灯火的时刻选择了孤独和坚守。海工党支部 15 名党员，近年来平均每年的出差、出海天数都在 280 天以上。半个多月才能与家人团聚一两天，父母病重住院不能床前尽孝道，孩子考学不能陪伴左右，已经是他们的家常便饭，但他们毫无怨言，把心思和精力用在工作上。

海工处支部的党员们不仅带头学好政治理论，还带头钻研公约规范，不断优化知识结构，提高检验业务水平。荔湾 3-1 中心平台是我国建造的最大、技术含量最高的固定平台，既是我国海工先进技术的集大成者，也是我国深海油气开发的一个里程碑，现场验船师在

完成现场检验的同时,注重总结检验过程中的经验教训,迄今已经完成《大型深水导管架陆地建造关键技术及检验要点》《大型深水导管架海上安装及检验要点》《荔湾3-1深水项目的焊后热处理问题》等9篇技术总结和检验案例的撰写工作,圆满完成亚洲最大的深水海工项目"荔湾3-1中心平台"发证检验,这也标志着CCS海工检验已经跨入世界先进行列,展现了CCS海工检验的新形象。

海工处支部的党员们不断创新支部工作的形式与内容。业余时间自己动手办了《红柳》刊物,建立了自己的精神家园;办起了自己的荣誉室,像爱惜自己的眼睛一样珍惜自己的荣誉;开办了"组织文化活动园地""党建书屋""趣味体育""学习交流"等活动;在简易的平房里支起了乒乓球台,在拓出的篮球场地,锻炼身体,保持最佳身体状态,胜任艰苦的检验工作……

"红柳精神"作为青岛分社海工处党支部具有广泛凝聚力和深远感召力的文化符号,已深深地融入验船师的行为规范中。在工作实践中,海工处党支部通过不懈的探索实践,打造出的以"红柳精神"为核心的文化品牌和特色载体,推动了CCS"安全、环保,为客户和社会创造价值"的核心价值理念在检验一线的落地生根、开花结果。

红柳淬炼精气神,映红头顶一片天。历经二十年艰苦磨砺,中国船级社青岛分社海工处已逐渐成长为CCS海工检验的一支骨干力量,一支我国海洋石油开发战线上能征善战、个性鲜明的青年先锋队。

四、硕果累累,获得多项荣誉

2004~2009年连续六年被中国船级社评为"中国船级社双文明建设先进集体";2005年获得了由山东省口岸办公室、山东省文明办公室、山东省纠风办公室联合评选的"山东省共建先进集体";2006年获得了由共青团中央、交通部联合评选的"全国青年文明号"等荣誉称号,并连续通过复审,保持荣誉称号;2009年被全国海员工会评为交通系统"工人先锋号";2009年被交通运输部评为全国交通系统"先进集体";2010年获得交通运输行业"文明示范窗口"荣誉称号;2012年获得全国总工会"工人先锋号"荣誉称号;2014年获得全国交通运输系统"文明示范窗口"荣誉称号;2016年"红柳精神"获中国船级社基层党建工作品牌。

切实推动党建工作与中心工作融合互促

部规划研究院党委

交通运输部规划研究院成立于1998年。建院20年来,在部党组的领导下,紧密围绕"服务政府、服务行业,当好交通运输部智囊团,做现代交通运输业发展智库",院党委团结带领广大科研人员将党建工作与中心工作融合互促,努力把党支部打造成党员教育的学校,团结群众的核心、攻坚克难的堡垒。

在规划院诸多支部中,综合运输研究所党支部成绩较为突出,曾荣获交通运输系统"两学一做"先进基层党组织的荣誉称号。支部党员近30人,设4个党小组。坚持一个"融"字,在工作中采取了一些行之有效的方法和举措,努力实现党建与中心工作相互融合、相得益彰。

一、紧紧围绕科研任务这一中心工作,推动党员践行"四个合格"

一是坚持常态学习。习近平总书记对加快建设综合交通运输体系提出了明确要求,规划院作为服务政府和行业的智力单位,理所当然要学深学透习近平中国特色社会主义思想和党的十九大精神,否则规划研究就无从做起。鉴此,坚持每月开一次支部大会认真学习,单月由支委进行专题党课授课,双月全体党员开展交流研讨,围绕"习总书记关心港口发展纪实"、"两路精神"以及如何推进多式联运促进物流降本增效等内容进行了多次学习。通过深入"学",支部党员在运用党的最新理论成果武装头脑上,取得新实效。在促进道路货运健康发展研究中,提出的道路货运健康发展事关国民经济平稳运行,事关物流业降本增效,事关城乡居民的生活安康"三个事关"的发展定位,得到了部相关司局的高度认可。二是持续改进作风。在支部组织生活中,突出党性锤炼,组织党员认真查找解决思想问题和工作问题,强化钻研精神、提升科研水平、严守纪律规矩。"七一"专题党性分析,聚焦解决"四不"问题,会前专题学习院党委"八不准"要求,会上逐人发言、领导点评,查摆问题、剖析根源,推动党员"思进取、接地气、抓落实、敢担当"。三是党员带头攻坚。支部每年都将部党组关心的重大问题作为品牌攻坚项目,发挥组织保障作用,让党员技术骨干担任项目负责人,并授予品牌攻坚旗,组成党员攻坚团队,面对党旗承诺。研究中,坚持用习近平新时代中国特色社会主义思想指导课题研究,用科学严谨的方法提升研究水平,顺利完成了交通运输"十三五"规划、长江经济带交通规划、"一带一路"主攻方向、交通运输供给侧结构性改革、军民融合交通发展、多式联运大调研等一大批有影响力的课题研究任务。被支部作为品牌攻坚的雄安交通研究、十三五中期评估等四个重点工作,也取得了很好推进。

三、部直属机关各单位党组织有特色的党建工作实践成果展示

品牌攻坚项目授旗仪式

二、紧紧围绕科研工作特点，创新方式方法，推动支部工作务实高效

一是深化支部工作理念，打造党建品牌。学历高、海归多是规划院人才一大亮点，大家思想活跃。院党委组织党员群众通过反复研讨、集思广益，创新性地提出了"坚持、综合、深刻、廉洁、制度、互动"六大党建工作理念，引导党员热爱支部，投身支部建设，发挥主体作用，共谋支部发展。由于6个关键词的英文首字母都是"i"，所以我们形象地称为"i党建"，英文字母的"i"，同汉字"爱"谐音，在英文中有"我"的含义，这个"i党建"得到了支部全体党员的高度认同，一致同意今后按照"i党建"品牌来统领党建工作。二是定期统筹部署工作。项目多、出差多也是规划院工作一大特点。针对议事、学习组织困难的情况，支部创新会议制度，设计固定工作例会、支部每半月开一次干部工作例会，参会人员除业务干部外，还要求党支部、分工会、团支部骨干一并参加，会上业务工作和党建工作同步研究部署、同步督促检查，形成了推动党建与业务深度融合的有效机制。三是打造行政与党建一体化管理小组。"扁平化、无机关"是综合运输研究所党支部一大特色，30余人的团队里有4名行政服务人员，其中还有1名非党群众，支部创新性地将4名行政服务人员打造成一个党建与行政一体化管理小组，创新性地提出了"支委会统一领导、支委分工负责，管理小组协助承担日常工作"的高效运作机制，管理小组通过半月1次碰头会，主动发现行政及党建上的问题，并提出解决建议。

三、始终坚持聚焦群众关心的问题，把握思想动态，做好思想政治工作

一是围绕改革加强引导。支部及时宣传事业单位分类改革、科研体制改革有关政策，定期召开务虚会，就院所的改革与发展等涉及群众切身利益问题，征求群团组织和干部职工的意见，定期听取工会、团支部的工作汇报，及时了解和回应干部职工的意见建议。二

是促进规范内部管理。在支部听取干部职工意见过程中,对有些职工反映来所实习的学生参与科研工作也要注意管理,所内各室之间研究资料共享不够,不利于提升科研工作的整体水平。支委会迅速组织研究,提出对策措施,推动所里及时制定了实习生管理细则、资料共享办法。三是推动优化工作环境。加强党员活动室、文化墙、给会议室命名以及"职工小家"建设。设立读书角和流动笔记,在支部内征集好书,营造学习氛围,让思想自由流动。建立卫生"流动红旗"制度,红旗流动到哪,由大家来决定,既促进了各室比学赶超,又引导了争创整洁舒心的办公环境。

让家国情怀浸润每一位职工的心田

部科学研究院党委

交科院在习近平总书记"新形势下,党的群团工作只能加强,不能削弱;只能改进提高,不能停滞不前"讲话的指引下,以"职工小家"为载体,将有形的家与无形的家相结合,使得群团工作在"两学一做"的大环境下落地,"职工小家"体现出群团组织在发挥党联系群众中的桥梁纽带作用,不但将党政所需、群众所急、群团所能的事情做好,还为职工创造出良好的工作氛围和精神园地,外塑形象,内聚心力,让广大职工深切感到来自组织的温暖,感受到党一直就在身边,我们愿与党一路同行。

交科院职工小家

职工之所以爱家,是因为家有温暖、家有依托;职工之所以恋家,是因为家有幸福、家有安全。交科院的"职工之家",是全院上下齐动员,共同努力的成果。大家一起建家、爱家、管家、用家,以小家服务大家,以小家促进大家,亲如一家。

2016年4月,部直属机关工会提出以"职工之家"建设为抓手、培育打造"文化铸家"品牌的任务部署。2016年5月5日,交科院召开"职工小家"工作部署会,正式启动"职工小家"建设。领导的高度重视和党政工团的齐心协作,让这项工作进展势如破竹。仅11天后,在院"职工小家"创建方案交流会上,各部门就结合本部门实际拿出了行之有效的"职工小家"建设方案。

交科院职工小家

短短几个月之后,堆砌杂物的仓库、无人问津的阳台、简陋的办公室,被各个部门打造成休憩的港湾。物流中心结合业务特点,突出"畅"字,营造出了"畅适""畅言""畅学""畅快"以及"畅享"的"畅"文化,让职工感受到了家的温暖;科技发展公司以"融"为主题,从"融情""融心""融力"三个层面全力打造家文化,营造了想干事、能干事、会干事的环境;科技传媒公司"悦"空间、"悦"环境和"悦"活动,形成了他们独特的"悦"文化,职工在小家里享受"悦"时刻带来的放松与快乐,增强了认同感和归属感;信息资源室以"和合"为建家目标,蕴含着和美和顺之意,努力打造和谐、合作的团队;检测中心的职工小家已建到了工地上,让常年出差在外的职工都享受到家的牵挂和温暖,他们自豪地说:"人在一起叫聚会,心在一起叫团队。"

机关小家总结出了属于自己的"留下意见,带走微笑"的家风家训,紧紧围绕服务与管理两大核心职责,对内苦练内功,对外展示形象,为院改革发展保驾护航。

交科院的"职工小家"建设带给职工的是温暖和幸福;带给团队的是凝聚和提升;带给职能部门的是微笑与服务;带给业务部门的是开拓与创新;带给交通事业的是热爱与奉献。小家建设得到了各级党组织行政领导的支持关心。部机关党委柯林春书记来我院参观交流职工小家建设经验时说道:"工会组织打造职工小家,跟'两学一做'、'三严三实'和群众路线实践教育的目的和核心价值一样,都是让广大干部、各民族群众紧紧团结在党中央周围,在党的领导下,为实现两个百年目标和中华民族伟大复兴的中国梦而奋斗,凝心聚力、齐聚一起,共谋智慧、形成一家。"

《孟子》有言:"天下之本在国,国之本在家,家之本在身。"家是国的基础,国是家的延伸,国家与家庭、社会与个人,都是密不可分的整体。国家好,民族好,大家才会好。"小家"同"大国"同声相应、同气相求、同命相依。有了小家,让干部职工可以更加敏锐的感念个人前途与国家命运的同频共振,主动融"小家"情感与爱国情感为一体,滋润每个人的精神家园。

三、部直属机关各单位党组织有特色的党建工作实践成果展示

交科院职工小家

"亦余心之所向兮，虽九死其犹未悔。"精神有了归属，生命就有意义。家国情怀是一股永不衰竭的精神涌流；有了它的丰润，必能描绘大写的人生、成就不凡的意义。下一步，交科院将继续按照部直属机关工会的指导和要求，进一步推进家的文化理念提升，在为中心服务大局、在抓出特色、更好地满足职工需求和业务发展需要等方面进一步下功夫，进一步探索建设职工之家、打造合格组织的好方法，推动建家活动呈现出更多亮点、取得更大成效。

创新"微+N" 服务到基层

部公路科学研究院党委

作为交通运输部直属的科研事业单位,公路院党委在扎实推进"两学一做"学习教育常态化制度化工作中,紧密围绕科研生产管理精细化、党群服务紧密化、教育预防制度化等内在需求,开展了"微+N"党建服务活动,全面推进服务型基层党组织建设,培育和践行社会主义核心价值观。

一、内涵要义

"微+N"中的"微"表示以党组织为核心,发挥群团组织作用,开展细致入微的服务,党建工作围绕身边人、紧贴身边事,在见小、见细、见实、见常上下工夫。"N"表示党建服务功能在实践中体现为多层次、多角度、多种形式、多项内容,如宣传"微阵地"、群团"微平台"、贴心"微服务"等。以"微+N"为载体,创新模式、丰富手段、精细工作、强化实效,增强基层党组织的凝聚力、创造力和战斗力,将服务延伸到职工群众身边,使服务型基层党组织建设真正生根落地。

二、方法措施

(一)宣传"微阵地"

每年坚持出版《日新》党建文化专刊、内刊《快讯》,"公路院青年"微信公众号每周推送信息,内外网宣传频道开设了固定的学习教育专栏,室外宣传栏每月推出不同的主题展板,同时充分利用智能手机移动终端,通过QQ群、微信群、手机短信等灵活方式,搭建正能量宣传阵地,积极宣贯习近平新时代中国特色社会主义思想和党中央治国理政新理念新思想新战略,倡导文明风尚,推广工作成果,弘扬先进事迹,凝聚发展共识。

(二)群团"微平台"

发挥群团组织优势和作用,在完善"职工之家"建设的同时,坚持推进分工会"职工小家"建设;每年组织"公路院杯"足球联赛、健步走大赛和职业技能竞赛、"物物交换"等活动,瑜伽、书法、健身等10多个文体兴趣小组常年开展活动。通过丰富的文体活动,促进和谐公路院建设,营造健康工作、快乐生活的氛围。

(三)贴心"微服务"

坚持从小处着手、实处抓起,为新员工申请公租房,开展后进职工一对一帮扶,实行职工生日祝贺制度,每年坚持在元旦、春节等重要节日期间送温暖送爱心,走访慰问困难

三、部直属机关各单位党组织有特色的党建工作实践成果展示

党员、困难职工、患重病职工、挂职干部等,体现组织的关爱。同时,通过送温暖送爱心常态化、建立重病和特困职工动态档案等方式,解决职工群众的操心事、烦心事、棘手事。

公路院党建文化专刊《日新》

组织迎十九大文艺汇演合影

2015年,送温暖活动中,杨传堂同志看望患病职工

(四)满足"微心愿"

坚持及时全面了解职工需求,结合组织生活会、发放征求意见表、召开座谈会、谈心谈话等多种途径和方式,征集梳理全院干部职工的"微心愿"。通过满足"微心愿",营造安全、祥和、幸福的工作氛围,用润物细无声的方式,使全院干部职工切实感受到家一般的温暖。

(五)完善"微制度"

坚持把制度建设作为基层服务型党组织建设的重要内容,实现基层党组织服务群众的常态化、长效化。每年院党委组织修订《党总支(支部)工作细则》,明确党(总)支部的任务、职责和各项基本制度;修订院《党建考核实施细则》,把年终现场考核、日常考核、上级评价结合起来,将考核结果作为干部考核的重要组成部分。积极树立先进典型,彰显榜样力量,坚持开展院"两优一先""文明处室、文明个人"等评选活动,完善表彰激励机制,为推动改革发展积聚正能量。

(六)预防"微腐败"

坚持院纪检监督工作从细微处着手,持续开展落实中央八项规定相关制度及"两个责任"执行情况的监督检查;严把节庆关,坚持将节假日通知要求通过短信提醒,加强对公车私用、公款旅游、公款吃喝、违规办理购物卡等问题的检查;坚持开展科研作风和学术道德宣传教育;号召和督导干部职工自觉抵制"微腐败",营造风清气正的发展环境。

(七)人人"微节约"

坚持以"低碳生活,有你有我"为主题,开展了节约每一度电、每一滴水、每一张纸、每一粒米、每一分钱的"微节约"活动;开展了"铺张浪费随手拍"活动,引导干部职工从点滴做起、从自我做起，养成节约资源、保护环境、适度消费的绿色生活好习惯。

通过坚持以"微+N"活动为载体，开展丰富的服务基层工作，公路院党委用实实在在的党建服务赢得了干部职工的广泛赞誉。落实了中央对基层服务型党组织的要求，进一步扩大了党组织工作的覆盖面，推动了基层党建工作上新台阶，为院改革发展提供了坚强的政治保证。

坚定政治方向　坚持以人为本
不断加强和创新科研事业单位思想政治工作

部水运科学研究院党委

习近平总书记强调，"要坚持把思想政治建设摆在第一位"。科研单位肩负着引领国家科技创新发展的重任，做好思想政治工作意义重大。改革开放以来，特别是党的十八大以来，在国家深入推进事业单位分类改革和科技体制改革的大背景下，科研单位的性质、职能、定位、管理模式、运行机制等正在经历转型调整，同时受市场经济环境下多元价值观的影响，科研人员的理想信念、道德观念、价值取向等受到较大冲击，人才流动、流失率增高趋势明显，思想政治工作面临巨大挑战。

交通运输部水运科学研究院是我国水路交通运输科技创新的"国家队"，现有在职科研人员479名，在职党员352名；队伍文化层次高、个性意识强、民主意识强、探究意识强"一高三强"特征明显。院党委认真贯彻全面从严治党部署，主动顺应事业单位分类改革和科技体制改革的各项要求，始终把思想政治建设摆在首位，坚持抓住关键少数、压实支部责任、创新教育载体，增强思想政治工作的针对性和实效性，为事业发展提供了坚强的政治和思想保证。

一、抓关键少数，坚定政治方向，领导带头当政治家、专门家、心理师

作为领头雁，领导干部自身的模范行为就是有形的道理、无声的命令，是最强有力的思想政治工作。工作中，院党委注重抓住领导干部这个"关键少数"，坚持领导带头、以上率下，引领广大党员干部以扎实的学思践悟补足思想"钙质"。一是带头做"政治家"。以党委中心组学习为龙头，以党员领导干部和业务骨干为重点，坚持用习近平总书记系列重要讲话精神和治国理政新理念新思想新战略武装头脑、指导实践、推动工作，牢固树立"四个意识"，坚守政治信仰，把准政治方向。注重中心组学习频率与实效，近年来每次安排1-2名班子成员专题发言，交流讨论情况向全院公开；年均组织中心组集体（扩大）学习10次左右，每名班子成员讲党课2次以上。强化政治上的引领、思想上的交流，达到全院职工上下心灵上的"同频共振"。二是带头做"专门家"。科研单位的领导要学包起帆、许振超、黄大年，政治上要过硬，业务上也要领航。注重科研立院、立身强院，领导干部带头打造过硬本领，重大改革任务、重大技术攻关班子成员首先冲锋在前，以示范引领感召带领职工群众。三是带头做"心理师"。人心是最大的政治，领导干部必须当好职工的心理咨询师。在坚持谈心谈话制度的基础上，特别注重用好论坛、微信等网络平台主动发声，用职工身上的"小事"说话。针对一些突出问题，院领导通过亲自撰写文章、回复意见建议等，有针对性地与职工开展思想交流、解思想疙瘩。坚持做到凡涉及职工切身利益的重大决策必须

征求职工意见,询诊问计;凡涉及机构改革和干部人事调整的坚持谈心谈话,问情把脉;凡职工通过职代会提案等反映意见的必须个案研究,对号回应。把思想政治工作做前、做细、做实,做到有情、有效,使党的方针政策和部党组的决策部署通过"主动脉"和"微循环",直达干部职工心坎,达到春风化雨、润物无声的效果。

二、抓支部主体,夯实基础基层,让支部工作有强度、有厚度、有温度

支部是党的基层组织的"红色细胞",也是党员的家。加强思想政治建设,必须把责任压到支部,打造红色堡垒、夯实家的基础,使支部真正成为党员干部党性锻炼的熔炉。一是严密组织体系,以责任归位促责任到位。结合机构改革,及时调整优化党组织设置,确保全覆盖,并积极探索实行事业、企业党组织分类管理。严格支部换届制度,配齐配强支委会,要求部门正职担任支部书记,科研骨干、领军人才进入支委会,以一人双职,强化一岗双责。强化落实党建责任制,建立巡察与督查相结合、定期督查与随机抽查相结合的督查机制,年底集中述评,形成对支部工作的"资源聚集"。二是严肃党内政治生活,以标准化保障制度化。将党建工作整体纳入院质量管理体系,组织编制《基层党组织工作指导手册》,将"三会一课"等支部日常工作的要求、流程、标准等具体化。狠抓党性分析,每年"七一"前后召开专题党性分析会,今年聚焦不思进取、不接地气、不抓落实、不敢担当"四不"问题,组织全体党员剖析思想根源,红脸出汗,查不足、抓整改、促活力。三是强化支部服务职能,打造"有温度的党支部",提升亲和力,增强凝聚力。支部工作不仅要"严",更要有"爱"。倡导支部工作要有亮度、有温度,照亮党员、温暖群众。每年定期开展生日送祝福、节日送温暖、平日送健康、个人大事送关怀、社会公益送爱心"五送"系列活动,把关心关爱纳入特色支部建设内容,组织生活会既有思想上的碰撞,也有工作上的批评,还有生活上的关心,"有困难找组织"的观念在广大党员、群众心中生根发芽。

2018年,水运院党务干部培训班

三、抓载体创新,把握思想脉搏,让教育更富吸引力、针对性、实效性

针对科研队伍"一高三强"的显著特点,紧紧抓住他们的所思所想所求,努力找准思想

上的突破口和切入点，不断创新载体、增强实效。一是"聚起来"，共祝政治生日。围绕政治生日这个特殊主题，每季度组织开展党员集体庆生活动。通过唱红歌、温誓词、念志愿、谈感想、写体会、送礼物等多种形式，让党员既感受到组织的温暖，又始终牢记党员身份，常思当初入党为什么、如今在党做什么、今后为党奉献什么"三个为什么"，受到党员普遍欢迎。一位快退休的老党员在念当年入党申请书时哽咽感慨："38年前的今天我光荣入党，现在我的入党介绍人都已经不在了，但我想告诉他们的是，我对党的忠诚从未改变。"一起过政治生日的其他同志听后深受感动。二是"走起来"，开展联学联建。鼓励各基层党组织与系统内外先进党组织共同开展支部党员"联学"、组织生活"联过"、活动阵地"联建"、科技项目"联研"等形式多样的联学联建活动，在对比中感染、在感染中感动，取得了良好效果。三是"做起来"，当好先锋模范。搭建党员、群众"双创"平台，努力培养科学家、成就职业人，体现价值性。近年来，在海运强国战略等重大政策研究、港珠澳大桥等重点工程建设、中国航海日论坛等重要交流活动、天津港"8·12"火灾爆炸等特大事故应急处置工作中，广大党员都能冲锋在前，展示了过硬的政治素质和业务能力，成为群众学习的身边榜样。

多年来的改革发展实践让院党委深刻认识到思想政治工作的极端重要性，党委工作就是在干部职工成长发展的道路上不断添加"佐料"并细心雕刻。在新时代，院党委将不断探索思想政治工作新路子，为交通强国建设提供更加优质高效的科技支撑服务，为早日实现中华民族伟大复兴的中国梦做出应有贡献。

军地共建　搭建兵营里的学习阵地

人民交通出版社党委

人民交通出版社股份有限公司第二党支部落实习总书记"做好军民融合发展大文章"指示精神,自2016年起,支部与中国人民解放军中部战区某通讯团优秀连队党支部开展结对子共建活动。在互学共建中,支部党员们听连队支部讲解历次阅兵、演习任务中出色完成重大保障任务的光荣历史,观看现场演示有线兵1000米架设综合作业等科目,到习总书记视察过的多次受到军区表彰的女兵通信连队"文明服务模范连"学习参观。支部将思想教育课堂延伸到兵营,以军人精神对党员开展理想信念教育,激发党员学习军人作风、弘扬奉献精神。

2016年,党支部(现第二支部)与中国人民解放军中部战区某通讯团
优秀连队党支部开展共建活动

人民交通出版社股份有限公司第二支部党员将军人作风带入工作岗位,立足岗位创先争优。党支部战斗堡垒作用充分发挥,连续三年获得部直属机关"先进基层党组织"称号,打造支部"力创先锋"品牌在部"两学一做"创先争优优秀载体评选活动中,从183个部机关和直属单位推荐的基层党组织品牌中脱颖而出,获通报表彰。

党支部到习主席视察过的多次受到军区表彰的女兵通信连队
"文明服务模范连"学习慰问参观

铸魂聚力　强基固本
红色引擎释放交通信息化发展强劲动力

中国交通通信信息中心党委

　　榜样是灯塔，照亮奋斗航程；榜样是旗帜，汇聚奋斗力量；榜样是磁石，指引奋斗目标。向榜样学习，崇尚榜样精神，是党的优良传统和宝贵财富。1949年以来的建设时期，雷锋、焦裕禄、王进喜、邓稼先等一批英雄模范人物用他们党性的光辉、奋斗的执着，诠释了为共产主义奋斗终身的诺言，也不断照耀着新一代共产党人不断奋斗的方向。40年来，包起帆、许振超、陈刚毅、陈德华、孔祥瑞等一批交通运输领域榜样人物始终默默坚守着自己的理想和信仰，忠实履行着党和人民赋予的神圣职责，不辱历史使命，不负人民重托，无愧为优秀的共产党员，他们的精神已经成为交通人的共同价值观。今天，我们向他们学习，就是要像他们那样用坚如磐石的信仰和始终如一的信念，在新时代交通强国建设的伟大实践中，担当新使命、展现新作为。

　　40年来，特别是党的十八大以来，中国交通通信信息中心党委（以下简称"中心党委"）把培树和宣传榜样作为党委工作的重要内容，作为政治建设、思想建设的主要抓手，站在为交通育良才、为事业树正气的高度，深入落实习近平总书记关于把焦裕禄作为一个榜样的要求，引导广大党员干部职工旗帜鲜明讲政治，用习近平新时代中国特色社会主义思想武装头脑、指导实践、推动工作，为想干事、能干事、干成事的同志提供锻炼平台，在工作一线培养了一批优秀干部和业务骨干，树起一面面旗帜，带动干部职工在学习上、工作上对标先进，扬正气、树新风，凝聚起强大的新时代交通精神，汇聚建设交通强国的磅礴力量。涌现出以"党的十九大代表""全国三八红旗手标兵"王淑芳、"全国五一劳动奖章"获得者刘建、"交通青年科技英才"孙腾达为代表的先进典型，用职工身边的榜样，促进养成最有形的正能量、最鲜活的价值观。鼓励干部职工见贤思齐，追求卓越、赶超一流。

一、培植沃土孕育群星闪耀

　　多年来，中心党委围绕服务中心、建设队伍的根本任务，把干部职工能力素质提升作为基层党组织建设的重要内容，围绕提素质、强能力，大力推进干部素质能力提升工程，积极推动干部队伍建设和事业发展相融互促。优化人才发展环境，为各类人才搭建想干事、会干事、干成事的舞台，倡导"是金子就要闪光"的理念，为"土典型"生根发芽、脱颖而出奠定了丰厚的沃土。一是突出政治性。始终把政治建设摆在首位，引导干部职工旗帜鲜明讲政治，狠抓思想理论武装，中心组扩大学习、理论培训轮训覆盖全体中层干部和党组织书记，通过"三会一课"、组织生活日开展理论学习，覆盖全体党员，引导党员干部职工提高政治站位，站稳人民立场，树立智能信息化引领交通强国建设的鲜明导向。采用教育培训、集体研讨、互联网交流等多种形式提升学习效果,形成了年度理论务虚、微党课、晨读暮省、"站立晨会"等品牌,调动干部职工用先进理论武装头脑指导实践的能动性,凝聚争当交通强国建设领跑者的共识。二是彰显时代性。紧贴交通运输主战场,引导干部职工积极投身交通强国建设,展现新担当、谋求新作为,干部职工在抗击汶川地震、玉树地震、舟曲泥石流等自然灾害的应急通信保障任务中冲得上去,在为党的十九大、G20杭州峰会、世界政党大会等重要活动和神舟飞船发射、国家海上搜救演习等重大事件提供通信保障中顶得上去,在完成援青、援疆、援藏任务中拼得上去,把个人价值实现和国家发展需要结合起来,在默默奉献和艰苦奋斗中锤炼意志品质,唱响新时代精神的主旋律。三是坚持群众性。倡导岗位建功,引导干部职工树立功成不必在我、功成必定有我的大境界、大格局,耐得住寂寞、扛得起责任,在平凡的岗位作出不平凡的贡献。聚焦事业发展最基层的前沿阵地,谋划"土典型"培育计划,努力挖掘职工身边的榜样,讲好身边的交通故事,发扬普通职工身上的优秀特质,使每个部门每个岗位上都能有看得见、够得着的榜样。开展各类评选,使人人有机会成为榜样,让群众当主力唱主角,将群众认可的立得住、可学习、可赶超的典型推选出来,夯实先进典型的群众基础。近年来,从身边典型到行业模范,从优秀个人到先进集体,形成了以王淑芳为代表、各级各类先进典型"群星闪耀"的良好局面。

2010年1月,中国交通通信信息中心正式更名

二、大力宣传释放榜样力量

树起榜样标杆,发挥榜样的力量。中心党委大力宣传先进典型事迹,让榜样从群众中来,到群众中去,引导干部职工深学、细照、笃行,更加坚定地投身交通强国建设,更加自觉地提升能力素质,更加勤勉地履行岗位职责,形成崇尚典型、争当典型的浓厚氛围。一是强化王淑芳精神引领作用。王淑芳同志荣获全国三八红旗手标兵,光荣当选党的十九大代表,是众多"土典型"中的杰出代表,我们将王淑芳精神纳入"两学一做"学习教育重要

内容，以"学"为基础，以"研"为着力，以"做"为根本，开展"我向王淑芳同志学什么、怎么做"大讨论、组织多场座谈会、联学交流活动，使做王淑芳式的好职工成为共同的精神追求和价值引领，促进干部职工由学先进向当先进转变。将部领导重要批示、王淑芳先进事迹、上级组织评价和干部职工的真情感言汇集成《我们的王淑芳》一书，作为学习王淑芳精神的手边书和弘扬时代精神的宣言书，传递了同心通力共未来的鲜明导向。抓住各大媒体宣传王淑芳事迹的有利时机，内外宣联动，宣讲联学相结合，延展王淑芳精神的传播度和影响度。二是构建大宣传的工作格局。推动党政工团齐抓共促，以加强党的建设为统领，以精神文明建设和群团工作为抓手，充分发挥党组织政治核心作用、行政部门日常保障作用、群团组织桥梁纽带作用，把向典型学习向典型看齐活动抓在经常、融入日常。深化全国文明单位、首都文明单位标兵建设，开展全国模范职工之家、职工小家建设，组织"两优一先""两优一红"等评选表彰，组织参与"首都民族团结先进个人""感动交通十大人物""交通运输行业精神文明建设先进个人"等各类评选，每年定期举办先进典型事迹报告会和交流会，组织先进典型深入支部开展宣讲，在内部办公系统、报纸、网站宣传先进典型事迹，保持持续向身边典型学习的热潮。三是增强共同价值影响力。在王淑芳的带领下，"忠于事业""默默奉献""守正笃实"等精神的影响力迅速提升，同时抓住每一个普通职工的闪光点，将汇集先进典型事迹的过程转化为凝心聚力的举措，使先进典型的精神升华为共同价值。组织编写了《我们的兄弟》先进典型事迹汇编，大力宣传普通职工在抗击自然灾害、应对突发事件的应急救援和投身新疆西藏青海等艰苦地区信息化工作的突出事迹，使艰苦奋斗、勇于奉献成为共同追求，也使干部职工在工作中得到更多的理解包容和支持，心往一处想，劲往一处使。注重利用内部各类平台，全面宣传那些在本职岗位上默默奉献的一线职工，让更多干部职工深切体会1个月跑遍南海所有航标处顺利完成南海海区新一代航标遥测遥控系统建设的敬业精神，在冬季暴雪中检修卫星天线保障通信的坚守精神，在国家自然科学基金委员会青年基金、中国博士后科学基金两个国家级基金资助方面取得零的突破的创新精神，使团结奋进的主旋律更加响亮、拼搏进取的正能量更加强劲。

三、辐射带动激发百舸争流

中心党委坚持以点带面、辐射成片的工作思路，充分释放榜样的示范带动和聚集倍增作用，引导党员干部职工主动学先进、争先进，形成树立一个带动一片，培育一批提升整体的格局。一是不断丰富和发展王淑芳精神。成立了全国首个"全国三八红旗手标兵工作室"，党委主要领导牵头推进，广泛吸纳优秀人才加入，工作室品牌迅速得到了行业内合作单位的高度认可和充分信赖，推动工作室团队在交通运输部网约车监管信息交互平台、12328全国交通运输服务监督电话系统、全国道路运政管理信息系统、全国驾驶培训数据交换与服务平台等，多个交通运输更贴近民生实事的信息化建设中不断取得新成就。在交通运输信息化建设的实践中，培养和锻炼了一批具有专业素养和工匠精神的技术骨干，实现了由"一人引领"到"团队示范"的提升，赋予了王淑芳精神更具时代性、群众性的新内涵。二是发挥传帮带作用。通过一对一、多对一等方式，让先进典型与普通职工结成工作对子，共同解决难题、共同分享经验、共同创造业绩，引导职工由"学习典型事迹"向"学习典型实质"深化，激励先进典型由"提升自我"到"带强团队"深化，从而带出了越来越多的"土典型"。中心党委为在急难险重任务和艰苦地区奋斗的"土典型"撑腰鼓劲，把他们选任到领导岗位、关键岗位，给他们提供更多锻炼机会和广阔舞台，让务实肯干、实绩突出成为鲜明的用人导向，使尊重榜样、争当榜样、赶超榜样成为风气。三是鼓励广大职工岗位建功。创建党员先锋岗，引导党员亮身份践承诺，推动争当文明职工和开展文明办公室建设活动，推进具有交通运输通信信息特色的"文明示范窗口"建设，号召全体党员主动靠前，广大职工积极奉献。专题开展宣传活动，推出了一批先进典型，孙腾达同志作为中组部、团中央博士服务团成员派往新疆挂职，在奉献精神感召下，毅然决然多留一年；冀舟同志，随"海巡01"执行马航客机失联搜救任务，150余天保障船上唯一与外界联系的通信设备，走无人走过的路，经历了专业船员也难以承受的热带气旋、巨浪颠簸等复杂恶劣环境，圆满完成了任务；结算中心团队秉承专业精神，默默坚守7×24小时全天候客户服务岗位，一次次核对分析原始话单、转接费用，检查出了错误账单，为国家避免了数百万美元的经济损失，用实际行动践行爱岗敬业。

中心党委按照政治把关、思想引导、氛围营造、精神激励的总思路，努力探索出了一条符合技术型、研究型、市场型单位特色的先进典型培树有效路径，树立了"守正笃实""求真务实""追求卓越"的共同价值，凝聚了职工思想共识，巩固了思想文化阵地，为推进党的建设发挥了催化剂、助推器作用。通过这些身边榜样的示范带动，广大干部职工学习榜样、争当先进，以身边的先进典型为荣，为身在这个集体而自豪，共同维护荣誉、取得新的成绩；以敢为人先的精神抢占交通强国信息化建设制高点，以居安思危的精神推进国家级物流信息平台取得重大进展，以自我加压的精神取得基础电信业务经营许可证跻身"四大"国家基础电信运营商行列，以开拓创新的精神开创事企分开深化改革的良好局面。

榜样的力量在于传递，榜样之精神需要继承。新时代，中心党委将以习近平新时代中国特色社会主义思想为指导，进一步加大榜样的选树和宣传力度，引领中心广大党员干部继续承载着榜样之光、燃起奋斗之火，不忘初心、砥砺前行，努力开创交通运输智能信息化新局面，为交通强国建设谱写绚丽的信息化篇章。

三、部直属机关各单位党组织有特色的党建工作实践成果展示

席位就是战位

部路网监测与应急处置中心党委

交通运输部路网监测与应急处置中心（简称部路网中心）第二党支部由路网运行处、预警与应急处、出行服务处3个处室共12名党员组成，支部所依托的3个处室的日常工作主要是承担中编办批复的路网中心三项重要职能：路网运行监测、突发事件应急处置和对公众开展出行服务，其中主要工作岗位设在部机关的交通运输综合应急指挥中心，被交通运输部党组称为"后方的前线"。

2016年1月，李作敏主任等向戴东昌副部长汇报Ⅰ级预警启动准备情况

一、认真落实全面从严治党，组织生活经常严肃认真

第二党支部充分发挥支部班子作用，认真落实全面从严治党，增强责任意识、担当意识。建立健全党建工作目标责任制。根据年度计划，按月逐项推进党建工作的规范化和制度化建设。坚持把思想作风建设放在首位，加强理论学习，采取支部党员大会集中学习和业余自学相结合的形式，开展对党的十八大、十九大及历次全会精神，《党章》《准则》《条例》等内容的学习，深入学习贯彻习近平新时代中国特色社会主义思想，教育引导党员干部始终在思想和行动上与党中央保持高度一致。同时，对照"四讲四有"标准，进行党性分析，查找不足，强化每一位党员敢于担当、敢于负责、敢为人先的意识，争当先锋模范。

二、履职尽责、发挥战斗堡垒作用突出

第二党支部建立了以党建促工作的方法，发挥基层党组织的战斗堡垒作用，有力推进业务工作的开展。党员干部充分发挥先锋模范带头作用，面对工作任务重、值班值守工作强度大，主动放弃休年假，始终坚守在工作岗位。党员干部工作在路网运行值班值守和出行服务岗位，一旦有突发事件发生，不论人在何处，接到通知后都第一时间赶到值班室。作为一名在普通工作岗位坚持值守的交通人，始终以"让路网运行更安全畅通，让公众出行更便捷愉快"为宗旨，牺牲小家，发扬艰苦奋斗的优良传统，严格开展24小时全天候路网实时运行监测工作，保障路网的顺畅运行，及时有效做好公路重大突发事件应急和重大节假日免费通行保障工作，为公众出行提供优质、便捷的服务。同时，建立"中国交通广播"、"中国路网"微信公众号两个品牌，贴近广大人民群众出行需求，成为发布及时有效出行咨询信息的重要服务手段。通过多种媒体渠道，连续不断提供与公路出行有关的信息服务，当发生重大突发情况时，成为疏导拥堵、引导合理出行、传递路网正能量的重要服务平台。

三、创建"席位就是战位""两学一做"创先争优载体

在部"两学一做"创先争优载体活动中，第二党支部在中心党委领导下，全体党员牢记使命、不忘初心、担当尽责、苦干实干，充分发挥党支部的战斗堡垒作用和党员先锋模范作用。不断提高党员干部政治素质和思想水平，提升业务工作能力，将"两学一做"融入路网运行监测、突发事件应急处置和公众出行服务工作，将创先争优融入日常值班值守，将值班工作席位看作战斗的岗位，将习主席在军委联合作战指挥中心视察时的要求与中心值班工作相结合，提出"席位就是战位"口号，将每一名值班人员的工作职责与岗位坚守相融合；按照"战斗准备永远在路上"，"练兵备战为下一场战争做准备"，时刻按照随时有可能发生突发事件坚守日常值班值守岗位，在数次突发事件处置和重大活动保障中取得了突出成效，受到各级领导肯定和公众的一致好评。

四、面对矛盾，创建"学干联合"支部工作法

由于处室工作任务特殊，人员两地办公，第二党支部工作存在着先天性的困难。每次学习很难将全体党员集中，有时支部活动只能让位于应急和突发的专项工作。面对上述两个问题，支部始终把党员的组织生活和学习任务放在首位，切实履行党建责任，严格落实党的组织生活制度和党员教育管理制度，创建了"学干联合"支部工作法，在具体方式上：一是支部书记把党建工作扎根在工作岗位上，利用交接班制度开展学习活动；二是利用集中业务培训和工作会议开展学习教育；三是利用中心组织的学习参观机会，开展支部建设；四是借助与兄弟单位、合作部委业务研讨和工作交流的机会，开展共建联学活动；五是充分利用一切机会和空闲时间，开展教育活动。灵活多样的方式有效解决了业务工作与党建工作之间的矛盾，做到了两不误、两促进，相得益彰。

近年来，在"两学一做"和创先争优活动中，第二党支部涌现出大量先进事迹，成为全国路网运行管理与服务的重要"窗口"：获得过青年文明号（中央国家机关团工委）、全国交通运输系统先进集体（人力资源和社会保障部、交通运输部）、全国青年安全生产示范岗

(共青团中央、国家安全监管总局)、全国交通运输行业文明示范窗口(交通运输部)等多个省部级荣誉称号。支部作为基层党组织列为部"两学一做"创先争优载体。支部成员一人授予全国交通运输行业文明职工标兵荣誉称号、一人授予"两学一做"优秀共产党员荣誉称号、三人荣获G20峰会保障先进个人、二人荣获"交通运输政务信息工作先进个人",一人荣获部直属机关雷锋先进个人,多人荣获交通运输部直属机关共青团员等荣誉称号。二人入选部直属机关党委"两学一做,身边榜样"宣传展示,一人事迹载入《讲好交通故事,展示党的风采》。支部撰写的《规范基层党组织生活与充分发挥基层党组织的战斗堡垒作用的关系初论》被评为中央国家机关党的建设研究会2016年度党建课题研究成果优秀奖。

面对当前的形势和任务,第二党支部也深刻剖析存在的问题。下一步,我们将以习近平新时代中国特色社会主义思想为指导,积极探索支部工作与业务工作相统一的方法、组织生活与党员干部业务学习相融合的形式、廉洁明正与工作纪律相结合的制度,实现支部工作更加规范,战斗堡垒作用更加显现,党员先锋模范带头作用更加体现,营造一个风清气正的业务工作环境,为交通强国建设作出新的更大贡献。

附　　录

党建研究优秀成果报告及优秀论文

1. 2010年度特别奖——廉政准则重在践行
   交通运输部党组成员、驻部纪检组组长　杨利民
2. 2010年度一等奖——提高机关党建工作科学化水平的探索与实践
   交通运输部直属机关党委
3. 2010年度一等奖——提高海事机关党建工作科学化水平课题研究报告
   交通运输部海事局党组课题组
4. 2010年度二等奖——直属海事系统基层党组织服务党员凝心聚力的实践与思考
   交通运输部海事局党组课题组
5. 2011年度特别奖——认真学习贯彻党的十七届六中全会精神　大力推进交通运输特色的廉政文化建设
   交通运输部党组成员、驻部纪检组组长　杨利民
6. 2011年度二等奖——注重创新　务求实效　在创先争优活动中心提高党建科学化水平
   交通运输部直属机关党委
7. 2011年度二等奖——直属海事系统思想政治工作中人文关怀和心理疏导课题
   交通运输部海事局党组课题组
8. 2012年度特别奖——以先进文化为统领建设过硬民航队伍
   中国民用航空局局长　李家祥
9. 2012年度一等奖——创先争优促进海事系统党建科学化水平提升课题研究报告
   交通运输部海事局党组课题组
10. 2012年度二等奖——新形势下领导班子和领导干部监督制约研究报告
    交通运输部人事劳动司
11. 2013年度调研课题优秀成果一等奖——完善党建工作考核评价机制研究
    交通运输部规划研究院
12. 2015年度一等奖——关于中央国家机关贯彻全面从严治党要求　落实党建责任制的重要意义和实施路径的研究
    交通运输部直属机关党委
13. 2015年度二等奖——践行"三严三实"　推动简政放权的实践与思考——以交通运输行业行政审批制度改革为视角
    交通运输部法制司党支部
14. 2015年度二等奖——把理想信念落实到行动上　推动机关基层党建业务队伍融合发展——关于机关基层党建工作的实践与思考
    交通运输部办公厅党总支书记、主任　陈健

后 记

为总结改革开放40年来交通运输部直属机关党的建设经验，展示发展成就，进一步发扬成绩，开创新时代党的建设新局面，部直属机关党委决定编纂出版《改革开放40年交通运输部直属机关党建工作文集》，供大家参阅。

在编纂出版过程中，国家铁路局、中国民用航空局直属机关党委，国家邮政局机关党委，部机关各司局及在京直属各单位党组织提供了丰富的文稿资料，人民交通出版社、交通运输部管理干部学院、中国交通报社、部档案馆、离退休干部局等单位给予大力支持，原在部直属机关党委工作过的部分领导同志给予帮助，在此一并表示衷心感谢！特别感谢邬丹、汪临发、曾长城、杨咏等同志对书稿的指导修改！

由于时间匆促，不足之处，敬请批评指正。

中国共产党交通运输部
直属机关委员会
2018年12月